GZC 高校主题出版
GAOXIAO ZHUTI CHUBAN

21世纪马克思主义文库

丛书主编 王伟光

马克思主义哲学中国化论稿

王伟光 著

南开大学出版社

图书在版编目(CIP)数据

马克思主义哲学中国化论稿 / 王伟光著. —天津：
南开大学出版社,2021.10
（21世纪马克思主义文库 / 王伟光主编）
ISBN 978-7-310-06153-2

Ⅰ.①马… Ⅱ.①王… Ⅲ.①马克思主义哲学－发展
－研究－中国 Ⅳ.①B27

中国版本图书馆 CIP 数据核字(2021)第 208291 号

马克思主义哲学中国化论稿
MAKESI ZHUYI ZHEXUE ZHONGGUOHUA LUNGAO

南开大学出版社出版发行
出版人:陈　敬
地址:天津市南开区卫津路 94 号　　邮政编码:300071
营销部电话:(022)23508339　营销部传真:(022)23508542
https://nkup.nankai.edu.cn

天津午阳印刷股份有限公司印刷　全国各地新华书店经销
2021 年 10 月第 1 版　　2021 年 10 月第 1 次印刷
240×170 毫米　16 开本　30 印张　2 插页　472 千字
定价:158.00 元

如遇图书印装质量问题,请与本社营销部联系调换,电话:(022)23508339

"21 世纪马克思主义文库"总序

习近平总书记指出："在人类思想史上，就科学性、真理性、影响力、传播面而言，没有一种思想理论能达到马克思主义的高度，也没有一种学说能像马克思主义那样对世界产生了如此巨大的影响。"坚持和发展中国特色社会主义，必须不断在实践和理论上进行探索，用发展着的理论指导发展着的实践，用发展着的实践推进发展着的理论。

21 世纪是一个伟大的世纪，中国特色社会主义新时代是一个伟大的时代。伟大的世纪、伟大的时代必然爆发改天换地的伟大的变革实践，这就是 21 世纪中国特色社会主义的伟大成功，必然推动发展着的马克思主义孕育产生新的理论形态，这就是习近平新时代中国特色社会主义思想。加强对 21 世纪中国特色社会主义伟大实践的研究阐释，加强对 21 世纪马克思主义、当代中国马克思主义的研究阐释，在实践与理论的双向互动中，为中国特色社会主义的伟大实践，为 21 世纪当代中国马克思主义的伟大创新贡献全部心智，是哲学社会科学战线，特别是马克思主义理论战线工作者的初心与使命。身处这样一个伟大的世纪、伟大的时代，肩负中华民族伟大复兴进程中哲学社会科学和马克思主义理论工作者的责任担当，2019 年 9 月，南开大学·中国社会科学院大学 21 世纪马克思主义研究院（以下简称研究院）正式成立。

研究院植根于两校马克思主义理论教学与研究底蕴，整合两校马克思主义理论、哲学、经济学、法学、文学、社会学等多学科力量，以大力推进 21 世纪马克思主义、习近平新时代中国特色社会主义思想的学习、研究、宣传为根本任务，旨在建立发展 21 世纪马克思主义创新体系。

研究院作为马克思主义理论研究的高端平台，着眼于当代中国马克思主义学科体系、学术体系和话语体系构建，专注于马克思主义理论骨干人才培养和马克思主义理论专家型教师队伍建设，致力于马克思主义理论研究服务社会能力的提升，注重于打造在国内外具有广泛影响力的 21 世纪当代中国马克思主义学术研究重镇、拔尖人才基地和阐释传播平台，为推进

21 世纪马克思主义、当代中国马克思主义研究阐释，繁荣发展新时代中国特色哲学社会科学做出更大贡献。

研究院成立以来，依托两校哲学社会科学人才资源丰富、学科门类齐全、基础研究优势明显、国际学术交流活跃的优势，以高度的文化自觉和坚定的文化自信，围绕坚持和发展 21 世纪马克思主义、当代中国马克思主义，聚焦新发展阶段面临的深层次思想理论问题和重大现实问题，开展跨学科、综合性、多方位的科学研究与理论创新，构建理论创新和实践发展良性互动的新格局，努力在学科建设和学术命题、学术思想、学术观点、学术话语上聚焦聚力，注重高原上起高峰，积淀先进发展经验，呈现蓬勃发展态势，聚集一批在马克思主义研究领域具有解决重大问题的综合研究能力、品德高尚、视野宽广、基础研究有突破的顶级学者，生产出一批有思想含量、理论分量和话语质量，对文化积累和学科建设具有重大意义、在国内外产生重大影响的引领性原创成果，为 21 世纪马克思主义的研究阐释做出开拓性努力。

"21 世纪马克思主义文库"（以下简称"文库"）以两校为依托，以大力推进习近平新时代中国特色社会主义思想的学习、研究、宣传为根本宗旨，密切关注和超前研究 21 世纪马克思主义研究领域的重大理论和现实问题，更加注重学科建设、更加注重问题意识、更加注重话语体系建构。"文库"是研究院精心打造的 21 世纪马克思主义理论研究和创新发展的学术精品品牌，也是研究院坚持正确的政治方向、学术导向和价值取向，彰显中国特色、中国气派、中国话语的中国特色哲学社会科学的理论成果。"文库"的推出可谓厚积薄发、百川归海，恰逢其时、意义深远。

"文库"将借助与中国社会科学出版社和南开大学出版社的战略合作，加大 21 世纪马克思主义研究领域高水平创新成果的产出与传播，打通研究成果转化、展示、传播、推广的渠道，切实提升研究院的学术影响力和社会影响力，以高水平学术出版支撑研究院发展，为推进 21 世纪马克思主义研究阐释贡献智慧与力量，为新时代中国特色哲学社会科学繁荣发展做出应有贡献。

"群才属休明，乘运共跃鳞。"人类社会进入 21 世纪，中国特色社会主义进入新时代，我国进入全面建设社会主义现代化国家、向第二个百年奋斗目标进军的新征程，必将给 21 世纪马克思主义研究阐释提供强大动力与广阔空间。科学研究是永无止境的事业，持续推进马克思主义中国化、时代化、大众化，持续发展 21 世纪马克思主义、当代中国马克思主义任重而道远。

研究院将以"文库"建设为契机，自觉坚持以马克思主义为指导，自觉遵循习近平总书记在哲学社会科学工作座谈会上的重要讲话精神，自觉把习近平新时代中国特色社会主义思想贯穿理论教学研究全过程，自觉把个人学术追求同国家和民族发展紧紧联系在一起，主动担负起时代赋予的使命责任，用马克思主义观察时代、把握时代、引领时代，解读中国实践，构建中国理论，提炼标识性概念，指导中国实践，努力产出经得起实践、人民和历史检验的研究成果，不断增强理论自觉和理论自信，让世界知道"学术中的中国""理论中的中国""哲学社会科学中的中国"，让马克思主义在当代中国和当代世界放射出更加灿烂的真理光芒。

王伟光

2021 年 10 月

（本文作者系中国社会科学院大学教授、南开大学终身教授）

前　言

　　《马克思主义哲学中国化论稿》是作为《辩证唯物主义历史唯物主义新编》（以下简称《新编》）的第一本阶段性成果编辑成书的，也是南开大学·中国社会科学院大学 21 世纪马克思主义研究院设立的"21 世纪马克思主义文库"收入的第一本著述。经全国哲学社会科学工作领导小组 2020 年 6 月 1 日正式批准，《新编》为 2020 年度国家社会科学基金特别委托项目，我为项目负责人。马克思主义哲学家艾思奇同志主编的《辩证唯物主义历史唯物主义》是应高等学校的哲学教学需要编写的，于 1961 年 1 月正式出版，从那时至今已过去一个甲子了。从 20 世纪 60 年代一直到 1977 年恢复高考后入校的二十几届大学生和广大哲学爱好者，都是学习了这本书而接受了马克思主义哲学的理论熏陶和智慧滋养的。这本书整整教育了 20 世纪 60 年代、70 年代、80 年代的年轻人和广大哲学爱好者，其影响之大是任何教科书都无可比拟的。

　　我在中央党校执教并担任领导职务，乃至担任中国社会科学院领导职务期间，艾思奇同志的夫人王丹一同志每每提及，希冀根据党和国家事业发展和形势变化的需要，根据哲学爱好者的需求，新编《辩证唯物主义历史唯物主义》，并寄希望于我。根据新形势新要求，新编《辩证唯物主义历史唯物主义》势在必行。何时启动，只是时间问题。我一直忙于《新大众哲学》的编撰、出版、发行、传播工作，故没有着手启动《新编》工作，仅仅做了一些初步的酝酿准备。

　　在新的历史条件下，继艾思奇同志《大众哲学》之后，依据党和国家事业发展的新阶段新情况，中央宣传部委托我主持了《新大众哲学》的编写工作。从 2010 年 7 月 4 日第一次《新大众哲学》编写工作会议，历时 4 年的努力，于 2014 年 9 月由中国社会科学出版社和人民出版社共同出版，《新大众哲学》终于诞生，与读者见面了。《新大众哲学》（七卷本）于 2014 年 9 月面世之后，于 2017 年 11 月出版了《新大众哲学》（简明版），2020 年 5 月出版了《新大众哲学》教材版，2020 年 12 月《新大众哲学》（少儿启蒙读物）也已交付出版社，即将出版发行。至此，我已基本完成了《新大众哲学》系列的编写、出版、推介工作，《新编》提到了启动日程上来。2020 年 7 月 28 日，召开《新编》第一次编写工作会议，至今已经召开了 7 次会议，集中研究编写问题，以便统一思想、统一认识、统一写法。编写组的成员也是秣马厉兵，忙于正式写作。

这本书主要汇集了我 2013 年以来关于马克思主义哲学和马克思主义哲学中国化的一系列论文和演讲稿。因此前中国社会科学出版社曾编辑出版了我在 2013 年 6 月之前关于马克思主义哲学和马克思主义哲学中国化的论文集《哲林漫步》，故本书主要收集了我 2013 年 6 月之后的相关论文和演讲稿。在《新编》编写过程中，我已经陆陆续续把自己的一些哲学文稿推荐给编写组成员参考，现在将 2013 年 6 月以来发表的相关文稿汇集成册，一并请编写组的同志参考，也呈现给关注马克思主义哲学和马克思主义哲学中国化的读者们。

王伟光

2021 年 1 月于北京

目　录

大力加强马克思主义哲学创新体系建设，努力开创马克思主义哲学

　　中国化研究的新局面 ……………………………………………… 1

把哲学从书本中解放出来 …………………………………………… 9

坚持党性和人民性的统一

　　——学习习近平总书记在全国宣传思想工作会议上的重要讲话 …… 11

学好用好马克思主义哲学，努力掌握看家本领

　　——学习习近平总书记系列重要讲话精神的体会 ……………… 15

学习历史唯物主义，运用历史唯物主义 …………………………… 25

科学运用马克思主义世界观方法论的典范 ………………………… 43

努力推进国家治理体系和治理能力现代化 ………………………… 46

努力推进马克思主义哲学中国化时代化大众化 …………………… 54

实践的新需要、人民的新期待、党和国家的新要求 ……………… 60

唯物史观视野下的中国梦 …………………………………………… 64

谈谈民主、国家、阶级和专政 ……………………………………… 69

马克思主义的世界历史理论与中国特色社会主义道路

　　——学习马克思1879—1882年间研究笔记札记 ……………… 117

马克思主义哲学天然具有大众化的品格 …………………………… 121

不懈探索马克思主义哲学中国化时代化大众化 …………………… 127

学会运用马克思主义哲学指导中国特色社会主义伟大实践

　　——学习习近平总书记关于学习马克思主义哲学重要

　　讲话精神的体会 …………………………………………… 132

学好辩证唯物主义，用科学世界观方法论指导全面深化

　　改革发展新实践 …………………………………………… 141

纵论意识形态问题 …………………………………………… 155

努力把哲学创新研究提升到一个新的水平 ………………… 177

用马克思主义世界观方法论指导中国特色社会主义伟大实践

　　——深入学习贯彻党的十八届五中全会精神 …………… 182

把人民写在自己的旗帜上

　　——纪念中国共产党成立 95 周年 …………………………… 190

谈谈"普世价值"的反科学性、虚伪性和欺骗性 ………… 195

学会运用习近平新时代中国特色社会主义思想所贯穿的

　　马克思主义思想方法和工作方法 ………………………… 211

开辟 21 世纪当代中国马克思主义哲学发展新境界

　　——习近平总书记"7·26"重要讲话精神学习体会 …… 220

努力接受《实践论》《矛盾论》的哲学滋养，运用科学的

　　世界观方法论指导实践

　　——纪念毛泽东同志《实践论》《矛盾论》发表 80 周年 … 231

坚持马克思主义无神论是大原则 …………………………… 245

开启新时代中国哲学繁荣发展的新征程 …………………… 254

辩证唯物主义世界观方法论是中国共产党全部理论与实践的

　　思想基础 …………………………………………………… 259

捍卫马克思主义社会形态演变一般规律原理，反对历史虚无主义 …… 277

领导干部要学好哲学、用好哲学 ································293

发扬光大中华优秀传统哲学和马克思主义哲学 ··············331

深入研究和阐发贯穿习近平新时代中国特色社会主义思想的

　　马克思主义哲学中国化的创新成果 ····················336

努力推进当代中国马克思主义哲学的创新发展 ·············349

历史唯物主义永远是我们党的理论指南，是马克思主义史学理论的

　　灵魂和精髓

　　　　——学习习近平总书记关于历史唯物主义的重要讲话精神···········361

关于世界性新冠肺炎疫情与国际时局的哲学研判···········395

恩格斯最大的理论贡献：与马克思共同创立并捍卫和丰富了

　　唯物史观 ··423

世界百年未有之大变局与马克思主义哲学中国化···········424

中国共产党百年历程与马克思主义哲学中国化···········443

大力加强马克思主义哲学创新体系建设，努力开创马克思主义哲学中国化研究的新局面[*]

马克思主义哲学中国化，就是把马克思主义哲学基本原理与中国实际相结合，吸收中国和外国哲学的精华，用中国气派、中国特色的哲学话语体系所建构的中国化的马克思主义哲学。中国化的马克思主义哲学，是对马克思主义哲学的进一步丰富和发展，是中国化的马克思主义的哲学基础。不断推进马克思主义哲学中国化的创新，是我们哲学工作者义不容辞的历史使命。

一

20世纪初，马克思主义哲学作为人类最先进的思想，在中华民族优秀儿女寻找救国图强的真理和道路的过程中传到中国。马克思主义哲学是揭示事物发展一般规律的普遍真理，然而作为外来的先进思想，它要真正转变成中国人民改造旧中国、建设新中国的巨大的精神力量，发挥科学的世界观方法论的指南作用，必须与中国国情、与中国历史文化相结合，必须为中国人民所普遍接受，成为中国化的马克思主义哲学。马克思主义哲学中国化的过程，一开始就是中国共产党人运用马克思主义哲学武装头脑、指导中国实践的过程，就是与中国国情、中国革命实践相结合的过程，就是吸收中华民族优秀文化，特别是优秀哲学思想的过程，就是为中国人民逐渐接受的过程。马克思主义哲学中国化符合人类思想文化世界性交融的规律，它既坚持马克思主义哲学普遍原理，继承人类文明最先进思想，又具有中国鲜明的民族形式和特征，既富有中国传统文化精华，又具有创新

---

* 本文发表于《马克思主义哲学论丛》2010年春季号，总第1辑。

内容，是中国共产党人及其领导下的理论工作者对于马克思主义哲学发展所做出的中国式的特殊贡献。

为什么要实现马克思主义哲学的中国化？哲学是对世界万事万物在世界观方法论高度上的认识，应当从辩证唯物主义认识论的高度上来认识马克思主义哲学中国化的必要性和重要性。

辩证唯物主义认识论是唯物主义反映论，主张实践第一，坚持认识源于实践。毛泽东同志形象地用"实事求是"这句成语高度概括了辩证唯物主义认识论的实质和灵魂。"实事求是"，从哲学上讲，坚持了辩证唯物主义认识路线；从思想方法上讲，坚持了马克思主义思想路线。"实事求是"，就是从事物本身的固有规律中求得规律性的认识。"实事求是"既是马克思主义哲学精髓，又是唯物主义反映论的本质。"实事"就是具体实际、具体实践，凡是具体的都是特殊的，这就是哲学上所说的"特殊性"；"求是"就是从具体实际、现实实践中求得对客观规律的普遍真理，这就是哲学上所说的"一般性"。真理是客观的，是人对客观规律的科学概括；真理又是普遍的，是从特殊性中求得的一般性。一般性来自特殊性，寓于特殊性。实践产生认识，真理性的认识来自客观实际。马克思主义哲学作为一般性的普遍真理，传入中国，为中国人民的先进知识分子所接受，而要为中国人民大众所接受，成为行动的指南，必须与中国特殊实践相结合，与中国人民所喜闻乐见的形式相结合，也就是说，从形式到内容，应当实现马克思主义哲学的本土化。

辩证唯物主义认识论又是能动的、革命的反映论，主张人的认识源于实践，正确的认识一旦产生并用于指导实践，可以产生巨大的实践力量，改造客观实际。马克思主义哲学的目的不仅仅在于认识世界，更重要的在于改造世界。人们要改造客观世界，就必须把马克思主义哲学的一般立场、观点、方法与活生生的具体特殊性相结合，与活生生的中国国情相结合，实现马克思主义哲学中国化，才能为广大群众所接受，转变成巨大的物质力量，在改造主观世界的同时改造客观世界。

辩证唯物主义认识论还是辩证的反映论，主张人的认识来自实践，反过来又指导实践，并在实践中不断丰富、发展，实践、认识、再实践、再认识……如此往复，以至无穷。这就是人的认识发展的辩证规律，也是真理发展的辩证法。马克思主义哲学是马克思、恩格斯从当时他们所处的时代环境、客观条件和现实实践出发，继承了西方先进思想和西方文化表达形式而创造的。马克思主义哲学传到俄国，列宁用其指导俄国革命实践，并结合俄国的国情和俄国革命的实践，以俄国的话语体系加以创新，从而形成了列宁哲学思想。列宁哲学思想既体现了马克思主义哲学的"一般"，又包括了俄国先进思想的"特殊"，是马克思主义哲学在新的实践基础上的创新发展。马克思主义哲学的不断中国化，也是符合人类认识辩证发展规律的。

<h1 style="text-align:center">二</h1>

　　"一般性"与"特殊性"的辩证关系是马克思主义唯物主义认识论的关键问题。马克思主义哲学中国化，实质上就是马克思主义哲学原理的"一般性"与中国具体情况的"特殊性"的辩证结合的过程和成果。

　　把马克思主义哲学的一般原理应用于中国的"具体环境"和"特殊条件"，使之发生内容和形态的改变，才能形成适应中国实际需要的、具有中国内容和表现形态的、为中国人民所接受的中国化的马克思主义哲学。实现马克思主义哲学中国化，既要肯定"一般性"，坚持"一般性"，坚持马克思主义哲学的一般原理，又要肯定"特殊性"，坚持"特殊性"，具体问题具体分析；不能因为强调"特殊性"而否定"一般性"，从而否定马克思主义哲学的一般原理；也不能因为强调"一般性"而否定"特殊性"，从而否定马克思主义哲学中国化的必要性。不能因为强调中国的"特殊性"，而否定马克思主义哲学的普遍指导意义；也不能因为强调马克思主义哲学的"一般性"，而否定马克思主义哲学中国化的"特殊性"。因为强调"特殊性"而否定"一般性"，是拒绝和否定马克思主义世界观方法论的指导作用；因为强调"一般性"而否定"特殊性"，是教条主义，就会脱离中国的具体国情，脱离中国的历史文化，脱离中国的人民大众。总而言之，把马克思主义哲学的一般原理与中国特殊国情相结合，这是马克思主义哲学中国化的真谛所在。

　　思想路线问题，说到底就是哲学上的认识路线问题。坚持什么样的哲学认识路线，就会坚持什么样的思想路线。辩证唯物主义的认识路线是从物质到精神，精神再转化为物质，从实践到认识，由认识再转化为实践；

唯心主义的认识路线是从思想到物质；机械唯物主义认识路线虽然承认从物质到精神，但看不到精神的反作用，因为他们不懂实践的作用。坚持辩证唯物主义认识路线，就会坚持"实事求是"的思想路线。早在井冈山斗争时期，毛泽东就已经从辩证唯物主义认识路线的高度提出了党的正确的思想路线，论及马克思主义中国化问题，实际上也论及了马克思主义哲学的中国化问题，形成了制定中国革命正确政治路线的哲学依据。他在1930年写的《反对本本主义》一文中提出："马克思主义的'本本'是要学习的，但是必须同我国的实际情况相结合。"①在 1936 年《中国革命战争的战略问题》一文中，他从哲学高度明确阐述了一般战争规律与革命战争规律的关系问题，科学地阐明了"一般性"与"特殊性"的辩证关系问题。在 1937 年的《实践论》《矛盾论》这两部马克思主义哲学中国化的经典论著中，他科学地论证了矛盾的"一般性"和"特殊性"这个马克思主义哲学的普遍原理，形成了马克思主义与中国具体实践相结合的马克思主义哲学中国化的基本思想。在这一哲学思想的指导下，毛泽东在 1938 年 10 月中共六届六中全会的报告中，对马克思主义中国化做了最为经典的论述："共产党员是国际主义的马克思主义者，但马克思主义必须通过民族形式才能实现。没有抽象的马克思主义，只有具体的马克思主义。所谓具体的马克思主义，就是通过民族形式的马克思主义，就是把马克思主义应用到中国具体环境的具体斗争中去，而不是抽象地应用它。成为伟大中华民族之一部分而与这个民族血肉相联的共产党员，离开中国特点来谈马克思主义，只是抽象的空洞的马克思主义。因此，马克思主义的中国化，使之在其每一表现中带着中国的特性，即是说，按照中国的特点去应用它，成为全党亟待了解并亟须解决的问题。"②毛泽东关于马克思主义中国化的经典论述，内在地包含了马克思主义哲学的中国化。1943 年，在为中央党校校训题词时，他明确提出了"实事求是"的观点，高度概括了正确的思想路线，又一针见血地概括了马克思主义哲学的精髓，创造性地推动了马克思主义哲学中国化的进程。

马克思主义哲学中国化，"中国化"其科学内涵就是要与中国的特殊国

①《毛泽东选集》第 1 卷，人民出版社 1991 年版，第 111—112 页。

② 中共中央文献研究室、中央档案馆编《建党以来重要文献选编（一九二一—一九四九）》第 15 册，中央文献出版社 2011 年版，第 651 页。

情相结合、与中国人民的特殊实践相结合、与中国的特殊历史文化相结合。中国的特殊国情就是中国的地理环境、自然因素和政治、经济、文化、民族条件等特殊状况；中国人民的特殊实践就是中国人民的阶级斗争实践、生产斗争实践和科学研究试验实践，在当代就是中国共产党领导的中国人民的革命、建设和改革的实践；中国的特殊历史文化就是在中国这块土地上，由中国特殊的经济、政治、社会诸环境所造就的，在中国人民的伟大斗争、生产和生活实践基础上所产生并延续的历史、思想、文化。中国化的马克思主义哲学应当从这种特殊性出发，包括对中国的革命、建设和改革的实践经验的总结和概括，以及对中国历史思想文化的总结和概括这两个方面。马克思主义哲学与中国历史思想文化相结合，就应当以马克思主义为指导，对中国历史思想文化，特别是哲学思想加以科学的总结和概括，取其精华，去其糟粕，化盐于水，把马克思主义哲学思想与中国历史思想文化精华，特别是哲学思想精华融于一体，使之具有中华民族的哲学智慧、哲学精神和哲学优秀传统。马克思主义中国化最灵魂的东西是哲学思想层面上的结合、融解、融会贯通。

　　毛泽东哲学思想是马克思主义哲学中国化的第一个成熟的理论形态。中国共产党建党 80 多年来，几代中国共产党人和理论工作者共同努力，不断地推进和创新马克思主义哲学中国化。在中国化的马克思主义哲学所体现的马克思主义哲学世界观方法论的指导下，中国共产党人坚持把马克思主义哲学与中国革命的实际与探索社会主义建设道路的实践相结合，指引了中国革命的成功实践，彻底改变了中国人民的历史命运和中国的社会面貌，在这一过程中逐步形成了毛泽东哲学思想。正是在中国化的马克思主义哲学——毛泽东哲学思想的指导下，建立了指导中国革命的正确理论、路线、方针和策略，取得了中国新民主主义革命和社会主义革命的胜利。毛泽东哲学思想形成于革命战争实践，在社会主义建设的探索实践中得到丰富和充实。毛泽东哲学思想集中体现在毛泽东同志的《矛盾论》《实践论》《论持久战》《关于正确处理人民内部矛盾的问题》《人的正确思想是从哪里来的？》等著名著作中。毛泽东哲学思想实现了马克思主义哲学中国化，丰富了马克思主义哲学的理论内容和表现形式，使马克思主义哲学在东方的中国扎下根来，发展起来，为中国人民所接受，转化成巨大的革命力量和建设力量。在伟大的实践中，一代又一代中国共产党人又不断推进了马

克思主义哲学中国化的持续创新，使马克思主义哲学既一脉相承，又不断
创新。在改革开放新时期，邓小平同志领导全党创立了中国特色社会主义
理论体系，进一步丰富了毛泽东哲学思想，形成了新时期马克思主义哲学
中国化的创新成果。

三

实现马克思主义哲学中国化，内在地包括了马克思主义哲学的时代化、
民族化、现实化和大众化。

第一，马克思主义哲学中国化的进程，就是马克思主义哲学时代化的
进程。任何哲学思想体系都是时代精神的产物。马克思和恩格斯曾指出：
"一切划时代的体系的真正内容都是由于产生这些体系的那个时代的需要
而形成起来的。"①每个时代总有属于它自己的问题，准确地把握和解决这
些问题，就能够把理论和实践推向前进。马克思主义哲学就是在回答和解
决时代所面临的历史性课题的过程中不断创新和发展的。只有把握时代问
题，认清世情，才能确定党和人民所处的时代地位和历史方位，才能把握
中国发展的时代命脉和历史趋势，才能回答中国向何处去、中国通过什么
样的途径走在时代潮流前列的问题，才能在回答这些时代问题的同时推进
哲学的升华。今天，在和平与发展成为时代主题的条件下，中国共产党人
坚持用马克思主义哲学的宽广眼界观察世界，科学判断时代条件和世界发
展趋势，认真吸取世界上一切民族和国家的先进文明，带领中国人民紧跟
时代前进潮流，成功地走出了中国特色社会主义道路。同时，在中国特色
社会主义实践和理论创新过程中，创造性地推进了马克思主义哲学的永续
中国化。

第二，马克思主义哲学中国化的进程，就是马克思主义哲学民族化的
进程。世界的就是民族的，民族的也是世界的。世界是由不同民族、不同
国家组成的，世界是"一般"，民族国家是"特殊"，世界寓于民族国家之
中。马克思主义哲学揭示了世界的普遍规律，其世界观、方法论适用于一
切民族国家。然而马克思主义要成为具体民族国家的指导思想，必须与特

---

①《马克思恩格斯全集》第 3 卷，人民出版社 1960 年版，第 544 页。

殊民族国家国情相结合，实现马克思主义哲学的民族化，即本土化。马克思指出："理论在一个国家实现的程度，总是决定于理论满足这个国家的需要的程度。"①马克思主义哲学及其在实践中的应用必须要结合实际情况，具体问题具体对待。所谓国情，就是特殊民族国家的国情。中国具体国情就是中华民族性的具体表现。所谓中国特色，就是中华民族的民族特色、中华民族国家的特殊性。马克思主义哲学中国化，也就是马克思主义哲学的民族化，就是要与中国民族国家的特殊性相结合。推进马克思主义哲学中国化，就要注重中华民族的特殊性，要研究民族的现实需要，继承民族的优秀文化，创造民族的特殊形式，形成民族的特色风格。只有同中国具体民族特性相结合，吸收中华民族文化的优秀思想和优秀表达形式，以中华民族的话语体系表达出来，充分体现中国气派、中国风格和中国特色，具有中华民族的特殊表达形式和丰富的民族文化特性，才是真正中国化的马克思主义哲学。

第三，马克思主义哲学中国化的进程，就是马克思主义哲学现实化的进程。理论源于实践，哲学的生命力源于现实。活生生的现实是哲学生长的深厚土壤。哲学为现实服务，现实又推动哲学发展。马克思主义哲学产生于活生生的现实，而马克思主义哲学要保持自身生命力，必须不断地与现实相结合，服务于现实，在现实生活中不断实现哲学的概括。

马克思主义哲学中国化要不断伴随着现实的发展、适应现实的需要而不断丰富发展，这就必须不断地依据现实，开拓新的研究领域，提出新的研究课题，解决新的问题，充实新的内容，提炼新的观点，以丰富哲学学科的理论系统。到活生生的现实中去收集素材，进行分析，加以概括，这是中国化的马克思主义哲学的生命活力之所在。今天，我国正处于社会主义改革开放和现代化建设的伟大时代，现实提出了大量时代课题需要马克思主义哲学来回答，中国化的马克思主义哲学必须在回答这些重大问题的过程中发展自己、充实自己、丰富自己，才能得以不断推进。

第四，马克思主义哲学中国化的进程，就是马克思主义哲学大众化的进程。马克思主义哲学本质上就是大众哲学，而不是少数人的哲学。马克思主义哲学大众化的过程也就是马克思主义哲学中国化的过程。首先，马

①《马克思恩格斯选集》第 1 卷，人民出版社 1995 年版，第 11 页。

克思主义哲学的基本立场是站在工人阶级及其广大人民的立场上，是实现全人类解放的思想武器，没有大众化，就没有马克思主义哲学，马克思主义哲学是为大众的哲学；其次，人民群众的创造性实践是马克思主义哲学的源泉，没有大众化，也不可能推进马克思主义哲学中国化，马克思主义哲学是来自大众的哲学；最后，马克思主义哲学只有为群众所掌握，才能转变为巨大的物质力量，没有大众化，马克思主义哲学就会被束之高阁，转化不成巨大的实践力量，马克思主义哲学是为大众所用的哲学。马克思主义哲学具有代表无产阶级和最广大人民群众根本利益的理论品质，这就决定了马克思主义哲学必须同人民大众相结合，为人民大众所理解。理论一旦掌握群众，就能转化为改造世界的巨大的能动的物质力量。任何正确的理论，必须说服群众、掌握群众，与人民群众相结合，为人民群众所接受，由人民群众创造和发展。否则，再好的理论，只要离开人民群众，都将一事无成。马克思主义哲学的巨大成就，来源于其必须走大众化的发展道路，必须与人民群众的实际运动相结合。毛泽东曾指出："任何思想，如果不和客观的实际的事物相联系，如果没有客观存在的需要，如果不为人民群众所掌握，即使是最好的东西，即使是马克思列宁主义，也是不起作用的。"[①]在马克思主义哲学中国化进程中，一定要让马克思主义哲学中国化成果掌握群众，为群众所接受，这就要走大众化的道路。要大众化，就必须通俗化，让群众看得懂、用得上。要运用通俗易懂、为人民大众喜闻乐见的表达形式传播马克思主义哲学，使之从哲学家的书本上、从思想家的书斋中解放出来，真正掌握群众，转变为广大人民群众改造世界的巨大物质力量。同时，人民群众的实践活动又是马克思主义哲学中国化的深厚源泉和基础，人民群众是哲学的真正实践者和创造者，中国化的马克思主义哲学是中国人民大众集体智慧的结晶。

①《毛泽东选集》第 4 卷，人民出版社 1991 年版，第 1515 页。

把哲学从书本中解放出来[*]

马克思主义中国化的思想基础和哲学基础，就是中国化的马克思主义哲学。没有马克思主义哲学依据，马克思主义中国化就离开了正确的思想基础，离开了正确的世界观和方法论的指导。

马克思主义哲学的立场观点方法构成了马克思列宁主义、毛泽东思想、中国特色社会主义理论体系一以贯之而又不断创新发展的共同的哲学基础。马克思主义哲学的世界观和方法论是思想武器和理论指南，不能违背，违背了就要犯错误。当然，具体战略、策略、举措须依时间和条件的不同而变化。马克思主义哲学也处在不断发展中，随着时间、条件、地点的变化而变化，随着实践的发展而发展。中国化的马克思主义哲学就是马克思主义哲学的创新发展。例如，什么是物质，什么是精神，在马克思主义哲学经典著作、基本原理中讲得很清楚。怎么认识今天的信息问题，信息到底是什么？是物质还是精神？或是介于两者之间？马克思主义哲学中的物质决定精神、精神反作用于物质，同信息又是什么关系？对这些重大问题，必须给予马克思主义哲学的回答，在回答中进一步发展马克思主义哲学。

不断推进马克思主义哲学中国化，是摆在马克思主义哲学工作者面前的一项重大任务。什么叫中国化？就是把马克思主义哲学的基本原理、基本立场、基本观点和中国的具体实际相结合，对中国革命、中国建设和中国改革开放的伟大实践给以哲学的概括和总结，形成创新的、中国化的马克思主义哲学。毛泽东哲学思想就是对马克思主义哲学的丰富和发展。例如，马克思把实践作为马克思主义的核心概念提出来，列宁提出实践第一的观点，这是马克思主义哲学最基本的观点。毛泽东同志创新马克思主义哲学实践观点，最重要的是把马克思主义实践决定认识、实践检验真理的

---

[*] 本文摘自作者在"马克思主义哲学与中国特色社会主义道路理论研讨会"上的主题报告。发表于《人民日报》2013 年 6 月 27 日。

基本观点发展成党的实事求是的思想路线，用中国的话语体系、中国群众接受的思维方式，做出具有中国风格、中国气派、中国特色、中国话语的马克思主义哲学中国化的表达。马克思主义哲学不仅要认识世界，更重要的是改造世界。把实践的观点发展成实事求是的思想路线，就可以直接诉诸实践改造世界。可以说，实现马克思主义哲学中国化，毛泽东同志给我们做出了光辉典范。中国特色社会主义理论体系所蕴含的哲学思想是马克思主义哲学中国化的最新成果。"发展才是硬道理""科学技术是第一生产力""两手抓、两手都要硬""三个有利于"标准以及"三个代表"重要思想、科学发展观等鲜活的哲学观点，都是马克思主义哲学中国化的创新观点。

马克思主义哲学不能停留在已有的认识水准上，要进一步根据新的需要，运用马克思主义哲学的立场、观点和方法，针对新的实际，概括出新的观点和思想。事实上，马克思创立了马克思主义哲学，即历史唯物主义和辩证唯物主义。恩格斯在马克思主义哲学的基础上，进一步推进了马克思主义哲学的发展，对马克思主义哲学的创新和丰富做出了重大的贡献。

哲学虽然是高度抽象的理论思维，但它并不是凭空产生的。人的正确思想从哪里来？只能从现实中来，从实践中来，从群众中来。现实需要哲学，哲学也需要现实；哲学来自现实，又指导现实。广大哲学工作者应深入改革开放实际，深入群众，进行认真的、独立的思考，努力推动哲学发展，推动马克思主义哲学的中国化。一是树立实践意识，勤于社会实践。马克思主义哲学中国化，只在书斋里、只靠书本是推进不了的，必须深入到社会实践中去，在实践中发展。二是树立群众意识，善于向群众学习。群众是真正的英雄，我们自己往往是幼稚可笑的。要向群众学习，把哲学从哲学家的书本、哲学家的书斋、哲学家的小圈子中解放出来。三是树立问题意识，敢于提出疑问。深入实践，深入群众，就会发现问题。哲学就要研究大问题，回答大问题。哲学工作者应该甘于哲学的"贫困"，心怀大志，想大事情，从遇到的问题中抽出重大问题来研究。四是树立创新意识，勇于思考探索。哲学研究必须敢于创新。要树立创新意识，大胆思考、比较、分析、研究，有所发现，有所推进。

坚持党性和人民性的统一[*]

——学习习近平总书记在全国宣传思想工作会议上的重要讲话

习近平总书记在全国宣传思想工作会议上的重要讲话中明确指出："党性和人民性从来都是一致的、统一的。"①这个科学论断从政治和战略的高度强调了党性和人民性相统一的原则，对于在新的历史时期做好党和国家的各项工作，对于进一步繁荣发展哲学社会科学，具有重要的指导意义。

一、党性原则是党的政治属性的集中体现

党性是一个政党的政治本性和特性，是其阶级性的最高和最集中的表现。不同类型的政党因阶级性质不同，其党性的内涵、表现和要求各有不同。资产阶级政党为了掩盖其阶级属性、政治目的和利益诉求的偏狭性，总是刻意回避自己的特定党性，标榜所谓的"非党性""无党性""超党性"和"全民性"，谎称代表全体人民的利益和意志，实际上代表的是少数人或少数利益集团的利益和意志。

马克思主义政党从一开始就公开表明自己的党性，明确宣示自己是代表工人阶级和最广大人民利益的政党。中国共产党对党性问题历来有着高度的政治和理论自觉，成立伊始，就公开申明自己是中国工人阶级的先锋队，其政治目标是实现民族独立和人民解放，在中国建立社会主义社会并最终实现共产主义。在革命、建设和改革的长期实践中，中国共产党以实际行动深刻诠释党性的内涵，不断发展和丰富党性的内容。

---

* 本文发表于《光明日报》2013 年 11 月 3 日，《思想理论动态》2013 年第 11 期。
① 《习近平谈治国理政》，外文出版社 2014 年版，第 154 页。

　　进入新世纪、新阶段，中国共产党根据国际、国内形势的发展以及党自身的变化，对党性做出了更科学、更完整的表述：中国共产党是中国工人阶级的先锋队，同时是中国人民和中华民族的先锋队，是中国特色社会主义事业的领导核心，代表中国先进生产力的发展要求，代表中国先进文化的前进方向，代表中国最广大人民的根本利益，党的最高理想和最终目标是实现共产主义。最近，习近平总书记在全国宣传思想工作会议上高度强调坚持党性原则，再次体现了当代中国共产党人对党性原则的高度自觉。

二、人民性是党的根本宗旨的集中体现

　　人民性的问题，归根到底是一个为了谁、依靠谁的问题，是一个根本立场的问题。对一个政党来说，为什么人的问题，就是立足于哪个阶级的立场，替哪个阶级说话、办事和服务，代表哪个阶级的利益和意志，也就是这个政党的根本宗旨问题。马克思、恩格斯在《共产党宣言》中指出，无产阶级的运动是为绝大多数人谋利益的运动，作为这个运动领导者的共产党人，没有任何同无产阶级的利益不同的利益。立党为公，还是立党为私，是区别无产阶级政党和资产阶级政党的根本标志。

　　坚持人民性原则是落实党的宗旨的重要体现，是贯穿于党的发展历程的一项根本原则。中国共产党作为无产阶级政党，自创立之日起，就把人民群众视为历史的主体、创造世界历史的动力、真正的英雄，并把这个观点贯彻落实到自己的思想路线、组织路线和工作路线当中，形成了人民性原则。早在延安时期，毛泽东同志就明确提出，中国共产党是为民族、为人民谋利益的政党，它本身绝无私利可图。共产党所从事的一切工作，归根到底是为人民服务的，全心全意为人民服务是党的根本宗旨。共产党人的一切言论和行动，必须以合乎最广大人民群众的最大利益并得到最广大人民群众的拥护和支持为最高标准。90 多年来，中国共产党人对自己的根本宗旨始终坚持、毫不动摇，这正是党能够始终获得人民群众支持和拥护的重要原因。

三、全面准确把握党性和人民性的内在一致性

坚持党性和人民性的统一，是马克思主义政党的内在本质，是工人阶级政党制定理论、路线、政策并付诸行动的根本要求。由此，党性和人民性的关系问题，是党的宣传思想工作的根本问题，也是党领导的哲学社会科学研究的根本问题。

党性同人民性的内在一致性，是由党的阶级性质和政治立场决定的，是由党的政治地位和历史使命决定的，是由党的根本宗旨和政治路线决定的，也是由人民的意志和愿望决定的。中国最广大人民群众的根本利益就是党的利益，除此之外党没有任何自己特殊的利益，人民群众的立场就是党的立场，就是党的政策的立场，除此之外党没有需要坚持的其他立场，人民群众对过上美好生活的期待，就是党的历史使命和执政活动的明确目标。从根本上说，站在党的立场上就是站在人民的立场上，坚持党性也就是坚持人民性。

在中国共产党领导和中国特色社会主义的条件下，坚持党性与坚持人民性是一致的，这就决定了对党负责与对人民群众负责是一致的。坚持党性就是坚持人民性，坚持人民性就是坚持党性；党性寓于人民性之中，没有脱离人民性的党性；人民性是党性的体现，没有脱离党性的人民性。对党负责就是对人民负责，对人民负责就是对党负责。只有对上负责而不对下负责，或借口对下负责而不对上负责，试图割裂对上与对下负责、对领导与对群众负责、对党与对人民负责的一致性，在理论上是极端错误的，在实践上则是极其有害的，必须努力加以澄清和纠正。

四、哲学社会科学工作必须贯彻党性和人民性相统一原则

哲学社会科学事业是党领导的人民的事业，哲学社会科学界是党在意识形态领域的重要阵地、重要战线，必须始终如一地贯彻党性和人民性相统一的原则，坚持对党负责和对人民负责的一致性。

首先，必须坚持党对哲学社会科学的领导。各级党委政府要重视和加强对哲学社会科学工作的领导，从政治方向、学术导向、科研课题、机构

设置、人才培养、物质保障等方面关心和支持哲学社会科学事业发展。哲学社会科学研究机构和广大哲学社会科学工作者，要自觉接受党的领导，始终坚持围绕中心，服务大局，以党和国家关注的重大理论和现实问题为主攻方向，发挥好党和人民事业思想库的作用。

其次，必须坚持和巩固马克思主义的指导地位。哲学社会科学工作者要认真学习马克思主义基本理论和马克思主义中国化的最新成果，把马克思主义的立场、观点、方法贯穿到科学研究工作的全过程，提高运用马克思主义世界观、方法论指导研究的能力。同时，要紧跟时代和实践发展步伐，深入探索、研究和回答中国特色社会主义发展实践所提出的新课题，积极推进马克思主义的中国化、时代化、大众化，为丰富和发展中国特色社会主义理论宝库做出新贡献。

再次，必须坚持正确的政治方向和学术导向。在哲学社会科学研究中坚持党性原则，最根本的就是要坚持正确方向。广大哲学社会科学工作者要在思想上、政治上、行动上同党中央保持高度一致，自觉维护中央权威；要善于以精深的学理为基础，深入研究、阐释、宣传党的基本理论、基本路线、基本纲领、基本经验、基本要求，敢于同各种错误思潮和错误观点进行斗争。同时，要贯彻"百花齐放、百家争鸣"方针，在坚持四项基本原则的前提下，鼓励学术自由和学术创新，鼓励哲学社会科学创新人才大量成长，丰富和发展中国特色的哲学社会科学理论体系和学术话语体系，推动哲学社会科学创新体系建设。

最后，必须坚持为人民服务的学术立场。哲学社会科学工作者要站在人民群众的立场上，回答和解决与人民群众根本利益密切相关的重大理论和现实问题，人民群众普遍关注的热点、焦点、难点问题，提出科学的、有说服力的理论分析和对策思考。在此基础上，不断把马克思主义普遍真理同发展着的中国实际和时代特征相结合，不断把党带领人民创造的成功经验上升为理论，实现理论创新成果的"马克思主义中国化"。

总之，哲学社会科学界要通过贯彻落实党性与人民性相统一的原则，实现对党负责和对人民负责的一致性，推动中国特色哲学社会科学的繁荣发展，更好地为人民群众服务，为党和政府决策服务，为中国特色社会主义事业服务。

学好用好马克思主义哲学，努力掌握看家本领*

——学习习近平总书记系列重要讲话精神的体会

习近平总书记指出，今天我们要正确判断形势，在错综复杂的形势变化面前保持头脑清醒，坚定理想信念，科学分析我国发展面临的机遇和挑战，全面看待前进道路上的主流和支流、出现的矛盾和问题，都离不开马克思主义哲学的指导，离不开辩证唯物主义和历史唯物主义的思想方法。马克思主义哲学作为人类智慧的结晶，作为世界哲学发展的优秀成果，深刻揭示了客观世界特别是人类社会发展的一般规律，是科学的世界观和方法论，是马克思主义整个理论体系的核心，是马克思主义政治经济学和科学社会主义的理论前提。历经多年的风雨沧桑，它在当今时代依然有着强大的生命力，依然是指导中国共产党人前进的强大思想武器。在新的历史起点上坚持和发展中国特色社会主义，必须更加自觉地学习马克思主义哲学，掌握科学的世界观和方法论这一看家本领，进一步增强工作的科学性和全面性，不断开创各项工作的新局面。这是当前摆在全党面前的一项非常紧迫的任务。

一、认真学习和熟练运用马克思主义哲学是我们党的优良传统

我们党自创立起就高度重视在思想上建党，其中十分重要的一条，就是坚持用马克思主义哲学教育和武装全党。学哲学、用哲学，是我们党的一个好传统。从以毛泽东同志为代表的党的第一代领导集体，以邓小平同志为代表的党的第二代领导集体，以江泽民同志为代表的第三代领导集体，

* 本文发表于《世界社会主义研究动态》2014 年第 134 期，《哲学研究》2014 年第 6 期，《马克思主义哲学论丛》2015 年第 1 辑，总第 14 辑；以《努力掌握看家本领》为题，摘要并略做修改发表于《社科党建》2014 年第 5 期，《光明日报》2014 年 7 月 7 日。

以胡锦涛同志为总书记的党中央，到以习近平同志为总书记的新一届党中央，在革命、建设、改革的各个历史时期，都始终高度重视学习掌握马克思主义哲学，坚持正确运用马克思主义哲学世界观和方法论，在认识世界和改造世界的过程中不断把握规律、积极运用规律，推动党和人民事业不断从胜利走向胜利。与此同时，马克思主义哲学也在中国革命、建设和改革的实践进程中不断得到丰富和发展，被赋予新的时代特征和新的活力。

毛泽东同志是伟大的马克思主义理论家，当然也是举世公认的杰出的马克思主义哲学家。他始终认为，党的领导干部能否学好马克思主义哲学，是一个重大的思想问题和政治问题。毛泽东同志强调指出："马克思主义有几门学问：马克思主义的哲学，马克思主义的经济学，马克思主义的社会主义——阶级斗争学说，但基础的东西是马克思主义哲学。这个东西没有学通，我们就没有共同的语言，没有共同的方法，扯了很多皮，还扯不清楚。有了辩证唯物论的思想，就省得许多事，也少犯许多错误。"①毛泽东同志把学习、研究、发展马克思主义哲学作为毕生的事业，反复告诫全党要学习掌握马克思主义哲学。他不仅反复研读马克思、恩格斯、列宁的著作，亲自为领导干部讲授哲学课，而且撰写了《实践论》《矛盾论》《关于正确处理人民内部矛盾的问题》《人的正确思想是从哪里来的》等大量马克思主义哲学的经典之作。除这样一些专门著作外，毛泽东同志所撰写的其他几乎所有重要著作和文章，也都包含着丰富而深刻的马克思主义哲学原理。关于马克思主义哲学的新观点和新概括，都是马克思主义理论宝库的重大贡献，在马克思主义哲学发展史上占有极为重要的地位。毛泽东同志不仅身体力行带头学习、研究、宣传、发展马克思主义哲学，而且要求党的高级干部学哲学，主张把哲学从哲学家的书斋里解放出来，变成人民群众的锐利思想武器和伟大认识工具。

在毛泽东同志的倡导和影响之下，一大批老一辈革命家和党的领导人重视对马克思主义哲学的学习和研究，善于把马克思主义基本理论与中国具体实践相结合，运用唯物辩证法和历史唯物主义破除形而上学和历史唯心主义，破除教条主义和经验主义，对党和国家事业的发展发挥了极为重要的作用。邓小平同志曾经指出："现在我们的干部中的很多人不懂哲学，

---

① 《毛泽东文集》第 6 卷，人民出版社 1999 年版，第 396 页。

很需要从思想方法、工作方法上提高一步……总之，很需要学习马克思主义哲学就是了。"①他还提出，要选编马克思主义经典作家特别是毛泽东同志的著作，作为干部学习马克思主义哲学的教材。毫无疑问，邓小平理论是中国化马克思主义理论体系的重要组成部分，也是中国化马克思主义哲学体系的重要内容。陈云同志从延安时期起，就始终如一地坚持学习马克思主义哲学，特别是毛泽东同志的哲学思想，认为"学习哲学，可以使人开窍。学好哲学，终身受用"②；"学了哲学，脑袋会更加灵光"③。他反复强调，学习马克思主义哲学是思想上的基本建设；只有掌握马克思主义哲学，思想上、工作上才能真正提高；如果对辩证唯物主义一窍不通，就总要犯错误。他曾多次向中央建议，在全党提倡学哲学主要是马克思主义哲学，认为"要把我们的党和国家领导好，最要紧的，是要使领导干部的思想方法搞对头，这就要学习马克思主义哲学"④；领导干部必须把这个学习看成是工作的一部分和自己的一项重要责任，学会自觉地用实事求是的辩证唯物论指导党和国家的政治、经济等各方面的工作，逐步培养起科学的思想方法和工作方法。今天人们熟知的"不唯上、不唯书、只唯实，交换、比较、反复"⑤的十五字箴言，是陈云同志在中国革命和建设实践中学习运用马克思主义哲学的经验总结，充分反映了陈云同志对马克思主义唯物辩证法的独特理解。江泽民同志和胡锦涛同志也曾多次号召，党的领导干部要认真学习和研究马克思主义哲学，掌握科学的世界观和方法论，提升马克思主义理论素养，善于运用正确的立场、观点、方法分析和解决问题。"三个代表"重要思想和科学发展观作为中国特色社会主义理论体系的重要组成部分，包含着十分丰富的马克思主义哲学思想。

　　以习近平同志为核心的党中央把学习马克思主义哲学放在党的建设特别是思想建设更加重要的位置。中央政治局专门以"历史唯物主义基本原理和方法论"为题进行集体学习，充分反映出新一届中央领导集体对学习马克思主义哲学的高度重视。习近平总书记指出，我们党在中国这样一个

①《邓小平文选》第2卷，人民出版社1994年版，第303—304页。
②《陈云文选》第3卷，人民出版社1995年版，第362页。
③中共中央文献研究室编：《陈云年谱》（下卷），中央文献出版社2000年版，第408页。
④《陈云文选》第3卷，人民出版社1995年版，第360页。
⑤同上书，第371页。

有着 13 亿人口的大国执政，面对着十分复杂的国内外环境，肩负着繁重的执政使命，如果缺乏理论思维的有力支撑，是难以战胜各种风险和困难的，也是难以不断前进的。党的各级领导干部特别是高级干部要专心致志、原原本本地学习和研读马克思主义经典著作，深入理解马克思主义的精神实质和思想精髓，努力掌握贯穿其中的马克思主义立场观点方法，学懂弄通马克思主义基本原理。全党上下要把学哲学、用哲学当作一个战略问题来抓；党的各级领导干部要把精通历史唯物主义的基本原理和方法论、系统掌握马克思主义基本理论作为自己的看家本领，坚定理想信念，坚持正确政治方向，提高战略思维能力、综合决策能力、驾驭全局能力，团结带领人民不断书写改革开放历史新篇章。在学好用好马克思主义哲学问题上，习近平总书记既是这样要求全党的，也是躬身力行的，为全党学习和运用马克思主义哲学做出了表率。

二、习近平总书记系列重要讲话是运用马克思主义立场观点方法分析、认识、解决问题的典范

马克思主义立场观点方法，就是马克思主义的哲学世界观和方法论，就是我们通常讲的辩证唯物主义和历史唯物主义。这是共产党人观察和解决一切问题的政治上的望远镜和显微镜，是我们党解决当前和今后一个时期关系党和国家工作全局的一系列重大理论和现实问题的哲学依据，是全党思想统一、行动一致的最根本的思想基础。党的十八大以来，习近平总书记在党和国家重要会议，在国内考察、出国访问和国际论坛等多种场合，发表了一系列重要讲话。这一系列重要讲话通篇贯穿了一脉相承、一以贯之的一条红线，就是马克思列宁主义、毛泽东思想和中国特色社会主义理论体系所贯穿的基本立场、基本观点、基本方法，即马克思主义哲学世界观方法论。换言之，马克思主义立场观点方法是贯穿于习近平总书记系列重要讲话之中的活的灵魂和精神实质。深入学习贯彻习近平总书记系列重要讲话精神，最根本的是学习讲话贯穿的思想精髓即科学的世界观方法论，学会用马克思主义的立场观点方法认识问题、分析问题和解决问题，不断提高马克思主义理论素养和运用马克思主义处理问题的能力。

实事求是，一切从实际出发，是马克思主义哲学特别是中国化马克思

主义理论成果毛泽东哲学思想的精髓。习近平总书记系列重要讲话本身就是坚持解放思想、实事求是的思想路线，准确把握客观实际、科学掌握客观规律的创新产物。习近平总书记牢牢把住实事求是精髓，一切从中国国情实际出发，从客观事物本身具有的规律出发，分析问题、认识问题、说明问题，导引出解决当前中国一切复杂难题的良方益药。他强调，在革命、建设、改革的各个历史时期，我们党系统、具体、历史地分析中国社会运动及其发展规律，在认识世界和改造世界过程中不断把握规律、积极运用规律，推动党和人民事业取得了一个又一个胜利。应对当前我国发展面临的一系列矛盾和挑战，关键在于尊重和把握客观规律，按客观规律办事。他客观分析我国国情实际、党情实际和世界发展变化的世情实际，得出了一系列正确判断和科学结论。他的系列重要讲话，就是对当今中国和世界的实际进行全面把握和实事求是分析的科学成果。

辩证唯物主义是关于自然、社会和思维发展一般规律的普遍概括，是我们共产党人观察分析处理一切问题的思想方法。习近平总书记善于运用辩证法分析复杂事物，全面把握事物变化及其关系，通透理解辩证思维方式和辩证分析方法。他反复强调要增强战略思维、辩证思维、系统思维、创新思维和底线思维能力，要善于运用辩证法，正确地观察分析事物，研究解决改革发展中的困难和问题，不断增强决策的科学性、前瞻性、主动性。对于学习实践科学发展观，他提出："要特别注意掌握蕴含其中的辩证方法"，"科学发展观是充分贯彻和体现马克思主义唯物辩证法的发展观。它所强调的发展，是正确处理局部与全局、数量与质量、速度与效益关系的又好又快发展，是正确处理人与人、人与社会、人与自然关系的协调发展，是正确处理城市与农村、发达地区与欠发达地区、国内发展与对外开放关系的统筹发展，是正确处理经济、政治、文化、社会以及生态等各方面关系的全面发展，是正确处理当前与长远、现在与未来关系的可持续发展。"[1]他灵活地运用辩证思维方式思考和处理改革开放问题，要求从纷繁复杂的事物表象中把准改革脉搏，把握全面深化改革的内在规律，指出全面深化改革是一项复杂的系统工程，应有总体设计和总体规划，包括总体方案、路线图、时间表以及战略目标、工作重点、优先顺序等。要加强顶层

---

[1]　人民日报社理论部编《深入学习习近平同志系列讲话精神》，人民出版社 2013 年版，第 86 页。

设计，增强改革措施的系统性、协调性，对经济体制、政治体制、文化体制、社会体制、生态文明体制改革进行整体谋划，加强各领域改革的关联性、系统性、协同性研究，使改革举措具有可行性和可操作性，使各项改革举措在政策取向上相互配合、在实施过程中相互促进、在实际成效上相得益彰。

对立统一规律即矛盾规律是辩证法的核心和实质，掌握了矛盾分析方法，也就掌握了辩证法。习近平总书记系列重要讲话通篇贯穿了对立统一的辩证法和矛盾分析方法。他娴熟地运用辩证法的"矛盾论"和"两点论"来观察和处理问题，要求把握全面深化改革的重大关系，处理好解放思想和实事求是的关系、整体推进和重点突破的关系、顶层设计和摸着石头过河的关系、胆子要大和步子要稳的关系，以及改革、发展、稳定的关系。关于既要以经济建设为中心，又要重视党的意识形态工作；既要坚定不移地抓好党的建设、反腐倡廉建设，又要坚定不移地、大胆地推进改革开放；既要在新的历史起点上全面深化改革，又必须要牢牢坚持全面深化改革的正确方向，坚持和完善我国基本经济制度；既要重视市场在资源配置中的决定性作用，又要更好发挥政府作用；既要统筹兼顾又要突出重点，既要立足当前又要放眼长远，既要把握国情又要了解世界，既要循序渐进又要竞相突破，既要胸怀全局又要抓好局部，既要治标也要治本，等等，他都为我们提供了成功运用辩证法的范例。

历史唯物主义是马克思主义关于社会历史发展问题的哲学总说明，是我们共产党人认识社会问题、解决社会问题、推进社会进步的思想武器。习近平总书记告诫我们，历史和现实都充分表明，只有坚持历史唯物主义，科学分析中国社会运动及其发展规律，才能不断把对中国特色社会主义规律的认识提高到新水平，才能不断推进中国特色社会主义的发展。毛泽东同志提出以农村包围城市、武装夺取政权的革命道路，带领人民成功地进行社会主义改造运动，进行艰辛的社会主义探索，取得社会主义建设的伟大成就；邓小平同志果断决定把党和国家工作中心转移到经济建设上来，实行改革开放，成功地开创中国特色社会主义事业；我们党在改革开放实践中不断回答"什么是社会主义，怎样建设社会主义""实现什么样的发展，怎样发展"这些发展中国特色社会主义的重大课题，都是正确运用历史唯物主义的结果。

习近平总书记正是以唯物史观的远见卓识，科学地把握了人类历史发展的总趋势，既看到历史发展的光明前景，又清醒地看到当前存在的困难和问题。他告诉我们，既要看到国际金融危机所体现出来的资本主义必然灭亡、资本主义内在矛盾不可克服的历史趋势，同时又要实事求是地看到资本主义现在还有自我调节的能力，总体上还是资强社弱，要有长期斗争的思想准备。正因为站在彻底的历史唯物主义的立场上，正因为对人类历史发展规律和发展总趋势的彻底的理论把握，他要求我们，必须树立坚定的共产主义理想和中国特色社会主义共同理想。习近平总书记指出，革命理想高于天。没有远大理想，不是合格的共产党员；离开现实工作而空谈远大理想，也不是合格的共产党员。学习贯彻讲话精神，说到底要靠彻底的历史唯物主义的哲学支撑，树立对马克思主义、科学社会主义的坚定信仰，对共产主义和中国特色社会主义的坚定信念，对党和人民事业的坚定信心，对党和人民的无限忠诚；又要把最高纲领和最低纲领统一起来，把远大理想和共同理想统一起来，苦干实干，扎实推进中国特色社会主义伟大实践。

社会基本矛盾原理是历史唯物主义的基本原理，社会基本矛盾分析方法是历史唯物主义的基本方法。习近平总书记从唯物史观社会基本矛盾原理和分析方法出发，把生产力和生产关系的矛盾运动同经济基础和上层建筑的矛盾运动结合起来观察，把社会基本矛盾作为一个整体来观察。他提出生产力是社会基本矛盾的主要方面，坚持发展生产力仍是解决我国所有问题的关键这个重大战略；提出社会基本矛盾是不断发展的，调整生产关系、完善上层建筑必须相应地不断进行下去，改革开放只有进行时，没有完成时，要适应我国社会基本矛盾运动的新变化，推进改革开放；提出要以经济建设为中心，发挥经济体制改革的牵引作用，带动全面改革，推动我国生产关系与生产力、上层建筑与经济基础相适应；提出了社会主义市场经济体制改革的总体目标、原则方针和实施步骤，以进一步解放和发展社会生产力，促进经济社会全面健康科学发展。

群众观点是唯物史观的根本观点，群众路线是我们党的根本政治路线。习近平总书记认为，坚持群众观点和群众路线是历史唯物主义的重要内容，是无产阶级政党的本质要求。一切为了群众，一切从人民的利益出发，是我们党的价值追求，是党开展一切工作的根本目的和宗旨。要进一步实现社会公平正义，通过制度安排更好保障人民群众各方面权益。要在全体人民共同奋斗、经济社会不断发展的基础上，通过制度安排，依法保障人民权益，让全体人民依法平等享有权利和履行义务。要坚持把实现好、维护好、发展好最广大人民根本利益作为推进改革的出发点和落脚点，让发展成果更多、更公平地惠及全体人民。

从群众中来、到群众中去，是建立在唯物史观基础上的党的根本工作路线，也是党的根本认识路线。习近平总书记说："人民群众中有的是能者和智者，要虚心向他们求教问策，把政治智慧的增长、执政本领的增强、领导艺术的提高深深扎根于人民群众的实践沃土之中，不断从人民群众中吸收营养和力量。"①人民是创造历史的真正主人，正是坚持一切依靠人民，一切为了人民，从群众中来、到群众中去的马克思主义群众观、马克思主义认识论，习近平总书记大力倡导转变作风、密切联系群众，推动在全党深入开展群众路线教育实践活动，在全面转变作风方面取得良好效果。

三、学好用好马克思主义哲学是坚持和发展中国特色社会主义的必然要求

当前，我国正处于经济社会发展的转折点和关键期，改革开放的深水期和攻坚期，处在全面建成小康社会、实现第一个百年奋斗目标的决胜阶段。面对十分复杂的国际国内形势，肩负更加繁重艰巨的历史使命，各级领导干部尤其需要认真学习马克思主义哲学，努力掌握并熟练运用马克思主义哲学世界观和方法论这一看家本领，不断把党领导的中国特色社会主义建设事业推向前进。

第一，学好用好马克思主义哲学是坚定理想信念的迫切需要。马克思主义哲学是关于自然、社会和思维发展规律的科学，是整个马克思主义理论体系的核心内容，是马克思主义政治经济学和科学社会主义的理论基础。可以说，没有马克思主义哲学，就没有马克思主义的政治经济学，就没有科学社会主义，因此也就谈不上中国特色社会主义。只有学懂弄通了马克思主义哲学，特别是领会掌握了马克思主义哲学世界观和方法论，才能深入理解马克思主义政治经济学，深入理解科学社会主义和中国特色社会主义，深入理解中国特色社会主义与科学社会主义一脉相承的关系。只有学懂弄通了马克思主义哲学，才能深刻认识和准确把握人类社会发展规律、

① 人民日报社理论部编《深入学习习近平同志系列讲话精神》，人民出版社 2013 年版，第 88 页。

社会主义建设规律和共产党执政规律，始终坚定共产主义理想和中国特色社会主义信念，坚定道路自信、理论自信、制度自信，在纷繁复杂的形势下坚持科学指导思想和正确前进方向。

第二，学好用好马克思主义哲学是树立正确的世界观、人生观和价值观的迫切需要。马克思主义哲学作为人类智慧的结晶和人类一切知识的最高概括，是思想法宝和智慧之剑。顾名思义，世界观是人们对整个世界包括自然界和社会的根本看法和观点，主导着人们的思想、言论和行为。世界观决定价值观，价值观决定人生观。树立正确的世界观，就能够树立正确的价值观、人生观，就能够运用马克思主义的立场观点方法去观察认识自然和社会，正确处理人与自然、个人与社会、个人与集体以及他人之间的关系，正确认识人生和人的价值，找准自己在社会和群体中的位置，明确自己所应承担的责任。只有学懂弄通了马克思主义哲学，掌握了这个大智慧，才会对客观世界和现实社会有正确的看法和认识，才会对自己有一个正确的估价，自觉地把个人的前途命运与国家和民族的前途命运紧紧联系在一起，真正实现自己的人生价值。

第三，学好用好马克思主义哲学是提升干部队伍理论素养的迫切需要。理论素养关乎党性修养和执政能力。马克思主义理论素养是各级领导干部的必备素质，是保持政治上坚定的思想基础。相比而言，马克思主义哲学素养更具有根本性和决定性。哲学素养的高低直接关系到视野是否开阔、眼光是否长远、胸怀是否宽广，是否具有较强的战略思维、辩证思维、系统思维、宏观思维、创新思维、底线思维和逻辑思维能力。只有学懂弄通了马克思主义哲学，才会做到高瞻远瞩、深谋远虑、未雨绸缪、洞察秋毫，才会善于从全局而非仅仅局部，从宏观而非仅仅微观，从长远而非仅仅眼前，从本质而非仅仅现象，唯物辩证地认识问题、分析问题和处理问题，避免主观主义、经验主义、教条主义和形而上学，尽可能少犯错误，不犯大的错误或无可挽回的颠覆性错误。

第四，学好用好马克思主义哲学是全面深化改革的迫切需要。改革是发展的重要动力，也是社会主义社会基本矛盾运动的必然要求。当前，我国经济社会发展正处于一个重大的历史转折时期，改革正处于深水区，牵一发而动全身。党的十八届三中全会提出的全面深化改革，包括经济、政治、文化、社会、生态文明领域的改革，还包括中国共产党自身建设制度的改革。可以说，与以往相比，今天的改革面临着更大的风险和挑战，改革的深刻性、复杂性、艰巨性都前所未有。在这样一种条件下，要更加注重改革的方法论，要敢于啃硬骨头，敢于涉险滩，既勇于冲破思想观念的障碍，又勇于突破利益固化的藩篱。只有学懂弄通了马克思主义哲学，学懂弄通了唯物辩证法，才会深入理解党中央做出的全面深化改革的决策部署和习近平总书记关于全面深化改革系列重要讲话精神，真正掌握改革的科学方法，增强改革决策的科学性、前瞻性、主动性，妥善解决改革过程中的矛盾和问题，使各项改革举措落到实处。

第五，学好用好马克思主义哲学是增强政治敏锐性和政治鉴别力的迫切需要。当今世界纷繁复杂，各种思潮相互激荡，新自由主义、民主社会主义、历史虚无主义、普世价值观，资产阶级民主、自由、人权、平等观，以及质疑改革开放等错误思潮，在干部群众中产生着不同程度的影响。与此同时，敌对势力对我国实施西化、分化的战略图谋没有改变。意识形态领域面临的复杂和严峻形势，对领导干部的政治敏锐性和政治鉴别力提出了更高要求。只有学懂弄通了马克思主义哲学，掌握了马克思主义哲学的基本原理，才能在大是大非面前保持清醒的政治头脑和坚强的政治定力，有效抵御腐朽思想文化和各种错误思潮的侵蚀和影响；才能分清什么是真正的马克思主义，什么是打着马克思主义旗号的假马克思主义，同形形色色的错误思潮和错误观点划清界限；才能剥去罩在各种社会思潮上的美妙面纱，看到其中隐藏的政治目的或可能带来的消极影响和严重后果；才能坚持马克思主义的革命性和彻底性，在事关马克思主义和社会主义基本原则、事关方向道路的根本问题上，立场坚定、旗帜鲜明，开展积极的舆论斗争。

无论从事哪一方面的工作，无论是领导干部还是普通群众，可以不以从事哲学研究为业，但决不能没有哲学的头脑。我们要认真学习马克思主义经典著作，学习毛泽东同志的著作，学习邓小平、江泽民、胡锦涛同志的著作，学习党的重要文献，学习习近平总书记的系列重要讲话，学习中国特色社会主义理论体系，努力掌握马克思主义哲学世界观和方法论，大力提升自己的哲学素养，为全面深化改革，为实现中华民族伟大复兴的中国梦，奠定坚实的思想和理论基础。

学习历史唯物主义，运用历史唯物主义[*]

历史唯物主义即唯物主义历史观，简称唯物史观，是人类思想史上全新的历史观。作为马克思主义哲学的重要组成部分，它揭示了人类社会历史发展的客观规律，是关于人类社会发展一般规律的科学。它既是世界观，为人们提供认识社会历史问题的根本看法，又是方法论，为人们提供处理社会历史问题的基本方法，是正确认识、改造人与社会，推进人与社会自由全面发展的锐利思想武器。

一、历史唯物主义的创立及其伟大历史功绩

历史唯物主义的创立是人类思想史上的一场伟大革命。它将唯心主义从社会历史领域中彻底清除出去，实现了自然观上的唯物主义与历史观上的唯物主义的统一，使马克思主义哲学成为彻底的和完备的唯物主义学说。

（一）历史唯物主义创立的历史条件和过程

历史唯物主义是特定社会历史条件的产物，是人类社会思想发展的必然结果。

资本主义社会化大生产为历史唯物主义的创立提供了物质前提。社会化大生产在极大地提高生产力的同时，造就了历史上最为复杂的生产组织，社会日益分裂为两大对立阶级——工人阶级和资产阶级。社会化生产同生产资料私人占有的资本主义社会基本矛盾，为理解社会发展趋势提供了充足、客观的依据。资本主义的社会结构和关系变得容易解剖起来，以往私有制社会的结构和关系也能够为人们所看透。资本主义开创了"世界历史"，让社会规律越来越清晰地呈现出来，剥削阶级再也不能够肆意地以阶级偏见来歪曲历史，人们再也不会片面地了解社会历史。

近代英法的思想家始终致力于对社会历史的探索，并在经济学和历史学上取得了难能可贵的研究成果。以圣西门、傅立叶、欧文为代表的空想社会主义者提出了许多宝贵的社会改革方案，德国古典哲学家黑格尔和费尔巴哈也分别阐述了辩证法和唯物主义思想，这都为既唯物又辩证的新的社会历史理论的创立准备了扎实的思想基础。

马克思、恩格斯顺应了时代的要求，承担起创立历史唯物主义的重任。早在1842—1843年，马克思就遇到了"对所谓物质利益发表意见的难事"，这促使他努力地探寻社会发展的内在规律。1845年春完成的《关于费尔巴哈的提纲》表明科学的实践观已经形成，新世界观的萌芽在此产生，这是历史唯物主义的起源。1845年，马克思和恩格斯合著了《德意志意识形态》，系统论述了物质生产是社会生活的前提和基础，一切的历史都发祥于物质生产，生产力的总和决定社会的总体状况。

1847年和1848年的《哲学的贫苦》和《共产党宣言》，向世人公开阐述了历史唯物主义原理。马克思、恩格斯一再强调，无产阶级只有坚决地改变现存的社会关系才能真正地解放自己，社会革命是生产力发展的历史结果，废除资产阶级的私有制是历史铁律，不以任何人的主观意志为转移。1859年，马克思在《〈政治经济学批判〉序言》中，对历史唯物主义基本观点做了简明、精辟、系统的表述。至此，历史唯物主义的基本原理得以确立起来。

（二）历史唯物主义的伟大历史功绩

历史唯物主义的创立具有划时代的伟大意义。它是社会历史观的空前变革，哲学从此不再是束之高阁的学术专利品，而是面向现实、改变世界的强大武器。

第一，历史唯物主义揭示了社会历史的运动规律。自古及今，人们都在不断地追问社会发展的原因，探索社会发展的规律和趋势，试图解释人类社会何以产生、何以运行、何以发展的问题。但在马克思创立唯物史观之前，人类始终陷于唯心史观的思想迷途而不能自拔。马克思与唯心史观相反，不是从主观意识、客观精神、上帝、神意或抽象的人性出发，而是从现实的人及其活动出发，从现实的人的物质生活条件出发。在马克思看来，"有生命的个人的存在"是全部人类历史的第一个前提。人们为了创造历史，必须能够生活。为了生活，就必须进行物质生活资料的生产。物质生产是人类的第一个历史活动，是一切历史的基本条件。任何一个民族，如果停止生产，不用说一年，就是几个星期，也要灭亡。追求生存发展需要的满足，是人们的一切思想动机背后的最深刻的物质根源；人们所从事的物质资料生产，是社会发展的根本原因。人类社会的一切经济关系、政治关系、社会关系、思想文化关系，都是在物质生产基础上建构起来的，并随着物质生产的发展变化而发展变化；必须从人类生存发展的物质经济基础出发来说明人类社会的发展变化，来说明一切人类社会历史现象。对历史规律的揭示和把握，使得人们的历史活动有了总体的目标和方向，人类能动地改造世界不再仅仅是一个美好的愿望。

　　第二，历史唯物主义使社会主义由空想变为现实。历史唯物主义和剩余价值理论是马克思一生的两大发现。历史唯物主义告诉人们，社会主义的建立是历史发展的大趋势，是符合社会发展规律的。剩余价值理论则证明了资本主义制度绝不像资本家鼓吹的那样完美无瑕，它只是人类历史上最终形式的私有制，必将被生产资料公有制的社会主义所取代。至此，社会主义再也不是天才头脑的偶然发现和理论家的"梦的呓语"，而是实实在在的运动，它起源于粗糙的物质生产，是人民遵循社会历史规律而必然要走的社会发展道路。历史唯物主义和剩余价值理论共同将社会主义理论建立在了科学的基础之上。

　　第三，历史唯物主义是无产阶级战无不胜的思想武器。历史唯物主义帮助无产阶级认清了自己的历史地位和社会使命，无产者用自己的双手去实现自身的解放。"对实践的唯物主义者即共产主义者来说，全部问题都在于使现存世界革命化，实际地反对并改变现存的事物。"[1]在历史唯物主义的指导下，无产阶级能够准确、客观、真实地认识革命或建设的实际状况，实事求是地改变世界，创造未来。共产主义运动史已经证明，无论是在过去还是现在，不论是在北半球还是在南半球，无产阶级都取得了令人骄傲的革命或建设成就，历史唯物主义是无产阶级无坚不摧、无往不胜的思想武器。

---

① 《马克思恩格斯选集》第 1 卷，人民出版社 2012 年版，第 155 页。

二、历史唯物主义的基本原理

历史唯物主义是关于社会发展的根本动因、总体进程、一般规律和必然趋势的学说。它揭示了人类社会发展的基本规律和历史必然性，也指明了实现这一历史必然性的动力和主体力量。它包含的内容非常丰富，撮其要者，主要包括社会存在决定社会意识、社会基本矛盾是社会历史发展的根本动力、人民群众是历史的创造者等基本原理。这些基本原理各有侧重，相辅相成，是内在统一的。

（一）社会存在和社会意识的辩证关系

社会存在和社会意识的关系问题是哲学基本问题在历史观上的延伸，正确认识这一问题是解决其他社会历史观问题的基础和前提。对这个问题的回答，历来存在着两种根本对立的观点：历史唯物主义和历史唯心主义。在马克思主义哲学产生之前，历史唯心主义长期占据主导地位，但它的缺陷显而易见：历史唯心主义主张社会意识决定社会存在，至多考察了人们活动的思想动机，而没有进一步考究思想动机背后的物质动因和经济根源，因而历史唯心主义把社会历史看成是精神发展史，从根本上否认了人民群众在社会历史发展中的决定作用。马克思在 1859 年总结自己的理论和实践活动时阐明了历史唯物主义的基本观点："物质生活的生产方式制约着整个社会生活、政治生活和精神生活的过程。不是人们的意识决定人们的存在，相反，是人们的社会存在决定人们的意识。"①

社会存在是社会生活的物质方面，主要是指物质生活资料的生产及生产方式，也包括地理环境和人口因素。其中，生产方式包括生产力和生产关系，是社会历史发展的决定力量，是人类社会赖以存在和发展的基础，是人类其他一切活动的首要前提。物质生产活动及生产方式决定着社会的结构、性质和面貌，制约着人们的全部社会生活，它的变化发展决定着整个社会历史的发展变化。

社会意识是社会生活的精神方面，是社会存在的反映，总括了人的一切意识要素和观念形态，包括政治、法律、道德、艺术、宗教、哲学和科

_____

① 《马克思恩格斯选集》第 2 卷，人民出版社 2012 年版，第 2 页。

学等等的思想和观点。社会意识与社会存在的发展有时会产生不完全同步性和不平衡性，社会经济发展水平较高的国家、民族或地区，社会意识的发展水平未必都是最高的；某些经济水平相对落后的国家、民族或地区，其社会意识的某些方面却可以领先于经济发达的国家、民族或地区。中国特色社会主义理论体系就是先进的社会意识，我们不能因综合国力上的暂时落后而妄自菲薄，要对中国特色社会主义理论体系和我们的优秀文化充满信心，对中国道路充满信心。

社会存在和社会意识是辩证统一的。社会存在决定社会意识，社会意识反作用于社会存在。当社会意识反映了社会发展的趋势和要求，对社会发展就起着积极的促进作用；相反，落后的社会意识不符合社会发展的趋势和要求，对社会发展就起着阻碍的作用。因此，正确而充分地发挥社会意识的能动作用，有赖于先进文化特别是社会主义先进文化的建设。

（二）社会基本矛盾是社会历史发展的根本动力

生产力和生产关系、经济基础和上层建筑构成的社会基本矛盾，是社会历史发展的根本动力。

生产的目的是满足人的需要，人类第一个历史活动就是生产物质资料。生产力是人类社会生活和全部历史的基础，它是人类在生产实践中形成的改造和影响自然以使其适合社会需要的物质力量。生产力由劳动资料、劳动对象和劳动者等要素构成，劳动者在生产力诸因素中最重要、最活跃，最具能动性，因而人才资源是第一资源。生产力中还包括科学技术。科学技术能够应用于生产过程，渗透在生产力诸要素之中而转化为实际生产能力。现代科学技术对于生产发展的作用越来越大，日益成为生产发展的决定性因素，是先进生产力的集中体现和主要标志。在这个意义上，"科学技术是第一生产力"。

生产关系是人们在物质生产过程中形成的客观的社会经济关系，是生产力得以在其中发展的社会形式。狭义的生产关系是指人们在直接生产过程中结成的相互关系，包括生产资料所有制关系、生产中人与人的关系和产品分配关系。广义的生产关系是指人们在再生产的过程中结成的相互关系，包括生产、分配、交换和消费等诸多关系在内的生产关系体系。在生产关系中，生产资料的所有制关系是最基本的，它决定着物质资料的生产、分配、交换和消费。

生产力和生产关系是社会生产不可分割的两个方面，二者是有机的结合和统一关系。生产力决定生产关系，生产关系又反作用于生产力。

生产力状况决定生产关系的性质，并决定生产关系的发展变化。当生产关系不能适应生产力的发展要求时，人们就要变革旧的生产关系，以适应生产力的发展。否则，落后的生产关系就会阻碍生产力的发展，从而使整个社会停止发展乃至倒退。生产关系一定要适合生产状况，这是一条亘古不变的规律。

同生产力发展一定阶段相适应的生产关系的总和就是社会的经济基础。经济基础的实质是社会一定发展阶段上的基本经济制度，是制度化的物质社会关系。上层建筑是建立在一定经济基础之上的意识形态及相应的制度、组织和设施，以及与之相适应的政治、法律、宗教、艺术、哲学等观点的总和。上层建筑可分为政治上层建筑和观念上层建筑。政治上层建筑即政治、法律制度和设施，观念上层建筑即意识形态。在整个上层建筑中，政治上层建筑居主导地位，国家政权是其核心。

经济基础和上层建筑是辩证统一的。经济基础决定上层建筑，上层建筑对经济基础具有反作用。有什么样的经济基础，就有什么样的上层建筑，经济基础的变革必然引起上层建筑的变革，并决定其变革的方向。上层建筑可以形成、维护、巩固和加强经济基础在社会中的统治地位，对内排除异己、打击敌对势力；对外保护国家主权不受侵犯。当上层建筑为适合生产力发展要求的经济基础服务时，就会成为推动社会发展的进步力量；反之，就会成为阻碍社会发展的消极力量。因此，当上层建筑不适合经济基础状况时，就要对其进行改革。上层建筑一定要适合经济基础状况，这也是一条客观规律。

生产力和生产关系、经济基础和上层建筑的矛盾是社会基本矛盾。这两对矛盾贯穿人类社会发展过程的始终，决定和制约着其他社会矛盾的产生与解决，影响着整个社会的总体面貌，并推动着社会发展的历史进程。

社会基本矛盾是社会发展的根本动力。生产力是社会基本矛盾运动中最基本的动力因素，是人类社会发展和进步的最终决定力量。生产力是社会存在和发展的物质基础，是不能任意选择的物质力量和历史活动的前提，它是社会进步的根本内容，是衡量社会进步的根本尺度。生产力发展既是社会物质文明发展的基本内容，也是制约政治文明、精神文明和生态文明发展的基本物质条件。只有在生产力发展的基础上，才有可能充分满足人民群众的物质生活和精神生活的需要。

在社会基本矛盾的运动中，生产力和生产关系的矛盾是更为基本的矛盾。生产力和生产关系的矛盾决定经济基础和上层建筑的矛盾的产生和发展，"一切历史冲突都根源于生产力和交往形式之间的矛盾"①。但经济基础和上层建筑的矛盾也会影响和制约生产力和生产关系的矛盾。这是因为，生产力和生产关系的矛盾的最终解决也要有赖于经济基础和上层建筑的矛盾的解决。生产关系的变革或经济基础的变化受制于社会意识形态和政治法律制度即上层建筑的变化或变革，当上层建筑适应新的经济基础时，就必然会促进经济和社会的进步。当上层建筑不适应经济基础状况并阻碍生产力的发展时，只有对其进行坚决和彻底的变革，才能解决经济基础和上层建筑的矛盾，进而解决生产力和生产关系的矛盾，达到解放生产力、发展生产力的目的。

（三）人民群众是社会历史的主体，是创造历史的动力

社会历史在生产力和生产关系、经济基础和上层建筑的矛盾运动中进行，而历史的主体是人。人的历史活动创造了历史。

在"谁是历史的创造者"这个问题上，很多历史唯心主义者都只承认英雄人物的历史作用，而无视人民群众的力量。"我们所见到的世界上存在的一切成就，本是来到世上的伟人的内在思想转化为外部物质的结果，也是他们思想的实际体现和具体化。"②这种历史观被称为英雄史观。早在1844年，马克思和恩格斯就指出"历史活动是群众的活动"③，决定历史发展的是"行动着的群众"④。这是马克思主义哲学的群众史观。群众史观和英雄史观集中反映了历史唯物主义和历史唯心主义在历史创造者上的主要分歧。

历史中的每个人都发挥着自己的作用。杰出个人的作用当然更为明显，他们被称为历史人物，是历史事件的当事人，是历史任务的提出者和承担者。但是，不管什么样的历史人物，在历史上发挥什么样的作用，都要受

①《马克思恩格斯文集》第1卷，人民出版社2009年版，第567—568页。

②托马斯·卡莱尔：《论历史上的英雄、英雄崇拜和英雄业绩》，周祖达译，商务印书馆2010年版，第1页。

③④《马克思恩格斯文集》第1卷，人民出版社2009年版，第287页。

到社会发展客观规律的制约，而不能决定和改变历史发展的总进程和总方向。历史人物的思想、行为必须符合社会发展规律，必须符合人民群众的意愿。顺应历史发展要求和人民群众意愿的历史人物就是能够起到推动社会前进的积极作用的杰出人物；相反，违背社会历史发展的规律性和必然性的历史人物，就违抗了人民群众的意愿，是反面人物。

历史唯物主义不否认杰出人物、英雄在历史上的作用，但更强调人民群众在历史发展中起决定性作用。毛泽东指出："人民，只有人民，才是创造世界历史的动力。"[①]因为人民群众是社会历史实践的主体，生产力的决定作用是通过人民群众的历史创造活动来实现的。生产力的主体是劳动者，劳动群众是人民群众的基本部分。人民群众是社会物质财富的创造者，是社会精神财富的创造者，是社会变革的决定力量。所以，生产力的主体和历史的主体是一致的，生产力的决定作用即意味着人民群众的决定作用。中国共产党领导革命和建设取得成功的一条基本经验，就是坚持群众史观，贯彻"一切为了群众，一切依靠群众，从群众中来，到群众中去"[②]的群众路线。历史证明，群众路线是我们党的生命线和根本工作路线。

人民群众不仅是社会历史发展的主体，而且是享用社会发展成果的主体。劳动者享用自己的劳动成果，是天经地义的事情。但在历来的私有制社会，劳动者都无法享用自己的劳动成果。社会主义国家是公有制为主体的社会，注重、尊重、彰显人民的主体地位，在历史发展中满足人民群众的利益需求，促进人民群众的自由全面发展。因此，领导干部要时刻关注最广大人民群众的利益和愿望，把"人民拥护不拥护""人民赞成不赞成""人民高兴不高兴""人民答应不答应"作为制定各项方针、政策的出发点和归宿；要代表最广大人民的根本利益，重视同人民保持血肉联系，坚持以人为本，始终把人民利益放在第一位，始终与人民心连心、同呼吸、共命运，把实现好、维护好、发展好最广大人民根本利益作为一切工作的出发点和落脚点；要尊重和发挥人民群众的首创精神，走共同富裕道路，促进人的全面发展，做到发展为了人民、发展依靠人民、发展成果由人民共享；要更好倾听群众呼声，维护群众合法权益，着力解决人民群众反映强

---

① 《毛泽东选集》第 3 卷，人民出版社 1991 年版，第 1031 页。
② 中央文献研究室编《改革开放三十年重要文献选编》（下），中央文献出版社 2008 年版，第1194 页。

烈的突出问题，多干让人民满意的好事、实事，始终全心全意为人民服务。

总之，社会存在决定社会意识，生产力决定生产关系，经济基础决定上层建筑，人民群众决定历史发展是历史唯物主义基本原理最重要的内容，是理解社会存在和发展的一条红线。一个多世纪以来的社会主义的革命、建设和改革，反复证明了历史唯物主义基本原理的科学性、正确性和指导性。

（四）阶级与阶级斗争理论是马克思主义的一个基本观点

自从人类社会进入奴隶社会，经过封建社会，到资本主义社会，在这漫长的历史长河中，一直存在阶级、阶级差别、阶级矛盾和阶级斗争。在奴隶社会和封建社会，阶级和阶级斗争事实被纷杂的社会矛盾、森严的等级制度等表面的社会现象所掩盖，再加上统治阶级的欺骗宣传，不易被人们所认识。到了近代资本主义社会产生，随着大工业产生发展，阶级关系变得越发简单明了，各个阶级同经济活动的联系更直接、更明显了，正如《共产党宣言》所指出的那样，"资产阶级撕下了罩在家庭关系上的温情脉脉的面纱，把这种关系变成了纯粹的金钱关系"①。这就为人们正确认识阶级与阶级斗争提供了客观条件。

然而，确认阶级和阶级斗争事实，并不是马克思的发明。在马克思之前，资产阶级思想家已经发现资本主义社会中有阶级的存在，发现了各阶级之间的斗争。马克思自己就曾说过："无论是发现现代社会中有阶级存在或发现各阶级间的斗争，都不是我的功劳。在我以前很久，资产阶级历史编纂学家就已经叙述过阶级斗争的历史发展，资产阶级经济学家也已经对各个阶级作过经济上的分析。"②英国资产阶级古典政治经济学的重要代表人物亚当·斯密，第一次从经济上揭示了资本主义社会的阶级结构和阶级分野，他认为，资本主义社会有三大基本阶级——地主阶级、工人阶级和资产阶级，他们分别以土地地租、劳动工资和资本利润为其经济收入。同样也是英国资产阶级古典政治经济学代表人物，大卫·李嘉图揭示并说明了阶级以及阶级之间的经济对立。19世纪法国复辟时期的历史学家基佐、梯也里、米涅等，已经叙述了中世纪以来阶级斗争的历史发展，指出这是

---

① 《马克思恩格斯选集》第1卷，人民出版社2012年版，第403页。
② 《马克思恩格斯选集》第4卷，人民出版社2012年版，第425—426页。

理解中世纪以来法国历史的钥匙，是当时历史发展的动力。19 世纪空想社会主义者也意识到了阶级与阶级斗争，恩格斯认为圣西门"认识到法国革命是贵族、资产阶级和无财产者之间的阶级斗争，这在 1802 年是极为天才的发现"①。但是由于他们都是站在唯心史观的立场上，并未认识到资本主义生产方式的内在矛盾，不可能揭示阶级产生和消灭的根源和途径。

在资产阶级思想家已有的思想成果基础上，马克思在给约瑟夫·魏德迈的信中谈到，关于阶级和阶级斗争，"我所加上的新内容就是证明了以下几点：（1）阶级的存在仅仅同生产发展的一定历史阶段相联系；（2）阶级斗争必然导致无产阶级专政；（3）这个专政不过是达到消灭一切阶级和进入无阶级社会的过渡"②。

"阶级的存在仅仅同生产发展的一定历史阶段相联系"③，指出了阶级的产生和消亡的历史条件。阶级是一个历史范畴，它的产生和消亡是一个历史过程。阶级的产生只是社会生产力发展到一定历史阶段，出现了剩余产品，有了私有制，才出现的。阶级随着生产力的发展也会走向消亡。当生产力发展到社会创造的产品可以满足所有人的需要时，也就是马克思所说的社会产品实行按需分配时，阶级也就消亡了。可见，阶级的产生和消亡是和生产力发展状态完全连在一起的，阶级仅仅同生产发展的一定历史阶段相联系，阶级不是永恒的。

"阶级斗争必然导致无产阶级专政"④，指明了阶级和阶级斗争的发展趋势。阶级发展到一定阶段，就产生了国家、监狱、法庭等暴力统治的工具。阶级斗争，有经济、思想、政治的三种斗争形式。政治斗争的最高形式是暴力革命，用武装夺取政权。阶级斗争的进程经过历史上的奴隶阶级和奴隶主阶级、农民阶级和地主阶级的斗争几个大的发展阶段，发展到无产阶级和资产阶级之间的阶级斗争，最后必然要走到无产阶级革命和无产阶级专政这条道路上来，这是阶级斗争的最高形式。

"这个专政不过是达到消灭一切阶级和进入无阶级社会的过渡"⑤，指出了阶级消亡的途径。无产阶级专政是要达到无阶级社会必须经过的唯一途径。阶级的产生是个自发过程，但阶级的消亡不是自发的。并不能说生

---

①《马克思恩格斯选集》第 3 卷，人民出版社 1995 年版，第 609 页。

②③④⑤《马克思恩格斯选集》第 4 卷，人民出版社 2012 年版，第 426 页。

产力发展起来以后，阶级自然就没有了。阶级消亡必须经过无产阶级专政的途径。无产阶级专政是为了达到消灭阶级的目的而必须采取的阶级专政的形式，是由阶级社会向无阶级社会过渡的一个桥梁，人类社会必定走向无阶级的社会。

马克思主义关于阶级和阶级斗争的观点，是对阶级社会的本质及其规律的正确认识，它提供了分析阶级社会现象的科学方法。阶级斗争贯穿阶级社会的始终，体现在社会生活的各个方面，如果离开阶级分析方法，就不可能认识和把握复杂的社会现象。列宁指出："马克思主义给我们指出了一条指导性的线索，使我们能在这种看来迷离混沌的状态中发现规律性。这条线索就是阶级斗争的理论。"[1]工人阶级政党要指导事业发展并取得成功，就必须运用阶级分析方法分析阶级社会各阶级经济、政治、思想、文化状况，了解各阶级的相互关系及其变化，才能正确把握阶级社会的发展规律，认清社会性质，正确估计形势，分清敌我友，从而制定正确的路线、方针和战略、策略。譬如，在中国革命斗争时期，毛泽东同志的《中国社会各阶级的分析》，正确分析了中国社会的阶级关系和力量对比，科学分清了谁是中国革命的领导阶级，谁是朋友，谁是敌人，制定了正确的路线方针和战略策略，从而引导中国革命走向胜利。马克思主义阶级分析方法是指引中国共产党人取得革命胜利的指南针。

阶级和阶级斗争理论是运用马克思主义的基本立场、观点和方法于阶级社会本质与规律的科学概括。列宁指出："阶级关系——这是一种根本的和主要的东西，没有它，也就没有马克思主义。"[2]如果共产党人背离马克思主义阶级斗争学说，放弃阶级分析，那就是背离马克思主义。美国原驻苏联大使马特洛克在《苏联解体亲历记》一书中谈到当年戈尔巴乔夫提出新思维、放弃马克思主义关于阶级斗争学说时指出："如果苏联领导人真的愿意抛弃这个观念，那么，他们是否继续称他们的思想为'马克思主义'也就无关紧要了。这已是一个在别样的社会里实行的'马克思主义'，这个别样的社会则是我们大家都能认可的社会。"[3]看来美国资产阶级外交家已

---

① 《列宁选集》第 2 卷，人民出版社 1972 年版，第 587 页。

② 《列宁专题文集：论无产阶级政党》，人民出版社 2009 年版，第 306 页。

③ 小杰克·F. 马特洛克：《苏联解体亲历记》（上卷），吴乃华等译，世界知识出版社 1996 年版，第 169 页。

经看清阶级斗争学说在马克思主义理论体系中的地位了。这从另一方面说明，放弃阶级斗争学说，就是放弃马克思主义。

在社会主义建设时期，特别是中国特色社会主义发展到今天，时代条件发生了重大变化，国际形势发生了重大变化，国内情况也发生了重大变化，还要不要继续运用阶级分析方法？怎样运用阶级分析方法？

第一，在国内，我国正处于社会主义初级阶段，虽然旧的剥削阶级已经被消灭了，旧的剥削制度已经被消灭了，阶级对阶级的整体对抗、阶级对阶级的整体剥削已不存在，阶级斗争不是主要矛盾，经常的、大量的、反复出现的是人民内部矛盾，人民内部矛盾是人与人之间的主要矛盾，是社会主义政治生活的主题，但这并不意味着阶级、阶级差别、阶级矛盾、阶级斗争消亡了、没有了。在我国国内现阶段，阶级、阶级差别、阶级矛盾还存在，还存在带有阶级斗争性质的现象和矛盾，一定范围内的阶级斗争还存在，有时在一定条件下，阶级斗争还有可能激化。这就需要我们运用马克思主义阶级分析方法，来认识我国国内的阶级和一定范围内的阶级斗争。

第二，在国际上，始终存在着社会主义与资本主义、工人阶级与资产阶级两种社会前途、两种社会力量、两条发展道路的博弈，存在着工人阶级和资产阶级两种根本对立的意识形态的斗争，存在着错综复杂的阶级关系和阶级矛盾，存在着尖锐激烈的阶级斗争。只不过，这种斗争往往为国与国、民族与民族、地区与地区之间经济、政治、文化的错综复杂的利益关系所掩盖。拨开迷雾，才见真日；剔除繁杂的表面现象，才能看到事物的实质。我国和西方发达资本主义国家的关系，既有国家之间、民族之间的利益差别与争夺、文化差别与冲突，同时又有利益互惠、文化互补；既有冲突矛盾，又有合作共赢。在对策上，既有对立斗争，又有友好合作；既有原则坚持，又有灵活策略。然而，从本质上判断，我们与西方发达资本主义之间始终存在、贯穿着社会主义与资本主义不同社会性质的前途命运的反复较量，这种较量又集中表现为意识形态之争。对世界形势的分析，显然离不开阶级分析。离开阶级分析，是分不清、辨不明、看不透世界各种力量较量和世界发展趋势的实质的。把马克思主义阶级和阶级斗争理论运用于对国际形势的分析，并不过时。

第三，国际上错综复杂的总的阶级斗争形势，国内一定范围内，特别是意识形态领域的阶级斗争还在影响着、渗透着我国社会生活的各个领域、各个方面。按照马克思主义唯物史观的观点，社会可以分为人类物质生活和精神生活两大现象。社会存在决定社会意识，社会意识离不开社会存在。然而社会意识对社会存在具有相对独立性，这种独立性表现为社会意识可以反作用于社会存在。物质可以变精神，精神也可以变物质，社会存在和社会意识存在同一性就是这个道理。意识形态的相对独立性表现为社会形态已经发生了变化，但与该社会形态相适应的意识形态还会持久地存在一段时间，还会对社会存在发生更为持久的影响。比如，我国封建社会总体上已进入博物馆（当然封建社会残余因素还在某种程度上存在），但封建社会意识形态还在今天的我国持续存在并继续发酵。我国已进入社会主义建设阶段，但封建主义、资本主义意识形态还存在，还在产生影响。况且我国的社会主义是初级阶段的社会主义，尚有一定的旧的社会形态的经济基础、上层建筑存在。再者，以西方资本主义强国为主导的全球化、市场化将全世界连成一片，阶级与阶级斗争大环境是不分国界的，国际上意识形态的斗争是不分国界的，势必对我国社会生活产生深刻的、挥之不去的影响。这些都注定我们共产党人在分析国内国际形势、制定战略策略时，离不开运用马克思主义阶级分析方法。不运用阶级分析方法，不仅看不透形势的实质和发展趋势，还会产生误判，导致不正确的战略策略。

当然，也不能用阶级分析代替一切，到处贴标签。在处理我国国内社会生活时既不能完全放弃阶级分析，但也要反对以阶级斗争为纲的错误做法。在对外领域，既不能完全放弃对国际形势、国际斗争进行阶级分析，但也不能用阶级斗争为纲的做法代替一切对外工作和国际合作。两个方面都必须注意。

三、运用历史唯物主义的原理和方法推动各项工作

历史唯物主义是马克思主义关于社会历史发展问题的哲学总说明，是我们认识社会问题、解决社会问题、推进社会进步的思想武器。习近平总书记告诫我们，历史和现实都充分表明，只有坚持历史唯物主义，科学分析中国社会运动及其发展规律，才能不断把对中国特色社会主义规律的认识提高到新水平，才能不断推进中国特色社会主义的发展。各级领导干部

要学会运用历史唯物主义的立场、观点、方法认识问题、分析问题和解决问题，推动各项工作。

第一，深入领会社会存在和社会意识的辩证关系原理，一切从实际出发，制定、实施正确的路线、方针、政策。

社会存在决定社会意识，这要求各级领导干部坚持实事求是的思想路线，一切从中国国情实际出发，从客观事物本身具有的规律出发分析问题、解决问题，制定和实施符合现实情况的路线、方针、政策。在革命、建设、改革各个历史时期，我们党系统、具体、历史地分析中国社会运动及其发展规律，在认识世界和改造世界过程中不断把握规律、积极运用规律，推动党和人民的事业取得了一个又一个胜利。应对当前我国发展面临的一系列矛盾和挑战，关键仍然在于尊重和把握客观规律，按客观规律办事。党的十八届三中全会对我国全面深化改革做出的总体部署，就是从我国基本国情和发展要求出发的。各级领导干部要充分考虑各部门、各地区的基本情况和发展要求，注意从社会物质条件的总和出发来对工作策略、决策和方式进行部署、安排和选择，脚踏实地、客观理性地处理和解决发展难题。

同时，各级领导干部也要重视社会意识对社会存在的反作用，时刻注意社会意识的变化和动态，积极、合理地引导社会意识的发展方向，以使其正确反映社会存在，促进社会的建设与发展。领导干部要体民意、接地气，多关心群众的心声与意见，勤体会百姓的思想与意识，了解、掌握各部门、各地区人民的真实想法，急群众所急，想群众所想，真心实意地为百姓解决实际问题，团结人民为共同的社会发展目标努力奋斗。

正确而充分地发挥社会意识的能动作用，就要推动社会主义先进文化大发展大繁荣。社会主义先进文化是对中国特色社会主义发展的趋势和要求的正确反映，它适应先进生产力的发展要求，代表人民群众的长远利益，能起到促进人类社会进步和发展的作用。各级领导干部要坚持走中国特色社会主义道路，坚持社会主义先进文化前进方向，传承和弘扬中华民族优秀文化，推进社会主义核心价值观建设，树立高度的文化自觉和文化自信，提高文化软实力，发挥文化引领风尚、教育人民、服务社会、推动发展的作用，促进人和社会的自由全面发展。思想是行动的先导，各级领导干部要坚定对中国特色社会主义道路的自信，并将这种自信深深地植根于人民群众的心中，为中国特色社会主义建设事业打下坚实的精神基础。

第二，深刻领悟生产力标准，不断解放和发展生产力。

所谓生产力标准，就是把是否有利于解放和发展社会生产力作为检验工作成败得失的根本标准。解放生产力、发展生产力是社会主义的根本任务。由于我国仍然处于并将长期处于社会主义初级阶段，解放和发展生产力始终是各级领导干部工作的重中之重。

坚持生产力标准，就是要把握生产力在社会基本要素中的根本地位，坚持用发展来解决我国当前所面临的众多问题。社会是一个有机系统，由许多要素构成，包括生产力、生产关系、经济基础、上层建筑等。生产力是推动社会进步的最活跃、最革命的要素，其他要素的调整与变动，都要遵循生产力的客观要求和发展水平。只有生产力向前发展，整个社会才能持续、健康地向前发展。各级领导干部在实际工作中，要依据社会先进生产力的发展趋势和要求，坚持"发展是硬道理"的战略思想，坚持以经济建设为中心，坚持以人为本的科学发展观，加快转变经济发展方式，不断推进理论创新、制度创新和科技创新，把国家、各部门、各地区的建设事业推向前进。

坚持生产力标准，要把握好生产力中"物"的要素和"人"的要素的关系，推动社会全面进步和人的全面发展。在生产力三个基本要素中，劳动对象和劳动资料属于"物"的要素，劳动者属于"人"的要素。把握生产力标准，既要注重社会物质财富的积累，又要注重人的全面发展，不能只见物不见人，"唯 GDP 论英雄"。生产力的解放与发展，归根结底是人的能力的解放和发展，人的劳动积极性和创造性的提高。各级领导干部在工作中应该尊重劳动、尊重知识、尊重人才、尊重创造，大力推进人才建设，发展好教育和科学事业，将生产力的解放和人的发展结合起来。

第三，学习和掌握社会矛盾分析法，全面推进各领域的改革和发展。

社会基本矛盾是理解全面深化改革的钥匙。生产关系一定要适应生产力状况，上层建筑一定要适应经济基础状况，它们的共同作用构成整个社会的矛盾运动。只有把生产力和生产关系的矛盾运动同经济基础和上层建筑的矛盾运动结合起来观察，把社会基本矛盾作为一个整体来观察，才能全面把握整个社会的基本面貌和发展方向。坚持和发展中国特色社会主义，必须不断适应社会生产力发展调整生产关系，不断适应经济基础发展完善上层建筑。当前之所以要全面深化改革，是因为我国生产力获得了快速发展，但发展中不平衡、不协调、不可持续问题依然突出，人口、资源、环境压力越来越大，上层建筑中的不适应问题也不断产生，因而必须适应社会基本矛盾运动的变化来推进社会发展。而社会基本矛盾总是不断发展的，所以调整生产关系、完善上层建筑需要相应地不断进行下去。实践发展永无止境，改革开放也永无止境。改革开放只有进行时，没有完成时。各级领导干部要始终保持一颗勇于进取、勇于改革、勇于创新的心，不能前怕狼，后怕虎，对不适应生产力发展要求的生产关系要坚决地改革，对不适应经济基础的上层建筑要坚决地完善，要以壮士断腕的勇气和魄力去支持和推进全面深化改革。

在全面深化改革过程中，既要坚持重点论，又要坚持全面的观点。一方面，生产力是推动社会发展的决定力量。只有紧紧围绕发展这个第一要务来部署各方面改革，以解放和发展社会生产力为改革提供强大牵引，才能更好推动生产关系与生产力、上层建筑与经济基础相适应。要坚定地以经济建设为工作的重心，使市场在资源配置中发挥决定性作用，并更好地发挥政府的宏观调控和服务作用，推动我国社会生产力不断向前发展，推动实现物的不断丰富和人的全面发展的统一。另一方面，生产力和生产关系、经济基础和上层建筑之间有着作用和反作用的现实过程，并不是单线式的简单决定和被决定逻辑。党中央提出全面深化改革的方案，是因为要解决我们面临的突出矛盾和问题，仅仅依靠单个领域、单个层次的改革难以奏效，必须加强顶层设计、整体谋划，增强各项改革的关联性、系统性、协同性。只有既解决好生产关系中不适应的问题，又解决好上层建筑中不适应的问题，才能产生综合效应。因此，各级领导干部要有整体和全局观念，充分重视社会结构的有机联系和社会发展的整体性要求，切实将社会各个领域、各个层次的发展作为一个统一的进程加以推进。在社会结构体系中，经济、政治、社会、文化、生态是有机联系的，各级干部要按照"五位一体"的总体布局，兼顾社会各个领域、各个层次的发展，使这些不同领域、不同层次之间达到一种有效的协调，不能顾此失彼，产生各种失衡、错位和脱节的现象；要坚决拥护党中央的顶层设计和总体部署，不能打自己的如意算盘，"上有政策下有对策"，让全面改革在自己工作的这一环节中断。

第四，遵循历史发展规律和坚持人民主体地位相统一的方法，以科学的态度进行改革与实践。

社会历史领域与自然领域一样，存在着不以人的意志为转移的客观规律；而人作为实践主体，又具有特殊的能动作用。这就需要领导干部把握好遵循客观规律与发挥人的主观能动性之间的关系，以科学的态度、既务实又开创性地进行实践。在实际工作中，既必须遵循客观规律，按照客观规律办事，又重视人的主观能动性的发挥，创造性地开展工作。建设中国特色社会主义，坚持科学精神，尊重和遵循客观规律是事业成功的根本保证，尤其是当社会发展进入关键时期、遇到多种复杂矛盾的情况下，更应强调这一点。同时，中国特色社会主义建设是一项前无古人的崭新事业，没有什么现成的经验可以借鉴，这就要求充分发挥主体的能动作用，创造性地进行实践。这绝不是不顾客观规律的任意而为，而是在实践探索中不断达到对客观规律的认识，并努力使行动与客观规律的要求相符合，尽可能防止偏差和失误。

人民群众是社会历史的主体，人民是历史的创造者。各级领导干部要紧紧依靠人民群众，发挥人民群众的主体能动性，推进改革的深入和各项工作的进行。同时，又要坚持一切为了群众，一切从人民的利益出发，将历史发展规律的客观要求与人民主体需求相统一。要进一步实现社会公平正义，通过制度安排更好地保障人民群众各方面权益。要在全体人民共同奋斗、经济社会不断发展的基础上，通过制度安排，依法保障人民权益，让全体人民依法平等享有权利和履行义务。要坚持把实现好、维护好、发展好最广大人民根本利益作为推进改革的出发点和落脚点，让发展成果更多、更公平地惠及全体人民。

从群众中来、到群众中去，是建立在唯物史观基础上的党的根本工作路线。习近平总书记说："人民群众中有的是能者和智者，要虚心向他们求教问策，把政治智慧的增长、执政本领的增强、领导艺术的提高深深扎根于人民群众的实践沃土之中，不断从人民群众中吸收营养和力量。"[①]人民是创造历史的真正主人。正是坚持一切依靠人民，一切为了人民，从群众中来、到群众中去的马克思主义群众观，习近平总书记大力倡导转变作风、密切联系群众，推动在全党深入开展群众路线教育实践活动，在全面转变

———————————
① 人民日报社理论部编《深入学习习近平同志系列讲话精神》，人民出版社 2013 年版，第 88 页。

作风方面取得良好效果。

总之，历史唯物主义深刻揭示了人类社会发展一般规律，在当今时代依然有着强大生命力，它能够指导我们更好地认识国情，更好地认识党和国家事业发展大势，更好地认识历史发展规律，更加能动地推进各项工作。各级领导干部要积极响应习近平总书记的号召，以历史唯物主义思想武装头脑，深入学习历史唯物主义的基本原理和方法，坚定理想信念，坚持正确政治方向，提高战略思维能力、综合决策能力、驾驭全局能力，团结带领人民不断书写改革开放历史新篇章，实现中华民族伟大复兴的中国梦。

科学运用马克思主义世界观方法论的典范[*]

从《干在实处　走在前列》到党的十八大以来习近平同志的系列重要讲话，自始至终贯穿着一条脉系相承的主线，即马克思主义哲学世界观和方法论，也就是我们通常讲的辩证唯物主义和历史唯物主义。主要包括三个方面的精神内涵。

一是坚持实事求是的思想路线，注重和善于调查研究，一切从实际出发。在浙江工作期间，习近平同志大兴调查研究之风，坚持调查研究开路。每年至少用 1/3 以上时间深入基层和部门调查研究。几年下来，"几乎跑遍了浙江的山山水水，也跑深了与浙江广大干部群众的真切感情，并在实践中逐渐跑透了浙江的省情市情县情"①。他认为，"调查研究的过程就是科学决策的过程""推动工作的过程""联系群众、为民办事的过程""自我学习提高的过程"②。习近平同志所提出的推动浙江科学发展的"八八战略"，就是深入调查研究，科学分析省情，一切从浙江实际出发而形成的科学思路。

二是坚持辩证唯物主义，善于运用唯物辩证法分析复杂事物，全面把握事物变化及其关系。从《干在实处　走在前列》的字里行间，我们可以看到习近平同志对辩证法的精娴把握和灵活运用。他指出，在认识和解决实际问题时，只有坚持重点论和全面论的统一，才能做到既兼顾全面，又善于抓住重点。推动社会发展，首先要发展生产力，提高人民的物质生活水平，同时又要经济、政治、文化等全面发展。他提出要按照辩证法的要求，

---

* 本文发表于《学习时报》2014 年 5 月 26 日，《世界社会主义研究动态》2014 年 5 月 29 日。
① 习近平：《干在实处　走在前列——推进浙江新发展的思考与实践》，中共中央党校出版社 2006 年版，第 3 页。
② 同上书，第 533—535 页。

注重思想方法和工作方法，力求领导艺术的更高境界。如：善作善成，处理好部署与落实的关系；再接再厉，处理好坚持与深化的关系；统筹兼顾，处理好当前与长远的关系。

担任总书记以来，他反复强调要增强战略思维、辩证思维、系统思维、创新思维和底线思维能力。他娴熟地运用"矛盾论"和"两点论"来观察和处理问题，要求把握全面深化改革的重大关系，处理好解放思想和实事求是的关系、整体推进和重点突破的关系、顶层设计和摸着石头过河的关系、胆子要大和步子要稳的关系，以及改革发展稳定的关系。他关于既要以经济建设为中心又要重视党的意识形态工作，既要坚定不移地抓好党的建设、反腐倡廉建设又要坚定不移地、大胆地推进改革开放；既要在新的历史起点上全面深化改革又必须要牢牢坚持全面深化改革的正确方向、坚持和完善我国基本经济制度，既要重视市场在资源配置中的决定性作用又要更好发挥政府作用，既要统筹兼顾又要突出重点，既要立足当前又要放眼长远，等等观点，为我们提供了成功运用辩证法、矛盾分析方法的范例。

三是坚持历史唯物主义，善于运用唯物主义历史观和方法论把握中华民族的历史命运和当代中国的发展走向，从群众中来、到群众中去。习近平同志告诫我们，历史和现实都充分表明，只有坚持历史唯物主义，科学分析中国社会运动及其发展规律，才能不断把对中国特色社会主义规律的认识提高到新水平，才能不断推进中国特色社会主义的发展。

他强调，坚持群众观点和群众路线是历史唯物主义的重要内容，是无产阶级政党的本质要求。在浙江工作期间，他多次强调各级领导干部要增强宗旨意识，在任何时候任何情况下，都要把最广大人民的根本利益放在首位，时刻把人民群众的安危冷暖挂在心上，多为群众办实事、办好事。他认为广大人民群众有着强烈的自我创业欲望，要凭借民间力量的推动，激发和依赖企业的自生能力，创造灵活有效的经济体制，再创浙江体制机制新优势。他要求以"天下大事必作于细"的态度，抓实做细事关群众切身利益的每项工作。

习近平同志担任总书记以来，以唯物史观的远见卓识，科学地把握人类历史发展的总趋势，要求我们必须树立坚定的共产主义理想和中国特色社会主义共同理想，要把最高纲领和最低纲领统一起来，把远大理想和共同理想统一起来。他关于中国梦的重要论述，在运用和发展唯物史观的基础上，进一步揭示了中华民族的历史命运和当代中国的发展走向，为中国特色社会主义注入了新的内涵，指明了前进方向。他认为，发展中国特色社会主义是一项长期的艰巨的历史任务，必须充分调动亿万人民群众的积极性、主动性和创造性。

努力推进国家治理体系和治理能力现代化*

完善和发展中国特色社会主义制度，推进国家治理体系和治理能力现代化，是党的十八届三中全会提出的全面深化改革总目标。在省部级主要领导干部学习贯彻十八届三中全会精神全面深化改革专题研讨班开班式上，习近平总书记以广阔的世界历史眼光，纵观近代以来我国社会变革的历史过程，对全面深化改革的总目标做了精辟论述。深刻领会和贯彻落实习近平总书记重要论述精神，努力推进国家治理体系和治理能力现代化，是当前党和国家面临的一项重要任务，也是哲学社会科学界必须深入研究的一个重大课题。

一、充分认识推进国家治理体系和治理能力现代化的重要性和紧迫性

明确提出完善和发展中国特色社会主义制度、推进国家治理体系和治理能力现代化，集中反映了我们党对领导中国人民建设中国特色社会主义所面临的形势和任务做出的新判断，是对我们党治国理政思想的重大创新，是对中国特色社会主义理论宝库的重要贡献，是对马克思主义国家学说的丰富和发展，标志着我们党对人类社会发展规律、社会主义建设规律和共产党执政规律的认识达到了一个新的高度。这是我们党总结近代以来特别是 20 世纪 80 年代末 90 年代初以来国际国内在国家治理问题上的经验教训得到的深刻启示，也是我们党领导中国人民历经革命、建设、改革进程得出的必然结论。

100 多年来，中华民族在寻找适合中国国情的国家治理体系方面走过了艰难曲折的历史过程。辛亥革命后，各种社会力量在建立什么样的国家

---

* 本文发表于《世界社会主义研究动态》2014 年 6 月 5 日，《求是》2014 年第 12 期。

治理体系问题上进行了激烈的斗争和较量。一些人企图复辟帝制，一些人尝试建立君主立宪制、议会制、多党制、总统制，但最终都以失败而告终。在中国社会各阶级、各政党迷茫、困惑和彷徨之际，俄国爆发了十月社会主义革命。这场革命不仅开辟了人类历史的新纪元，而且给中国送来了马克思列宁主义，同时也向中国人民展现了一种全新的国家治理理念。选择以马克思列宁主义为指导思想的中国共产党，肩负历史赋予的实现中华民族伟大复兴的重任，深刻分析中国社会状况，深入思考中国前途命运，认为只有社会主义才能解决中国的问题，才是真正实现民族独立和人民解放、国家富强和人民幸福的正确道路。以毛泽东同志为代表的中国共产党人在领导中国革命的进程中，一直在思考未来建立什么样的国家治理体系问题。特别是在新中国成立前夕，这一问题已经现实而紧迫地摆在了中国共产党人面前。新中国成立后，我们党在建设社会主义的实践中继续坚持不懈地探索这一问题并取得重要成果。但是，后来由于对全面建设社会主义的思想准备不足，在对国际国内形势的认识上和指导思想上出现偏差，导致发生十年"文化大革命"这样全局性的、长时间的严重错误，使新中国成立初期开始的这一实践探索没有坚持下去。因此，直到改革开放前，可以说，建立完全符合我国实际的治理国家的制度模式和制度体系这一重大问题，还没有彻底解决。

　　实行改革开放后，党和国家进入一个新的历史时期，以邓小平同志为代表的中国共产党人开始以全新的角度思考国家治理体系问题。邓小平同志曾经明确指出，我们进行社会主义现代化建设，是要在经济上赶上发达资本主义国家，在政治上创造比资本主义国家的民主更高更切实的民主，并且造就比这些国家更多更优秀的人才。他一再强调，领导制度、组织制度问题更带有根本性、全局性、稳定性和长期性，关系到党和国家是否改变颜色，必须引起全党的高度重视。1992 年在南方谈话中，邓小平同志曾经预计，再有 30 年的时间，中国将在各方面形成一整套更加成熟、更加定型的制度，在这个制度下的方针、政策也将更加定型化。邓小平同志之所以反复强调制度问题，反复强调要使我们的制度更加成熟、更加定型，不仅是要解决好制约党和国家事业发展的体制机制弊端问题，而且更重要的是要解决好事关党和国家长治久安的制度现代化问题。

　　国家治理体系的完善程度及治理能力的强弱，是一个国家综合国力和竞争力的重要标志。从世界上看，不同国家的治理体系各不相同，治理能力也存在差异。但是，对任何一个国家来说，如果没有比较完善的国家治理体系和比较强大的国家治理能力，就不可能有效地解决各种社会矛盾和问题，就不可能形成国家建设和发展所必需的向心力、凝聚力，就会导致社会动荡、政权更迭等严重政治后果。在这方面，一些国家和政党给我们留下了非常深刻的经验教训。

今天，我们党已经从领导人民为夺取全国政权而奋斗的党，成为领导人民掌握全国政权并长期执政的党；已经从受到外部封锁和实行计划经济条件下领导国家建设的党，成为对外开放和发展社会主义市场经济条件下领导国家建设的党。我们党所面临的一项重大历史任务，就是坚持和完善中国特色社会主义制度，为党和国家事业发展、为人民幸福安康、为社会和谐稳定、为国家长治久安提供一整套更完备、更稳定、更管用的制度体系。在继承邓小平同志战略思想及对新的历史方位和历史任务做出正确判断的基础上，党的十八大从经济、政治、文化、社会、生态文明五个方面提出了全面深化改革开放的制度目标，并强调全面建成小康社会，必须构建系统完备、科学规范、运行有效的制度体系。党的十八届三中全会进而把完善和发展中国特色社会主义制度、推进国家治理体系和治理能力现代化确定为全面深化改革的总目标。正如习近平总书记指出的，这是坚持和发展中国特色社会主义的必然要求，也是实现社会主义现代化的应有之义。

二、准确把握国家治理体系和治理能力现代化的科学内涵

以习近平同志为核心的党中央继承和发展我们党关于社会主义现代化建设的理论，明确提出推进国家治理体系和治理能力现代化，实现从工业、农业、国防和科学技术现代化向全面现代化目标的历史跨越。需要指出的是，这不是简单的概念或范畴的变化，不是在工业、农业、国防和科技现代化之后附加的第五"化"，而是蕴含着全新内容的政治理念。它不仅反映了我们党对国家现代化认识的深化和系统化，而且体现了我们党对改革认识的深化和系统化。

习近平总书记明确指出："国家治理体系和治理能力是一个国家制度和制度执行能力的集中体现。国家治理体系是在党领导下管理国家的制度体

系，包括经济、政治、文化、社会、生态文明和党的建设等各领域体制机制、法律法规安排，也就是一整套紧密相连、相互协调的国家制度；国家治理能力则是运用国家制度管理社会各方面事务的能力，包括改革发展稳定、内政外交国防、治党治国治军等各个方面。"①这一重要论述，对国家治理体系和治理能力的内涵做出了科学的界定。正确理解和准确把握两个概念的科学内涵，是在实践中推进治理体系和治理能力现代化的思想认识基础。

国家治理体系和治理能力是一个相辅相成的有机整体，有了好的国家治理体系才能真正提高治理能力，提高国家治理能力才能充分发挥国家治理体系的效能。作为治理体系核心内容的制度，其作用具有根本性、全局性、长远性，但是没有有效的治理能力，再好的制度和制度体系也难以发挥作用。经过几十年的社会主义建设的探索和社会主义改革开放，我们已经走出了一条不同于其他国家特别是西方发达资本主义国家的成功发展道路，取得了举世瞩目的经济社会发展成就，形成了一套不同于西方国家的成功制度体系。事实雄辩地证明，治理一个国家，推动一个国家实现现代化，并不是只有一种模式、一条道路，各国完全可以走出适合自己国情的道路来。中国特色社会主义的成功实践，为人类社会开辟了一种新的发展前景，也向其他国家和民族提供了一种新的制度模式和道路选择，同时也宣告了"历史终结论""中国崩溃论"等的破产。

从总体上讲，我们的国家治理体系和治理能力是好的，是有独特优势的，是适合我国国情和发展要求的，得到国际上越来越多人的肯定和赞扬。但是，也必须清醒认识到，与我国经济社会发展的要求相比，与人民群众的期待相比，与当今世界日趋激烈的国际竞争相比，与实现国家长治久安的历史任务相比，我们在国家治理体系和治理能力方面还有许多不足，还有许多亟待改进的地方；我们的制度还没有达到当年邓小平同志提出的更加成熟、更加定型的要求，有些方面甚至已经成为影响和制约发展稳定的重要因素；我们已经有了比较完善的制度体系，但制度的效能和作用还没有得到充分发挥。因此，必须适应时代的变化和国家现代化的总进程，从各个领域推进国家治理体系和治理能力现代化，保持国家治理体系的有效

① 《习近平谈治国理政》，外文出版社 2014 年版，第 91 页。

运转，在着力提高国家治理能力上下功夫。既要改革不适应实践发展要求的体制机制、法律法规，又要不断构建新的体制机制、法律法规，使各方面制度更加科学、更加完善，实现党、国家、社会各项事务治理制度化、规范化、程序化。要不断提高党科学执政、民主执政、依法执政水平，提高国家机构履职能力，提高人民群众依法管理国家事务、经济社会文化事务和自身事务的能力；把各方面的制度优势转化为国家治理的实际效能，不断提高运用中国特色社会主义制度有效治理国家的水平。

三、始终坚持推进国家治理体系和治理能力现代化的正确方向

习近平总书记指出，推进国家治理体系和治理能力现代化，必须完整理解和准确把握全面深化改革的总目标。这个总目标是由两句话组成的一个整体，即完善和发展中国特色社会主义制度、推进国家治理体系和治理能力现代化。前一句话是根本前提、根本性质和根本方向，就是国家治理体系和治理能力现代化必须在中国特色社会主义制度的框架内进行，必须坚持走中国特色社会主义道路，而不是其他什么道路，既不能走封闭僵化的老路，也不能走改旗易帜的邪路。后一句话讲的是实现形式和基本途径，就是说完善和发展中国特色社会主义制度，必须不断完善国家治理体系和提升国家治理能力，或者说，推进国家治理体系和治理能力现代化的根本目的是完善和发展中国特色社会主义。这两句话必须一起讲，如果只讲推进国家治理体系和治理能力现代化，不讲完善和发展中国特色社会主义制度，就是不完整、不全面的，就会迷失推进国家治理体系和治理能力现代化的正确方向。

推进国家治理体系和治理能力现代化，必须切实解决好制度模式的选择问题。一个国家选择什么样的治理体系，是由这个国家的历史传承、文化传统、经济社会发展水平决定的，是由这个国家的人民决定的。世界上没有放之四海而皆准的发展模式，也没有一成不变的发展道路。一种制度模式在一个国家是适用的，在其他国家则不一定适用。历史和现实一再昭示我们，世界上没有哪个国家或民族是可以完全依赖外部力量、跟在他人后面亦步亦趋实现发展、强大和振兴的。不顾国情照抄照搬别人的制度模式和发展道路，从来都不会成功，不仅不能真正解决实际问题，还会造成

经济停滞、政权更迭、社会动荡、主权丧失等严重后果。在这方面，同样有深刻的经验教训值得我们汲取。

中华民族是一个兼容并蓄、海纳百川的民族，在漫长的历史进程中，不断学习他人的好东西，把他人的好东西转化成我们自己的东西，从而形成我们的民族特色。这也就是中华民族绵延五千年而始终充满生机和活力的秘密所在。我国今天的国家治理体系，是在我国历史传承、文化传统、经济社会发展的基础上长期发展、渐进改进、内生性演化的结果。我们的国家治理体系无疑需要改进和完善，但怎么改、怎么完善，我们自己要有主张，要有定力。我们需要借鉴包括政治文明在内的人类文明的一切有益成果，但决不照搬西方的制度模式和别国的发展道路，当然也决不把自己的制度模式和发展道路强加给他人。中国的事情必须由中国人民自己做主、自己来处理，否则就必然遭遇失败，成为他人的附庸。

在纪念毛泽东同志诞辰120周年座谈会上，习近平总书记曾经指出："站立在960万平方公里的广袤土地上，吸吮着中华民族漫长奋斗积累的文化养分，拥有13亿中国人民聚合的磅礴之力，我们走自己的路，具有无比广阔的舞台，具有无比深厚的历史底蕴，具有无比强大的前进定力。"①这充分显示出当代中国共产党人对中国特色社会主义制度的坚定自信。没有坚定的制度自信，就不可能有全面深化改革的勇气；当然，离开不断改革和完善，制度自信不可能彻底，也不可能久远。全面深化改革，推进国家治理体系和治理能力现代化，是为了更好地完善和发展中国特色社会主义制度，而不是削弱、改变或放弃这个制度。坚定制度自信不是要固步自封，而是要不断革除体制机制弊端，让我们的制度更加成熟而持久。不讲或淡化完善和发展中国特色社会主义制度，只讲推进国家治理体系和治理能力现代化，是对全面深化改革总目标的误读和曲解。坚持中国共产党的领导，完善和发展中国特色社会主义制度，是我们治国理政的根本，不容有任何含糊和动摇。必须始终坚持推进国家治理体系和治理能力现代化的正确方向，在思想上进一步明确，我们的国家治理体系和治理能力现代化是要吸纳人类文明的一切优秀成果，但不是接受西方发达资本主义国家的政治理念和话语体系，不是实行西方的多党轮流执政、三权鼎立、两院制，不是

---

① 《习近平谈治国理政》，外文出版社2014年版，第29页。

实行经济私有化、政治自由化、军队国家化，等等。一句话，推进国家治理体系和治理能力现代化，绝不是西方化和资本主义化。

四、不断巩固推进国家治理体系和治理能力现代化的
价值体系基础

习近平总书记从把握正确方向、汇聚强大力量的战略高度明确指出，推进国家治理体系和治理能力现代化，要大力培育和弘扬社会主义核心价值体系和核心价值观，加快构建充分反映中国特色、民族特性、时代特征的价值体系。这一重要论述，深刻阐明了社会主义核心价值体系和核心价值观对于推进国家治理体系和治理能力现代化的极端重要性。

一个国家的治理体系和治理能力是与这个国家的历史传承、文化传统密切相关的，任何政治制度、经济制度、社会制度和对外政策，都无不蕴含着特定国家和民族的核心价值观。马克思主义认为，世界上的任何事物都是普遍性和特殊性的统一，普遍性寓于特殊性之中，特殊性包含着普遍性，不存在只有普遍性而没有特殊性或者只有特殊性而没有普遍性的东西。所有价值观念都是历史的、具体的，都是由社会经济关系决定的，不存在永恒的、不变的、抽象的价值观念。自由、民主、人权、公平、正义等价值观念也都不是抽象的，而是有着具体的社会政治内容的，也是随着经济社会条件的变化而变化的。从这个意义上说，所谓"普世价值"实际上是一个伪命题，它在现实生活中是不存在的。正如一位美国学者所说的，普世主义是西方对付非西方社会的意识形态。西方某些国家把他们的那套价值观念标榜为"普世价值"，把他们诠释的自由、民主、人权等说成是放之四海而皆准的标尺，极力在世界范围内叫卖和推销，台前幕后策动了一场又一场"颜色革命"，其目的就在于渗透、破坏和颠覆别国政权。国内外一些敌对势力假借"普世价值"之名，抹黑中国共产党，抹黑中国特色社会主义制度，抹黑我国主流意识形态，企图用西方价值观念改造中国，其目的也就在于让中国人民放弃中国共产党的领导，放弃中国特色社会主义制度，使中国再次沦为某些发达资本主义国家的殖民地。

社会主义政治文明批判继承了包括资本主义政治文明在内的一切人类政治文明成果。自由、民主、人权是资产阶级在推翻封建专制制度的革命

中所确立的观念，具有巨大的历史进步意义；同时，由于资产阶级民主是建立在私有制基础之上的，它从一开始就是以少数人对多数人的统治为前提，是形式上的民主、"资本"的民主。中国共产党人借用了资产阶级自由、民主、人权等概念，但赋予其完全不同的政治含义。作为社会主义核心价值观的有机组成部分，民主、自由、平等、公正、法治已经鲜明地写在中国共产党人的旗帜上。社会主义核心价值体系不仅决定着中国特色社会主义的发展方向，而且也是顺利推进国家治理体系和治理能力现代化的重要基础。对于一个国家和民族来说，如果不坚持自己的价值体系和价值观，如果没有自己的精神独立性，那么，其政治、思想、文化、制度等方面也就失去了自主性和独立性的根基。我们要理直气壮地继承和弘扬中华民族传统美德，坚守在中国大地上形成和发展起来的价值体系，努力抢占价值体系的制高点，实现中华传统美德的创造性转化和创新性发展，使中华民族最基本的文化基因与当代文化相适应、与现代社会相协调。要把富有永恒魅力、具有当代价值的文化精神弘扬起来，把既继承优秀传统文化又弘扬时代精神、既立足中国又面向世界的当代中国文化创新成果传播出去，向世界展示中华文化的独特魅力。要认真学习借鉴世界各国人民创造的优秀文明成果，不断增强国家文化软实力，使我们的文化成为抵御西方价值观念渗透的强大思想武器。

推进国家治理体系和治理能力现代化，是一项极为宏大的系统工程，在一定意义上可以说是一场国家治理领域的革命。它涉及经济、政治、文化、社会、生态文明和党的建设等各领域，需要全党全社会的共同努力。哲学社会科学界要认真学习、深刻领会党的十八届三中全会决定和习近平总书记重要论述精神，发挥自身优势，围绕相关重大理论和现实问题，组织精干力量开展深入研究，努力推出高水平的研究成果，及时提供有价值的决策建议，为全面深化改革，完善和发展中国特色社会主义制度，推进国家治理体系和治理能力现代化做出应有的贡献。

努力推进马克思主义哲学中国化时代化大众化*

中国辩证唯物主义研究会（以下简称"学会"）本届理事会是 2009 年 12 月 24 日于北京召开的中国辩证唯物主义研究会第六次会员代表大会上选举产生的，至今将满五年。按照研究会章程规定，现在召开第七次会员代表大会，审议理事会过去 5 年的工作，并选举产生新一届理事会。受第六届常务理事会委托，现在我向大会做工作报告，请各位代表审议。

一、过去 5 年学会开展的主要工作

在第六届理事会产生后召开的第一次会长会议，商定了 5 年的工作思路与计划，坚持以马克思主义以及马克思主义中国化最新成果为指导，密切关注、深入研究当代中国经济社会发展重大理论问题与实践问题，充分发挥马克思主义哲学反思现实又引领现实的作用，努力推进马克思主义哲学创新与中国特色社会主义事业发展。要在 5 年任期内每年召开一次会长会议和学会年会，牵头举办由各哲学一级学会参与的中国哲学论坛，编辑出版一份主要刊载马克思主义哲学研究成果的刊物——《马克思主义哲学论丛》，编写一本体现中国化时代化大众化特点的《新大众哲学》。在 2012 年深圳年会上，取得深圳市委、市政府以及深圳市委党校的支持，每年举办一次马克思主义哲学中国化高层论坛。近 5 年来，学会同仁继承发扬团结和谐、积极有为、崇尚学术、关注现实的精神，在以往历届理事会奠定的坚实基础之上，取得了新的进步、新的成绩，当初制定的目标任务逐个落实，有些工作还远远超出了预期。归结起来，我们学会主要开展了以下几个方面的工作。

---

* 本文是作者 2014 年 8 月 16 日在深圳召开的中国辩证唯物主义研究会第七次会员代表大会上所做的第六届理事会工作报告，发表于《马克思主义哲学论丛》2014 年第 2 辑，总第 11 辑。

（一）大力推进马克思主义哲学中国化时代化大众化

本届理事会以推进马克思主义哲学中国化时代化大众化为职志，明确提出推进马克思主义哲学中国化，要加强中国马克思主义哲学经典文本研究，加强中国重大现实问题研究，加强中国马克思主义哲学创新体系研究；推进马克思主义哲学时代化，要适合时代发展，把握时代主题，回答时代问题，回应时代挑战，要有世界眼光，吸收世界先进哲学思想，使哲学真正成为时代精神的精华；推进马克思主义哲学大众化，要立足大众立场，代表大众利益，反映大众诉求，并以生动鲜活、通俗易懂的方式为大众所理解、接受、运用，真正成为人民群众改造客观世界和主观世界的锐利武器。2010 年，学会与黑龙江大学等单位联合发起召开"马克思主义哲学中国化时代化大众化"理论研讨会，与会专家学者就马克思主义哲学中国化时代化大众化的基本内涵、重要意义、方法路径等问题进行了深入研讨；2012 年 12 月，学会与中央党校哲学教研部、中国社会科学院哲学研究所、中共深圳市委党校、北京大学哲学系联合发起召开"马克思主义哲学与中国特色社会主义道路"理论研讨会，深入学习贯彻中共十八大精神，运用马克思主义立场观点方法，围绕中国特色社会主义的重大理论问题和实践问题进行了深入探讨；2013 年 8 月，学会与中央党校哲学教研部、中国社会科学院哲学研究所、中共青海省委党校、中国人民大学哲学院联合召开"马克思主义哲学与中国特色社会主义制度"理论研讨会，对于中国梦的内涵与实现途径、中国特色社会主义制度的发展完善以及马克思主义哲学研究的领域拓展做了深入研讨和充分交流。

（二）紧密结合党的重要会议和重要纪念活动开展哲学理论研讨

2011 年 7 月，学会与国防大学等单位联合发起召开"马克思主义哲学与中国共产党 90 年"理论研讨会，就马克思主义哲学在中国共产党成立以及党成立后领导人民进行波澜壮阔的新民主主义革命、社会主义革命、社会主义建设以及改革开放的伟大实践中的重要作用，马克思主义哲学在中国发展的历史经验以及党领导人民进行革命、建设和改革开放的历史经验进行了深入研讨；2012 年 2 月，学会与中国社会主义社会辩证法研究分会、广东省社科联等单位联合发起召开"纪念邓小平南方谈话发表 20 周年暨改革开放理论与实践创新"研讨会，就"南方谈话"的深刻内涵、改革开放的历史进程与宝贵经验、我国现阶段改革开放和经济社会发展问题进行了深入研讨；2012 年 12 月召开的"马克思主义哲学与中国特色社会主义道路"理论研讨会，就是紧密结合学习贯彻党的十八大精神而进行的；2013 年 12 月，学会与中央党校哲学教研部、中国社会科学院哲学研究所、中共深圳市委党校联合发起召开第一届"马克思主义哲学中国化深圳高层论坛"，以"马克思主义哲学创新与当代中国改革开放"为主题，深入学习贯彻党的十八届三中全会精神，深入研究全面深化改革的重大问题，深入研究全面深化改革的科学世界观、价值观、方法论。为纪念邓小平诞辰 110 周年，深入研究邓小平哲学思想的丰富内涵、历史地位及其对于我国改革开放和社会主义现代化建设的重要指导意义，学会又与中央党校哲学教研部、中国社会科学院哲学所、中共深圳市委党校联合发起召开中国辩证唯物主义研究会 2014 年年会暨第二届"马克思主义哲学中国化深圳高层论坛"，围绕"邓小平哲学思想与当代中国"这一主题进行了深入研讨。

（三）深入学习、研究、阐述中国特色社会主义理论体系最新成果

党的十八大以来，以习近平同志为核心的党中央励精图治、开拓创新，在改革发展稳定、内政外交国防、治党治国治军等各个方面提出了一系列新思想、新观点、新论断，认真学习、深入研究、科学阐释这些新思想新观点新论断，是党和国家事业发展的需要，也是推进马克思主义中国化时代化大众化的需要。党的十八大以来，学会同仁撰写、发表了一些学习、研究习近平总书记系列重要讲话的有分量的研究成果，学会和国防大学中国特色社会主义理论体系研究中心于 2013 年 5 月 25 日联合举办"中国梦——近代中国社会变迁与中华民族伟大复兴"座谈会，对于中国梦的深刻内涵、中国梦的实现路径、中国梦与马克思主义哲学的新使命等问题进行了深入研讨；2014 年 2 月 22 日，学会与北京师范大学哲学与社会学学院联合举办学习习近平总书记关于学哲学重要论述座谈会，就为什么和如何学习、运用马克思主义哲学进行了深入讨论。

（四）在马克思主义哲学大众化和教育普及方面做了艰辛探索和大量工作

经中央宣传部和全国哲学社会科学规划办公室批准，王伟光同志主持编写了《新大众哲学》一书。该书的编写以学会专家学者为主体力量，学会的庞元正、李景源、孙伟平、毛卫平、杨信礼等同志，中央党校的李晓兵、郝永平、冯鹏志、辛鸣等同志以及王磊博士等自始至终参加了该书的研究与编写。在该书编写过程中，广泛征求了韩树英、邢贲思、杨春贵、侯树栋、许志功、黄楠森、陶德麟、陈先达、陈晏清、宋惠昌、赵家祥、赵凤岐、张绪文、郭湛、丰子义等专家学者意见，全面深入梳理马克思主义哲学面对的重大问题，反复讨论写作提纲与稿件，从 2010 年 7 月启动，历时 4 年，召开会议 80 多次，每篇稿子都经过反复讨论修改。全部书稿由王伟光同志统稿后，分送有关专家学者征求意见。2014 年初，根据专家学者意见集中改稿。现在书稿已经出版发行。

（五）加强马克思主义哲学阵地建设，创办《马克思主义哲学论丛》

马克思主义是我们党的指导思想，马克思主义哲学作为科学的世界观方法论，在马克思主义理论体系中处于基础地位。在我国，有一支庞大的马克思主义哲学研究、教学队伍。但长期以来，却没有一份马克思主义哲学刊物，这不能不说是一大遗憾。创办一份马克思主义哲学刊物，是推进马克思主义哲学研究、教学、宣传、普及的迫切需要。在 2009 年 12 月学会换届后召开的第一次会长会议上，就决定筹备和创办《马克思主义哲学论丛》（以下简称《论丛》）。《论丛》由社会科学文献出版社出版。从 2010 年到 2012 年，每年出版 2 期；2013 年出版 3 期；从 2014 年起，每年出版 4 期。目前该刊已出版 10 期，第 11 期即将出版，至 2014 年底将出版 13 期。该刊编委会与编辑部的同志全部为业余兼职，为编好刊物付出了大量辛勤劳动，该刊物也得到了学会同仁的大力支持。目前，该刊物已纳入中国社会科学院创新工程学术出版资助项目，并被中国社会科学院确定为中国人文社会科学核心期刊。

（六）学会在全国各哲学一级学会中发挥了引领和带头作用

为了促进中国哲学事业的发展与各哲学学会之间的交流，2011 年 12 月 8—9 日，中国社会科学院、中共海南省委、海南省人民政府共同主办中国哲学论坛（2011）。论坛的主题是"哲学创新与当代中国发展"。本次论坛由中国社会科学院哲学研究所、中共海南省委宣传部承办，由中国辩证唯物主义研究会领衔的 12 家哲学一级学会协办，来自中国辩证唯物主义研究会、中国历史唯物主义研究会、中国马克思主义哲学史学会、中国哲学史学会、中华全国外国哲学史学会、中国现代外国哲学学会、中国逻辑学会、中国伦理学会、中华美学学会、自然辩证法研究会、国际易学联合会、中国人学学会等 12 个哲学一级学会的 450 多名专家学者会聚一堂，共同探讨当代中国哲学的新使命以及发展的新道路。论坛指出，面对新的形势、任务和挑战，我国哲学工作者应以高度的政治热情和历史责任感担负起繁荣发展哲学社会科学的历史重任，更加自觉地把哲学研究工作融入发展中国特色社会主义、实现中华民族伟大复兴的伟大事业中。此次论坛是继2004年首届中国哲学大会之后中国哲学界的又一次盛会，开创了哲学二级学科间学术交流的新机制，在当代中国哲学发展史上具有重要意义。

（七）学会各研究分会开展了丰富多彩、各具特色的学术活动

中国社会主义社会辩证法研究分会是学会成立最早的分会，在已故创会会长张江明同志的带领下，与学会合作多，开展活动多，研究成果多。2010年3月，召开当代中国科学发展辩证法研讨会；2012年2月，与学会联合召开纪念邓小平南方谈话20周年理论研讨会；2013年12月19—21日，召开"中国特色社会主义理论体系与中国梦——纪念首次全国社会主义社会辩证法研讨会召开30周年"学术研讨会，围绕"中国特色社会主义与社会主义发展辩证法"的主题展开讨论。价值论研究分会、认识论研究分会也开展了丰富多样的学术活动。

二、5 年来学会工作的基本经验

回顾第六届理事会的工作，有以下几点经验。

（一）坚持正确的政治方向和学术导向，坚持理论联系实际

中国辩证唯物主义研究会的宗旨，是团结广大哲学工作者，以马列主义、毛泽东思想、中国特色社会主义理论体系为指导，遵循理论联系实际的原则，贯彻"百花齐放、百家争鸣"的方针，为繁荣发展马克思主义哲学、推进马克思主义哲学中国化，为加强马克思主义理论建设，为中国特色社会主义事业服务。我们在5年的学会工作中，始终坚持正确的政治方向和正确的学术方针，始终坚持运用马克思主义哲学的基本理论、立场、观点、方法研究中国特色社会主义的实际问题，始终注重在总结实践经验、反映人民呼声的基础上创新发展马克思主义哲学，既充分发挥了广大哲学工作者的积极性、能动性、创造性，又得到了社会的广泛认可，还得到了地方党委、政府、高校、党校、军队院校的大力支持。

（二）加强工作的计划性，科学制定和努力实现工作目标

本届理事会产生后召开的第一次会长会议，即制定了5年的工作目标。

每年年初召开的会长、副会长、秘书长联席会议，则根据总目标安排年度主要学术活动，分工负责，落实到人。同时，还根据党和国家工作大局，结合学会本身的特点，对于学会工作计划做必要调整，使学会工作既保持稳定，又符合形势要求。

（三）充分依靠学会理事、常务理事开展工作

学会各位同仁和有关单位的同志对学会工作极为关心，经常出主意、想办法，积极承担学会交给的任务，主动支持学会开展工作。黑龙江大学的丁立群等同志、深圳市委党校的陈图深等同志，广东省社科联的田丰、叶金宝等同志，国防大学的夏兴有等同志，青海省委党校的吴伟生、马洪波等同志，中央党校的庞元正、杨信礼、李晓兵、郝永平等同志，国家行政学院的周文彰等同志，中国社科院哲学所的孙伟平、崔唯航等同志，北京师范大学的杨耕、吴向东等同志，北京大学的王东、聂锦芳等同志，中国人民大学的郭湛、马俊峰等同志，都做了大量工作。在此，我代表第六届理事会对给予学会大力支持、为学会的建设和发展做出贡献的各位理事表示诚挚的谢意。

（四）积极依靠地方党委政府、党校、高校、军队院校开展工作

学会的活动得到了地方党委政府、各类院校、社科联的大力支持。中共海南省委与海南省人民政府、国防大学、青海省委党校、广东省社科联、黑龙江大学、北京师范大学、深圳市委党校、中国社科院哲学所、中央党校哲学部、北京大学、中国人民大学等，为学会开展活动提供了多个方面、多种方式的支持。让我们向他们表示衷心感谢！

在过去 5 年的工作中，学会工作也存在一些缺憾与不足：（1）学会常务理事、理事年龄结构有待调整，一些年事已高、德高望重的专家学者因健康原因和身体安全考虑已不适合参加会议，学会亟须吸收新生力量；（2）个别常务理事、理事对学会缺乏责任心和义务观念，很少参与甚至从未参与学会活动；（3）有条件成立的二级学会，虽经长期酝酿，但尚未进入申请成立的程序；（4）对哲学基本理论的研究与创新尚待加强。希望新一届理事会继续发扬学会的优良传统，不断总结经验，克服缺点和不足，把工作搞得更规范、更生动、更有成效，为繁荣发展我国马克思主义哲学、推进马克思主义哲学中国化时代化大众化做出新的更大的贡献。

以上简短报告，可能有所疏漏；有些概括总结，也未必妥当，请批评，请审议。

实践的新需要、人民的新期待、党和国家的新要求*

　　20 世纪 30 年代，著名马克思主义哲学家艾思奇（1910—1966）写过一部脍炙人口的《哲学与生活》，后改名为《大众哲学》。该书紧扣时代脉搏，密切联系中国实际，将马克思主义哲学的基本道理以生动活泼的形式、深入浅出的笔法、贴近大众的语言，通俗而生动地表达出来了。《大众哲学》像一盏明灯，启蒙了成千上万的人们走上了中国共产党领导的革命道路。

　　光阴似箭，日月如梭。《大众哲学》问世迄今已逾 80 年。80 年在人类历史上只是短暂的一瞬，但生活在这个时代的人们却经历着沧桑巨变！人们能够真切地感受到，科学技术发展一日千里，全球化、信息化浪潮汹涌澎湃，工人阶级和社会主义运动势不可挡，当代资本主义内在矛盾激化演变，中国特色社会主义实践日新月异，人们的生活"每天都是新的"。历史时代和社会实践的显著变化，呼唤新的哲学思考。以当年《大众哲学》的方式对现实做出世界观方法论的解答，写出适应时代的《新大众哲学》，既是艾思奇生前未竟的夙愿，更是实践的新需要、人民的新期待、党和国家的新要求。

　　今天编写《新大众哲学》，要力图准确判断和反映时代的新变化，进行新的哲学的分析。纵观人类历史发展的总体进程，当今世界仍然处于资本主义逐步走向灭亡、社会主义逐步取代资本主义的历史时代。尽管马克思主义经典作家早就敲响了资本主义的丧钟，但旧制度的寿终正寝却是一个漫长的历史过程。试看当今世界，通过工人阶级和劳动大众的持续抗争，资本主义不再那么明火执仗、赤裸裸地掠夺，而是进行生产关系与上层建筑体制的局部调整，运用"巧实力"或金融手段实施统治，资本主义不仅没有马上"死亡"，反而表现出一定的活力，然而其不可克服的内在矛盾导

---

　　* 本文是作者为人民出版社、中国社会科学出版社 2014 年 9 月出版的《新大众哲学》所撰写的前言。

致的衰退的趋势却是不可逆转的；苏东剧变之后，尽管国际共产主义运动陷入低潮，但社会主义中国则以改革开放为主旋律蓬勃兴起，中国特色社会主义的成功开拓，推动共产主义运动始出低谷。资本主义与社会主义的竞争、较量、博弈正以一种新的形式全面展开。时代的阶段主题由"战争与革命"转向"和平与发展"，但马克思主义经典作家所揭示的整个时代的基本矛盾并没有改变，人类历史的新的社会形态终将代替旧的社会形态的历史总趋势并没有改变，引领时代潮流的时代精神——马克思主义世界观方法论并没有过时。马克思主义哲学是社会实践的理性概括。作为科学社会主义理论基础的马克思主义哲学，需要重新认识资本主义和社会主义及其关系，给大众提供认识社会历史进程和人类前途命运的新视野。《新大众哲学》必须准确把握时代变化的实质，引领大众进行新的哲学认知。

编写《新大众哲学》，要力图科学思考和回答科技创新和生产力发展的新问题，赋予新的哲学的概括。科学技术已经成为"第一生产力"，全面、深刻地塑造着整个世界。全球化、信息化、市场化，高新科技的发展和应用，令世界的面貌日新月异。现代资本主义几十年所创造的生产力，远远超过了资本主义几百年，甚至人类社会成千上万年生产力的总和。社会主义中国在与资本主义的全球竞争中，正在实现赶超式发展。尽管马克思曾经提出"科学技术是生产力""世界历史理论"等一系列重要思想，但当今的科技创新和生产力发展，包括全球化、信息化、市场化对经济、政治、文化、社会的全方位渗透影响，仍然推出了大量有待回答的哲学之问。马克思主义哲学是人类社会生产实践和科学研究实践的思想结晶，需要对社会生产实践和科学发展实践提出的问题给予哲学的新解答。《新大众哲学》必须科学总结高新技术和生产力发展推出的新问题，提供从总体上把握问题、解决问题的哲学智慧，进行新的哲学解读。

编写《新大众哲学》，要力图深刻总结中国特色社会主义伟大实践涌现出的新经验，做出新的哲学的总结。中国特色社会主义是当代中国共产党人从事的一项"全新的事业"。改革已经引起了中国社会的深刻变革、社会结构的深刻变动、利益关系和思想观念的深刻变化，一方面推进了经济社会的飞跃发展，另一方面又带来了新的社会矛盾。马克思主义哲学理应正视人民大众利益需求的重大变化，探索满足人民日益增长的物质和文化需要的有效途径，研究妥善处理复杂的利益矛盾、建设富强民主文明和谐的社会主义现代化国家的正确道路。《新大众哲学》在回答重大现实问题的过程中，必须对中国道路、中国模式、中国奇迹、中国特色社会主义新鲜经验予以世界观方法论层面的哲学阐释。

编写《新大众哲学》，还要力图努力回应当代国内外流行的各种哲学社会思潮，给予新的哲学的评判。哲学的发展离不开现成的思想成果，马克思主义哲学是在批判地继承人类一切优秀成果基础上发展起来的，是在批判非马克思主义、反马克思主义思潮的哲学基础上发展起来的。人们在错综复杂的社会思潮冲击下，常常感到迷惘、困惑，辨不清是非，找不到理想的追求和前行的方向。在这场"思想的盛宴"中，如何"尊重差异，包容多样"，让一切有益于中国特色社会主义建设的思想文化充分涌流；同时，批判错误的哲学思潮，弘扬正确的哲学观，凝聚社会共识，让主流意识形态占领阵地，是马克思主义哲学不容回避的历史任务。《新大众哲学》必须在批判一切错误思想、吸取先进思想文明的基础上，担当起升华、创新马克思主义哲学的历史使命。

时代和时代性问题的变化，现实实践斗争的发展，既为马克思主义哲学提供了新的源泉，又不断地对其本身的发展提出急迫的需求。对于急遽变化和诸多问题，马克思主义哲学经典作家没有具体地经历过，更没有专门深入阐述过。任何思想家都不可能超越他们生活的时代，宣布超时代的结论。列宁说："我们并不苛求马克思或马克思主义者知道走向社会主义的道路上的一切具体情况。这是痴想。我们只知道这条道路的方向，我们只知道引导走这条道路的是什么样的阶级力量；至于在实践中具体如何走，那只能在千百万人开始行动以后由千百万人的经验来表明。"①但历史并不会因为理论的发展，因为理论的待建而停下自己的脚步。现实对马克思主义哲学创新充满期待，人们期待得到马克思主义创新的哲学观念的指导。

《新大众哲学》正是基于高度的使命感和理论自觉，努力高扬党的思想路线的旗帜，坚持解放思想、实事求是、与时俱进、求真务实，顺应时代潮流，深入思考和回答时代挑战和大众困惑而撰写的。《新大众哲学》既不是哲学教科书，刻意追求体系的严密；也不是哲学专著，执着追求逻辑论证与理性推理，而是针对现实，以问题为中心，密切关注时代变化和形势

---

① 《列宁全集》第 32 卷，人民出版社 1985 年版，第 111 页。

发展，注重吸收人类思想新成果，进行哲学提升、理念创新，不拘泥于哲学体系的框架，以讲清哲学真理为准绳，以通俗化的群众语言来阐述。在表达方式上，力戒纯粹的抽象思辨和教科书式的照本宣科，力求适应大众的新要求，让马克思主义哲学"讲中国老百姓的话"，追求通俗易懂、生动活泼的表述。

　　《新大众哲学》立足马克思主义哲学的本真精神，从总论、唯物论、辩证法、认识论、历史观、价值观、人生观等 7 个方面围绕时代问题展开哲学诠释，力求将重大理论与现实问题提升到马克思主义哲学世界观方法论的高度加以分析与阐明，在回答重大理论与现实问题的进程中，力争推进马克思主义哲学的时代化、中国化和大众化。这是历史赋予马克思主义哲学义不容辞的责任，也是《新大众哲学》应当担当的历史重任和奋力实现的目标。或许，在这个信息爆炸、大众兴趣多样化的时代，这套丛书并不能解决大众所有的疑问和困惑，但《新大众哲学》愿与真诚的读者诸君一起求索，一道前行。

　　以上所述只是《新大众哲学》刻意追求的写作目的，然而，《新大众哲学》作者们的水平能力有限，难以达到预期；再者，《新大众哲学》分 7 部分，且独立成篇，必要的重复在所难免；同时作者们的文字功底不够扎实，文字上存在的问题亦是显而易见。故恳请读者们指教，供《新大众哲学》再版修订时参考。

唯物史观视野下的中国梦*

习近平总书记关于中国梦的重要论述，在运用和发展唯物史观的基础上，进一步揭示了中华民族的历史命运和当代中国的发展走向，为中国特色社会主义注入了新的内涵，指明了前进方向。只有牢固树立历史唯物主义的立场、观点和方法，不断深化对中国梦的历史条件和现实依据、科学内涵和本质要求等重大问题的认识，才能增强实现中华民族伟大复兴中国梦的自觉性和坚定性。

一、历史的选择

纵观历史，没有一种梦想，比几代中国人为实现民族复兴的中国梦而接力奋斗更加壮丽辉煌；环视全球，没有一种力量，比十几亿中国人的美好期待汇聚成的中国梦更能惊天动地。这个中华民族近代以来最伟大的梦想，承载着一个有 5000 多年悠久历史和灿烂文明的古老民族的自尊与自强；包含着一个爱好和平、充满生机的东方大国对人类美好生活的向往和追求。这个梦想让国家富强、民族振兴、人民幸福成为近代以来全体中国人无法绕开的主题和中国历史不能偏离的主线。

实现中国梦不仅是中国近现代历史发展的必然趋势，而且是中国共产党领导人民做出的正确选择。1840 年鸦片战争以后，中国一步步沦为半殖民地半封建社会，如何振兴中华民族，再现文明古国的辉煌，成为我国仁人志士孜孜以求的梦想。从禁销鸦片到洋务运动，从太平天国到义和团，从戊戌变法到辛亥革命，虽然在不同程度上推动了中国进步，但最终都失败了。究其客观原因是当时的国内外条件不允许中国变成独立富强的国家，西方列强与封建势力和官僚资本相勾结，企图永久地掠夺和奴役中国；究

---

* 本文发表于《求是》2014 年第 7 期。

其主观原因是当时中国没有找到科学的理论指导，没有形成先进阶级及其政党的领导，更没有找到救国救民的出路。那时中国无法推翻帝国主义、封建主义和官僚资本主义的反动统治，长期在战乱、贫困和黑暗中沉沦。然而，十月革命一声炮响，给我们送来了马克思列宁主义，帮助中国的先进分子，用马克思主义作为观察国家命运的武器，重新思考自己的问题。1921 年，中国共产党应运而生，担负起领导人民实现民族复兴的历史使命。百年来，我们党紧紧依靠人民，把马克思主义基本原理同中国实际和时代特征结合起来，独立自主走自己的路，取得革命、建设、改革的伟大胜利，开创和发展了中国特色社会主义，不可逆转地结束了中国内忧外患、积贫积弱的悲惨命运，不可逆转地开启了中华民族不断发展壮大、走向伟大复兴的历史进程。今天，一个朝气蓬勃的社会主义中国巍然屹立在世界东方，成为推动世界和平与发展的重要力量；14 亿中国人民发愤图强，迎来中华民族繁荣昌盛的光明前景。

唯物史观是历史决定论和历史选择论的辩证统一。历史发展不是杂乱无章的，而是具有不以人的意志为转移的客观规律；但人又是有主体选择性的，正确的选择符合客观规律，是可以成功的。党的十八大站在战略和全局的高度，确定了"两个一百年"的奋斗目标，即在中国共产党成立一百年时全面建成小康社会，在新中国成立一百年时建成富强民主文明和谐的社会主义现代化国家，在此基础上继续努力，实现中华民族伟大复兴的中国梦。这是遵循人类社会发展规律、社会主义建设规律、共产党执政规律所做出的历史抉择，是中国人民的核心价值追求与中国社会历史发展的辩证统一。

二、丰富的内涵

中国梦，贯穿着中国的昨天、今天和明天的历史主轴，连接着国家、民族与个人的前途命运，蕴含着国家富强、民族振兴、人民幸福的丰富内涵。提出实现中国梦，体现了以习近平同志为核心的党中央继往开来、高瞻远瞩的战略眼光，体现了新一届中央领导集体对中国特色社会主义的坚定自信和对国家、民族和人民的责任担当，激动人心，催人奋进，具有强大的凝聚力和感召力。

中国梦是历史的、现实的，也是面向未来的。马克思认为："人们自己创造自己的历史，但是他们并不是随心所欲地创造，并不是在他们自己选定的条件下创造，而是在直接碰到的、既定的、从过去承继下来的条件下创造。"①历史是现实的源头，未来是现实的延续，共同构成了人类生存发展的漫长过程。中国梦承接历史，包含中华民族五千多年连绵不断的文明成果和追求和谐进步的光荣传统；中国梦立足现实，符合和平、发展、合作的时代潮流和社会主义初级阶段的基本国情；中国梦引领未来，有助于加快推进实现社会主义现代化的宏伟目标和中国特色社会主义共同理想，最终实现共产主义的远大理想。正因为中国梦凝结着无数仁人志士的不懈努力，承载着全体中华儿女的共同向往，昭示着国家富强、民族振兴、人民幸福的美好前景，它才具有深厚的历史渊源、广泛的现实基础和无限光明的未来。

中国梦是国家的、民族的，也是每一个中国人的。唯物史观主张克服人与社会、个人与集体之间的对立，达到人与社会、个人与集体的辩证统一。马克思主义创始人不仅阐明"每个人的自由发展是一切人的自由发展的条件"②，而且强调"只有在共同体中，个人才能获得全面发展其才能的手段，也就是说，只有在共同体中才可能有个人自由"③。中国梦的主体，从宏观而言，是整个国家、民族和人民；从微观而言，是每一个中国人。个人梦想是国家和民族梦想的组成部分，它的实现又离不开国家和民族的整体际遇。回首近代，亡国灭种的阴霾、"东亚病夫"的歧视，使国家遭受屈辱，民族失去尊严，个人怎敢言梦？从新中国使我们"站起来"，到改革开放使我们"富起来"，是国家、民族的强盛，让人民的幸福有了坚实的依托。国家、民族和个人的命运是相互依存的，国家好，民族好，大家才能好。每个中国人都要把个人的梦想与国家富强、民族振兴紧密联系起来，自觉地在本职岗位上、在人生旅程中为中国梦添砖加瓦、无私奉献。

中国梦是中国的，也是世界的。马克思和恩格斯在《共产党宣言》中写道："由于开拓了世界市场，使一切国家的生产和消费都成为世界性的了……过去那种地方的和民族的自给自足和闭关自守状态，被各民族的各

①《马克思恩格斯文集》第 2 卷，人民出版社 2009 年版，第 470—471 页。
② 同上书，第 53 页。
③《马克思恩格斯文集》第 1 卷，人民出版社 2009 年版，第 571 页。

方面的互相往来和各方面的互相依赖所代替了。"①当今世界，各国相互联系、相互影响的程度空前加深，人类生活在同一个地球村，结成一个命运共同体。中国的改革开放离不开世界，世界的繁荣稳定也需要中国。中国梦不是帝国梦、霸权梦，它给世界带来的不是动荡而是和平，不是威胁而是机遇。中国梦，与世界各国人民的共同利益和美好梦想是相通的，它不仅造福中国人民，而且造福世界人民。面对经济全球化迅速发展和世界各国同舟共济的客观要求，我们始终不渝地走和平发展道路，始终不渝地奉行互利共赢的开放战略，在和平共处五项原则基础上全面发展同各国的友好合作，为人类和平与发展的崇高事业做出更大的贡献。

三、实现的途径

理想指引方向，道路决定命运。党的十八届三中全会强调：实现中华民族伟大复兴的中国梦，必须在新的历史起点上全面深化改革，不断增强中国特色社会主义道路自信、理论自信、制度自信。中国特色社会主义是实现中国梦的必由之路。一般说来，人类社会发展规律的统一性并不排斥各个国家发展道路的多样性。马克思主义基本原理放之四海而皆准，行之百世而不废，但这些原理的实际运用"随时随地都要以当时的历史条件为转移"②。中国特色社会主义道路是马克思主义基本原理和我国实际与时代特征相结合的产物，既符合人类社会发展的普遍规律和科学社会主义的基本原则，又植根中国大地，反映人民意愿，适应中华民族和时代发展的进步要求。这条道路既坚持以经济建设为中心，又全面推进经济、政治、文化、社会、生态建设；既不断解放和发展社会生产力，又坚持走共同富裕道路、促进人的自由全面发展。历史已经反复证明，无论是封闭僵化的老路，还是改旗易帜的邪路，都不能解决中国的发展进步问题。在实现中国梦的征程上，不管遇到什么样的困难，面临什么样的挑战，我们都必须毫不动摇地坚持、与时俱进地发展中国特色社会主义，坚定不移沿着正确的中国道路奋勇前进。

---

① 《马克思恩格斯文集》第 2 卷，人民出版社 2009 年版，第 35 页。
② 同上书，第 15 页。

经济建设是兴国之要，中国精神是强国之魂。在经济发展的基础上，弘扬中国精神是实现中国梦的重要条件。唯物史观教导我们，生产力最终决定生产关系和上层建筑，而思想文化反过来又影响政治和经济生活。社会主义现代化和民族复兴是全面发展、全面进步的事业。离开经济建设这个中心，中国梦就会失去物质基础；离开社会主义先进文化，中国梦也会丧失精神动力。要把社会主义核心价值观作为主线，贯穿到国民教育和精神文明建设全过程中，坚持不懈地用马克思主义及其中国化的理论成果武装全党，教育人民，用中国特色社会主义共同理想和共产主义远大理想凝聚力量，用以爱国主义为核心的民族精神和以改革创新为核心的时代精神鼓舞斗志，用社会主义荣辱观引领风尚，不断增强全党、全国人民团结奋斗的思想基础，振奋起全体中华儿女实现中国梦的"精气神"。

人民是历史的创造者，群众是真正的英雄。广大人民群众的团结奋斗是实现中国梦的主体力量。在历史唯物主义看来，社会历史活动是追求着自己目的的人的活动，是群众的事业。"随着历史活动的深入，必将是群众队伍的扩大。"①毛泽东在党的七大政治报告中深刻指出："人民，只有人民，才是创造世界历史的动力。"②习近平总书记强调：中国梦是民族的梦，也是每个中国人的梦。生活在我们伟大祖国和伟大时代的中国人民，共同享有人生出彩的机会，共同享有梦想成真的机会，共同享有同祖国和时代一起成长与进步的机会。因此，我们要牢记这一精神，坚持尊重社会发展规律与尊重人民主体地位的一致性，坚持为崇高理想奋斗与为人民谋利益的一致性，广泛调动人民群众的积极性，充分发挥人民首创精神，将 13 亿人的思想和行动汇聚成实现中国梦的磅礴力量。

---

① 《马克思恩格斯文集》第 1 卷，人民出版社 2009 年版，第 287 页。
② 《毛泽东选集》第 3 卷，人民出版社 1991 年版，第 1031 页。

谈谈民主、国家、阶级和专政*

为了驳斥意识形态领域的一些奇谈怪论和荒谬论点，为了澄清思想理论战线上的许多糊涂认识和糊涂观念，还马克思主义关于民主、国家、阶级、阶级斗争和专政学说的本来面貌，促使人们能够运用马克思主义关于这些重大问题的正确观点，回答现实生活中的一系列重大问题，我从2012年至今，陆续撰写了《关于民主》《关于阶级和阶级斗争》《关于国家与专政》等三篇研究札记，相继发表在《世界社会主义研究动态》上。许多同志看后建议我把这些短文结集成册，供更多的读者阅读。故此我将这些文章整理编辑为《谈谈民主、国家、阶级和专政》这本小册子，以飨读者。

一、关于民主

（一）民主是一个重大的理论与现实问题

民主，无论是在我国社会主义政治生活领域，还是在国际社会政治生活领域，都是一个极其重大而又敏感的理论与现实问题。一般来说，民主可以有三种不同内涵的意义。一是作为国家政治制度层面的民主，就是通常所说的民主政治。民主就是政治，这个意义上的民主带有鲜明的阶级性、政治性、意识形态性。社会主义民主政治与资本主义民主政治是两种根本对立的政治制度，属于上层建筑领域。社会主义民主政治为社会主义经济

---

　*本文是作者从2012年至2014年陆续撰写的《关于民主》《关于阶级和阶级斗争》《关于国家与专政》等三篇文章的研究札记，相继发表于《世界社会主义研究动态》《社科党建》《思想理论动态》《马克思主义文摘》《红旗文稿》等内部或公开刊物和学习出版社出版的《论中国民主》、红旗出版社出版的《理论热点辨析：〈红旗文稿〉文选》、中国社会科学出版社出版的《中国社会科学院西方宪政民主批判文选》《中国社会科学院"普世价值"论批判文选》，社会科学文献出版社以《谈谈民主、国家、阶级和专政》为书名，于2014年11月出版。其中，《坚持人民民主专政，并不输理》一文发表于《红旗文稿》2014年第18期，引起一场广泛、深刻而且激烈的大讨论。

基础服务，资本主义民主政治为资本主义经济基础服务。譬如，我国作为社会主义制度的国家，实行人民民主专政，对人民实行最广泛的民主，对少数敌对分子实行强有力的专政，是我国最根本的政治制度。全国人民代表大会制度、中国共产党领导的多党合作和政治协商制度、民族区域自治制度等都是基本的民主政治制度。从这个意义上来说，民主是指国家政治制度。二是作为具体组织形式、机构、机制、操作层面的民主，就是通常所说的民主政治的具体组织形式、运行体制、机构、机制，具体运作程序、原则、规则。它是为一定的国家制度、一定的政治、一定的阶级服务的，为什么服务，就从属于什么，就具有什么性质。一般说来，它本身没有特定的政治性、阶级性和意识形态性，如是议会，还是人民代表大会，是总统，还是国家主席，并不能说明国家制度的性质。再如少数服从多数的原则是民主的通常规则，本身不具有明确的政治性、阶级性和意识形态性。三是作为民主价值观、民主思想、民主作风的民主。如对民主的价值追求、价值判断等价值观，关于民主的理论、观点、认识等思想，密切联系群众、多听不同意见的民主作风。这些作为观念形态的民主，是有意识形态性、阶级性的，譬如同样的民主理论，可以是资产阶级的民主观，也可以是工人阶级的民主观。

三种意义不同的民主相互联系，相辅相成，相得益彰。比如社会主义民主政治，必然实行民主集中制的原则。实行民主集中制，坚持社会主义民主政治，必然要求领导干部具有"公仆意识""取消一切特权"等优良的民主作风和民主思想。三者也是相互区别的，第一种、第三种意义的民主的政治属性不能混淆，而第二种意义的民主则可借鉴，如民主政治的一些具体组织形式、机构、体制、机制，操作原则、程序和规则，既可以为社会主义民主制度所采用，也可以为资本主义民主制度所采用。

作为国家政治制度，即民主政治，是具体的、历史的、变化的，从来就没有抽象的、超阶级的、超历史的、永恒的、普世的民主政治，即国家民主制度。在人类社会发展史上，原始社会是无阶级社会，在原始社会晚期，人们创造了比较成熟的原始社会的民主议事制度，以及相应的组织形式、机制。可以说，这是原始社会公有制所决定的原始公社内部的民主政治，是原始公社内部最广泛的民主制度，当然这种民主政治也有一套民主议事程序和规则。奴隶社会是人类历史上的第一个阶级社会，奴隶社会制度带有极其鲜明的阶级性，奴隶社会的国家政治制度是少数人对多数人的专制统治，奴隶主阶级对奴隶阶级拥有绝对的统治权、剥削权，奴隶社会不可能有什么民主政治。但是在奴隶制的希腊城邦社会，也产生了一种城邦民主政治，无疑该民主也只是奴隶主统治阶级内部的民主，只是少数人的民主，是少数人对多数人专政的民主。封建社会是专制制度，是与民主政治根本对立的封建政治制度。中国长达几千年的封建社会建立了与民主政治根本不同的封建君主专制政治制度。旧中国是半殖民地半封建社会，实行的仍然是黑暗的专制独裁制度。

资产阶级是在专制的封建社会内部产生的新生阶级，代表新的生产力发展方向，资产阶级要建立资本主义生产关系，解放和发展受封建生产关系束缚的生产力，必然首先要冲破封建地主阶级的专制政治，建立与私有制市场经济发展要求相适应的资产阶级民主政治，从根本制度上保证资产阶级的利益要求，这就产生了以民主制度来代替专制制度的资产阶级民主革命。应该说，与资本主义市场经济发展需求相适应，资产阶级创造了适应人类历史进步的资产阶级民主政治。可以说，资产阶级民主政治在资本主义上升期是具有进步性和革命性的。

然而，资本主义民主政治同时具有两重性、两面性，一方面，相对于封建主义来说，有其进步性和革命性，但其进步性和革命性是暂时的、历史的、有局限性的；另一方面，相对于工人阶级来说，又有其欺骗性、反动性的一面。资产阶级民主政治从一开始就是少数人的民主，是以少数人对多数人的统治为前提的民主，是以保护资产阶级私有制经济利益为条件的民主，因而资产阶级民主政治在资本主义上升期时具有进步性和革命性的同时，就具有局限性、有限性、反动性、虚伪性和欺骗性。对无产阶级和劳动人民来说，它实行的并不是真正的民主，以表面的全民性作为伪装，掩盖其对多数人实行统治、压迫的阶级实质。随着资产阶级革命的成功和资本主义制度的确立，资本主义民主政治逐渐丧失其进步性和革命性。

当今时代是作为新生事物的社会主义力量与资本主义力量博弈的伟大时代，显现出两种历史趋势、前途和命运的反复较量。资产阶级革命成功的同时，资产阶级民主政治的虚伪性、反动性也愈益显现。自从资本主义以社会制度的形式确立下来的同时，资产阶级就造就了它的对立面——工人阶级，资本主义社会内部开始孕育否定、替代资本主义制度的社会主义因素。当社会主义作为最终战胜资本主义的力量，以社会制度的形式诞生以来，就一直遭到资本主义运用经济的、政治的、意识形态的乃至军事的力量的围攻和剿灭。

资产阶级在其革命时期，民主、人权、自由、平等、博爱等是它战胜封建势力的思想政治武器，它所追求的民主、人权、自由、平等、博爱的思想政治武器的确比封建专制主义的思想武器强，这些思想政治武器一度成为向封建专制主义开展斗争的舆论工具。但随着资产阶级上升期的结束，资产阶级在运用民主巩固其经济基础，运用民主、人权、自由、平等、博爱等思想武器为其存在保驾护航的同时，也运用民主、人权、自由、平等、博爱等思想武器向社会主义国家发起意识形态的进攻，企图西化、分化社会主义国家。社会主义制度实行广泛的人民民主，是建立在社会主义公有制基础上的民主制度，当然，社会主义是新生事物，社会主义民主政治也有一个逐步完善的过程，作为新型民主，它还有很多缺憾和不足。在当今时代对民主的选择上，必然表现为社会主义与资本主义两种民主政治的生死博弈。

（二）民主是历史的、具体的，表现为一个过程

2008 年爆发的世界金融危机已经进入第五个年头了。由美国次贷危机引发了全球金融风暴，刮起了欧债危机狂潮……政治是经济的集中表现，由此造就了西方发达资本主义国家持久的"占领华尔街"运动乃至"占领伦敦"运动，促进了此起彼伏的罢工、示威、游行活动。经济危机转化为社会危机，继而转化为意识形态危机，激起了意识形态的争执。生活在西方的许多人，上至一些政治家和理论家，下至不少平民百姓，站在不同的立场上，从不同的角度，开始反思西方资本主义制度，质疑西方资本主义民主政治。美国前国家安全顾问、著名国际问题专家布热津斯基说："今天的问题是，在失控和可能仅为少数人自私地谋取好处的金融体系下，在缺乏任何有效框架来给予我们更大、更雄心勃勃的目标的情况下，民主是否还能繁荣，这还真是一个问题。"①对现行西方民主提出严重质疑，"西方民主真是一个问题"，这不啻对鼓吹西方民主具有"普世价值"的说法的一记重棒。

---

① 詹得雄：《西方民主还真是一个问题》，《人民日报》2012 年 4 月 23 日。

民主是具体的、历史的，表现为一个一个具体的、特殊的过程，没有抽象的、超历史、超时空、超国情、永恒、静止、普世的民主。所谓民主是具体的，就是说民主是一个一个特殊的、具体的客观社会存在，如中国特色社会主义民主政治、美式资产阶级民主政治、英式资产阶级民主政治等，没有离开具体民主而单独存在的抽象的、普世的民主。所谓历史的，就是说民主是一定历史条件下的产物，是随着时代的发展、历史的变迁、实践的推移而不断变化发展的，民主表现为一个历史过程，没有永恒的、固定的、不变的、绝对的民主。民主，作为政治制度的民主政治，作为观念形态的民主思想，作为从属于民主政治制度的具体形式、程序和规则，都是一定历史时代、一定特殊国情、一定具体条件的产物，它是历史地形成的，有一个生成、完善的过程，是与某一具体国家、具体政党、具体阶级、具体人群相伴随的。

每一具体的民主政治、民主思想、民主形式、程序和规则，都具有其内在的、与其他民主相比较而共同具有的属性，民主是有其共性、一般和普遍性的，但现实生活中并没有离开具体民主而单独存在的抽象的、超历史、超时空、"普世"的民主，这就是民主的个性与共性、特殊与一般、个别与普遍的辩证关系问题，我们可以统称之为民主特殊与民主一般。民主特殊就是指现实生活中存在的个别的、具体的、历史的民主，如中国共产党的党内民主、西方资产阶级的政党民主等；民主一般就是指寓于民主特殊之中的民主的共同属性。民主一般只是存在于民主特殊之中，是一个一个具体的民主相互比较而体现出来的共同的属性，是具体民主的一般表现。从哲学认识论上来讲，民主特殊与民主一般就是"个性"与"共性"、"特殊"与"一般"、"个别"与"普遍"的关系问题。在中国哲学史上，"名"与"实"的关系问题的争论，实质就是关于特殊与一般的关系的争论问题，"名"为一般，"实"为特殊。譬如，桌子是此类物品的统称，为"名"，而人们所看到、接触到的都是一个一个具体的桌子，如长桌、圆桌、木桌、石桌、大桌、小桌等，此则为"实"，即桌子实物。"名"是"实"的共同属性的抽象，"名"存在于"实"之中，"名"离不开"实"，而"实"则有"名"。

"个别""特殊""具体"是个别的、特殊的、具体的客观地存在的事物。"共性""一般""普遍"是指存在于个别、特殊、具体事物中的共同的一般属性和普遍起作用的规律。"共性""一般""普遍"存在于一个一个"个别""特殊""具体"事物之中，没有离开"个别""特殊""具体"事物而单独存在的"共性""一般"与"普遍"，而每个具体的、个别的、特殊的事物本身在与他事物的比较中都有其共同的属性和普遍起作用的规律，个性与共性、特殊与一般、具体与普遍是辩证统一于个别的、特殊的、具体的事物之中的。离开个别、特殊、具体的东西而单独存在的一般、普遍、共性是根本没有的。所谓民主政治、民主思想、民主规则，都是存在于具体的国家、具体的阶级、具体的政党、具体的人群乃至具体的个人之中的，离开具体的国家、具体的阶级、具体的政党、具体的人群、具体的个人的所谓民主一般是不单独存在的。这就好比离开活生生的具体的个人的所谓灵魂是根本不存在的一样。

当然，不能因为民主的具体性、特殊性、个别性和历史性而否认不同民主的共性、一般性和普遍性。我们只是反对把民主一般说成是脱离民主特殊的所谓超历史的、超阶级的、普世的民主，并不反对说每个具体的民主都具有共性、一般性和普遍性。

列宁认为，把人的认识过程中的任何一个片段绝对化，就会走向唯心主义。个性与共性、具体与一般、特殊与普遍的关系反映了人的认识过程、认识规律，是人的认识的一个节点。一般来说，人的认识是从认识个别、具体、特殊的事物开始的，经过实践、认识、再实践、再认识，从感性认识到理性认识，再从理性认识到感性认识的反复过程，才抽象出对一个一个个别的、具体的、特殊的事物的共性、一般性和普遍性的认识。人对事物的认识，总是从个别、具体、特殊认识起，个别的、具体的、特殊的东西认识多了，才进一步从中比较而抽象出具体事物中所蕴含的共性、一般与普遍，从而提升为共性的、一般的、普遍的概念。比如说，桃子，人们是从具体的蟠桃、毛桃、水蜜桃等各种不同品种的具体桃子中，从大桃、中桃、小桃等多种形式不等的具体桃子中认识到桃子的共性，然后把具有这些共性的东西统称为桃子，这就是桃子概念的形成。当然，从生物科学来说，具体桃子是具有共同的基因条件的。谁吃过桃？人们吃过的是具体的、活生生的、形态千差万别的个别实体的桃子，而没有吃过桃子概念，即桃子一般。抽象的桃子一般并不等于具体桃子本身。如果一个人只让他吃桃子的共性，他是吃不到桃子的。从认识论上来说，无限夸大人对具体桃子的共性抽象认识这个认识片段,实际上就走到了唯心主义结论上去了。谁见过"人"呢？谁也没见过不男不女、不中不外、不大不小的抽象的人,人们见的都是具体的个人,如张三、李四、王五……"人"只是从具体个人中抽象出的共性的人的概念,寓于活生生的一个一个具体人之中。中国战国时期公孙龙提出的著名的"白马非马"的命题,"白马"是个别、特殊、具体的马,"马"是概括了所有具体马的共同特点的一般的马,一般只存在于个别之中,一般的马只存在于一个一个具体的马之中,把一般与个别绝对分离,将一般的马与具体的马绝对分开,无限夸大一般的马,就会得出错误的判断。

　　民主也是如此。什么叫民主？是人们对各个不同历史阶段、各个不同国度、各个不同阶级、各个不同政党所具有的具体民主制度,及其相应的民主思想、民主规则加以抽象出来的共性的东西,可以说是民主一般,从而形成民主概念。民主共性、民主一般、民主普遍是不可能单独存在的,它只存在于个别、特殊、具体民主之中。就拿民主政治来说,如果离开具体的历史条件、时空环境、发展过程,而把某一历史阶段的民主制度作为适用于一切历史阶段的民主,把某一国家的民主制度作为适用于一切国家的民主,是不现实的。普遍适用于一切历史时代、一切国度、一切阶级、一切政党、一切群众的民主制度是不存在的。"橘生淮南则为橘,生于淮北则为枳",离开了具体土壤、具体的环境、具体的条件、具体的过程,橘就不是橘,而为枳了。美式民主是根据美国国情、美国资本主义发展需要和美国资产阶级要求,以及美国人民可接受程度,在美国民族解放和独立战争以来所逐步形成的以两党议会制为特点的民主,不要说它与社会主义国家的民主不同,连与同是资本主义的英式民主也不同,英式民主是君主立宪式民主政治,是英国资产阶级不彻底革命的妥协的历史产物。英式民主政治与美式民主政治同样是资产阶级民主,但由于历史条件不同,它们也是不尽相同的。当然,无论美式民主与英式民主,它们都具有资本主义民主政治的共性。所以,把某一特定条件下的民主说成是完全绝对的东西,是一成不变的永恒的东西,适用于一切,是不现实的。任何特定条件下的民主都有其产生和存在的必然性,同时也有其历史条件的局限性和需要在新的历史实践中不断加以完善的必要性。

　　如果把具体民主抽象成一般民主原则套用一切、剪裁一切,不过是玩弄抽象的民主概念，把自家民主强加于别国、别人的干涉逻辑而已。一些西方政治家、理论家把美式"民主"、西式"民主"说成具有"普世价值"的民主，拿着民主大棒，在全世界到处找人打。在美国政客看来，美式民主是世界上最好的民主，具有"普世价值"，是全世界的样板，在全世界到处推销，企图把它硬套给一些它认为不满意的国家，当作打人的狼牙棒到处敲打与他们不同的国家。看谁不顺眼，就采取双重标准，凡是它不满意的国家，它就给人家扣上"专制""独裁""邪恶"的帽子，必欲除之而后快。比如，对俄罗斯的大选，他们竭力捣乱破坏，对普京当选，他们怒火中烧。而对自己任意干涉别国内政，蛮横地制裁、勒索他国，甚至武装入侵他国的暴力行为，则披上输入"普世民主"的外衣。

实际上，这次金融风暴已然让许多西方人士开始觉醒过来了，开始反思西方民主的虚伪性。有人就形象地把西方民主称为金钱民主，认为"金钱是民主的母乳"，一语道破了西方民主的实质。据埃菲社今年1月27日报道，参加世界社会论坛的一些知名学者一致认为："欧洲民主已经被贪婪的金融市场绑架，而且这个没有底线的市场现在已经威胁到了人权和政治权。"葡萄牙社会学家阿·德·桑托斯说："欧洲的民主和宪法都不合格，现在主宰它们的是高盛公司。"目前的危机让人"有理由认为资本主义是反民主的"。法国著名经济学家保罗·若里翁2011年12月对法国《论坛报》记者说："选举改变不了什么。……在这个逐渐衰落的制度面前，政客们已经没有任何回旋余地。无论身在哪个阵营，他们唯一能做的是假装还控制着局面。解决问题的希望只可能来自那些明白问题本质的人。"[1]在这里，思考的人们提出了一个深刻的问题：西方民主有什么弊端？西方民主是不是像有人所鼓吹的普世的、完美的、永恒的民主？只让少数人发大财而带不来大多数人的幸福，这种民主是人们所需要的吗？可见，具体到被称为具有"普世价值"的西式民主，也是一个势必退出历史舞台的历史产物。

（三）人民民主是社会主义民主的本质要求

社会主义民主是在本质上完全不同于资本主义民主的最广泛的人民民主。资产阶级创造了人类历史上不同于封建专制的、优于历史上其他阶级政体形式的资产阶级民主。该民主的特点一是结束了人类社会历史上封建

---

① 本段引文均引自詹得雄《西方民主还真是一个问题》，《人民日报》2012年4月23日。

专制统治，带有鲜明的反对封建专制的特性；二是适应资本主义市场经济的需要，对资本主义经济社会发展起到了促进作用；三是相对奴隶社会、封建社会等以往阶级社会形态来说，赋予社会各阶级、各阶层以较多的自由、平等、人权，如承认每一位公民的选举权与被选举权，但这只是在资产阶级所容许的范围和限度内；四是形成了与其民主政治相适应的资产阶级民主思想、民主理论，以及一整套比人类历史上以往任何民主政治都要成熟的民主形式、程序、规则，为今后更先进、更合理、更高级的社会主义民主思想、理论、形式、程序、规则提供了前提和可以借鉴的经验……这些都是资本主义民主的长处。然而，任何历史阶段的民主、任何剥削阶级的民主，都有其历史的和剥削阶级的局限性。利益起决定性作用。任何时代的剥削阶级都是少数人的阶级，该剥削阶级所创造的民主必然首先服从于并服务于该少数阶级的利益，是少数阶级的民主，这是毋庸置疑的铁定事实。作为人类历史上较其前历史阶段的民主成熟的资本主义民主也逃脱不了这条铁的定律。正确地说，资本主义民主仍然是少数人的民主，是少数剥削阶级维护本阶级利益的民主，这就是资产阶级民主的阶级本质。当然，在满足、维护资产阶级少数人利益的同时，为了保证该阶级少数人的整体利益和长远利益，也会兼顾其他阶级、阶层的利益需求，比它之前的剥削阶级来说，会给予其他阶级、阶层以较多宽限和较为广泛的民主。资产阶级在实施民主的同时，从来没有忘记并丢弃专政，民主与专政是一对孪生兄弟，有民主就有专政，强化民主的同时也要强化专政，资本主义国家为了保护资本主义的民主，就要建立和保持强大的专政工具，资本主义民主是在强力专政基础上实现的民主。

资本主义民主在资产阶级革命时期具有强烈的革命性和进步性。为了能够团结工人阶级、农民阶级、小资产阶级以及其他阶级阶层，它更需要借助民主的大旗，把他们所主张的民主说成是全民民主、普世民主，给其他阶级许诺更多的民主、自由、平等的权利，在资本主义国家建立的早期也是如此。资产阶级民主具有革命性的同时，亦带有极大的虚伪性和欺骗性。资产阶级民主自我标榜为全民民主，但其实质和最终目的是为少数剥削阶级的民主，披着民主外衣，打出普世的标牌，在形式上做更多的民主文章，有很强的两面性。当然，资本主义民主也不完全都是骗人的，的确较以往的剥削阶级来说，会给予其他阶级较多的民主要求，满足较多的民主诉求。然而，资本主义民主的进步性会随着资本主义的发展、没落而愈来愈少，欺骗性越来越大，形式上的民主越来越多，会增加越来越多的反动性。

社会主义民主与资本主义民主有三个重要区别：第一，它是历史上真正多数人的民主，是被压迫、被剥削、被统治阶级多数人的民主；第二，它在实行民主的同时，亦实现专政，科学社会主义经典作家称之为无产阶级专政，即我国的人民民主专政；第三，它公开宣称自己的民主是绝大多数人的人民民主，不排除对极少数人的专政，而不像资产阶级那样把自己的民主伪称为全民的、普世的民主。

孙中山领导的旧民主主义辛亥革命，采用资产阶级上升期反对封建专制统治的民主理论武器，试图建立资产阶级的民主共和国，从而推动中国走向独立、解放、富强的强国之路。孙中山领导的资产阶级民主革命是进步的，其资产阶级民主理论武器唤起了多少仁人志士为此前赴后继。然而中国的半殖民地半封建社会的国情，世界已经进入帝国主义时代、列强已将世界殖民地分割完毕的世界格局现状，不允许中国独立自主地走资本主义民主强国之路。中国软弱的民族资产阶级也不可能像革命时期的西方资产阶级那样领导资产阶级民主革命成功，结果是孙中山领导的旧民主主义革命在中外反动势力的围攻下半途而废。蒋介石集团自称是孙中山的继承者，但他所推行的独裁统治使半殖民地半封建社会的中国愈加国之不国、民不聊生，把旧中国进一步引向内战与黑暗，中国人民的悲惨命运并没有改变。中国共产党人继承和发展了孙中山的民主主义革命理想和思想，以马克思主义为武器，提出适合中国国情的新民主主义民主纲领，展开新民主主义革命。新民主主义革命是在中国共产党领导下的新型的资产阶级民主革命，它与旧民主主义革命不同，首先，它是工人阶级及其政党领导的，而不是资产阶级及其政党领导的；其次，它是以工农联合为基础，包括资产阶级及一切爱国人士在内的最广泛的民主革命统一战线；最后，新民主主义革命成功之后，要不间断地过渡到社会主义革命，建立社会主义制度。

中国共产党领导的新民主主义革命要建立新民主主义经济、新民主主义政治、新民主主义文化，而新民主主义政治就是新民主主义民主。新民主主义民主不是旧式的资产阶级民主，而是中国共产党领导的以工农联盟为基础的最广泛的民主。新民主主义民主还要过渡到建立社会主义民主政治，建立具有中国特色的社会主义民主政治。

中国共产党的民主主张是适合中国国情的，是迄今中国历史上最先进的民主思想。中国共产党提出的新民主主义民主主张既继承了孙中山的旧民主主义思想，又超越和发展了孙中山旧民主主义思想；今天的社会主义民主既是对新民主主义民主的继承，又是新民主主义民主的发展。

新民主主义民主是中国共产党人从中国国情实际出发而提出并设计的，是符合中国国情需要的，它有机地包括两个方面：对人民实行最广泛的民主，对少数人民的敌人实行最有效的专政，新民主主义民主的实质就是实行人民民主专政。毛泽东同志在《新民主主义论》中全面论述了新民主主义的民主政治的制度、体制、程序和规则，构成了毛泽东思想关于民主问题的马克思主义创新观点。新民主主义民主与我们党进一步要实行的社会主义民主是不可分割的。新民主主义民主是社会主义民主的前提和准备，社会主义民主是新民主主义民主的继续和进步。

我国社会主义制度的建立，为社会主义民主的建立提供了根本制度保证。毛泽东同志领导的中国共产党人为社会主义民主政治建设进行了艰苦卓绝的探索，主张社会主义民主一是必须坚持工人阶级政党——中国共产党的指导，坚持马克思主义指导的社会主义方向；二是必须有助于巩固生产资料公有制制度和人民民主专政政治制度；三是必须实行民主集中制，实现广泛民主与集中领导的统一；四是必须建立和实行一整套适合中国国情的民主体制、民主法治、民主形式、规则和程序；五是以执政党党内民主建设来推进社会主义民主建设。在社会主义民主政治建设实践中，党成功地建立了如人民代表大会制度、民族区域自治制度、中国共产党领导的多党合作和政治协商制度……这些理论和实践的探索，成功地开创了我国社会主义民主制度，为中国特色社会主义民主政治建设奠定了理论和实践基础。

社会主义民主应当是比资本主义民主更广泛、更先进的民主，但由于社会主义民主政治建设并无现成模式可供借鉴，中国如何建设社会主义民主，我们党也经过了一个认识、实践、再认识、再实践的过程。我国目前实行的民主政治还有待于进一步发展和完善。同时，中国又是一个封建主义流毒深广的国家。我国社会主义民主政治建设一度也走过一段弯路，如"文化大革命"对民主与法制的破坏。

1978年十一届三中全会以来，我国进入改革开放新时期，党恢复了实事求是的思想路线，确立了"一个中心，两个基本点"的正确路线，形成了中国特色社会主义理论体系，开创了中国特色社会主义的正确道路。与社会主义市场经济体制改革和确立相一致，党领导人民致力于中国特色社会主义民主政治的建设。

中国特色社会主义民主政治，要批判地继承人类社会一切优秀的民主成果，包括资本主义民主所创造的积极成果，抛弃资产阶级民主的糟粕，继承新民主主义民主的优秀传统，总结国际共产主义运动社会主义各国民主政治建设的经验教训，总结新中国成立以来党领导的社会主义民主政治建设的经验教训，创造出具有中国特色的社会主义民主。

中国特色社会主义民主是社会主义性质的民主，是未来向社会主义更高阶段直至共产主义社会过渡的民主；是适合中国目前正处于社会主义初级阶段国情的民主，是与该阶段公有制为主体、多种所有制并存，按劳分配为主、多种分配形式并存的经济基础相适应的民主；是以工人阶级为领导的，以工人、农民、知识分子为主体的，包括一切爱国的阶级、阶层在内的最广泛的人民民主；是以中国特殊历史形成的坚持中国共产党领导的多党合作和政治协商制度为基本特征的民主；是对多数人实行民主、对少数人实行专政的民主。由于现阶段的中国是从半殖民地半封建社会转变来的，发扬人民民主、肃清封建主义影响格外重要；又由于中国正处于成熟的西方资本主义民主影响下，一方面防止西方民主的侵入，另一方面也有向西方民主学习的任务；中国特色社会主义民主是一个过程，是一个逐步建立、逐步完善、逐步成熟的历史过程。

列宁说："无产阶级民主比任何资产阶级民主要民主百万倍。"[①]一定要设定实现最广泛人民民主的社会主义民主政治建设的目标。中国特色社会主义民主的实质与形式是一致的。为了保证最广泛人民民主目标的实现，就要构建与中国国情相适应的民主制度、体制，民主形式、程序、规则和机制。新中国成立以来，党领导人民已经创造了一整套适合中国国情的民主政治，但距离应实现的目标尚很远，需要共同努力。实现中国特色社会主义民主既不要一切照抄照搬西方民主政治的做法，又不要脱离现阶段国

---

① 《列宁选集》第3卷，人民出版社1995年版，第606页。

情而超越时代，不能认为社会主义民主的实现是一个长远的过程，而放弃一步一步扎扎实实的努力，不能为今天我们的民主的尚待完善而自我否定、自我矮化，更不能把资产阶级民主说成是千年文明而主张全盘接受，实行民主西方化。当然，也不能放弃中国特色社会主义民主的不断推进、不断完善，须知资本主义的民主发展至今已经经历了几百年的构造，而中国特色社会主义民主才刚刚开始，刚刚开始的新生事物尽管不完美，但它的未来永远是光明的、美好的。

二、关于阶级和阶级斗争

（一）马克思主义仅仅是科学地说明了阶级和阶级斗争问题

阶级和阶级斗争观点，是一个已经被弄得面目皆非的马克思主义基本原理。时至今日，似乎谁提阶级和阶级斗争，就大逆不道，至少是不合时宜，不是被冠以老"左"的帽子，就是被斥为"过时"。如有人认为，"只有马克思主义才讲阶级、阶级斗争"，"历史发展到今天，阶级、阶级斗争早已不复存在了"，"马克思主义阶级和阶级斗争理论已经过时，不灵了"。阶级与阶级斗争理论是马克思主义的一个基本观点，然而最早发现阶级和阶级斗争的，既不是马克思，也不是恩格斯。马克思主义不在于承认不承认阶级与阶级斗争，而在于在阶级与阶级斗争问题上提出了超越资产阶级思想家的唯物主义历史观的科学认识。坚持马克思主义阶级和阶级斗争理论是一个基本立场、基本观点和基本方法问题。

第一，阶级和阶级斗争是客观存在的社会现象，资产阶级思想家最早承认并研究了阶级和阶级斗争的客观事实。

自从人类社会进入奴隶社会，经过封建社会，到资本主义社会，在这漫长的历史长河中，一直存在阶级、阶级差别、阶级矛盾和阶级斗争。在奴隶社会和封建社会，阶级和阶级斗争事实被纷杂的社会矛盾、森严的等级制度等表面的社会现象所掩盖，再加上统治阶级的欺骗宣传，不易被人们所认识。到了近代资本主义社会产生，随着大工业产生发展，阶级关系变得越发简单明了，各个阶级同经济活动的联系更直接、更明显了，正如《共产党宣言》所指出的那样，"资产阶级撕下了罩在家庭关系上的温情脉脉的面纱,把这种关系变成了纯粹的金钱关系"①,这就为人们正确认识阶级与阶级斗争提供了客观条件。

然而,确认阶级和阶级斗争事实,并不是马克思的发明。在马克思之前,资产阶级思想家已经发现资本主义社会中有阶级的存在,发现了各阶级之间的斗争。马克思自己就曾说过:"无论是发现现代社会中有阶级的存在或发现各阶级间的斗争,都不是我的功劳。在我以前很久,资产阶级历史编纂学家就已叙述过阶级斗争的历史发展,资产阶级经济学家也已对各个阶级作过经济上的分析。"②英国资产阶级古典政治经济学的重要代表人物亚当·斯密,第一次从经济上揭示了资本主义社会的阶级结构和阶级分野,他认为,资本主义社会有三大基本阶级——地主阶级、工人阶级和资产阶级,他们分别以土地地租、劳动工资和资本利润为其经济收入。同样也是英国资产阶级古典政治经济学代表人物,大卫·李嘉图揭示并说明了阶级以及阶级之间的经济对立。19世纪法国复辟时期的历史学家基佐、梯也里、米涅等,已经叙述了中世纪以来阶级斗争的历史发展,指出这是理解中世纪以来法国历史的钥匙,是当时历史发展的动力。19世纪空想社会主义者也意识到了阶级与阶级斗争,恩格斯认为圣西门"认识到法国革命是贵族、资产阶级和无财产者之间的阶级斗争,这在1802年是极为天才的发现"③。但是由于他们都是站在唯心史观的立场上,并未认识到资本主义生产方式的内在矛盾,不可能揭示阶级产生和消灭的根源和途径。

第二,在资产阶级思想家已有的思想成果基础上,马克思在给约瑟夫·魏德迈的信中谈到,关于阶级和阶级斗争,"我所加上的新内容就是证明了以下几点:(1)阶级的存在仅仅同生产发展的一定历史阶段相联系;(2)阶级斗争必然导致无产阶级专政;(3)这个专政不过是达到消灭一切阶级和进入无阶级社会的过渡"④。

"阶级的存在仅仅同生产发展的一定历史阶段相联系",指出了阶级的产生和消亡的历史条件。阶级是一个历史范畴,它的产生和消亡是一个历史过程。阶级的产生只是社会生产力发展到一定历史阶段,出现了剩余产

---

① 《马克思恩格斯选集》第1卷,人民出版社1995年版,第275页。
② 《马克思恩格斯选集》第4卷,人民出版社2012年版,第425—426页。
③ 《马克思恩格斯选集》第3卷,人民出版社1995年版,第609页。
④ 《马克思恩格斯选集》第4卷,人民出版社2012年版,第426页。

品，有了私有制，才出现的。阶级随着生产力的发展也会走向消亡。当生产力发展到社会创造的产品可以满足所有人的需要时，也就是马克思所说的社会产品实行按需分配时，阶级也就消亡了。可见，阶级的产生和消亡是和生产力发展状态完全连在一起的，阶级仅仅同生产发展的一定历史阶段相联系，阶级不是永恒的。

"阶级斗争必然导致无产阶级专政"，指明了阶级和阶级斗争的发展趋势。阶级发展到一定阶段，就产生了国家，产生了军队、监狱、法庭等暴力统治的工具。阶级斗争，有经济、思想、政治的三种斗争形式。政治斗争的最高形式是暴力革命，用武装夺取政权。阶级斗争的进程经过历史上的奴隶阶级和奴隶主阶级、农民阶级和地主阶级的斗争几个大的发展阶段，发展到无产阶级和资产阶级之间的阶级斗争，最后必然要走到无产阶级革命和无产阶级专政这条道路上来，这是阶级斗争的最后形式。

"这个专政不过是达到消灭一切阶级和进入无阶级社会的过渡"，指出了阶级消亡的途径。无产阶级专政是要达到无阶级社会必须经过的唯一途径。阶级的产生是个自发过程，但阶级的消亡不是自发的。并不能说生产力发展起来以后，阶级自然就没有了。阶级消亡必须经过无产阶级专政的途径。无产阶级专政是为了达到消灭阶级的目的而必须采取的阶级专政的形式，是由阶级社会向无阶级社会过渡的一个桥梁，人类社会必定走向无阶级的社会。

阶级是一个经济范畴，阶级的划分依据经济原因。马克思主义认为："（这些互相斗争的）社会阶级在任何时候都是生产关系和交换关系的产物，一句话，都是自己时代的经济关系的产物。"①阶级是特定历史时代经济关系的产物，人对生产资料的占有关系，人们在社会生产中的地位和作用，是划分阶级的根本标准。关于什么是阶级，列宁按照马克思主义的基本观点给"阶级"下了明确的定义："所谓阶级，就是这样一些集团，由于它们在一定的社会经济结构中所处的地位不同，其中一个集团能够占有另一个集团的劳动。"②阶级的本质是经济关系，是由人们对生产资料的占有不同而决定的。一是对生产资料的占有不同；二是在劳动组织中所起的作用不

---

① 《马克思恩格斯选集》第 3 卷，人民出版社 2012 年版，第 796 页。
② 《列宁选集》第 4 卷，人民出版社 1995 年版，第 11 页。

同；三是在生产体系中所处的地位不同；四是领得自己支配的那份社会财富的方式和多寡也不同。人们在社会经济结构中所处的地位不同，其中一个集团能够占有另一个集团的劳动，正是这样的经济关系决定了阶级划分的标准。可见，划分阶级最根本的依据只能是经济标准，就是看人们在劳动中以什么方式占有生产资料，在劳动中的地位和作用如何，以什么样的方式分配劳动成果。

阶级是一个历史的范畴，阶级不是永恒的。人类社会经历无阶级社会——原始共产主义社会，阶级对立社会——奴隶社会、封建社会、资本主义社会，经过阶级逐步消亡的过渡历史时期——社会主义社会，最后将达到更高阶段的无阶级社会——共产主义社会。阶级有一个从产生、发展到消亡的过程。阶级是历史的，因而也是具体的。在不同的历史阶段，人类社会产生并存在不同的阶级，奴隶主阶级与奴隶阶级、地主阶级与农民阶级、资产阶级与工人阶级。每个阶级因经济地位不同、具体条件不同，还可分为不同的阶层，如中国半殖民地半封建社会的资产阶级，分为官僚资产阶级、民族资产阶级和小资产阶级。在对立的阶级之间，还存在一些中间的、过渡的阶层，如旧中国的知识分子阶层，既可能隶属于资产阶级，也可能隶属于工人阶级。人类历史，从来不存在永恒的、不变的阶级。

承认不承认阶级和阶级斗争，并不是马克思主义与资产阶级思想体系关于阶级与阶级斗争思想的根本区别。马克思主义阶级和阶级斗争理论的关键点，也就是不同于资产阶级思想体系的根本区别，就在于说明了阶级和阶级斗争产生、发展和消亡的历史条件与必然规律；提出了科学划分阶级的标准；说明了阶级斗争在社会历史发展中的作用；无产阶级的历史使命和阶级消亡的正确途径。这是马克思主义阶级和阶级斗争理论不同于资产阶级思想家阶级和阶级斗争理论的根本区别。

第三，马克思主义的世界观和方法论是一致的，坚持用辩证唯物主义和历史唯物主义世界观观察社会，就必然坚持用阶级分析方法分析社会。

马克思主义关于阶级和阶级斗争的观点，是对阶级社会的本质及其规律的正确认识，它提供了分析阶级社会现象的科学方法。阶级斗争贯穿阶级社会的始终，体现在社会生活的各个方面，如果离开阶级分析方法，就不可能认识复杂的社会现象，就不可能把握社会复杂现象。列宁指出："马克思主义给我们指出了一条指导性的线索，使我们能在这种看来迷离混沌的状态中发现规律性。这条线索就是阶级斗争的理论。"①工人阶级政党要指导事业发展并取得成功，就必须运用阶级分析方法分析阶级社会各阶级经济、政治、思想、文化状况，了解各阶级的相互关系及其变化，才能正确把握阶级社会的发展规律，认清社会性质，正确估计形势，分清敌与友，从而制定正确的路线、方针和战略、策略。譬如，在中国革命斗争时期，毛泽东同志的《中国社会各阶级的分析》，正确分析了中国社会的阶级关系和力量对比，科学分清了谁是中国革命的领导阶级、谁是朋友、谁是敌人，制定了正确的路线方针和战略策略，从而引导中国革命到胜利。马克思主义阶级分析方法是指引中国共产党人取得革命胜利的指南针。

　　阶级和阶级斗争理论是马克思主义的基本立场、观点和方法。列宁指出："阶级关系——这是一种根本的和主要的东西，没有它，也就没有马克思主义。"②如果共产党人背离马克思主义阶级斗争学说，放弃阶级分析，那就是背离马克思主义。美国原驻苏联大使马特洛克在《苏联解体亲历记》一书中谈到当年戈尔巴乔夫提出新思维、放弃马克思主义关于阶级斗争学说时指出："如果苏联领导人真的愿意抛弃这个观念，那么，他们是否继续称他们的指导思想为'马克思主义'也就无关紧要了。这已是一个在别样的社会里实行的别样的'马克思主义'，这个别样的社会则是我们大家都能认可的社会。"③看来美国资产阶级外交家已经看清阶级斗争学说在马克思主义理论体系中的地位了。这从另一方面说明，放弃阶级斗争学说，就是放弃马克思主义。

　　第四，在社会主义建设时期，特别是中国特色社会主义发展到今天，时代条件发生了重大变化，国际形势发生了重大变化，国内情况也发生了重大变化，还要不要继续运用阶级分析方法？怎样运用阶级分析方法？试析如下。

　　（1）在国内，我国正处于社会主义初级阶段，虽然旧的剥削阶级已经被消灭了，旧的剥削制度已经被消灭了，阶级对阶级的整体对抗、阶级对阶级的整体剥削已不存在，阶级斗争不是主要矛盾，经常的、大量的、反

---

①《列宁选集》第 2 卷，人民出版社 1972 年版，第 587 页。
②《列宁全集》第 41 卷，人民出版社 1986 年版，第 92 页。
③ 小杰克·F. 马特洛克：《苏联解体亲历记》（上卷），吴乃华等译，世界知识出版社 1996 年版，第 169 页。

复出现的是人民内部矛盾，人民内部矛盾是人与人之间的主要矛盾，是社会主义政治生活的主题，但这并不意味着阶级、阶级差别、阶级矛盾、阶级斗争消亡了、没有了。在我国国内现阶段，阶级、阶级差别、阶级矛盾还存在，还存在带有阶级斗争性质的现象和矛盾，一定范围内的阶级斗争还存在，有时在一定条件下，阶级斗争还有可能激化。这就需要我们运用马克思主义阶级分析方法，来认识我国国内的阶级和一定范围内的阶级斗争。

（2）在国际上，始终存在着社会主义与资本主义、工人阶级与资产阶级两种社会前途、两种社会力量、两条发展道路的博弈，存在着工人阶级和资产阶级两种根本对立的意识形态的斗争，存在着错综复杂的阶级关系和阶级矛盾，存在着尖锐激烈的阶级斗争。只不过，这种斗争往往为国与国、民族与民族、地区与地区之间经济、政治、文化的错综复杂的利益关系所掩盖。拨开迷雾，才见真日；剔除繁杂的表面现象，才能看到事物的实质。我国和西方发达资本主义国家的关系，既有国家之间、民族之间的利益差别与争夺、文化差别与冲突，同时又有利益互惠、文化互补；既有冲突矛盾，又有合作共赢。在对策上，既有对立斗争，又有友好合作；既有原则坚持，又有灵活策略。然而，从本质上判断，我们与西方发达资本主义之间始终存在、贯穿着社会主义与资本主义不同社会性质的前途命运的反复较量，这种较量又集中表现为意识形态之争。对世界形势的分析，显然离不开阶级分析。离开阶级分析，是分不清、辨不明、看不透世界各种力量较量和世界发展趋势的实质的。把马克思主义阶级和阶级斗争理论运用于对国际形势的分析，并不过时。

（3）国际上错综复杂的总的阶级斗争形势，国内一定范围内，特别是意识形态领域的阶级斗争还在影响着、渗透着我国社会生活的各个领域、各个方面。按照马克思主义唯物史观的观点，社会可以分为人类物质生活和精神生活两大现象。社会存在决定社会意识，社会意识离不开社会存在。然而社会意识对社会存在具有相对独立性，这种独立性表现为社会意识可以反作用于社会存在。物质可以变精神，精神也可以变物质，社会存在和社会意识存在同一性就是这个道理。意识形态的相对独立性表现为社会形态已经发生了变化，但与该社会形态相适应的意识形态还会持久地存在一段时间，还会对社会存在发生更为持久的影响。比如，我国封建社会总体上已进入博物馆（当然封建社会残余因素还在某种程度上存在），但封建社会意识形态还在今天的我国持续存在并继续发酵。我国已进入社会主义建设阶段，但封建主义、资本主义意识形态还存在，还在产生影响。况且我国的社会主义是初级阶段的社会主义，尚有一定的旧的社会形态的经济基础、上层建筑存在。再者，以西方资本主义强国为主导的全球化、市场化将全世界连成一片，阶级与阶级斗争大环境是不分国界的，国际上意识形态的斗争是不分国界的，势必对我国社会生活产生深刻的、挥之不去的影响。这些都注定我们共产党人在分析国内国际形势、制定战略策略时，离不开运用马克思主义阶级分析方法。不运用阶级分析方法，不仅看不透形势的实质和发展趋势，还会产生误判，导致不正确的战略策略。

当然，也不能用阶级分析代替一切，到处贴标签。在处理我国国内社会生活时既不能完全放弃阶级分析，但也要反对以阶级斗争为纲的错误做法。在对外领域，既不能完全放弃对国际形势、国际斗争进行阶级分析，但也不能用阶级斗争为纲的做法代替一切对外工作和国际合作。两个方面都必须注意。中国特色社会主义大局决定了我们要走和平发展道路，在错综复杂的外交斗争中，要创造于我有利的和平发展环境。所以在外事工作中，用阶级斗争分析形势，认清问题的实质，坚持基本的对外原则是一回事，但采取灵活的斗争方针和外交策略，加强与各国包括西方资本主义国家的合作又是一回事，二者是一致的，但也有区别。当然，加强国际合作与坚持和平外交原则，这不等于放弃对问题的实质的认识与判断。我们在处理国与国之间、地区与地区之间冲突时，"不战而屈人之兵"，"上兵伐谋"，用谈判、谈话、礼仪的力量，以国际法、国际准则来制止战争，遏止对手，寻找互惠合作，和平外交，是外交方针的一个重要选项。

（二）"共产党人不屑于隐瞒自己的观点和意图"

马克思主义关于阶级和阶级斗争理论的一个鲜明特点是，开诚布公地、一以贯之地承认阶级和阶级斗争的事实。"共产党人不屑于隐瞒自己的观点和意图"[①]，真正的马克思主义者公开坚持阶级、阶级斗争理论和在实践中实事求是地处理阶级、阶级斗争问题是完全一致的。

第一，马克思恩格斯创立了唯物史观，揭示了人类社会发展客观规律，

[①]《马克思恩格斯选集》第 1 卷，人民出版社 1995 年版，第 307 页。

从而进一步揭示了阶级、阶级斗争的客观规律。

他们认为，每一历史时代主要的经济生产方式与交换方式以及必然由此产生的社会结构，是该时代政治的和精神的历史所赖以确立的基础；只有从这一基础出发，才能说明人类历史发展的规律；从这一基本原理出发，可以清楚地看到，人类的全部历史（从土地公有的原始氏族社会解体以来）都是阶级斗争的历史，即剥削阶级和被剥削阶级之间、统治阶级和被压迫阶级之间斗争的历史；阶级斗争的历史包括一系列发展阶段，现在已经达到这样一个阶段，即被剥削被压迫的阶级（无产阶级），如果不同时使整个社会一劳永逸地摆脱任何剥削、压迫以及阶级划分和阶级斗争，就不能使自己从进行剥削和统治的那个阶级（资产阶级）的控制下解放出来。马克思恩格斯对阶级社会中阶级和阶级斗争客观规律的科学认识，构成了马克思主义阶级和阶级斗争理论的精神实质。

站在马克思主义关于阶级、阶级斗争的基本立场上，在《共产党宣言》中，马克思恩格斯明确指出：

"到目前为止的一切社会的历史都是阶级斗争的历史。①

"从封建社会的灭亡中产生出来的现代资产阶级社会并没有消灭阶级对立。它只是用新的阶级、新的压迫条件、新的斗争形式代替了旧的。②

"共产党人的最近目的是和其他一切无产阶级政党的最近目的一样的：使无产阶级形成为阶级，推翻资产阶级的统治，由无产阶级夺取政权。③

"但是，不管阶级对立具有什么样的形式，社会上一部分人对另一部分人的剥削却是过去各个世纪所共有的事实。因此，毫不奇怪，各个世纪的社会意识，尽管形形色色、千差万别，总是在某些共同的形式中运动的，这些形式，这些意识形式，只有当阶级对立完全消失的时候才会完全消失。共产主义革命就是同传统的所有制关系实行最彻底的决裂；毫不奇怪，它在自己的发展进程中要同传统的观念实行最彻底的决裂。④

"代替那存在着阶级和阶级对立的资产阶级旧社会的,将是这样一个联

---

① 《马克思恩格斯选集》第 1 卷，人民出版社 1972 年版，第 250 页。
② 同上书，第 251 页。
③ 同上书，第 264 页。
④ 同上书，第 271—272 页。

合体，在那里，每个人的自由发展是一切人的自由发展的条件。"①

　　这里引述马克思恩格斯《共产党宣言》中关于阶级和阶级斗争理论的原文，目的在于告诉人们，对待阶级、阶级差别、阶级矛盾、阶级斗争现象，离开阶级分析，也就离开了马克思主义对阶级社会阶级现象的科学认定。

　　第二，资产阶级在其革命上升时期是公开承认阶级和阶级斗争的。

　　当然，为了动员封建社会的其他阶级、阶层一起参与推翻封建统治阶级的斗争，它在承认封建统治阶级压迫的事实前提下，有时也需要公开打出超阶级的旗号。一俟资产阶级革命成功之后，掌握了政权，在总体上，它就一改以往公开承认阶级和阶级斗争事实真相的做法，把自己打扮成超阶级的、全人类的代表，竭力抹杀阶级和阶级斗争的事实。而马克思主义恰恰相反，不仅自始至终公开承认阶级和阶级斗争存在的事实，而且科学地揭露了阶级和阶级斗争产生的历史必然性和阶级消亡的历史趋势，找到了最后消灭阶级的科学途径，表达了最终消灭阶级、走向无阶级社会的最高愿景。

　　历史发展到今天，处于统治地位的资产阶级政治家、思想家们依然如故地从维护本阶级的政治统治出发，不承认资本主义社会的阶级差别、阶级矛盾和阶级对立（当然，这并不排除资本主义国家里的许多人坚持承认资本主义社会的阶级差别、阶级矛盾和阶级对立，而非一概否认阶级和阶级斗争的客观现实）。

　　资产阶级政治家、思想家们否认阶级、阶级矛盾和阶级斗争事实的具体表现：

　　一是虽然表面承认阶级的存在，但是从唯心史观出发，否认马克思主义关于阶级的定义，歪曲阶级的本质和阶级划分的标准，实质上还是否认阶级差别、矛盾、对立的事实。关于阶级产生的"自然论者"否认阶级的存在是经济关系所决定，把阶级的存在说成是由于心理的差异或宗教、伦理道德的差异所造成的，说成是由于生存斗争和人的自然差异的自然规律作用而产生的，以此证明阶级的存在是天然合理的，是永恒的。关于阶级形成的"组织论者"认为阶级的出现是由于人们在社会组织中的职能不同，

　　① 《马克思恩格斯选集》第 1 卷，人民出版社 1972 年版，第 273 页。

而分为"组织者"和"执行者"的结果，以说明阶级的区分不过是社会分工的不同而已。关于阶级划分的"分配论者"把阶级之间的区别只是归结为收入来源和收入多少的不同，否认了阶级的产生基于生产资料占有不同的根本原因。关于阶级标准的"思想政治论者"反对马克思主义关于阶级的科学定义，鼓吹用政治、思想作为划分阶级的根据。当然，还有从性别、民族、宗教、文化等多角度出发来划分阶级，企图取消阶级划分的经济标准的。上述这些观点同阶级是一个历史范畴、是一个经济范畴的唯物史观观点不同，目的在于掩盖阶级划分和阶级对立的实质。

二是打着超阶级的旗号，鼓吹无阶级差别论、阶级矛盾调和论和阶级斗争取消论。许多资产阶级政治家、思想家认为，在发达资本主义国家，资本主义已经发展为"人民资本主义""集体资本主义"，资本家与工人已经没有阶级利益的对立，而成为平等的伙伴关系了。工人阶级在科学技术革命的条件下正在消失，"无产阶级已经和资本主义制度一体化了"，发达的工业社会及其消费方式使无产阶级"融合到资本主义制度中，促进了阶级的同化"。当代社会是"没有阶级对立的社会"。还有的用"阶层""等级"的划分代替阶级的划分，否认阶级差别、阶级矛盾和阶级对立的存在。

三是用超阶级的、超历史的民主、人权、自由、平等、博爱等"普世价值"观，替代马克思主义的阶级、阶级斗争理论和阶级分析方法。

为了反对封建专制制度,近代西方新兴资产阶级的思想先驱创立了"天赋人权""民主""平等"等理论，宣扬"人类天生都是自由、平等和独立的""人民有天赋的权利""主权在民"等等。资产阶级的人权理论、民主思想、公平正义和自由平等观是一定条件下的产物，是新兴资产阶级在反封建的斗争中形成的意识形态,是资本主义经济关系在思想政治上的反映。资产阶级人权思想、民主理论、自由平等观念既有进步性，又有局限性、欺骗性和反动性。资产阶级所向往的自由、平等、民主和人权境界，不过是资产阶级的理想王国，他们提出的人权也好，民主也好，自由平等也好，公平正义也好，虽然形式上是有普遍性的，不分阶级、阶层、等级，适合一切人，但实质上并不能包括一切人，只能是资产阶级的权利、资产阶级的民主、资产阶级的自由的代名词。列宁指出："资产阶级民主同中世纪制度比较起来，在历史上是一大进步，但它始终是而且在资本主义制度下不能不是狭隘的、残缺不全的、虚伪的、骗人的民主，对富人是天堂，对被剥削者、对穷人是陷阱和骗局。"①一方面，资产阶级人权、民主、自由、平等、博爱等只是资产阶级一个阶级的，是服务于资产阶级经济、政治需要的；另一方面，资产阶级人权、民主、自由、平等、博爱等主张也有积极的、进步的作用，无产阶级、社会主义是不会拒绝的，并将积极吸取资产阶级这些政治主张的积极因素；再一方面，如果说当代资本主义社会在人权、民主、自由、平等方面扩大到其他阶级，扩大到工人阶级和其他劳动人民，这也是无产阶级和劳动人民长期斗争的结果，并没有从根本上改变这些政治理论的资产阶级意识形态的性质和作用。

第三，我们要学会运用马克思主义阶级和阶级斗争理论重新认识当代资本主义社会的阶级、阶级矛盾和阶级斗争的新变化，重新认识我国社会主义初级阶段阶级阶层的变化和一定范围内阶级斗争的新变化、新特点。

当我国完成了社会主义生产资料所有制的"三大改造"任务，建立了社会主义制度，旧的剥削制度已经不存在了。但是与剥削制度相联系的境内外各种敌对势力、敌对分子还远未消亡，人民同这些敌对势力、敌对分子之间的阶级斗争还将在一定范围内存在，在某种条件下还可能激化。这是因为：一是国际上社会主义与资本主义、工人阶级与资产阶级两种道路、两种社会制度、两个阶级、两种意识形态的较量并没有结束，我国还处在复杂的国际环境中，敌对势力亡我之心不死，总是千方百计地对我国进行"和平演变"和政治颠覆，进行各种各样的腐蚀破坏活动，这是世界范围内阶级矛盾、阶级对立和阶级斗争大势所趋，是不以人的意志为转移的；二是在我国还存在着与社会主义相对立的敌对分子、破坏社会主义秩序的犯罪分子、敌视社会主义制度的反动分子，他们采取各种各样的手段破坏社会主义制度；三是我国当前还处于社会主义初级阶段，在经济、政治、思想、文化上还保留有大量的旧社会残余，加上我国社会主义制度还很不成熟、很不完善，这就会出现新的犯罪分子、腐化变质分子以及新的敌对分子。

这些都决定了虽然我国人民内部矛盾是主要矛盾，阶级矛盾不是主要矛盾，但是阶级差别、阶级矛盾还存在，一定范围的阶级斗争还存在，有些时候阶级斗争还有可能表现得异常尖锐。国内外政治局势的历史、现实和发展趋势完全证实了这个判断。2008 年西藏拉萨"3·14"事件、2009 年新

---

① 《列宁全集》第 35 卷，人民出版社 1985 年版，第 244 页。

疆乌鲁木齐"7·5"事件，以及最近爆发的新疆"6·26"暴力恐怖事件，不过是上述论断的铁证。这三起恶性暴力事件都有一定范围内的，甚至有时是很激烈的阶级斗争因素存在。如"3·14"事件的背后是达赖集团，达赖本人是西藏反动奴隶主阶级的代表人物，他所代表的反动势力虽然披着"人权""宗教""普世"的外衣，但骨子里却妄图恢复旧的社会秩序和已经失去的既得利益，背后支持他的则是西方资本主义的反动力量。当然另一方面也有少数本人并不是旧的剥削制度的反动分子，但却是在思想深处渴求西方资本主义制度的人，希望建立西方资本主义制度。这应该引起我们高度警惕，否则我们的执政党和国家也可能会发生潜移默化的颜色变化。

越是在逆境中，越要看到有利的一面；越是在顺境中，越要看到不利的一面。当前我国中国特色社会主义事业正处于很好的发展时期，在这种大好的形势下，如果只看到形势有利的一面，忽视了大量存在的隐患，看不到一定范围内存在的阶级斗争，看不透某些民族宗教事件、某些群体性事件背后的一定范围内的阶级斗争，因而采取的斗争策略与手段缺乏必要的针对性，选择的措施又缺乏根本性、战略性、全面性和制度性，这是危险的。当然，在对内对外的宣传上，在具体的实际工作操作中，还要注意把握分寸，掌握政策，注意用语，不能走到阶级斗争扩大化的老路上去。

一种倾向往往掩盖另一种倾向，在主要纠正一种倾向的同时，必须注意防止另一种倾向。1978年十一届三中全会以来，我们党果断地停止了错误路线，重新恢复"阶级斗争已不是我国社会的主要矛盾，但仍然在一定范围内长期存在"的科学论断。从那时至今，实践告诉我们，在阶级矛盾和阶级斗争为主要矛盾的社会状况下，如何防止把敌我矛盾扩大化、把阶级斗争扩大化，防止混淆两类不同性质的矛盾，是需要刻意警惕的问题。当然，又需要我们在正确认识和处理人民内部矛盾的同时，必须正确区分和处理好两类不同性质的矛盾，对一定范围内的阶级斗争性质的敌我矛盾抱有充分的警醒和进行果断坚决的处置。

改革开放三十多年来，一方面，我国社会主义现代化建设取得了举世瞩目的伟大成就，而另一方面，又积累了大量的社会矛盾和问题，这些矛盾和问题的积累、激化和演变，在人际关系上主要表现为错综复杂的人民内部矛盾，当然，也交叉进来一定范围内的敌我矛盾和阶级矛盾。每每频频突发的群体性事件，甚至偶然突发的恶性暴力事件，表现为人民内部矛盾的激化。当然也有人民内部矛盾与敌我矛盾交叉，甚至阶级斗争渗透其中的典型表现。仅从近年在我国连续发生的一些典型性大规模的群体性事件中就可以看出，这些事件性质虽然有所不同，表现形式也有所不同，参与这些事件的绝大多数又是普通群众，但是在有些事件中，在普通群众背后也隐藏有少量的破坏分子和敌对分子。这说明我国社会现阶段既存有大量人民内部矛盾，同时也存有一定范围内的敌我矛盾；既有大量的非阶级斗争性质的人民内部矛盾，也有少量的阶级斗争性质的人民内部矛盾，甚至敌我矛盾，且两类不同性质的矛盾往往交织在一起，构成极其复杂、特别棘手、难以处理的复杂局面。这些社会矛盾的酝酿、演变和爆发，对我国社会的稳定和谐发展产生了极大的负面作用，严重影响了中国特色社会主义事业的大局。

显见，正确区分和处理两种不同性质的矛盾，科学研究和深刻分析敌我矛盾和一定范围内的阶级斗争，正确认识和解决大量凸显的人民内部矛盾，正确处理好一定范围内阶级斗争和敌我矛盾问题，是关乎党长期执政、国家长治久安、中国特色社会主义发展的重大政治问题。我们党作为执政党，提高全党、特别是党的领导干部正确区分和处理两类不同性质的矛盾，正确区分和处理人民内部矛盾和一定范围内的阶级斗争，特别是正确认识和解决人民内部矛盾的能力，是增强党的执政能力的重要方面。

历史辩证法告诉我们，既要看到历史发展的总趋势是不可抗拒的，又要看到暂时的历史逆动也是有可能出现的。宋代大文豪苏东坡在《晁错论》中有这样一段话应当引起我们的警醒："天下之患，最不可为者，名为治平无事，而其实有不测之忧。坐观其变，而不为之所，则恐至于不可救。"世上最大的危险，莫过于表面上天下太平，而究其实质却存有不可预测的隐患。有隐患并不可怕，可怕的是对这些隐患熟视无睹，坐等其发展至尾大不掉而不采取断然举措加以避免，恐怕就会发展到不可救药的地步。必须时时刻刻保持这样的忧患意识。

（三）社会主义就是要消灭阶级

马克思主义公开承认阶级和阶级斗争，指明无产阶级专政是阶级走向消亡的必由之路，目的是消灭阶级，最终实现无阶级社会；资产阶级不承认阶级和阶级斗争，否认资产阶级专政的实际存在，目的是使阶级的存在永恒化，永久维持阶级和阶级差别的现状，永远地维持资产阶级的阶级剥削和政治统治；社会主义是从阶级社会向无阶级社会的过渡形态的社会，在社会主义初级阶段，阶级斗争不是主要矛盾，但阶级差别与阶级矛盾依然存在，一定范围内的阶级斗争依然存在，必然通过社会主义国家的无产阶级专政（在我国是人民民主专政），最终达到消灭阶级、阶级差别的无阶级社会的目的。社会主义就是要消灭阶级。

第一，从我国古代的大同思想到近代欧洲的空想社会主义，千百年来，人类有一个共同的美好愿景，就是追求一个平等的、没有阶级、没有剥削的理想社会。

早在我国春秋战国时代，《礼记·礼运》就提出了大同世界的设想。清末思想家、改革家康有为的《大同书》发挥了中国古代的大同思想，倡导天下大同。欧洲资本主义产生了一系列空想社会主义者，从英国莫尔的《乌托邦》，一直到法国的圣西门、傅立叶，英国的欧文三大空想社会主义者的著述。所有空想社会主义者们都有一个共同的理想，就是建立一个没有阶级、没有压迫、财产共有、平等正义的理想社会。三大空想社会主义者思想的积极部分构成了科学社会主义的直接理论根源。然而这些思想家们的一个共同缺憾就是，没有科学说明阶级社会产生、消亡的历史规律，没有找到实现这个理想社会的途径。也就是说，只是描绘了河对岸多么美好，但并没有解决到达河对岸的手段问题，也就是没有解决如何过河的问题。马克思主义的科学社会主义理论，阶级、阶级斗争和无产阶级专政学说恰恰解决了这个难题，一是揭示共产主义必然代替资本主义的历史必然性，二是真正找到了通过无产阶级革命和无产阶级专政达到大同世界——共产主义社会的正确之路。

社会主义制度是人类历史上自有阶级以来消灭剥削制度的新的社会形态。工人阶级通过无产阶级革命建立的第一个新生社会的尝试是巴黎公社。巴黎工人阶级创立的巴黎公社，一开始就试图消灭两极分化和阶级对立，当然这种实践在当时的历史条件下是不可能实现的。在资产阶级反动力量的镇压下，巴黎公社只存活了72天。马克思著名的《法兰西内战》高度评价并科学地总结了工人阶级的这一伟大尝试。

列宁使社会主义由理论变成现实，发动了十月社会主义革命，建立了社会主义制度。苏联社会主义建设事业的发展和一系列社会主义国家的成立，使一个崭新的社会制度呈现在世界人民面前，使人们看到了消灭阶级压迫、阶级剥削，最终消灭阶级的新的社会形态的现实可能性和历史必然性，使人们看到了实现大同理想已然成为历史的必然趋势。当然，苏东的社会主义实践暂时失败。

毛泽东认为，中国共产党领导中国革命成功，建立了社会主义新中国，就造成一种可能性，"经过人民共和国到达社会主义和共产主义，到达阶级的消灭和世界的大同。康有为写了《大同书》，他没有也不可能找到一条到达大同的路。资产阶级的共和国，外国有过的，中国不能有，因为中国是受帝国主义压迫的国家。唯一的路是经过工人阶级领导的人民共和国"[1]。

我国人民在中国共产党的领导下，经过长期的艰苦斗争，推翻了帝国主义、封建主义和官僚资本主义的统治，建立和巩固了工人阶级领导的、以工农联盟为基础的人民民主专政即无产阶级专政的新中国。1956 年社会主义改造基本完成以后，社会主义制度在我国已经建立起来。旧的剥削制度不再存在，建立了全民所有制和劳动群众集体所有制占主体的社会主义公有制。应该说，在消灭阶级的历史道路上，我们已经取得了阶段性的伟大胜利。几千年来的旧的剥削制度在我国终于被埋葬，我国的面貌发生了翻天覆地的巨大变化。中国特色社会主义的开创，生产力的发展，开创了消灭阶级剥削，乃至消灭阶级差别，实现共同富裕的康庄大道，给我国人民实现美好社会理想找到一条正确的道路。始终不渝地坚持社会主义制度是最终消灭阶级的基本保障。

第二，科学社会主义理论从科学历史观出发，论证了人类社会发展依次经历了原始社会、奴隶社会、封建社会、资本主义社会，经过社会主义社会，到共产主义社会的历史发展必然规律，同时通过分析资本主义的剩余价值秘密，揭示了资本主义不可克服的内在矛盾必然导致其灭亡的历史结局。

唯物主义历史观认为，人类社会从低级向高级发展，是由生产力和生产关系、经济基础和上层建筑的矛盾运动推动的，是生产关系一定要适合生产力状况、上层建筑一定要适合经济基础规律发生作用的结果。

在原始社会，人们使用的劳动工具是粗陋的石器，生产力极其低下，劳动产品没有剩余，这种生产力状况决定了原始社会的生产关系是生产资料共同占有，人们共同劳动，劳动产品按需分配，没有剥削，没有压迫，

---

[1]《毛泽东选集》第 4 卷，人民出版社 1991 年版，第 1471 页。

没有阶级差别与对立，人与人之间的关系是平等的。原始社会末期，青铜器这样的金属工具出现了，生产力水平有了提高，产生了剩余劳动产品，使得一部分人占有另一部分人的劳动成为可能，产生了社会分工和产品交换，这就促进了私有制的产生，形成了人类历史上第一个剥削制度的社会——奴隶社会。

奴隶社会的产生是历史的进步。普遍应用青铜器，畜牧业、农业与手工业的分离，使得大规模利用奴隶的简单劳动协作成为可能。奴隶社会提高了劳动生产率，发展了生产力。奴隶主占有生产资料并占有劳动者——奴隶，这是奴隶社会生产关系的特点。奴隶制建立在对奴隶极其残酷的剥削压迫之上，奴隶对生产劳动毫无兴趣和积极性，奴隶社会生产关系解放和发展生产力的作用是有极大的历史局限性的，奴隶采取怠工、逃跑、破坏工具、暴动、起义等形式反抗。奴隶制生产力与生产关系的不可克服的矛盾最后导致奴隶制社会崩溃，封建社会生产关系代替奴隶社会生产关系成为历史的必然。

封建社会代替奴隶社会也是历史的进步。封建社会生产关系是封建地主阶级占有生产资料和不完全占有劳动者，封建主采取地租的形式，榨取农民阶级的剩余劳动和剩余产品。发明冶铁技术，使用铁制农具，推进农业和手工业进一步的发展。相对奴隶社会，封建社会解放和发展了生产力。农民有一小部分以个人劳动为基础的自然经济，这就使得农民对生产有着一定程度的兴趣和主动性。然而封建社会生产关系也是有极大局限性的。封建地主阶级对农民阶级的剥削和压迫，不断激起广大农民的反抗和斗争。随着农业和手工业的发展，在商品经济发展的基础上，资本主义的商品生产逐步成熟，形成了资本主义生产关系，破坏了自给自足的自然经济，封建社会生产关系成为生产力发展的桎梏，从而引起资产阶级革命，封建社会必然被资本主义社会所代替。

资本主义社会代替封建社会又是重大的历史进步。资本主义生产关系代替封建主义生产关系对生产力的发展起着强大的推动作用。资本主义市场经济极大地解放和发展了社会生产力。机器生产代替了手工劳动，蒸汽机的发明和蒸汽动力的广泛应用是一场工业革命。资本主义制度在几百年的发展历程中所创造的生产力，比过去一切时代所创造的生产力的总和还要大。资本主义生产关系是以生产资料的资本家占有制为基础，以资本家占有生产资料并用以剥削一无所有的雇佣劳动者为特征的。资本主义生产关系也具有极大局限性。资本主义生产方式从产生之日起，就存在着不可克服的矛盾：一方面，资本主义使社会生产过程变为大规模的社会化的生产；另一方面，它又使生产资料越发集中在少数资本家手里。这就产生了资本主义生产方式的基本矛盾，即社会化生产和资本主义私人占有之间的矛盾。具体表现为单个企业生产的有组织性和整个社会生产的无政府状态的矛盾，生产能力无限扩大的趋势和社会购买力相对缩小之间的矛盾等。这些矛盾的发展，导致资本主义周期性的生产"过剩"的经济危机。无产阶级和资产阶级的阶级矛盾和阶级斗争是资本主义内在矛盾的阶级表现。

　　随着资本主义的发展，自由竞争被垄断所代替，资本主义由自由竞争阶段发展到了一个新的阶段——帝国主义，即垄断资本主义阶段。垄断资本在社会经济生活中起着决定性的作用。垄断不仅没有消除竞争和生产的无政府状态，没有消除周期性的经济危机，反而使资本主义生产方式所固有的矛盾更加尖锐化。在垄断资本主义阶段，资本主义内部矛盾激化，在不到半个世纪的时间里，先后爆发了两次世界大战。战争引起了社会主义革命。第一次世界大战出现了第一个社会主义国家苏联，第二次世界大战出现了一个社会主义阵营。当今，垄断资本主义已经发展到现代垄断资本主义（有称国际金融垄断资本主义）阶段。资本主义内在矛盾并没有化解，反而更为激化。目前虽然没有爆发世界大战，但局部战争仍然不断。资本主义生产关系早已成为生产力发展的桎梏，严重地阻碍着生产力的发展。以生产资料公有制来适应社会化了的生产过程，这是历史发展的必然趋势。社会主义革命是不可避免的，社会主义代替资本主义是不可避免的。

　　在垄断资本主义和现代垄断资本主义阶段，资本主义的生产关系从根本上说已经腐朽，严重地束缚着生产力的发展，但是，这并不意味着在资本主义条件下，生产力就不再发展了，资本主义就寿终正寝了。从唯物主义历史观来看，社会主义代替资本主义是一个相当长的历史过程，在这个相当长的历史进程内，并不排除资本主义经济社会在一定的时间段里获得相对稳定地发展。列宁指出："如果以为这一腐朽趋势排除了资本主义的迅速发展，那就错了。不，在帝国主义时代，某些工业部门，某些资产阶级阶层，某些国家，不同程度地时而表现出这种趋势，时而又表现出那种趋势。整个说来，资本主义的发展比从前要快得多。"①垄断资本主义的腐朽趋势并不排除一些国家在个别阶段内，生产力有相当迅速的发展。第二次世界大战以后，在当今的世界全球化进程中，现代资本主义国家的一系列稳定发展说明了资本主义的生产关系对于其生产力的发展还有一定的回旋空间。

然而，当代资本主义国家生产力的发展，并没有也不可能解决资本主义固有的内在矛盾，而是使资本主义固有的矛盾在更大的范围内和更高的程度上进一步发展和激化。周期性经济危机是资本主义不可克服的内在矛盾的固定表现。二战后资本主义各国，发生过多次经济危机，资本主义经济多次出现了长期持续的滞胀趋势，生产停滞和通货膨胀交织在一起的恶性循环，企业大量倒闭，失业人口大量增加，使资本主义经济陷入新的更大的困境，愈益暴露出资本主义经济结构危机的性质。2008年爆发的世界金融危机更说明了这一点。现代垄断资本主义是资本主义基本矛盾发展的结果，并没有改变资本主义已经处于衰亡阶段的历史地位。列宁指出："国家垄断资本主义是社会主义的最完备的物质准备，是社会主义的入口。"②资本主义制度必然为社会主义制度所代替，阶级社会必然为无阶级社会所代替，一个没有阶级、没有剥削、没有压迫的共产主义社会一定会到来。这是生产关系一定要适合生产力状况规律发生作用的结果，是世界历史发展不可抗拒的历史潮流。

第三，社会主义就是消灭阶级，就是向无阶级社会——共产主义的过渡，是通向共产主义社会的必由之路和必经桥梁。

以唯物主义历史观武装起来的马克思主义揭示阶级产生和存在的原因，因而也就指明了阶级消灭的必然性和条件。人类社会之所以产生阶级，是社会生产有了一定发展而又发展不足的结果。社会生产的充分发展，是消灭阶级的基本前提。在社会生产力还不发达的状况下，社会总劳动所提供的产品除了满足社会全体成员最起码的生活需要以外，只有少量剩余，尚不足以满足全体人民的需求。只有少数社会成员才能享有少量剩余产品，而多数社会成员则只能维持最低的生活需求，有时甚至无法维持生命。这

---

① 《列宁选集》第2卷，人民出版社1995年版，第685页。
② 《列宁选集》第3卷，人民出版社1972年版，第164页。

就造成社会成员中的绝大多数，必须以全部或几乎全部的时间，从事物质生活资料的生产，而不可能使自己获得全面发展和全面参加社会活动的机会。其结果，一方面，造成社会贫富差别和两极分化，造成阶级差别和阶级矛盾；另一方面，文化教育只能为少数人所垄断，社会的公共事务，也只能专门由一小部分人来担任。旧的社会分工，就会使一小部分人有可能把对社会的管理变成对他人的剥削，由社会的公仆变成社会的主人。在私有制的条件下，这就必然形成互相对立的阶级。生产不充分发展而造成的狭隘的旧的社会分工，是阶级划分的基础，私有制是阶级分化的前提条件。当社会生产力得到充分发展，因而所有社会成员的体力和智力都有可能得到充分的自由的发展和运用时，某一特殊的社会阶级占有生产资料和产品，从而垄断文化教育，垄断公共事务，就不仅成为多余，而且成为社会发展的障碍。只有到那时，阶级差别才完全失去它存在的客观基础。这种客观基础，在生产力高度发达和生产高度社会化之前是不可能存在的。因此，尽管在具备这些条件之前人们早已提出消灭阶级的美好愿望，但却是不可能成为现实的。

资本主义创造了阶级消亡的物质条件的同时，也就创造了阶级消亡的阶级力量，也就创造了阶级消亡的可能性。一方面，资产阶级创造了社会化大生产，创造了现代化的大工业，创造了代表新生产力的工人阶级，使生产力发生了人类几千年以来从没有过的突飞猛进，使工人阶级发展成为最后一个被统治的革命阶级，这就为无阶级社会的到来提供了物质条件和物质力量；而另一方面，随着现代大工业的发展，资本主义制度与生产力发展的矛盾日益发展、日益尖锐，这就必然带来社会主义革命成功的可能性，带来社会主义替代资本主义的必然性。为了完全消灭阶级，不仅要推翻剥削制度并废除私有制，还要消灭城乡之间、工农之间和脑体之间的差别。因而要完成消灭阶级这一艰巨的事业，需要一个漫长的历史过程。

正是基于历史的分析，马克思主义提出了消灭阶级的明确目标。列宁指出过："我们的目的，也是世界社会主义的目的，是要消灭阶级。"[①]毛泽东在《论人民民主专政》中指出："人到老年就要死亡，党也是这样。阶级消灭了，作为阶级斗争的工具的一切东西，政党和国家机器，将因其丧

---

① 《列宁全集》第 30 卷，人民出版社 1957 年版，第 217 页。

失作用，没有需要，逐步地衰亡下去，完结自己的历史使命，而走到更高级的人类社会。我们和资产阶级政党相反。他们怕说阶级的消灭，国家权力的消灭和党的消灭。我们则公开声明，恰是为着促使这些东西的消灭而创设条件，而努力奋斗。共产党的领导和人民专政的国家权力，就是这样的条件。不承认这一条真理，就不是共产主义者。"①这不仅是美好的愿望和坚定的信念，而且是对社会发展客观规律的科学概括。

在这一历史进程中，马克思主义认为，首先是大力发展生产力，创造消灭阶级差别和阶级的物质条件，当这一物质条件尚未具备时，阶级差别和阶级是不可能被消灭的。

其次，要实现这一条件，推动无阶级社会代替阶级社会，必须实行无产阶级专政作为过渡，对人民实行最广泛的民主，对少数敌人实行最严格的专政，用社会主义国家机器保卫社会主义制度、保卫人民胜利果实、保护和发展生产力，统筹兼顾各方利益，不至于因利益差别和利益矛盾而导致社会主义社会内乱。

文章写到这里，可以清楚地看出，要实现消灭阶级、走向大同，必须走社会主义这条道路。因为社会主义的目的就是消灭阶级。要消灭阶级，必须坚持社会主义制度，必须大力发展生产力。而要做到坚持社会主义制度、发展生产力，必须坚持无产阶级专政。正如列宁所说："无产阶级专政，即被压迫者先锋队组织成为统治阶级来镇压压迫者，不能仅仅只是扩大民主。除了把民主制度大规模地扩大，使它第一次成为穷人的、人民的而不是富人的民主制度之外，无产阶级专政还要对压迫者、剥削者、资本家采取一系列剥夺自由的措施。为了使人类从雇佣奴隶制下面解放出来，我们必须镇压这些人，必须用强力粉碎他们的反抗，——显然，凡是实行镇压和使用暴力的地方，也就没有自由，没有民主。"②

无产阶级专政在致力于消灭一切阶级差别和阶级的同时，也为进入无阶级的共产主义社会创造着有利条件：在主体条件方面，培养和形成自由全面发展的新人；在经济基础方面，实现生产力的极大增长和社会财富的充分涌流；在政治关系方面，建立高度发达的新型民主；在思想意识方面，

①《毛泽东选集》第 4 卷，人民出版社 1991 年版，第 1468 页。
②《列宁专题文集：论社会主义》，人民出版社 2009 年版，第 29 页。

促进人们思想道德觉悟的全面提高。共产主义社会的实现，既有社会规律制约的客观必然性，又是一个自觉选择和创造的历史过程。

在我国具体国情条件下，无产阶级专政采取了人民民主专政的具体形式。"对人民内部的民主方面和对反动派的专政方面，互相结合起来，就是人民民主专政。"①"总结我们的经验，集中到一点，就是工人阶级（经过共产党）领导的以工农联盟为基础的人民民主专政。这个专政必须和国际革命力量团结一致。这就是我们的公式，这就是我们的主要经验，这就是我们的主要纲领。"②人民民主专政，对于保卫社会主义制度、保卫发展生产力、保卫人民的利益和民主权利是须臾不可放弃的。邓小平同志说："讲人民民主专政，比较容易为人所接受。"③"依靠无产阶级专政保卫社会主义制度，这是马克思主义的一个基本观点。马克思说过，阶级斗争学说不是他的发明，真正的发明是关于无产阶级专政的理论。历史经验证明，刚刚掌握政权的新兴阶级，一般来说，总是弱于敌对阶级的力量，因此要用专政的手段来巩固政权。对人民实行民主，对敌人实行专政，这就是人民民主专政。运用人民民主专政的力量，巩固人民的政权，是正义的事情，没有什么输理的地方。我们搞社会主义才几十年，还处在初级阶段。巩固和发展社会主义制度，还需要一个很长的历史阶段，需要我们几代人、十几代人，甚至几十代人坚持不懈地努力奋斗，决不能掉以轻心。"④人民民主专政是我们坚持社会主义制度，发展生产力，逐步消灭阶级差别和阶级，实现共同富裕，最终走向大同的根本保障。

第四，社会主义最终目的就是要消灭阶级，但在社会主义发展进程中，有一个逐步消灭阶级差别和阶级的过程，有一个承认阶级差别、正视阶级差别、创造条件逐步达到消灭阶级差别的过程，有一个既要处理好作为主要矛盾的人民内部矛盾，又要处理好一定范围内的阶级斗争的过程。为了最终消灭阶级，就必须坚持走逐步消灭阶级，乃至消灭三大差别、实现共同富裕的道路，这需要一个始终坚持人民民主专政的过程。

---

① 《毛泽东选集》第 4 卷，人民出版社 1991 年版，第 1475 页。

② 同上书，第 1480 页。

③ 中共中央文献研究室编《邓小平年谱（1975—1997）（下）》，中央文献出版社 2004 年版，第 1363 页。

④ 《邓小平文选》第 3 卷，人民出版社 1993 年版，第 379—380 页。

在《哥达纲领批判》中，马克思把共产主义划分为第一阶段和高级阶段，并认为从资本主义社会到第一阶段有一个过渡时期。列宁分别把这两个阶段称为社会主义社会和共产主义社会，社会主义是共产主义的低级阶段，也是实现共产主义的必经之路。马克思认为，除了生产力高度发达之外，共产主义有三个标志性特征。第一个特征，是全社会占有生产资料。社会主义也好，共产主义也好，两个阶段的共同特征，都是实行公有制，即全体劳动人民共同占有生产资料。第二个特征，是联合劳动。社会成员共同占有生产资料，是平等的，联合起来共同使用生产资料，共同劳动，没有商品，没有货币。第三个特征，是按劳分配。共产主义的第一阶段即社会主义特征是按劳分配，只有到了共产主义的第二阶段，才实现按需分配。在这里，马克思主义经典作家所讲的共产主义的第一阶段和第二阶段的一个区别，即社会主义和共产主义的一个区别，就是一个是按劳分配，一个是按需分配。

实际建立起来的社会主义制度的国家，往往都是在落后的、生产力没能得到充分发展的国家建立起来的。在这种情况下，社会主义不可能与共产主义只有一个按劳分配的差别。实际发生了与马克思所设想的不同的状况。

社会主义是由阶级社会向无阶级社会、由剥削制度的社会向彻底消灭剥削制度的社会过渡的社会。社会主义社会以新的社会因素为主，同时兼有两种社会因素，既有新社会的新的质的变化，又有旧社会的残余、胎记、因素。列宁创建的第一个苏维埃社会主义国家，在其建立之初曾试图按照马克思主义对共产主义社会第一阶段的设想，建立一个财产公有、共同劳动、没有剥削、没有压迫的制度。然而由于俄国相对落后的国情，在集中实行一段战时共产主义之后，列宁开始试行了新经济政策，在坚持社会主义制度的前提下，保留了资本主义的一些做法，以发展生产力作为过渡。在斯大林领导下，苏联实现了生产资料的社会主义所有制，消灭了旧的剥削制度，但在一定程度上形成了僵化的体制模式。由于苏联、东欧所处的历史条件、内外因素的综合作用，社会主义制度的实践在苏东暂时失败。这些历史事实一方面说明社会主义制度作为代替旧的剥削制度的新社会形态已经开始诞生；另一方面又说明在相对落后的国家建立社会主义制度，必须根据本国实际情况，采取适合本国国情的发展道路；再一方面还说明必须承认阶级差别，并不断为实现消灭阶级差别逐步创造条件，坚持无产阶级专政，以最终实现社会主义最终消灭阶级的目的。

特别是我国，是处于建立在落后生产力前提下的初级阶段的社会主义，更兼具新旧两个方面的特征。在我国社会主义初级阶段，生产力相对比较落后，不能最大限度地满足人民的物质文化需要，这就不可避免地存在着财产上的差别、收入上的差别和旧的阶级差别，乃至三大社会差别。这就需要社会主义执政党从实际出发制定政策，承认阶级差别和阶级的存在，不能超越阶段。承认阶级差别和阶级，就要大力发展生产力，为消灭阶级差别和阶级打好基础、创造条件；承认阶级差别就要充分利用人民民主专政的力量，保卫人民、保卫国家、解放和发展生产力。承认阶级差别和阶级，既要采取承认阶级差别的现实政策，调动各方面的积极性，又不要忘记社会主义的目的是消灭阶级，要采取必要措施，为消灭阶级差别不间断地创造条件。

第五，我国作为处于初级阶段的社会主义制度的国家，阶级差别和阶级尚存在，一定范围内的阶级斗争尚存在。社会主义的目的就是消灭阶级，我们建设的社会主义是消灭剥削制度的新型的社会，我们一定要努力创造条件，不仅要逐步消灭阶级差别和阶级，还要逐步缩小脑体差别、城乡差别、工农差别这三大差别。我们现在事实上也正在创造条件向消灭阶级差别和阶级，向消灭三大差别的方向努力。

然而，我们再看看一些资产阶级政治家公然鼓吹"普世价值"，不承认阶级、阶级矛盾和阶级斗争事实的当代资本主义的社会现状。我在这里引用美国《时代》周刊网站在今年 3 月 25 日刊发的《时代》周刊驻香港记者迈克尔·舒曼所撰写的文章中的两段话：

"越来越多的证据表明，他（指马克思，本文作者注）或许是对的。令人悲哀的是，很容易找到相关数据证明越来越富的是富人而非中产阶级和穷人。华盛顿经济政策研究所 2012 年 9 月开展的一项研究指出，2011 年，全职男性工薪族的年收入中值为 48202 美元，比 1973 年还低。根据经济政策研究所的计算，1983—2010 年，美国增加的财富有 74%流向最富裕的 5%人群，底层 60%人口的财富却减少了。难怪一些人回过头来重新评价马克思这位 19 世纪的德国哲学家。

"但当前日益扩大的不平等所产生的后果却正如马克思所预言：阶级斗

争又回来了。全世界的工人都越来越愤怒，要求从全球经济中得到公平的回报。"

迈克尔·舒曼的结论认为，马克思不仅诊断出资本主义的缺陷，而且诊断出这些缺陷导致的后果。如果决策者找不到新的办法确保经济机会的公平，全世界的工人可能真的团结起来，通过阶级斗争维护自身利益。①当代资本主义无论如何掩饰阶级和阶级斗争存在的事实，都改变不了当代资本主义所造成的阶级差别、阶级矛盾和阶级对立。而资产阶级国家的一切专政工具都是为了维护这种阶级差别社会秩序的永恒存在而存在。

社会主义，只有社会主义才是向着真正消灭阶级差别和阶级的过渡。

三、关于国家与专政

（一）坚持人民民主专政，并不输理

党的十八届三中全会明确提出了全面深化改革的总目标："全面深化改革的总目标是完善和发展中国特色社会主义制度，推进国家治理体系和治理能力现代化。"坚持和实现全面深化改革的总目标，即坚持和发展中国特色社会主义制度，实现国家治理体系和治理能力现代化，这就涉及社会主义国家制度、国家治理体系、民主与专政及其实现形式等重大问题。为了搞清楚这些重大问题，有必要重温马克思主义的国家和无产阶级专政学说。

"一个中心，两个基本点"是党在社会主义初级阶段的基本路线，要坚持一百年不动摇。中国特色社会主义成功的实践经验告诉我们，始终不渝地坚持贯彻党的基本路线，就能保证中国特色社会主义事业不走偏、不走样、不变色，不断取得新的胜利。坚持人民民主专政是党的基本路线的一个重要原则。邓小平同志明确指出："运用人民民主专政的力量，巩固人民的政权，是正义的事情，没有什么输理的地方。"②然而，国家与专政问题，"是一个被资产阶级的学者、作家和哲学家弄得最混乱的问题"③。在一些人眼中，一提到国家，总是冠以全民的招牌，把资产阶级国家说成是代表全民利益的、超阶级的国家，而把无产阶级国家说成是邪恶的、暴力的、

---

① 参见《参考消息》2013 年 3 月 29 日《阶级斗争或将卷土重来》一文。
② 《邓小平文选》第 3 卷，人民出版社 2001 年版，第 379 页。
③ 《列宁选集》第 4 卷，人民出版社 1995 年版，第 24 页。

专制的国家；一提到专政，不论是无产阶级专政，还是我国《宪法》规定了的人民民主专政，总是都不那么喜欢。这里有两种情况：一种情况是，一些"好心人"总是认为民主比专政好，认为"专政"这个字眼，是暴力的象征，不像"民主"那么美妙、招人喜欢；另一种情况则是，某些别有用心的人打着反对专政的幌子，把一切专政都说成是坏的，根本不提还有资产阶级专政，只讲资产阶级民主，把资产阶级民主粉饰为"至善至美"的反专制、反一党制、超阶级的、超历史的、"普世"的民主，其实质是反对社会主义制度的无产阶级专政（在我国是人民民主专政）。

　　这些看法如果仅仅是一个喜欢不喜欢的爱好问题，就没必要兴师动众地长篇大论地讨论国家、专政问题。按照马克思主义国家学说，民主与专政实质上只不过是构成国家本质属性的两个方面。对于一个国家来说，有民主，就须有专政；有专政，就须有民主。缺不得民主，也缺不得专政，二者有机统一于国家。那么，什么是国家？什么是专政？什么是资产阶级专政？什么是无产阶级专政？什么又是人民民主专政？这些是关系到我国社会主义前途命运的重大理论和现实问题，需要从理论和现实的角度把这个问题说清楚，以廓清人们的糊涂认识。而要说明这些重大理论与现实问题，则有必要从理论上说清楚马克思主义国家学说，进而说清楚马克思主义关于无产阶级专政、毛泽东思想关于人民民主专政的正确观点，划清历史唯物主义和历史唯心主义的界限。

　　在列宁领导十月社会主义革命前夕，列宁领导的布尔什维克党武装夺取政权，消灭资产阶级专政国家，建立无产阶级专政国家，成为当时最迫切的历史任务。为此，列宁认为："我们的任务首先就是要恢复真正的马克思的国家学说。"[①]"如果不在'国家'问题上反对机会主义偏见，就无法进行斗争来使劳动群众摆脱资产阶级的影响。""无产阶级社会主义革命对国家的态度不仅具有政治实践的意义，而且具有最迫切的意义。"[②]列宁由此对马克思主义国家学说做了大量的研究，撰写了不朽著作《国家与革命》，回答了当时最迫切的国家诸问题，阐述和发展了马克思主义关于国家、民主、专政和无产阶级专政的学说。今天，我们在改革开放、实现祖国现代

---

①《列宁选集》第3卷，人民出版社1995年版，第113页。
② 同上书，第110页。

化的进程中，结合新的实际，在马克思主义原本的意义上正确阐述国家学说、专政理论的正确观点，是完全必要的。

（二）马克思主义国家学说的基本观点和精神实质

民主与专政、无产阶级专政与人民民主专政，这些问题都涉及怎样认识国家的起源、发展与消亡，国家的本质与作用等基本问题，这就需要我们重温马克思主义的国家学说的主要内容和基本观点，恢复马克思主义国家学说的本来面貌。

第一，国家只是历史发展到一定阶段，阶级矛盾不可调和的产物。

国家是从哪里来的？是怎么产生的？

国家首先是一个历史的范畴。我们从国家的起源谈起，看看马克思主义老祖宗是怎样从彻底的历史唯物主义出发论述国家起源的。恩格斯在《家庭、私有制和国家的起源》中指出，国家不是从来就有的，在人类之初的原始共产主义社会，没有剥削，没有阶级，也就没有国家。当人类社会生产力发展到一定阶段，有了剩余劳动和剩余产品，出现了私有制，社会分裂为经济利益互相冲突的对立阶级，出现了剥削者和被剥削者、压迫者和被压迫者、统治者和被统治者的分裂和对立，统治阶级就需要一种"表面上凌驾于社会之上的力量"来统治被统治阶级，缓和冲突，于是国家就产生了。社会分裂为阶级之后，才出现了国家。国家不是外部强加给社会的某种力量，也不是像黑格尔所说的什么"伦理理念的现象"①，更不像封建统治阶级宣传的那样，是上帝赐给的，皇帝不过是上帝的儿子。国家是社会发展到一定阶段，出现了阶级和阶级对立，为了有利于统治阶级不至于在阶级冲突中与被统治阶级同归于尽应运而生的。

国家是阶级分裂、阶级斗争的产物，是随着阶级的产生而产生的。国家"从社会中产生但又自居于社会之上并且日益同社会相异化的力量"②。"国家是阶级矛盾不可调和的产物和表现。在阶级矛盾客观上达到不能调和的地方、时候和程度，便产生了国家。反过来说，国家的存在表明阶级矛盾的不可调和。"③科学地讲，国家是人类社会生产力发展到一定阶段阶级

---

① 黑格尔：《法哲学原理：或自然法和国家学纲要》，范扬、张企泰译，商务印书馆 1961 年版，第 253 页。

② 《马克思恩格斯选集》第 4 卷，人民出版社 1995 年版，第 170 页。

③ 《列宁选集》第 3 卷，人民出版社 1972 年版，第 175 页。

和阶级斗争不可调和的产物，既不是从来就有的，也不是"永恒需要的"。

第二，国家是阶级统治的机关，是一个阶级剥削、压迫另一个阶级的工具。

国家到底是什么？国家的性质和本质是什么？国家起着什么样的作用？

国家又是一个政治的、阶级的范畴，国家是一种政治组织，是统治阶级的权力组织，是建立在一定经济基础之上的政治上层建筑，是上层建筑中最主要的部分，是阶级统治的暴力工具。国家的核心是政权。自从国家产生以来，历史上的统治阶级从来都把国家描绘成至上的、绝对的、不可侵犯的，同时又是超历史、超阶级的力量。譬如，封建君主宣称"朕即是国家"，而"朕"则是上天派来的"天子"，在封建君主眼里，国家是"家天下"。资产阶级则把国家说成是代表全民利益的超历史、超阶级的全民国家，把国家说成是阶级调和的工具。这些说法都掩盖或歪曲了国家的阶级本质，国家既然是阶级斗争的产物，那么国家就不可能是超历史的、超阶级的、全民的，而是具有阶级性的本质。有奴隶制国家，也有封建制国家，还有资本主义国家、社会主义国家，而从来就没有什么超历史的、超阶级的抽象民主、抽象全民的国家。实际上，国家是建立一种社会秩序，使统治阶级的统治合法化、固定化，而这种秩序的建立不是阶级调和，而是一个阶级统治另一个阶级的表现。

在阶级社会中，国家对内的主要职能是依靠暴力和强制机关统治被统治阶级，以保证统治阶级的经济基础、政治地位和根本利益。对外的主要职能是抵御外来侵略，保护本国利益不受侵犯。剥削阶级国家还担负对外侵略、掠夺的作用。国家除了这些主要职能外，还担负调整国内各阶级阶层关系、维护秩序、组织生产、发展经济、繁荣文化、统一道德、保障公平等职能。

国家是阶级斗争的工具，主要是就国家的阶级实质、主要特征而言。恩格斯说，国家官吏掌握了社会权力和征税权，就作为社会机关而凌驾于社会之上。剥削阶级的国家之所以对劳动人民进行剥削，是因为它照例是最强大的、在经济上占统治地位的阶级的国家，这个阶级借助于国家而在政治上也成为占统治地位的阶级，因而获得了镇压和统治被统治阶级的新手段。列宁指出："如果阶级调和是可能的话，国家既不会产生，也不会保持下去。"①列宁认为，国家是占统治地位的阶级用来剥削被压迫阶级的工具，一切剥削阶级的国家都是剥削劳动人民的工具，是一个阶级对另一个阶级进行统治的工具。奴隶制国家是奴隶主压迫统治奴隶的工具，封建制国家是封建地主阶级压迫统治农民阶级的工具，资产阶级国家是资产阶级压迫统治工人阶级的工具。

就拿"最民主"的现代资产阶级民主国家来说，它虽然表面上保持着全民选举、普遍民主的全民外衣，但实际上却是资产阶级统治工人阶级和广大劳动人民最可靠的政治形式。恩格斯分析，在民主共和国内，资产阶级掌握着财富即资本，通过两种方式间接地、更可靠地运用它的权力：一种是"直接收买官吏"，使官吏为资本家增值资本的目的服务；另一种是"政府和交易所结成联盟"，例如，政府通过证券交易所推销公债，证券交易所凭借公债向政府提供资金，并利用公债券进行投机倒把，牟取暴利。这两种方法使资产阶级更可靠地控制国家政权，并通过国家政权剥削广大劳动人民。列宁则分析，在垄断资本主义时代，资产阶级把这两种方法发展到非常巧妙的地步。资产阶级的政府们竭力帮助资本家掠夺人民，借军事订货盗窃国库，而资本家则给政府们高额奖赏，这是资本家和官吏勾结的典型例子。

当代资本主义已把这种勾结运用到天衣无缝的地步，让人民总以为政府是为全民的，而不是为少数资本家的。财富的无限权力在民主共和制之下之所以更可靠，因为资本一与民主制相结合，"就能十分巩固十分可靠地确立自己的权力"②，无论人选、无论机构、无论政党的任何更换，都不会使这个权力动摇。所以，资产阶级民主制和普选制似乎能代表和体现全体人民的意志，似乎抹杀了国家的阶级本质。实际上，民主制和普选制是资产阶级国家统治的一种形式和工具，仅仅是表现工人阶级的成熟程度的标志，不可能提供更多的东西。当然，资产阶级的民主形式也为无产阶级国家提供可借鉴选择的手段和工具。

关于国家本质问题，毛泽东坚持和发展了马克思主义国家学说，他指出："军队、警察、法庭等项国家机器，是阶级压迫阶级的工具。对于敌对

---

① 《列宁专题文集：论马克思主义》，人民出版社 2009 年版，第 180 页。
② 《列宁选集》第 3 卷，人民出版社 1995 年版，第 120 页。

的阶级，它是压迫的工具，它是暴力，并不是什么'仁慈'的东西。"①

第三，特殊的军队，还有监狱、法院、警察是国家政权的主要强力工具。

国家的主要特征是什么？它的主要构成成分是什么？

恩格斯指出，国家同原始社会比较，有两个基本特征，一是原始氏族组织是按血缘来区分它的居民，而国家则是按地区来划分它的国民；二是氏族组织有自己的自动武装组织，没有军队、警察和官吏等专门从事统治和压迫的社会权力，而国家却设立社会权力，构成这种权力的不仅有武装的人，还有监狱和各种强制机关。列宁认为，被恩格斯称为国家的那个"力量"，"主要是指拥有监狱等的特殊的武装队伍"，"常备军和警察是国家权力的主要强力工具"。军队是社会分裂为敌对阶级时产生的，是统治阶级维护其统治的工具。由于社会分裂为不可调和的敌对阶级，统治阶级为了维护自己的统治地位，便建立了专门用以镇压被统治阶级的特殊的武装队伍、法庭、监狱、警察等强力工具，而且特殊的武装队伍等强力工具随着剥削阶级国家国内阶级矛盾的尖锐化和对外侵略竞争的加剧而日益加强起来。关于国家的特征和主要成分，毛泽东一语中的："从马克思主义关于国家学说的观点看来，军队是国家政权的主要成分。谁想夺取国家政权，并想保持它，谁就应有强大的军队。"②

第四，国家随着阶级的消失而消亡，而国家的最终消亡必须经过无产阶级专政国家的过渡。

国家是不是永恒的？是不是要消亡？怎样才能消亡？消亡的条件是什么？

按照唯物辩证法过程的观点来看，任何一个事物都是一个过程，都有生，有死。无论是自然界的事物，还是社会领域的事物，都是如此，国家也不例外。恩格斯在《反杜林论》中深刻地揭示了国家产生、发展和消失的经济根源，指出国家是随着阶级的产生而产生的，也将随着阶级的消失而消失。国家不是永恒的，不是永存的。马克思主义认为，国家消亡的前提是阶级消亡，阶级消亡的前提是生产力高度发展，并在高度发展的生产

①《毛泽东著作选读》（下册），人民出版社 1986 年版，第 682 页。
②《毛泽东选集》第 2 卷，人民出版社 1991 年版，第 547 页。

力基础上，建立公有制的经济基础，国家阶级压迫的职能不需要了，国家才可以消亡。可见，国家完全消亡的经济基础就是共产主义公有制和社会化大生产的高度发展。

列宁论述了由社会主义过渡到共产主义的经济条件，指出在社会主义阶段，光靠生产资料转为公有财产，光靠剥夺资本家，还不能立刻消除工农之间、城乡之间、脑体之间的对立，只有发展到打破了旧的分工、消灭了脑体之间的对立，从而把劳动变成"生活的第一需要"，才能为实现"各尽所能，按需分配"的原则创造条件。当社会实现"各尽所能，按需分配"原则时，也就是说，劳动生产率已经大大提高，人们已经十分习惯于遵守公共生活的基本原则，能够自愿地尽其所能来工作的时候，国家才会完全消亡。只有到了共产主义，也就是社会生产力高度发展、"三大差别"已经消亡，国家才会消亡。

但有人曲解恩格斯关于国家消亡的思想，认为资产阶级国家也可以"自行消亡"。列宁坚决反对这种观点，认为这种观点是"对马克思主义的最粗暴的歪曲，仅仅有利于资产阶级"①。列宁认为，资产阶级国家是不会"自行消亡"的，而要由无产阶级在革命中消灭它。因为国家是"实行镇压的特殊的力量"②，资产阶级国家由无产阶级国家代替，决不能靠"自行消亡"来实现。

恩格斯所说的"自行消亡"的国家是指实行了社会主义革命以后的无产阶级国家。列宁根据马克思在《哥达纲领批判》中的分析强调指出，由于国家是阶级统治、阶级压迫的工具，在从资本主义向共产主义过渡的整个历史时期，必须坚持无产阶级专政，只有到了共产主义阶段，无产阶级专政的国家才可以"自行消亡"。国家消亡是需要一定的经济基础的，一定要把国家消亡同社会经济基础联系起来考察。当社会发展到不再有需要加以镇压的任何阶级的时候，也就不再需要国家这种实行镇压的特殊力量了。那时"国家"的政治形式是最完全的民主，而最完全的民主也只能自行消亡，这就根本不需要国家了。在社会主义条件下，由于社会主义经济基础的建立，实现了生产资料公有制和按劳分配制，社会主义民主将进一步发展，劳动群众越来越多地参与国家管理和经济管理，逐步学会了管理社会

---

① ②《列宁选集》第 3 卷，人民出版社 1972 年版，第 184 页。

生产和社会事务，这就逐步为国家消亡创造了条件。

（三）无产阶级专政是新型的国家

马克思主义的阶级斗争和国家学说告诉我们，阶级的存在仅仅同生产发展的一定历史阶段相联系；阶级斗争必然导致无产阶级专政；这个专政不过是达到消灭一切阶级和进入无阶级社会的过渡。马克思主义指明了无产阶级反对资产阶级的斗争必然导致无产阶级专政，无产阶级专政担负着最终消灭阶级与国家的历史使命。

在《哲学的贫困》《共产党宣言》等著作中关于国家问题的论述中，马克思恩格斯指出，无产阶级用暴力推翻资产阶级统治而建立自己的统治；无产阶级革命的第一步就是使无产阶级变为统治阶级，争得民主；无产阶级国家即组织成为统治阶级的无产阶级。这些表述表达了马克思主义在国家问题上的一个最卓越、最重要的思想，即"无产阶级专政"的思想。无产阶级在历史上的革命作用的"最高表现是无产阶级专政"，其具体表现为：无产阶级要求建立的国家就是"组织成为统治阶级的无产阶级"；只有无产阶级才能推翻资产阶级，使自己成为统治阶级；只有使无产阶级变为统治阶级，实现无产阶级专政，才能消灭资产阶级；无产阶级专政必须有以马克思主义为指导的无产阶级政党的领导。

1871 年，巴黎无产阶级举行武装起义，推翻了资产阶级统治，建立了巴黎公社。这是人类历史上建立无产阶级专政的第一次伟大尝试。马克思科学总结和分析了巴黎公社的革命经验，在《法兰西内战》中，提出"工人阶级不能简单地掌握现成的国家机器，并运用它来达到自己的目的"①的著名结论，认为这是对《共产党宣言》必须做的唯一"修改"。马克思总结的巴黎公社这个基本原则具有重大意义。马克思的意思是说工人阶级应当打碎、摧毁"现成的国家机器"，而不只是简单地夺取这个机器。②所谓"现成的国家机器"，就是指资产阶级的"官僚军事国家机器"。用什么来代替被打碎的资产阶级国家机器，就是用新型的国家政权来代替之，由无产阶级专政代替资产阶级专政。无产阶级专政实质是无产阶级政权，是"生产者阶级同占有者阶级斗争的结果，是终于发现的、可以使劳动在经济上获

---

① 《马克思恩格斯选集》第 2 卷，人民出版社 1972 年版，第 372 页。
② 《列宁选集》第 3 卷，人民出版社 2012 年版，第 142 页。

得解放的政治形式"①。

列宁强调指出，无产阶级专政"对介于资本主义和'无阶级社会'即共产主义之间的整整一个历史时期都是必要的，只有了解这一点的人，才算掌握了马克思国家学说的实质。"②"从资本主义向共产主义过渡，当然不能不产生非常丰富和多样的政治形式，但本质必然是一样的，都是无产阶级专政。"③"谁要是仅仅承认阶级斗争，那他还不是马克思主义者，他可能还没有走出资产阶级思想和资产阶级政治的圈子。""只有承认阶级斗争、同时也承认无产阶级专政的人，才是马克思主义者。"④

无产阶级专政是作为统治阶级的无产阶级实行阶级统治的工具，是新型的国家，是由剥削阶级国家到消灭阶级、消灭国家的必经阶段。不经过无产阶级专政的阶段，就不可能消灭阶级，乃至最终消灭国家。

无产阶级专政的国家也是阶级统治的工具。不过它在阶级性质、历史使命、基本内容上都同以往一切剥削阶级专政根本不同。它是为无产阶级消灭剥削阶级、建立社会主义、向共产主义过渡创建条件的主要工具。

无产阶级专政是新型的国家，之所以是新型的，因为它在根本性质上不同于奴隶主阶级专政的国家、封建地主阶级专政的国家、资产阶级专政的国家，它是占统治地位的无产阶级及广大劳动人民对少数反动分子实行专政的国家，是工人阶级、劳动人民享有最高程度民主的国家，是新型民主与新型专政的统一体，即对无产阶级和广大劳动人民实行最广泛的民主，对一切反动阶级、敌对分子实行专政。无产阶级专政的核心问题是无产阶级通过它的先进组织——共产党，掌握国家政权。

无产阶级专政有着不同的政权组织形式。由于各国情况的差异和历史条件的不同，无产阶级专政的国家政权可以有不同的形式。从历史上来看，有巴黎公社无产阶级专政组织形式的最初尝试，有列宁总结俄国革命经验所肯定的俄国无产阶级专政最适宜的形式——苏维埃共和国，有中国工人阶级和人民大众经过长期革命斗争建立起来的工人阶级领导的、以工农联盟为基础的人民民主专政的国家政权形式……

①《马克思恩格斯选集》第 2 卷，人民出版社 1972 版，第 377—378 页。

②《列宁选集》第 3 卷，人民出版社 1995 年版，第 140 页。

③《列宁全集》第 31 卷，人民出版社 1985 年版，第 33 页。

④ 同上书，第 32 页。

无产阶级专政具有两个基本职能和属性，一是担负对内镇压被统治阶级、对外抵抗外来侵略的阶级工具职能，具有鲜明的阶级属性；二是具有组织生产、发展经济、协调关系、保证公平、繁荣文化、统一道德、提供保障等公共服务职能，具有公共服务的属性。无产阶级专政是建立在消灭了阶级对阶级的压迫基础上的，阶级矛盾和阶级斗争不是主要矛盾的社会主义制度条件下的新型国家。无产阶级专政新型国家的阶级工具职能，其范围和作用会逐步缩小、减少，而公共服务职能会逐步扩大、加重。但这不等于放弃阶级工具的职能，在某些特殊情况下，这个职能有可能加重、加大。比如，当出现大规模的外国军事侵略的情况下，当外部敌对势力与内部敌对力量相互勾结，严重威胁社会主义国家安全，包括意识形态安全时，无产阶级专政阶级压迫的作用则丝毫不能减轻。

（四）实行人民民主专政是我们的主要经验

毛泽东把马克思主义关于国家和无产阶级专政的一般原理同中国具体实际相结合，发展了无产阶级专政的学说，提出了人民民主专政的思想。他指出："总结我们的经验，集中到一点，就是工人阶级（经过共产党）领导的以工农联盟为基础的人民民主专政。这个专政必须和国际革命力量团结一致。这就是我们的公式，这就是我们的经验，这就是我们的主要纲领。"①人民民主专政是我国社会主义国家政权的实质和主要内容，坚持人民民主专政是我国社会主义制度的基本保障，是中国特色社会主义必须坚持的一个基本原则。

人民民主专政是中国特色的无产阶级专政。这是中国人民在中国共产党领导下，根据中国具体国情，对新中国国家本质及其形式的唯一正确的政治选择。旧中国是半殖民地半封建性质的国家，中国共产党在中国要取得社会主义的胜利，就要打碎旧中国的国家机器，建立一个新型的国家机器。而要做到这一点，必须把革命的实际行动分作两步：第一步进行新民主主义革命，第二步进行社会主义革命。通过革命战争，打碎旧中国的国家机器，建立新的国家机器，这个新型的国家机器就是人民民主专政。中国社会的性质决定中国新民主主义革命的敌人是封建主义、官僚资本主义和帝国主义，领导阶级是工人阶级，革命的主要同盟是农民阶级，其他同

---

① 《毛泽东选集》第 4 卷，人民出版社 1991 年版，第 1480 页。

盟还有城市小资产阶级和民族资产阶级，只有结成最广泛的统一战线，集中全国民众的力量，才能战胜压在中国人民头上的"三座大山"。中国新民主主义革命的胜利，历史地导致不仅仅只是无产阶级的专政，而是以无产阶级为领导的，以工农联盟为基础的，包括城市小资产阶级和民族资产阶级的最广泛联盟的人民民主专政。人民民主专政的实质还是无产阶级专政，但它不是单一的无产阶级的专政，而是以工人阶级为领导的，以工农联盟为基础的，包括最广泛同盟者的对少数敌人的专政。

毛泽东科学阐明了人民民主专政的任务、目的和作用。他说，在中国现阶段，人民是什么，是工人阶级、农民阶级、城市小资产阶级和民族资产阶级，这些阶级在共产党领导下，团结起来，共同奋斗，赢得了新民主主义革命胜利，建立自己的国家，即人民民主专政的国家。人民民主专政的国家在人民内部实行民主，对人民的敌人实行专政，这两个方面是分不开的，把这两方面结合起来，就是人民民主专政。人民民主专政是专政与民主的辩证统一。人民民主专政的基础是工人阶级、农民阶级、城市小资产阶级和民族资产阶级的联盟。当然，人民民主专政必须由工人阶级领导，主要基础是工农联盟。

马克思主义无产阶级专政学说、毛泽东人民民主专政思想告诉我们，不能把民主与专政割裂开来、对立起来，认为专政是对民主的否定、讲专政就是不要民主，从而否定人民民主专政的根本性质和作用。对敌人的专政是对人民民主的保障，坚决地打击敌人的破坏和反抗，才能维护人民民主，才能保卫社会主义民主。当然，也不能认为民主是对专政的否定、讲民主就是否定专政，从而否定社会主义的民主本质，对人民民主是对敌人专政的前提，只有在人民内部充分发挥民主，才能有效镇压敌人。没有广泛的人民民主，人民民主专政就不能巩固。人民民主专政作为政治手段、阶级工具的一个任务，就是压迫国家内部的反动阶级、反动派和反抗社会主义的势力，对于蓄意破坏和推翻社会主义制度的各种敌对分子实行专政；另一个任务就是防御国家外部敌人的颠覆、"和平演变"、西化、分化活动和可能的侵略，对企图颠覆和推翻社会主义制度的外部敌对势力实行专政。因此，必须强化军队、警察、法庭、监狱等国家机器，以巩固社会主义制度，保证全体人民和平劳动，将我国建设成为一个具有现代工业、现代农业、现代国防和现代科学技术的社会主义国家，最终达到消灭阶级、消灭

"三大差别"、实现共产主义的目的。

组织社会主义经济建设、政治建设、文化建设、社会建设和生态文明建设，发展科学、文化、教育和社会保障事业，大力发展社会生产力，建设社会主义物质文明、政治文明、精神文明和生态文明，走共同富裕道路，是人民民主专政长期的、根本的任务。

人民民主专政的要义为：第一，坚持以工人阶级为领导阶级，以工人阶级的先锋队——中国共产党为领导核心；第二，坚持以马克思主义、中国化的马克思主义作为人民民主专政的理论基础和思想指南；第三，坚持以工人阶级和农民阶级联盟为最主要的基础；第四，以一切热爱祖国、热爱社会主义事业的社会主义建设者为最广泛的联盟；第五，对少数敌人实行专政，对大多数人民群众实行最广泛的人民民主；第六，通过社会主义法制实施民主与专政。

人民民主专政是中国特色社会主义须臾不可离开的法宝。今天，我们中国特色社会主义国家仍然处于马克思主义经典作家所判定的历史时代，即社会主义与资本主义两个前途、两条道路、两种命运、两大力量生死博弈的时代，这个时代仍贯穿着无产阶级与资产阶级、社会主义与资本主义阶级斗争的主线索，这就决定了国际领域内的阶级斗争是不可能熄灭的，国内的阶级斗争也是不可能熄灭的。在这样的国际国内背景下，人民民主专政是万万不可取消的，必须坚持，必须巩固，必须强大。否则，不足以抵制国外反动势力对我西化、分化、私有化、资本主义化的图谋，不足以压制国内敌对力量里应外合的破坏作用。必须建设强大的国防军，必须建设强大的公安政法力量，以人民民主专政的力量保卫和平、保卫人民、保卫社会主义。

以美国为首的西方势力，从来没有放弃对自己军事机器的强化，从来没有放弃用武力去解决一切由他们的利益和意识形态所驱使的他们所要解决的问题。在国际上，他们可以随时随地动用武力，干涉别国内政，推行他们的"普世价值"、西方民主导向的"颜色革命"。在美国国内，他们可以随时随地出手镇压国内触动他们根本利益的言论和行动，出动大规模的警察力量镇压"占领华尔街运动"就是例证。难道这不是资产阶级专政的力量吗？实施资产阶级专政，他们决不手软。

当然，在加强专政的同时，必须大力发展社会主义民主。中国特色社会主义在坚持巩固国家专政职能的同时,必须大力发展社会主义民主政治。在巩固人民专政的同时, 必须大力发展社会主义民主。建立高度的社会主义民主, 是社会主义的本质, 是社会主义政治上层建筑的基本内容, 是中国特色社会主义的根本目标和根本任务之一。没有民主, 就没有社会主义。列宁指出:"不实现民主, 社会主义就不能实现。""胜利了的社会主义如果不实现充分的民主, 它就不能保持它所取得的胜利。"[①]

坚持人民民主专政, 保障社会主义民主, 必须加强社会主义法制建设。社会主义法制是人民民主专政的国家所制定的各种法律、法令等法的规范, 以及按照法律规定建立起来并贯彻实施的种种法律制度, 它的实质是工人阶级及其领导的广大人民当家作主、管理国家、进行社会主义建设的共同意志的集中体现。执政党、参政党和一切参加社会主义建设的人民群众都必须在宪法和法律规范内活动, 任何违反法律的行为, 都要受到法律的制裁。

---

① 《列宁全集》第 23 卷, 人民出版社 1958 年版, 第 70 页。

马克思主义的世界历史理论与中国特色社会主义道路[*]

——学习马克思 1879—1882 年间研究笔记札记

1879—1882 年间，晚年马克思把研究的重心和注意力转向俄国乃至整个东方社会，写了大量笔记，其中形成了著名的世界历史理论。实际上，世界历史理论马克思在早期和中期已经提出并逐步在充实。世界历史理论是唯物史观的重要组成部分，同时又进一步丰富和发展了唯物史观。

关于马克思的世界历史理论，以下是我的体会。

1. 资本主义推动人类历史转向世界历史。原始社会、奴隶社会、封建社会等前资本主义社会是一个漫长的历史时期，因自然环境条件和生产力发展水平的限制，人类的生产，以及由生产而建立的交往关系基本上还处在相对孤立、相对封闭的状态，表现为地域性特征。资本主义机器大工业导致世界竞争、世界分工、世界市场以及世界性的交往关系的出现，致使一切国家、民族和个人都将从狭隘、孤立的历史走向"世界历史"。世界历史是由资产阶级开辟的，是资本主义生产方式向全世界扩张发展的结果。推动人类历史走向世界历史的动力正是"生产力的普遍发展和与此相联系的世界交往"①。资本主义大工业和市场经济首次开创了"世界历史"，消灭了各国自然形成的闭关自守的状态。当然，"世界历史性联系"在前资本主义社会中就已在一定范围内、一定程度上存在了，资本主义只不过是"世界历史性联系"的发展结果。

资本主义世界历史时代本质上是资本主义生产方式取代其他生产方式而成为全球性主导生产方式的历史时代，也是资产阶级提出的以自由、平等、

---

* 本文是作者 2015 年 8 月学习马克思 1879—1882 年间研究笔记的札记，发表于《世界社会主义研究动态》2015 年 4 月 13 日，《中华魂》2015 年第 8 期，《哲学研究》2015 年第 6 期。

① 《马克思恩格斯选集》第 1 卷，人民出版社 2012 年版，第 166 页。

民主、人权为核心的价值观念成为占统治地位的意识形态的历史时代，是资产阶级确立自己政治制度和意识形态的历史时代。正是这些制度和观念将人类从封建制下"解放出来"，相对于封建社会来说，资本主义社会是历史的进步。然而，资本主义政治制度和意识形态必然为新的社会形态，为新的社会形态的政治制度和意识形态所替代，这是不可逆转的新的世界历史时代潮流。

2. 世界历史必然导致未来共产主义社会形态的产生。世界历史可以分成两个阶段，即资本主义世界历史时代和共产主义世界历史时代。资本主义世界历史时代的终结是共产主义世界历史时代的起点，从资本主义世界历史时代走向共产主义世界历史时代是人类社会的发展趋势。资本主义的基本矛盾导致资本主义必然走向灭亡。世界历史不仅是共产主义的实现机制，还是共产主义的实现途径。世界历史促进世界贸易和世界市场的扩大而产生的生产力的巨大发展，为共产主义创造了物质条件；世界历史增进了普遍交往，为共产主义创造了社会条件；世界历史造就了新的生产力的代表——无产阶级，为共产主义培育了新生力量。

资本主义世界历史时代在发展进程中造就了自己的掘墓人。无产阶级是世界历史性的阶级，无产阶级的世界性，决定了它所肩负的共产主义事业的世界性，共产主义是无产阶级肩负的历史使命。"无产阶级只有在世界历史意义上才能存在，就像共产主义——它的事业——只有作为'世界历史性的'存在才有可能实现一样。"[1]世界历史理论构成科学社会主义的基础和支撑，把世界历史与无产阶级，与全人类解放、共产主义实现联系起来，昭示了人类未来发展的美好愿景，把人类历史发展规律和其历史必然性的研究置于更广阔的世界历史视野中，把世界历史引向了更有普遍意义的共产主义。

3. 实现现代化是世界历史发展的核心问题。世界历史就是世界历史现代化。促进世界历史现代化，一条是走资本主义发展道路，这条道路是苦难的，但最终为共产主义现代化所替代。资本主义大工业和市场经济所促成的新的生产方式和交往方式具有巨大的历史进步性，消灭了分工的自然性质，促进了劳动的集中和生产资料的集中，形成了人的全面生产能力的体系，其所创造的生产力比过去一切时代创造的全部生产力还要多、还要大。世界历史就是这种新的生产方式和交往方式向全球扩展而形成的，推

---

①《马克思恩格斯选集》第 1 卷，人民出版社 2012 年版，第 166—167 页。

动了资本主义全球化。资本主义世界历史时代一方面积累了物质财富，另一方面带来了分化、贫穷、动荡、对立和战争。

4. 促进世界历史现代化还有一条道路是社会主义道路。与资本主义的产生和胜利具有历史的必然性一样，资本主义将被更高的社会形态所替代，而走向灭亡也是必然的。没有资本主义大工业创造的社会生产力、普遍的交往关系以及"人的政治解放"的条件，社会主义是不可能产生的。

社会主义本质上是一种由资本主义生产方式所造成的全世界工人阶级的运动，是人类进入世界历史时代的一个新的发展阶段，是人类解放的伟大事业，是通向共产主义的必经阶段。在世界无产阶级形成的过程中，就已经超越了民族的狭隘性，而无产阶级的胜利与走出一条社会主义现代化道路相联系，无产阶级的最后胜利又与阶级、国家的消亡联系在一起，与共产主义的实现联系在一起。

5. 世界历史是一个整体，而各个民族、国家是它的"器官"，各个民族、国家的历史进程必然要受到整体的影响和制约，同时也影响整个世界历史进程。任何一个民族，无论它在历史上曾经多么辉煌，如若在现代化进程中落伍了，落后了，那么在世界性的竞争中就必然挨打。不思进取，不肯顺应世界现代化的潮流，就面临淘汰。一个国家不走向世界，融入世界历史，就难以摆脱封闭和僵化的格局，就不能借鉴世界历史发展的成果。中华民族只有深度介入世界历史，引领世界历史，才能在世界历史现代化进程中实现中华民族伟大复兴的中国梦。

6. 在世界历史的影响下，东方一些落后国家，通过社会主义革命，可以跨越资本主义制度的"卡夫丁峡谷"，避免资本主义的苦难，直接进入社会主义，走出一条社会主义的现代化道路。中国特色社会主义事业的成就印证了马克思这一伟大设想，并为这一理论注入了新的内容。中国特色社会主义理论可以说是对世界历史理论的继承与发展。世界历史是以人类生产力发展、交往普遍化和世界市场的形成为前提的。中国与世界接轨，把社会主义制度与市场经济相结合，大力发展社会化大生产，大力发展物质文明、政治文明、精神文明、社会文明和生态文明，才能跨域"卡夫丁峡谷"，获得世界性存在。

"中国道路"是进入世界历史时代以后，中华民族在探索实现现代化过程中形成的。通过社会主义道路，实现现代化作为一种目标指向，贯穿中华民族融入世界历史的始终。"中国道路"是历史赋予中国人民独立自主的社会主义历史命运,中国既服从世界历史性的选择,又要有中国特色。随着苏联解体,苏联模式的历史性关闭,中国特色社会主义已经成为世界社会主义的旗帜。两次世界大战,当代的动乱,直接拷问"西方道路"价值取向的合理性。中国道路的世界历史意义正在于此。

中国现在还处于并将长期处于社会主义初级阶段,面对国家大、人口多、底子薄的沉重历史负担,在现代化进程中必然遇到西方资本主义的国际战略性遏制和围堵,面对尖锐的国际斗争,承担更多的竞争压力。对坚持中国道路的长期性、艰巨性、复杂性、反复性必须有充分的思想准备,不能丢掉根本的四项基本原则。同时又不能以中国"特色"而拒绝吸收外来文化和对外合作,不能把一切文明斥之为"西方文明",把一切经验模式斥之为"西方模式",必须扩大交往,加强学习。社会主义不能离开资本主义而发展,不可能孤立于世界历史而发展。我们必须学会与资本主义国家打交道,提高竞争能力。

7. 尽管"社会主义"和"资本主义"这类概念,在今天一些人看来已不合时宜,但它们仍是概括当今时代本质的理论抽象,并没有所谓"意识形态终结"。用唯物史观和世界历史理论来看,马克思主义经典作家所判定的历史时代并没有过去,科学社会主义并没有过时,马克思主义并没有过时。马克思主义,仍然是中国人民独立自主地前进于世界历史大道的指导思想;中国特色社会主义道路,是中国人民在世界历史进程中实现现代化的唯一正确选择。

马克思主义哲学天然具有大众化的品格*

《新大众哲学》（七卷本）终于出版发行了。《新大众哲学》是 2010 年度国家社会科学基金特别委托项目，项目承担单位为中国社会科学院。作为项目的主持人和首席专家，首先我要感谢中央领导同志对项目的关怀，感谢同志们和新闻界的朋友们出席今天的首发式暨出版座谈会！

任何真正的哲学都是自己时代精神的精华。作为时代精神精华的哲学与人民大众是内在联系的，与人民的实践如影相随，与大众的生活息息相关。马克思主义哲学作为人类认识世界、改造世界的理论武器，只有为人民群众所掌握，才能变成巨大的物质力量，才能实现自己的社会价值。马克思主义哲学自诞生那一刻起，就紧紧地与人民群众联系在一起，与社会主义革命和建设实践同呼吸共命运，它天然地具有一种大众化的品格。

中国共产党自成立以来，就一直致力于马克思主义哲学的中国化和大众化，帮助广大人民群众掌握强大的思想武器。党的历代领导人都强调马克思主义哲学要中国化、大众化，毛泽东同志明确要求，要"让哲学从哲学家的课堂上和书本里解放出来，变为群众手里的尖锐武器"[1]，他自己更是身体力行，写作了《矛盾论》《实践论》等光辉著作。一批优秀的理论战士也出版了不少马克思主义哲学中国化、大众化的作品，为马克思主义哲学中国化、大众化做出了贡献。其中，20 世纪 30 年代艾思奇撰写的《大众哲学》可谓"经典中的经典"。这本书紧扣时代脉搏，密切联系中国实际，以通俗易懂、深入浅出、紧贴群众和醇厚亲和的语言阐述了马克思主义哲学的基本道理，启蒙了成千上万的青年走上中国共产党领导的革命道路。

时光荏苒，《大众哲学》出版迄今已逾 80 年。今天的国际、国内形势

---

* 本文是作者 2014 年 9 月 26 日在人民大会堂召开的《新大众哲学》首发式暨出版座谈会上的讲话，发表于《世界社会主义研究动态》2014 年 10 月 18 日。

① 《毛泽东文集》第 8 卷，人民出版社 1999 年版，第 323 页。

已经发生了翻天覆地的变化，科学技术发展异常迅猛，全球化、信息化浪潮汹涌澎湃，当代资本主义内在矛盾不断激化、演变，中国特色社会主义实践日新月异，马克思主义哲学的世界图景已经发生了巨大的改变。急剧变化的时代和快速发展的社会实践对马克思主义哲学创新充满期待，渴望得到与时俱进的马克思主义哲学理论和方法的指导。以当年"大众哲学"的方式阐释马克思主义哲学及其中国化的最新成果，解答和解决新的时代性问题，既是一代哲人艾思奇的平生夙愿，更是实践的新需要、人民的新期求、党和国家的新要求。

编写《新大众哲学》，要力争准确判断和反映时代的新变化，努力对其进行新的哲学判析。任何哲学作为时代精神的精华，都具有鲜明的时代性。恩格斯指出："每一个时代的理论思维，包括我们这个时代的理论思维，都是一种历史的产物，它在不同的时代具有完全不同的形式，同时具有完全不同的内容。"①不仅是理论思维，而且包括表达理论思维的学术话语体系在内的全部哲学社会科学，都是一定时代孕育的产物，不可避免地带有时代的印记。如果哲学研究无视时代的发展和时代精神的变迁，仅仅沉醉于"象牙塔"内的寻章摘句，满足于脱离实际的高谈阔论，那么势必逃脱不了"时代的弃儿"的命运。

自从马克思主义哲学进入中国以来，它就充满生机和活力地浸透在中华民族的民族精神之中，实际地存在于我们的时代和生活之中。坚持和发展马克思主义哲学，就绝不能把马克思主义哲学的某些论断作为标签到处乱贴，并以此来代替对实际问题的研究，而只能与中国国情相结合、与时代相结合、与群众相结合，根据新的时代问题做出新的有说服力的解答。《新大众哲学》力图坚持时代化的方向，希冀走在时代前列，能够敏锐把握时代特征，准确反映时代要求，在时代与思想互动、理论与实践交织、历史与逻辑的统一中，建构具有中国特色、中国风格、中国气派的马克思主义哲学的新大众形态。

编写《新大众哲学》，要力争科学思考和回答科技创新与生产力发展的新问题，努力对其予以新的哲学概括。众所周知，科学技术不仅是生产力，而且已经成为"第一生产力"。当今世界，高新科技的发展和应用，正日益

---

① 《马克思恩格斯选集》第 3 卷，人民出版社 2012 年版，第 873 页。

迅速而强烈地改变着人类社会的组织结构与运行机制，同时，这种影响也已经渗透到生产方式和生活方式的广阔领域之中，并改变着我们对世界的看法。我们每一个人都深被科技发展的福泽，当然，也为科技发展及应用带来的负效应而困惑和苦恼。

尽管马克思曾经提出"科学技术是生产力""世界历史理论"等一系列重要思想，但当今时代的科技创新和生产力发展，包括全球化、信息化、市场化对经济、政治、文化、社会的全方位渗透影响，仍然推出了大量有待回答的哲学之问。马克思主义哲学是人类社会生产实践和科学研究实践的思想结晶，需要对社会生产实践和科学发展实践提出的问题给予哲学的新解答。《新大众哲学》应该科学总结高新技术和生产力发展提出的新问题，提供从总体上把握问题、解决问题的哲学智慧，并进行新的哲学解读。

编写《新大众哲学》，要力争认真总结中国特色社会主义伟大实践中涌现出的新经验，努力对其做出新的哲学总结。在人类历史上，哲学的发展演变有其自身的规律，但这种规律归根到底要服从于社会实践的演变规律。哲学上的每一次大的创新和发展，都建立在对社会实践中的重大问题进行深入思考和合理解决的基础之上。而任何真正的问题，都根源于现实的矛盾，离开产生问题的实践基础，问题就是虚假空洞的抽象概念。毛泽东同志早就指出："对于理论脱离实际的人，提议取消他的'理论家'的资格。只有用马克思主义观点来研究实际问题、能解决实际问题的，才算实际的理论家。"①因而，必须克服理论脱离实际的不正常状况，走出学术远离现实的误区。

中国特色社会主义既是当代中国发展进步的伟大旗帜，也是当代中国马克思主义哲学研究的源头活水。真正读懂读透这部"书"，并以自己特有的方式自觉参与到这一伟大实践中来，以中国化的马克思主义哲学解读中国实践，反思中国经验，破解中国问题，进而推进实践基础上的理论创新，是当代中国马克思主义哲学研究者不可推卸的神圣使命。《新大众哲学》应该坚持以实践为导向，将探索的目光投向建设中国特色社会主义伟大实践中涌现出来的重大理论和实践问题，投向党中央和广大人民群众最为关注的重大时代课题，投向为实现中华民族伟大复兴所必须解决的重大基础性

---

① 《毛泽东文集》第 2 卷，人民出版社 1993 年版，第 374 页。

课题，在破解这些重大问题的探索活动中，奋力推进中国化的马克思主义哲学创新。

编写《新大众哲学》，还要力争正确回应当代国内外流行的各种哲学社会思潮，努力对其予以新的哲学评判。思想学术发展的历史表明，那些经过艰苦的精神劳作而产生的优秀成果，总是能够突破语言和文化的障碍，成为全人类的精神财富。马克思主义哲学是在批判地继承人类一切优秀成果前提下产生并发展起来的。当代中国马克思主义哲学的创新发展，必须具备开放的心态、世界的视野、"拿来主义"的态度，勇于并善于批判地借鉴世界上一切文明的优秀成果为我所用。

但同时我们也应该清醒地意识到，在学习和回应西方哲学思潮之时，必须立足中国立场，明确我们的目的是借助于他者的眼睛，来反观中国问题和中国经验，进而推进中国自己的学术研究。不加分析地拿来，并不是勇气和智慧的体现。《新大众哲学》始终认为，当我们在进行哲学思考的时候，必须时刻牢记自己是作为中国人在思考，中国这块土地是我们须臾不可脱离的思想之源。就像古希腊神话中的大力士安泰俄斯，只要他同大地接触，便无坚不摧，所向无敌，而当他一旦离开大地，便不堪一击，被赫拉克勒斯轻而易举地杀死。建构中国化的马克思主义哲学的新大众形态，只有始终脚踏中国这块神奇的土地，与广大人民群众同呼吸共命运，才能够获得源源不竭的精神动力，才能够永远立于不败之地。

哲学在一个国家的实现程度，决定于哲学满足这个国家的需要的程度。当代中国正处于一个伟大变革的时代。中国特色社会主义伟大事业，一方面热切呼唤着马克思主义哲学的创新发展，另一方面也为马克思主义哲学的创新发展开辟了道路，指明了方向。全面审视当今世界和当代中国发展大势，全面把握我国发展新要求和人民群众新期待，全面分析时代和实践提出的重大问题并以中国学术话语体系予以准确表达，不断丰富中国特色社会主义理论体系的实践特色、理论特色、民族特色、时代特色，进而通过实现中华民族伟大复兴为世界文明的发展做出贡献，是当代中国马克思主义哲学研究应当占据的理论高度。

《新大众哲学》就是基于这样的使命感和理论自觉，努力解放思想，实事求是，认真思考和回答时代挑战和大众困惑的一次尝试。《新大众哲学》不是哲学教科书，不拘泥于哲学体系的框架，不刻意追求体系的严密；也不是哲学专著，不执着追求逻辑论证与理性推理。它旨在针对重大现实，以问题为中心，密切关注时代变化和形势发展，注重吸收人类思想新成果，进行哲学提升、理念创新，以讲清哲学真理为准绳。在表达方式上，它试图努力把深邃的理论转变为通俗易懂的语言，把抽象的理论逻辑转变为形象的生活逻辑，主张用群众听得懂的语言讲群众听得懂的道理。

《新大众哲学》孜孜以求的，是试图将重大理论与现实问题提升到马克思主义哲学世界观、方法论的高度加以分析和阐明，在回答重大理论与现实问题的进程中，推进马克思主义哲学的时代化、中国化和大众化。自项目启动后，编写组认真提炼和归纳了马克思主义哲学关注并需要回答的300个当代重大理论与现实问题，并对这些问题进行了反复的研讨和精心的梳理。经过充分讨论，编写组把《新大众哲学》归纳为总论、唯物论、辩证法、认识论、历史观、价值论和人生观等7个分篇，立足马克思主义哲学的本真精神，围绕这些方面的时代性问题展开哲学研究。

自2010年7月成立依托中国辩证唯物主义研究会、以中国社会科学院与中央党校的专家学者为主的编写组，正式启动项目，至2014年6月定稿交出版社，《新大众哲学》的编撰整整经历了4个春秋。在4年时间里，课题组夙兴夜寐，风雨兼程，开展了可以用"海量"来形容的工作。从《新大众哲学资料集》（正式出版时定名为《梅花香自苦寒来》）可以看出，课题组仅仅工作会议就开了81次。每一次工作会议既是任务布置会，也是成果汇报会，还是学术交流会，其中包含着相当多的具体工作。每一个部分都曾经充分酝酿，反复研讨，数易其稿；其后的修改、定稿，也曾经反反复复，最后留下的各种原始稿件和历次修改稿几乎堆成了小山……

还应该说明的是，《新大众哲学》项目汇集了许多学者的心血，凝聚着许多资深专家学者的热诚关怀和殷切期望。项目启动之初，课题组成员就曾广泛征求专家学者的意见。韩树英、邢贲思、杨春贵、汝信、赵凤岐、黄楠森、袁贵仁、陶德麟、侯树栋、许志功、陈先达、陈晏清、张绪文、宋惠昌、沈冲、卢俊忠、卢国英、王丹一、赵光武、赵家祥等老师充分肯定了编写《新大众哲学》的重要意义，并提出了大量具体而有价值的建议。2013年11月，成果经课题组内部定稿后，每个部分打印成册，又分别请了两位资深专家进行审核。韩树英、邢贲思、杨春贵、赵凤岐、陶德麟、侯树栋、许志功、陈先达、陈晏清、张绪文、宋惠昌、赵家祥、郭湛、丰子义等老师认真审读了书稿，提出了许多中肯的修改意见。各位资深专家的精心指导和严格把关，是《新大众哲学》保证和提升质量的重要条件。

当然，我们也清楚地知道，《新大众哲学》（七卷本）作为马克思主义哲学中国化、时代化、大众化的一次试验，并没有终结这一工作。时代仍然在不断地发展，中国特色社会主义建设仍然在不断向前推进，让马克思主义哲学"说中国语"，特别是讲"老百姓的话"，解决当代中国人民的思想困惑，为实现中华民族伟大复兴的中国梦夯实哲学基础，还有许多工作要做。我们绝不会满足于已经取得的成果，而是会一如既往地探索下去，以向时代负责、向历史负责、向党和人民负责的严谨态度，为中国特色社会主义建设，为实现中华民族伟大复兴的中国梦，做出哲学工作者应有的贡献。

不懈探索马克思主义哲学中国化时代化大众化[*]

今天，我们在美丽的春城昆明召开"马克思主义哲学中国化、时代化、大众化"研讨会，同时在云南发布《新大众哲学》出版消息。作为《新大众哲学》的主编，我感到非常荣幸和高兴。首先，请允许我代表会议代表对大力支持本次活动的云南省委、省政府，对各位远道而来的专家学者表示衷心的感谢。云南的同志们希望我讲讲学习习近平总书记系列重要讲话精神的体会，正巧前段时间我为《光明日报》写了一篇文章，我就借此机会把其中一些内容再讲一下，然后谈谈我们是如何把习近平总书记的讲话精神贯彻落实到《新大众哲学》编写工作中的。不当之处，还请大家批评指正。

党的十八大以来，习近平总书记在党和国家重要会议，在国内考察、出国访问和国际论坛等多种场合，发表了一系列重要讲话。这一系列重要讲话通篇贯穿了一脉相承、一以贯之的一条红线，就是马克思列宁主义、毛泽东思想和中国特色社会主义理论体系所贯穿的基本立场、基本观点、基本方法，即马克思主义哲学世界观、方法论。换言之，马克思主义哲学世界观、方法论是贯穿于习近平总书记系列重要讲话之中的活的灵魂和精神实质。深入学习贯彻习近平同志系列重要讲话精神，最根本的是学习讲话贯穿的思想精髓即科学的哲学世界观、方法论，学会用马克思主义的立场、观点、方法认识问题、分析问题和解决问题，不断提高马克思主义哲学素养和运用马克思主义哲学处理问题的能力。

实事求是，一切从实际出发，是马克思主义哲学特别是中国化马克思主义哲学成果——毛泽东哲学思想的精髓。习近平总书记系列重要讲话本身就是坚持解放思想、实事求是的思想路线，准确把握客观实际、科学掌握客观规律的创新产物，是对当今中国和世界的实际进行全面把握和实事求

---

    * 本文是作者在云南昆明召开的《新大众哲学》出版发布会上的讲话，发表于《马克思主义哲学论丛》2015年第3辑，总第16辑，《哲学研究》2015年第9期。

是分析的科学成果。

辩证唯物主义是关于自然、社会和思维发展一般规律的普遍概括，是我们共产党人观察、分析、处理一切问题的思想方法。习近平总书记善于运用辩证法分析复杂事物，全面把握事物变化及其关系，通透理解辩证思维方式和辩证分析方法。他反复强调要增强战略思维、辩证思维、系统思维、创新思维和底线思维能力，要善于运用辩证法，正确地观察分析事物，研究解决改革发展中的困难和问题，不断增强决策的科学性、前瞻性、主动性。

对立统一规律即矛盾规律是辩证法的核心和实质，掌握了矛盾分析方法，也就掌握了辩证法。习近平总书记系列重要讲话处处体现了对立统一的辩证思维和矛盾分析方法，体现了"重点论""两点论""全面论"的辩证统一。他要求从纷繁复杂的事物表象中把准改革脉搏，把握全面深化改革的内在规律，加强各领域改革的关联性、系统性、协同性研究，使改革举措具有可行性和可操作性。

历史唯物主义是马克思主义关于社会历史发展问题的哲学总说明，是我们共产党人认识社会问题、解决社会问题、推动社会进步的思想武器。习近平总书记告诫我们，历史和现实都充分表明，只有坚持历史唯物主义，科学分析中国社会运动及其发展规律，才能不断把对中国特色社会主义规律的认识提高到新水平，才能不断推进中国特色社会主义的发展。

习近平总书记正是以唯物史观的远见卓识，科学地把握了人类历史发展的总趋势，既看到历史发展的光明前景，又清醒地看到当前存在的困难和问题。正因为站立在彻底的历史唯物主义的立场上，基于对人类历史发展规律和发展总趋势的准确把握，他十分明确地要求我们，必须坚定共产主义理想和中国特色社会主义共同理想，必须坚定中国特色社会主义道路自信、制度自信和理论自信。

社会基本矛盾原理是历史唯物主义的基本原理，社会基本矛盾分析方法是历史唯物主义的基本方法。习近平总书记从唯物史观社会基本矛盾原理和分析方法出发，把生产力和生产关系的矛盾运动同经济基础和上层建筑的矛盾运动结合起来观察，把社会基本矛盾作为一个整体来观察，运用到指导改革开放的实际工作中去。

群众观点是唯物史观的根本观点，群众路线是我们党的根本政治路线。

从群众中来，到群众中去，是建立在唯物史观基础上的党的根本工作路线，也是党的根本认识路线。习近平总书记认为，坚持群众观点和群众路线是历史唯物主义的重要内容，是无产阶级政党的本质要求。必须坚持一切依靠人民，一切为了人民，从群众中来，到群众中去的马克思主义群众观和马克思主义认识论。他大力倡导转变作风、密切联系群众，深入实践，调查研究，求真务实，领导全党深入开展群众路线教育实践活动，推动全党在全面转变作风方面取得良好效果。

习近平总书记的系列重要讲话，是马克思主义中国化、时代化、大众化的最新理论成果，深刻体现其哲学思想的重要讲话，则是马克思主义哲学中国化、时代化、大众化的最新理论成果。这些讲话涵盖了马克思主义哲学世界观、认识论、方法论的方方面面，处处闪耀着唯物主义和辩证法的光辉，不仅对马克思主义哲学基本原理做出了准确、生动而又带有时代特征、民族特色的梳理和解释，运用马克思主义哲学的基本立场、观点和方法对中国现实做出了深刻而令人信服的分析，对随着中国特色社会主义伟大实践而不断发展的马克思主义哲学做出了新的概括和总结，对马克思主义哲学应充分吸收世界文明的优秀成果特别是中国传统文化和哲学的优秀成果表达了明确而自信的态度，而且，还提出了一些新的理论观点，从而发展了马克思主义哲学。

正是在习近平总书记系列重要讲话精神的鼓舞和指引下，我们课题组不断加强对马克思主义哲学中国化、时代化、大众化的学习和研究，不断加深对马克思主义哲学中国化、时代化、大众化的理解和认识。《新大众哲学》，反映了我们目前取得的部分的、阶段性的成果。

就编写目的来说，《新大众哲学》力图准确判断和反映时代的新变化，进行新的哲学分析；力图科学思考和回答科技创新和生产力发展的新问题，赋予新的哲学的概括；力图深刻总结中国特色社会主义伟大实践中涌现出来的新经验，做出新的哲学的概括；力图回应当代国内外流行的各种哲学社会思潮，给予新的哲学的评判。

就篇章结构来说，《新大众哲学》包括总论、唯物论、辩证法、认识论、历史观、价值论和人生观等 7 个板块，每个板块单独成册。相比于传统的马克思主义哲学文本结构，《新大众哲学》增加了两个板块——价值论与人生观。设置这两个板块的目的，一方面是便于对相关问题进行系统论述，另一方面也是完善马克思主义哲学表述体系。

就主要内容来说，《新大众哲学》立足时代变迁，立足中国特色社会主义实践，以问题为中心，密切关注时代变化和形势发展，注重吸收人类思想新成果，进行哲学提升、理念创新，在回答重大理论与现实问题的进程中，提出了一系列新观点、新论断，强有力地回应各种质疑之声。

总论篇通过回答"哲学是什么""马克思主义哲学是什么""如何实现马克思主义哲学中国化"等带有总体性、全局性的问题，阐明"学好哲学，终生受用"的道理。

唯物论篇通过讲解唯物论总论、物质论、意识论、自然观、信息论等内容，捍卫唯物主义，反对唯心主义。

辩证法篇以"照辩证法办事"为题，阐述了"用辩证法看问题""学会矛盾分析法""要把握适度原则""新事物终究战胜旧事物""用系统的观点看世界""把握事物联系与发展的基本环节"等道理。

认识论篇以"认识世界的目的在于改造世界"为题，讲解了"从实践到认识，又从认识到实践""由个别到一般，再由一般到个别""从群众中来，到群众中去""物质变精神，精神变物质""实事求是思想路线"等内容。

历史观篇对历史观总论、历史决定论、历史选择论、利益论、群众观进行了介绍，说明了唯物史观是"人类思想史上的新历史观"。

价值论篇鼓励人们洞悉价值世界的奥秘，合理地进行价值评价，用双手创造美好的世界，用正确的价值观规范言行，旨在建设"人的精神家园"。

人生观篇回答了"什么是人生观""什么是马克思主义人生观""怎样正确解决人生问题""什么是马克思主义幸福观"等问题，目的是让每个人都"荡起幸福人生的双桨"。

就写作风格来说，《新大众哲学》追求的是简洁明快、通俗易懂、生动活泼的写作风格。《新大众哲学》既不是教科书，刻意追求体系的严密；也不是哲学专著，执着追求逻辑论证与理性推理。《新大众哲学》避免纯粹的抽象思辨和教科书式的照本宣科，以大众语言来阐述，并使用了很多的鲜活事例，力求让马克思主义哲学"讲中国老百姓的话"。

就读者对象来说，《新大众哲学》设定的读者对象是最广大的人民群众。本书的编写目的、篇章结构、主要内容、写作风格都是以读者为中心设计的。马克思主义哲学，不仅是认识世界的学问，而且是改造世界的学问，所以从本质上来讲是属于人民群众的哲学。人民群众是历史的创造者。马克思主义哲学需要人民群众，以找到自己的物质武器。理论一经掌握人民群众，就会变成物质力量。而人民群众需要马克思主义哲学，以找到自己的精神武器。我们这本书承担着向广大的人民群众宣传和讲解马克思主义哲学的任务，以人民群众的"喜闻乐见"为最高目标。

马克思主义哲学中国化、时代化、大众化是"三位一体"的，是同一个过程的密切联系的三个方面。在这三个方面中，我们选取了"大众化"作为出发点和立足点。为什么取名《新大众哲学》呢？这是因为艾思奇同志已经写过一本《大众哲学》。通过《新大众哲学》这个书名，我们希望表达对艾思奇同志的敬意，也表达我们沿着他开创的道路继续前进的决心。

艾思奇同志是从云南这块热土走出来的人民哲学家。他是马克思主义哲学中国化、时代化、大众化的开拓者之一，也是取得成就最高的学者之一。他不仅是云南人民的骄傲，也是全中国哲学工作者的骄傲。他创作的《大众哲学》，已经成为马克思主义哲学大众化的经典著作，是一个标杆，也是一座高峰。

日月如梭，《大众哲学》问世迄今已逾 80 年。80 年在人类历史上只是短暂的一瞬，但生活在这个时代的人们却经历着沧桑巨变。人们能够真切地感受到：科学技术发展一日千里，全球化、信息化浪潮汹涌澎湃，工人阶级和社会主义运动势不可当，当代资本主义内在矛盾不断激化、演变，中国特色社会主义实践日新月异，人们的生活"每天都是新的"。历史时代和社会实践的显著变化，呼唤新的哲学思考。以当年"大众哲学"的方式对现实做出世界观、方法论的解答，写出适应时代的"新大众哲学"，既是艾思奇同志生前未竟的夙愿，又是实践的新需要、人们的新期待、党和国家的新要求。我们朝着这个目标做出了努力，至于效果如何，还需要接受实践的检验和人民群众的评判。

目前，我国正处于全面深化改革的关键时期，局面复杂，任务艰巨，然而，越是这样，我们就越要加紧练就马克思主义哲学这个看家本领。"不畏浮云遮望眼，只缘身在最高层"，马克思主义哲学大有可为，马克思主义哲学工作者大有可为。我们衷心希望，有更多的哲学工作者投入马克思主义哲学中国化、时代化、大众化的伟大事业中来，为广大人民群众奉献出更多、更优秀的作品！

学会运用马克思主义哲学指导中国特色社会主义伟大实践*

——学习习近平总书记关于学习马克思主义哲学重要讲话精神的体会

习近平总书记高度重视全党的马克思主义哲学武装问题，他号召全党"努力把马克思主义哲学作为自己的看家本领"①，组织全党开展马克思主义哲学学习运动，学会用马克思主义哲学指导实践。他躬亲带领十八届中央政治局两次集体学习马克思主义哲学，第一次是 2013 年 12 月 3 日第十一次集体学习，学习历史唯物主义基本原理和方法论；第二次是 2015 年 1 月 23 日第二十次集体学习，学习辩证唯物主义基本原理和方法论。关于学习和掌握马克思主义哲学，他发表了一系列重要讲话，强调学习掌握马克思主义哲学，对于全党夺取中国特色社会主义伟大胜利的至关重要性。

一、马克思主义哲学是放之四海而皆准的真理

我们常讲，要学会用马克思主义立场、观点、方法，认识问题、分析问题、解决问题。马克思主义立场、观点、方法贯穿于马克思列宁主义、毛泽东思想和中国特色社会主义理论体系之中，是马克思主义科学思想体系的精髓。马克思主义立场、观点、方法，就是马克思主义的哲学世界观和方法论，就是我们通常讲的辩证唯物主义（包括历史唯物主义）世界观和方法论，这是管总的，是共产党人观察和解决一切问题的政治上的望远

---

* 本文发表于《马克思主义哲学论丛》2015 年第 4 辑，总第 17 辑。

① 引自习近平总书记在中共中央政治局 2013 年 12 月 3 日下午就历史唯物主义基本原理和方法论进行第十一次集体学习时的讲话。

镜和显微镜，是我们党解决关系党和国家全局的一系列重大理论和现实问题的哲学依据，是全党认识统一、行动一致的最根本的思想基础。

作为工人阶级政党，我们共产党只相信真理，服从真理，为真理奋斗与献身。什么是真理？真理是人们对于客观事物本质及其固有规律的正确的、科学的反映与认识。马克思主义哲学就是真理。马克思主义哲学揭示了自然、社会和人类思维的最一般规律，是放之四海而皆准的。马克思主义是当今人类理论思维的最高峰。马克思主义是由哲学、政治经济学和科学社会主义等部分组成的严整的、科学的理论体系，马克思主义哲学是马克思主义整个科学理论体系的灵魂、基础和根据。毛泽东同志曾经指出："马克思主义有几门学问：马克思主义的哲学，马克思主义的经济学，马克思主义的社会主义——阶级斗争学说，但基础的东西是马克思主义哲学。这个东西没有学通，我们就没有共同的语言，没有共同的方法，扯了许多皮，还扯不清楚。有了辩证唯物论的思想，就省得许多事，也少犯许多错误。"①马克思主义最根本的东西是什么？就是马克思主义哲学。辩证唯物主义揭示了自然、人类社会和人类思维的三大规律。历史唯物主义把辩证唯物主义贯通到社会历史领域，是关于社会历史领域总的历史观和方法论。辩证唯物主义与历史唯物主义是不可分割的一块整钢，构成系统完整的马克思主义哲学体系。马克思主义的哲学世界观和方法论是一致的，用什么样的观点看世界，就是世界观；把世界观运用到认识和改造世界中，就是方法论。习近平总书记强调："辩证唯物主义是中国共产党人的世界观和方法论。"②这是对马克思主义哲学真理性的科学评价，也是对待马克思主义的根本态度。

习近平总书记系列重要讲话就是活生生的马克思主义哲学教材，为我们树立了运用马克思主义哲学的立场观点方法分析、认识、解决问题的典范。习近平总书记系列重要讲话通篇贯穿了一脉相承、一以贯之的一条红线，这也是马克思列宁主义、毛泽东思想和中国特色社会主义理论体系所贯穿的基本立场、观点和方法，这就是贯穿于习近平总书记系列重要讲话之中的活的灵魂和精神实质，即马克思主义哲学世界观和方法论。习近平

①《毛泽东文集》第 6 卷，人民出版社 1999 年版，第 396 页。
② 引自习近平总书记在中共中央政治局 2015 年 1 月 23 日下午就辩证唯物主义基本原理和方法论进行第二十次集体学习时的讲话。

总书记指出，毛泽东同志在革命战争年代写下的《反对本本主义》《实践论》《矛盾论》等著作，在社会主义建设时期写下的《论十大关系》《关于正确处理人民内部矛盾的问题》等著作，灵活运用了辩证唯物主义世界观和方法论，形成了具有鲜明中国特色的马克思主义哲学思想，为我们党掌握和运用辩证唯物主义树立了光辉典范。掌握和运用马克思主义立场观点方法来研究和解决中国的实际问题，是以毛泽东同志为代表的中国共产党人留给我们的传家宝。

不断发展的新的实践迫切需要马克思主义哲学指导。习近平总书记指出，今天，我们党要团结带领人民协调推进全面建成小康社会、全面深化改革、全面依法治国、全面从严治党，实现"两个一百年"奋斗目标，实现中华民族伟大复兴的中国梦，必须不断接受马克思主义哲学智慧的滋养，更加自觉地坚持和运用辩证唯物主义世界观和方法论。

习近平总书记鲜明地指出，能否做好意识形态工作，事关党的前途命运，事关国家长治久安，事关民族凝聚力和向心力。当前意识形态斗争错综复杂，各种错误思潮，诸如历史虚无主义、民主社会主义、新自由主义、普世价值观以及资产阶级民主、自由、人权、宪政观等否定马克思列宁主义、毛泽东思想，否定党的领导、党的历史，否定社会主义、人民民主专政、社会主义改革开放等邪说谬误一定程度上扰乱了我们的思想阵线，这些错误思潮让人特别是年轻人感到困惑，给人以莫衷一是、不知所措的感觉。靠什么来批判错误思潮，靠什么来解疑释惑，靠什么来统一思想、提高认识，靠什么来指导实践，战胜各种艰难险阻，克服各种困难，不断把人民的事业推向前进，就要靠马克思主义的立场观点方法，就要靠马克思主义哲学世界观和方法论。

学习习近平总书记系列重要讲话精神，掌握其中贯穿的哲学精要，心里就有了一以贯之的"主心骨"，就可以任凭风浪起，我自岿然不动。有了马克思主义的立场、观点和方法这个"主心骨"，掌握了哲学武器，筑牢了思想根基，把住了理论底线，无论遇到什么样的风险，我们都可以应对自如、从容处置，都能够找到解决难题的方针、思路和办法。深入学习贯彻习近平总书记系列重要讲话精神，最根本的是学习讲话贯穿的思想精髓即科学的世界观方法论，学会用马克思主义的立场观点方法研究和解决我们面临的实际问题，不断提高马克思主义哲学素养和运用马克思主义哲学处理问题的能力。

二、坚持实事求是哲学精髓，一切从中国实际出发

实事求是，一切从实际出发，是马克思主义哲学的精髓，是我们党始终坚持的根本思想方法，掌握马克思主义哲学，最根本的一点就是牢记实事求是精髓，在一切工作中自始至终坚持实事求是思想路线。

习近平总书记深刻阐述了坚持实事求是的重大意义和基本要求。他认为，应对当前我国发展面临的一系列矛盾和挑战，关键在于一切从实际出发，尊重和把握客观规律，按客观规律办事。摸着石头过河就是摸规律，从实践中获得真知。实事求是关键在于认识和掌握客观事物固有的规律。在革命、建设、改革各个历史时期，我们党系统、具体、历史地分析中国社会运动及其发展规律，在认识世界和改造世界过程中不断把握规律、积极运用规律，推动党和人民事业取得了一个又一个胜利。他身体力行，"求客观实际之真，务执政为民之实"①，客观分析我国国情实际、党情实际和世界发展变化的世情实际，从客观事物本身具有的规律出发，观察问题、认识问题，导引出解决当前中国一切复杂难题的良方益药。

实事求是思想路线是马克思主义哲学实践第一观点的中国化表述和创新。习近平总书记要求我们，坚持实事求是思想路线，就要学习并掌握认识和实践辩证关系的原理，坚持实践第一的观点，不断推进实践基础上的理论创新。他指出，我们党一贯重视理论工作，强调理论必须同实践相统一。理论一旦脱离了实践，就会成为僵化的教条，失去活力和生命力。当然，实践如果没有正确理论的指导，也容易"盲人骑瞎马，夜半临深池"。实践没有止境，理论创新也没有止境。要使党和人民事业不停顿，必须在实践中推进理论创新，实践不停顿，理论也不能停顿。要根据时代变化和实践发展，不断深化认识，不断总结经验，不断进行理论创新，坚持理论指导和实践探索辩证统一，实现理论创新和实践创新良性互动，在这种统一和互动中发展 21 世纪中国的马克思主义。

习近平总书记强调，坚持实事求是，一定要从中国实际出发，把一切

---

① 习近平：《之江新语》，浙江人民出版社 2007 年版，第 29 页。

从实际出发作为我们党制定政治路线、方针、政策的根本出发点。他认为，世界物质统一性原理是辩证唯物主义最基本、最核心的观点，是马克思主义哲学的基石。坚持物质第一性的观点，最重要的就是坚持一切从客观实际出发，而不是从主观愿望出发。

当代中国最大的客观实际是什么？习近平总书记认为，就是我国仍处于并将长期处于社会主义初级阶段。这是认识当下、规划未来、制定政策、推进事业的客观基点，不能脱离这个基点，否则就会犯错误，甚至犯颠覆性的错误。一切从长期处于社会主义初级阶段这个最大国情实际出发，这是我们党的中国特色社会主义基本理论、基本路线的基本点。在实际工作中，主观主义作怪，出现这样或那样的问题，劳民伤财、得不偿失，从思想根源来看，就是没有做到一切从实际出发，背离了实事求是的思想路线。当然，客观实际不是一成不变的，而是不断发展变化的。坚持一切从实际出发，既要看到社会主义初级阶段基本国情没有变，也要看到我国经济社会发展每个阶段都会呈现出来的新特点。经过30多年改革开放，我国社会生产力、综合国力、人民生活水平实现了历史性跨越，我国基本国情的内涵不断发生变化，我们面临的国际国内风险、面临的难题也发生了重大变化。过去长期困扰我们的一些矛盾不存在了，但新的矛盾不断产生，其中很多是我们没有遇到、没有处理过的。坚持实事求是，一切从实际出发，就要善于适应国际国内环境新变化，辩证分析我国经济发展阶段性特征，准确把握我国不同发展阶段的新变化新特点，特别要准确把握、主动适应经济发展新常态，使主观世界更好符合客观实际，按照客观实际来决定我们的工作方针。

怎样才能做到实事求是、从实际出发呢？这就必须深入实际，调查研究。习近平总书记认为，一切结论皆产生于调查研究之后，一切正确的主张皆来自调查研究，一切创新的思路皆得益于调查研究。调查研究是贯彻实事求是思想路线的最佳途径。他高度重视调查研究，指出，调查研究是谋事之基，成事之道。没有调查就没有发言权，更没有决策权。重视调查研究是我们党的重要传家宝，提高调查研究能力是做好领导干部工作的基本功，是提高领导干部素质的重要方面，调查研究有利于领导干部正确认识世界、改造世界，改造世界观，转变工作作风，增进同人民群众的感情。调查研究必须深入实际、深入实践、深入基层、深入群众，不仅要"身入"

基层，而且要"心到"基层，不仅要"身入"群众，而且要"心入"群众，真正了解基层普通干部群众的所想、所急、所求，只有通过调查研究，发现事物的基本面貌，才能找到事物的本质和规律，才能找到解决问题的办法和途径。他是这样说的，也是这样做的。无论在地方工作期间，还是到中央工作，担任总书记以来，他推动全党开展党的群众路线教育实践活动，大兴调查研究之风，坚持调查研究开路，深入基层和部门调查研究。在他的带领下，全党上下深入基层、深入群众，围绕改革发展中的矛盾问题，问计于民，指导实践，凝聚力量，做出了一系列正确判断和科学结论，提出了一系列正确主张和重大举措。

实际上，习近平总书记系列重要讲话本身就是坚持解放思想、实事求是的思想路线，准确把握客观实际、科学掌握客观规律的创新产物，就是对当今中国实际和世界实际全面把握和实事求是分析的科学成果。学习习近平总书记系列重要讲话精神，最根本的一点，就是坚持实事求是思想路线。

三、照辩证法办事，大力提倡辩证思维、战略思维、系统思维、创新思维和底线思维

毛泽东同志要求我们的领导干部"要照辩证法办事"[①]。习近平总书记主张，辩证唯物主义是我们共产党人观察、分析、处理一切问题的思想方法。学习辩证唯物主义，最重要的是要用辩证法看问题，照辩证法办事，提高辩证思维能力。照辩证法办事，就要客观地而不是主观地、发展地而不是静止地、系统地而不是零散地、普遍联系地而不是孤立地、全面地而不是片面地、一分为二地而不是绝对地分析问题和解决问题，在矛盾双方对立统一的过程中把握事物的发展规律，这是学习和掌握辩证思想方法的基本要求。任何主观主义、形式主义、机械主义、教条主义、经验主义的观点都是形而上学的思想方法，在实际工作中不可能有好的结果。

科学判断形势是做出正确决策的前提。习近平总书记指出，要科学判断形势，就"要始终坚持全面的辩证的历史的观点，善于抓住事物的本质，

---

① 《毛泽东文集》第7卷，人民出版社1999年版，第200页。

在认清形势中统一思想,做到审时度势、因势利导、顺势而为、乘势而上"①。他在谈到"统筹兼顾"问题时指出,这是中国共产党的科学方法论,其哲学内涵就是马克思主义辩证法,强调以辩证法来思考和解决问题。在谈到学习实践科学发展观时,他提出"要特别注意掌握蕴含其中的辩证法","科学发展观是充分贯彻和体现马克思主义唯物辩证法的发展观。它所强调的发展,是正确处理局部与全局、数量与质量、速度与效益关系的又好又快发展,是正确处理人与人、人与社会、人与自然关系的协调发展,是正确处理城市与农村、发达地区与欠发达地区、国内发展与对外开放关系的统筹发展,是正确处理经济、政治、文化、社会以及生态等各方面关系的全面发展,是正确处理当前与长远、现在与未来关系的可持续发展"②。习近平总书记灵活地运用辩证法思考和处理改革开放问题,要求从纷繁复杂的事物表象中把准改革脉搏,把握全面深化改革的内在规律。

对立统一规律即矛盾规律是辩证法的核心和实质,掌握了矛盾分析方法,也就掌握了辩证法。习近平总书记系列重要讲话通篇贯穿了对立统一的辩证法和矛盾分析方法。他娴熟地运用辩证法的"矛盾论""两点论""重点论"和"全面论"来观察和处理问题。他认为,矛盾是普遍存在的,矛盾是事物联系的实质内容和事物发展的根本动力,人的认识活动和实践活动从根本上说就是不断认识矛盾、不断解决矛盾的过程。要采取对待矛盾的正确态度,积极面对矛盾、解决矛盾,运用矛盾相辅相成的特性,在解决矛盾的过程中推动事物发展。他要求,要承认矛盾、分析矛盾、解决矛盾,善于抓住主要矛盾、抓住关键、抓住问题所在,找准重点。他认为坚持问题导向就是承认矛盾的普遍性、客观性,要有强烈的问题意识,以重大问题为导向,善于把认识和化解矛盾作为打开工作局面的突破口。他主张既要坚持两点论、全面论,又要坚持重点论,一分为二地看问题,全面把握深化改革的一系列重大关系,处理好解放思想和实事求是的关系、整体推进和重点突破的关系、顶层设计和摸着石头过河的关系、胆子要大和步子要稳的关系,以及改革、发展、稳定的关系。他指出,既要以经济建

---

① 习近平:《在新的历史起点上推动浙江实现又快又好发展——在省十届人大四次会议闭幕时的讲话》,《浙江日报》2006 年 1 月 22 日。

② 习近平:《深入学习中国特色社会主义理论体系 努力掌握马克思主义立场观点方法》,《求是》2010 年第 7 期。

设为中心，又要重视党的意识形态工作；既要看到物质决定意识，坚持从中国社会主义初级阶段实际出发，以经济建设为中心，又要看到意识的反作用，始终把思想建设放在党的建设第一位，毫不放松理想信念教育、思想道德教育和意识形态工作，大力培育和弘扬社会主义核心价值观；既要坚定不移地抓好党的建设、反腐倡廉建设，又要坚定不移地、大胆地推进改革开放；反腐倡廉既要治标又要治本；既要在新的历史起点上全面深化改革，又必须牢牢坚持正确方向，坚持和完善我国基本经济制度；既要重视市场资源配置的决定性作用，又要更好发挥政府作用；改革开放既要循序渐进又要竞相突破，既要胸怀全局又要抓好局部；深化改革既要胆子大，又要步子稳，战略上既要勇于进取，战术上又要稳扎稳打；社会治理既不要管得太死，一潭死水不行，又不要管得太松，波涛汹涌也不行；既要统筹兼顾又要突出重点，既要立足当前又要放眼长远，既要把握国情又要了解世界；既要看到国际形势中有利的一面，也要看到不利的一面……这些思想为我们提供了成功运用辩证法的范例。

习近平总书记指出，学习和运用唯物辩证法，就要运用辩证思维方式认识问题、分析问题和解决问题，反对形而上学的思想方法，准确把握客观实际，真正掌握客观规律。习近平总书记系列重要讲话处处体现着高超的辩证思维水平。他精通辩证法，善于运用辩证思维方式分析复杂事物，全面把握事物变化及其关系，通透理解辩证思维方式和辩证分析方法。他反复强调要增强辩证思维、战略思维、系统思维、创新思维和底线思维能力，正确地观察分析事物，研究解决改革发展中的困难和问题，不断增强决策的科学性、前瞻性、主动性。辩证思维，就是承认矛盾、分析矛盾、解决矛盾，善于抓住关键和重点，全面洞察事物发展规律。战略思维、系统思维、创新思维和底线思维实质上都是辩证思维。所谓战略思维，就是高瞻远瞩、统揽全局，善于从全面、根本、长远的角度看问题，善于把握事物发展总体趋势和方向。他强调，要树立全局意识、大局观念，要善于从全局看问题，放眼世界，放眼未来，放眼一切方面，也不能忘记当前；要善于观大势，谋大事，把握工作主动权；要加强战略思维，增强战略定力，做到"任凭风浪起，稳坐钓鱼船"，在重大原则问题上旗帜鲜明、态度明确，在复杂多变的国际局势中平心静气、静观其变，在制定策略时冷静观察、谨慎从事，谋定而后动。要视野开阔，胸襟博大，紧跟时代前进步伐，站在战略和全局的高度观察和处理问题，从政治上认识和判断形势，透过纷繁复杂的表面现象把握事物的本质和发展的内在规律。所谓系统思维，就是用整体的、联系的、全面的观点看问题。世界上一切事物都是系统的存在，要用系统的观点看问题。他指出，全面深化改革是一项复杂的系统工程，应有总体设计和总体规划，包括总体方案、路线图、时间表以及战略目标、工作重点、优先顺序等。要加强顶层设计，增强改革措施的系统性、协调性，对经济体制、政治体制、文化体制、社会体制、生态文明体制改革进行整体谋划，加强各领域改革的关联性、系统性、协同性研究，使改革举措具有可行性和可操作性，使各项改革举措在政策取向上相互配合、在实施过程中相互促进、在实际成效上相得益彰。所谓创新思维，就是破除迷信，超越过时的陈规，善于因时制宜、知难而进、开拓进取，不断推进思想进步、实践进步、发展进步，创新思维是辩证发展观的具体体现。习近平总书记把创新理念运用于创新发展，提出了创新发展战略。他要求，要深入实施创新驱动发展战略，加快形成以创新为主要引领和支撑的经济体系和发展模式。所谓底线思维，就是考虑问题、办事情要留有充分余地，从最坏处着眼，从最好处着手，善于做转化争取工作，掌握主动权。他指出，做决策、办事情，要善于运用底线思维的方法，凡事从坏处准备，努力争取最好的结果，做到有备无患，遇事不慌，牢牢把握主动权。

学好辩证唯物主义，用科学世界观方法论指导全面深化改革发展新实践*

中共中央政治局 2013 年 12 月 3 日集体学习的内容是辩证唯物主义基本原理和方法论，2015 年 1 月 23 日集体学习的内容是历史唯物主义基本原理和方法论。中央政治局两次学习马克思主义哲学，时间仅相隔一年零一个月，体现了党中央对马克思主义哲学的高度重视。习近平总书记在主持学习时强调："必须不断接受马克思主义哲学智慧的滋养，更加自觉地坚持和运用辩证唯物主义世界观和方法论，增强辩证思维、战略思维能力，努力提高解决我国改革发展基本问题的本领。"①习近平总书记的讲话为我们学习好、运用好辩证唯物主义，增强工作的科学性和主动性，提出了明确要求，提供了思想指南，指明了实践方向。认真学习、深刻领会习近平总书记讲话精神，全面深入学习辩证唯物主义，用科学世界观方法论指导改革发展新实践，为推进"四个全面"，实现中华民族伟大复兴的中国梦提供源源不竭的精神动力和理论支撑，是我国哲学社会科学工作者不可推卸的神圣职责。

一、从辩证唯物主义中学什么

辩证唯物主义是关于自然、社会和思维发展的普遍规律的世界观和方法论，历史唯物主义是辩证唯物主义在社会历史领域的贯通和体现。辩证唯物主义和历史唯物主义，不仅实现了唯物主义与辩证法的统一，而且实

* 本文发表于《党委中心组学习》2015 年第 2 期。

① 《习近平：坚持运用辩证唯物主义世界观方法论 提高解决我国改革发展基本问题本领》，《人民日报》2015 年 1 月 25 日。

现了唯物主义的自然观和历史观的统一，二者是"由一整块钢铸成的"①，共同构成了完整的马克思主义哲学。作为理论化、系统化的世界观和方法论，辩证唯物主义是由一系列基本原理、基本范畴、理论观点构成的思想体系。从目前干部学习状况和需要来看，从整体看来，学习辩证唯物主义需要把握的重点内容有三大块：一是辩证唯物主义的基本原理；二是唯物辩证法的基本范畴；三是辩证唯物主义的实践论、认识论和价值论。

第一，辩证唯物主义的基本原理主要包括世界的物质统一性原理、事物的矛盾运动原理和认识的能动反映原理。

世界的物质统一性原理，回答了世界的本源问题，"世界的真正的统一性在于它的物质性"②。它的主要内容有：其一，"物质是标志客观实在的哲学范畴"③，这从物质的根本属性上指明了物质是独立于意识的客观实在性；其二，"运动是物质的存在方式"④，这从物质运动多样性上揭示了世界的物质统一性；其三，"观念的东西不外是移入人的头脑并在人的头脑中改造过的物质的东西"⑤，这从意识的派生性上揭示了世界的物质统一性；其四，"我们的主观的思维和客观的世界服从于同样的规律"⑥，这从规律层次上揭示了世界的物质统一性。

事物的矛盾运动原理，回答了世界的存在方式问题，要求以矛盾的观点看待世界的运动和发展。主要包括对立统一规律、质量互变规律、否定之否定规律，揭示和论证了事物矛盾运动的根据、事物矛盾运动的过程、事物矛盾运动的趋势，把自然、社会和思维的存在和发展归结为事物的矛盾运动，并以矛盾分析方法去研究和解决全部问题。这一基本原理既体现了辩证唯物主义的唯物论和辩证法的统一，也体现了辩证唯物主义的世界观和方法论的统一。

认识的能动反映原理，回答了人与世界关系问题，是关于人如何认识世界获得真理以指导实践的基本观点。马克思说："从前的一切唯物主义（包括费尔巴哈的唯物主义）的主要缺点是：对对象、现实、感性，只是从客

---

①《列宁全集》第 18 卷，人民出版社 2017 年版，第 341 页。

②《马克思恩格斯文集》第 9 卷，人民出版社 2009 年版，第 47 页。

③《列宁全集》第 18 卷，人民出版社 2017 年版，第 130 页。

④《马克思恩格斯全集》第 20 卷，人民出版社 1971 年版，第 65 页。

⑤《马克思恩格斯文集》第 5 卷，人民出版社 2009 年版，第 22 页。

⑥《马克思恩格斯全集》第 20 卷，人民出版社 1971 年版，第 610 页。

体的或者直观的形式去理解，而不是把它们当做感性的人的活动，当做实践去理解，不是从主体方面去理解。"①与旧唯物主义的直观反映论不同，马克思提出："全部社会生活在本质上是实践的"②，必须"在人的实践中以及对这个实践的理解中"③去解决"人的思维是否具有客观的真理性"④问题。人对世界的认识既不是消极的直观反映，也不是抽象地发挥思维的能动性，而是以实践为基础的能动反映。

第二，唯物辩证法的基本范畴主要包括现象与本质、形式与内容、原因与结果、偶然与必然、可能与现实、内因与外因、共性与个性等七对范畴。

现象与本质是揭示事物外在表现和内在联系的一对基本范畴。世界上的一切事物都是现象和本质的统一，只有运用理论思维分析事物的矛盾，才能"透过现象发现本质"。然而该问题的复杂性在于，事物的本质是一种多等级的构成物，人对任何事物的认识都不可能一劳永逸。在实际工作中，人们经常用现象代替本质，用"初级的本质"代替"深层的本质"。运用唯物辩证法分析问题，就不仅要"透过现象发现本质"，而且要不断深化对事物本质的认识。

形式与内容是从表现方式和构成要素两个方面反映事物矛盾关系的一对基本范畴。内容决定形式，形式依赖于内容。但在实际工作中，往往容易流于形式，轻视内容。一些党员干部，工作不扎实，拉架子、摆样子、图面子，追求空洞的"政绩"，不办实事。这就是形式与内容脱节、本末倒置的形式主义。切实克服形式主义，才能在思想上求真务实，在行动上真抓实干。

原因与结果是揭示事物引起和被引起关系的一对基本范畴。引起某种现象的现象就是原因，被某种现象所引起的现象就是结果。在现实生活和实际工作中，任何人、事、物都处在一个复杂的因果链条上，这就必须反对简单的线性因果决定论，坚持一切从实际出发，全面深入地把握事物之间的因果关系。

---

① 《马克思恩格斯文集》第 1 卷，人民出版社 2009 年版，第 499 页。

② 同上书，第 501 页。

③ 《马克思恩格斯选集》第 1 卷，人民出版社 2012 年版，第 136 页。

④ 《列宁专题文集：论辩证唯物主义和历史唯物主义》，人民出版社 2009 年版，第 25 页。

偶然与必然是揭示事物发生、发展和灭亡过程中的不同趋势的一对基本范畴。必然是由事物自身的本质或根据决定的、在变化中所具有的确定性联系，偶然则是事物发展过程中所表现的非确定性联系。从偶然与必然的辩证关系观察现实、分析问题，我们就既能认真地、稳妥地对待和处理各种"突发事件"，又能从偶然中把握必然，积极、从容地应对问题、解决问题。

可能与现实是揭示事物运动过程所经历的两种不同状态之间关系的一对基本范畴。可能性是指事物发展过程中的潜在阶段或状态，现实性则是指已经产生出来的事物或现象的当下的存在。一方面，不能把可能性和现实性等同起来，不能把仅仅是可能的东西当作现实存在的东西，在实际工作中避免盲目乐观情绪。另一方面，只要具备了条件，可能性就能转化为现实性，因此要努力创造条件，抓住机遇，使可能转化为现实。

内因与外因是揭示事物发展的内在根据和外部条件的一对基本范畴。内因是变化的根据，外因是变化的条件，外因通过内因而起作用。在实际工作中，有的党员干部总是从外部条件找借口，怨天尤人，开脱责任。"打铁还需自身硬"，只有抓住内因，才能发展、壮大自己，真正立于不败之地。

共性与个性是揭示事物矛盾的普遍性和特殊性的一对基本范畴。共性寓于个性之中，个性包含着共性，无个性即无共性。掌握矛盾的共性、个性原理，才能从哲学上深刻认识中国特色社会主义。一方面，一定要坚持马克思主义的普遍真理，坚持社会主义方向，这是共性。另一方面，一定要立足中国国情，从中国实际出发，总结中国经验、探索中国模式、建设中国道路，这又是个性。

第三，辩证唯物主义是以实践论为基础的认识论和价值论的统一，这要求我们系统掌握辩证唯物主义的实践论、认识论和价值论。

辩证唯物主义的实践论，是从人的实践活动出发看待人与世界的全部关系的哲学理论。实践是人的生存基础，人们必须进行物质生产活动，生产出满足自己需要的物质产品，才能维持自身生存，并实现自身发展；实践是人的认识基础，人的精神活动在实践中生成、实现和确证，人的精神生活随着实践的发展而发展；实践是人的全部社会关系的基础，人在实践活动中"创造、生产人的社会联系、社会本质"[1]，使自己成为"社会的

---

[1]《马克思恩格斯全集》第 42 卷，人民出版社 1979 年版，第 24 页。

存在物"。实践论在哲学世界观上科学回答人与世界的关系问题，为辩证唯物主义的认识论和价值论奠定实践论基础。辩证唯物主义的认识论，是以实践论为基础的能动反映论。它肯定实践是认识的来源和认识发展的动力，实践是认识的目的和检验认识的真理性标准，并且深刻地揭示了能动反映是认识的本质。在人的能动反映的过程中，人脑这个"加工厂"的主要任务，是运用理论思维把感性认识升华为理性认识，然后把理性认识作用于实践。学习和把握辩证唯物主义认识论，要牢固确立"实践是检验真理的唯一标准"的基本观点。

辩证唯物主义的价值论，是以人的实践活动为基础的关于主体与客体之间价值关系的哲学理论。价值论的核心问题是价值观问题。在现实的社会生活中，价值观的矛盾是错综复杂的，其中的主要矛盾是社会的价值理想、价值规范和价值导向与个人的价值期待、价值认同和价值取向的矛盾。通俗地说，就是"我们到底要什么"与"我到底要什么"的矛盾。社会主义核心价值观集中体现当代中国人民的根本利益，是当代中国价值认同上的最大公约数，这是它成为广大党员干部和人民群众自觉追求的深层根据，也是应对西方价值观冲击的有力武器。

辩证唯物主义认为，实践论基础上的认识论和价值论的统一，深刻体现了人的实践活动是一种对象性、目的性活动。真理和价值是人类活动的两个基本尺度。人的活动是否符合事物的运动规律，这是真理尺度；人的活动是否满足自己的需要和目的，这是价值尺度。实践作为人的有目的的物质活动，既要求人们按照事物的本来面目和运动规律改造世界，又要求人们按照自身的需要和目的改造世界，真理和价值统一于人的实践活动中。坚持实践论基础上的真理观和价值观的统一，突出地表现为坚持真理和向人民负责的统一。中国共产党是以全心全意为人民服务为根本宗旨的政党，其理论和实践都要求真理与价值的高度统一。真理的力量加上道义的力量，才能行之久远。

二、怎么运用辩证唯物主义指导实践

思想是行动的先导，认识是前进的指南。习近平总书记明确指出，"辩证唯物主义是中国共产党人的世界观和方法论"①，我们要学习好、运用好这一重要思想武器，以辩证思维观大势，以战略思维谋大局，以创新思维干大事，使辩证唯物主义真正成为指导具体实践的"看家本领"。

第一，坚持运用辩证唯物主义世界观方法论，深刻理解把握习近平总书记系列重要讲话精神，这是我们做好一切工作的前提和基础。

习近平总书记系列重要讲话贯穿了一条一脉相承、一以贯之的红线，这就是马克思主义立场观点方法。马克思主义立场观点方法，就是马克思主义的哲学世界观和方法论，就是辩证唯物主义和历史唯物主义，这是我们党把握和解决当前和今后一个时期关系党和国家战略全局的一系列重大理论和现实问题的哲学依据，是全党思想统一、行动一致的最根本的思想基础，是我们共产党人观察和解决一切问题的望远镜和显微镜。深入学习贯彻习近平总书记系列重要讲话精神，最根本的是学习讲话的精神实质和"活的灵魂"，学会用马克思主义哲学的基本原理和方法论认识问题、分析问题和解决问题。

习近平总书记善于运用辩证法分析复杂事物，全面把握事物发展变化及其关系。他反复强调要增强战略思维、辩证思维、系统思维、创新思维、底线思维能力，正确全面地观察分析事物，研究解决改革发展中的困难和问题，不断增强决策的科学性、前瞻性、主动性。他关于既要以经济建设为中心，又要重视党的意识形态工作；既要坚定不移地抓好党的建设、反腐倡廉建设，又要大胆地、坚定不移地推进改革开放；既要在新的历史起点上全面深化改革，又必须牢牢坚持正确方向，坚持和完善我国基本经济制度；既要重视市场在资源配置中的决定性作用，又要更好地发挥政府作用；既要统筹兼顾又要突出重点，既要立足当前又要放眼长远，既要把握国情又要了解世界，既要循序渐进又要竞相突破，既要胸怀全局又要抓好局部，既要治标也要治本等，为我们提供了成功运用辩证唯物主义世界观方法论的范例。

习近平总书记系列重要讲话，站在时代和实践发展的战略高度，立足国际国内发展全局，适应时代和实践发展的新要求，把握人民群众的新期

---

① 《习近平：坚持运用辩证唯物主义世界观方法论　提高解决我国改革发展基本问题本领》，《人民日报》2015 年 1 月 25 日。

待，继往开来，面向未来，围绕坚持和发展中国特色社会主义，围绕推进"四个全面"，实现"两个一百年"奋斗目标、实现中华民族伟大复兴的中国梦，围绕推进经济建设、政治建设、文化建设、社会建设、生态文明建设和党的建设，围绕推进社会主义市场经济的改革开放，围绕贯彻落实党的群众路线，反对"四风"、转变作风等，运用马克思主义立场观点方法，对中国特色社会主义的重大理论和现实问题给予明确回答，做出深刻论述，提出并形成了一系列富有创建的新思想、新观点、新论断、新要求、新举措，进一步升华了我们党对人类历史发展规律、社会主义发展规律、马克思主义执政党建设规律的认识，为我们在新的起点上实现中华民族伟大复兴中国梦的奋斗目标提供了基本方针，为中国特色社会主义伟大实践提供了行动指南。

第二，坚持运用辩证唯物主义世界观方法论，全面深化改革，不断激发全社会的发展动力和创造活力，推动经济社会持续健康发展。

习近平总书记强调："要学习掌握世界统一于物质、物质决定意识的原理，坚持从客观实际出发制定政策、推动工作。"[①]世界物质统一性原理是马克思主义哲学的基石，一切从实际出发是这一原理在现实生活和实际工作中的生动体现。毛泽东同志指出："按照实际情况决定工作方针，这是一切共产党员所必须牢牢记住的最基本的工作方法。"[②]十八届三中全会提出："全面深化改革，必须立足于我国长期处于社会主义初级阶段这个最大实际，坚持发展仍是解决我国所有问题的关键这个重大战略判断，以经济建设为中心，发挥经济体制改革牵引作用，推动生产关系同生产力、上层建筑同经济基础相适应，推动经济社会持续健康发展。"[③]

一方面，全面深化改革面临的最大国情和最大实际没有变，"我国仍处于并将长期处于社会主义初级阶段"。尽管经济总量已经跃居世界第二位，但是人均水平还较低，贫困问题依然突出，按照中国的标准，截至 2013 年底仍有 8200 多万贫困人口，如果参考国际标准，还有两亿多人没有脱贫。

---

① 《习近平：坚持运用辩证唯物主义世界观方法论 提高解决我国改革发展基本问题本领》，《人民日报》2015 年 1 月 25 日。

② 《毛泽东选集》第 4 卷，人民出版社 1991 年版，第 1307 页。

③ 中共中央文献研究室编《十八大以来重要文献选编》（上），中央文献出版社 2014 年版，第 513 页。

习近平总书记指出，发展是解决中国一切问题的金钥匙，是解决我国所有问题的关键，以经济建设为中心任何时候都不能偏离。发展就要坚持以科学发展为主题，坚持稳中求进的工作总基调，扎实推动我国经济持续健康发展。推动发展要尊重经济规律，坚持有质量、有效益、可持续，在不断转变经济发展方式、优化经济结构中实现增长，切实把发展的立足点转到提高质量和效益上来，再也不能简单以国内生产总值增长率论英雄。

另一方面，经过改革开放几十年来的发展，我国基本国情的内涵不断发生变化，面临的国际国内风险、面临的难题也发生了重要变化。中国经济呈现出新常态。我国正处于增长速度换挡期、结构调整阵痛期叠加的阶段，要坚持统筹稳增长、调结构、促改革，坚持宏观政策要稳、微观政策要活、社会政策要托底；要充分发挥市场在资源配置中的决定性作用和更好地发挥政府的作用，以经济体制改革为重点，牵引和带动其他领域的改革，使各方面改革协同推进、形成合力。全面深化改革的性质和方向，就是要坚持社会主义市场经济改革方向，中国是一个大国，不能出现颠覆性错误，坚决守住中国特色社会主义这条底线；加强和改善党对全面深化改革的领导，坚持一切从实际出发，以我为主，该改的坚决改，不能改的坚决守住，牢牢把握改革的主动权和领导权。

第三，坚持运用辩证唯物主义世界观方法论，全面推进依法治国，建设中国特色社会主义法治体系，建设社会主义法治国家。

习近平总书记指出："要学习掌握事物矛盾运动的基本原理，不断强化问题意识，积极面对和化解前进中遇到的矛盾。"[①]坚持两点论和重点论的统一，在众多矛盾中找出主要矛盾，在矛盾的双方中抓住矛盾的主要方面。我们既要注重总体谋划，又要注重牵住"牛鼻子"。最近，习近平总书记在"省部级主要领导干部学习贯彻十八届四中全会精神全面推进依法治国专题研讨班"开班式上发表重要讲话强调，各级领导干部在推进依法治国方面肩负着重要责任，全面依法治国必须抓住领导干部这个"关键少数"。领导干部要做尊法学法守法用法的模范，带动全党全国一起努力，在建设中国特色社会主义法治体系、建设社会主义法治国家上不断见到新成效。

---

① 《习近平：坚持运用辩证唯物主义世界观方法论 提高解决我国改革发展基本问题本领》，《人民日报》2015 年 1 月 25 日。

其一，抓住"关键少数"就是抓住依法治国的"牛鼻子"。只有领导干部认识上去了，以身作则、率先垂范，才能以上带下，带动全社会推进依法治国。在现实生活中，一些领导干部法治意识比较淡薄，有的存在有法不依、执法不严甚至徇私枉法等问题，影响了党和国家的形象和威信，损害了政治、经济、文化、社会、生态文明领域的正常秩序。领导干部这个"关键少数"，是影响事业成败的关键因素。其二，要把全面依法治国放在"四个全面"的战略布局中来把握，深刻认识全面依法治国同其他三个"全面"的关系，努力做到"四个全面"相辅相成、相互促进、相得益彰。其三，坚持党的领导、人民当家作主、依法治国有机统一。中国共产党是中国特色社会主义事业的领导核心，处在总揽全局、协调各方的地位。社会主义法治必须坚持党的领导，党的领导必须依靠社会主义法治。人民民主是我们党始终高扬的旗帜，社会主义政治文明是我们党始终不渝的追求。把坚持党的领导、人民当家作主、依法治国有机统一起来，是我国社会主义法治建设的一条基本经验，也是我国法治与西方所谓"宪政"的根本区别。

第四，坚持运用辩证唯物主义世界观方法论，完善和发展中国特色社会主义制度，推进国家治理体系和治理能力现代化。

习近平总书记强调："要学习掌握唯物辩证法的根本方法，不断增强辩证思维能力，提高驾驭复杂局面、处理复杂问题的本领。我们的事业越是向纵深发展，就越要不断增强辩证思维能力。当前，我国社会各种利益关系十分复杂，这就要求我们善于处理局部和全局、当前和长远、重点和非重点的关系，在权衡利弊中趋利避害、作出最为有利的战略抉择。"①完善和发展中国特色社会主义制度，推进国家治理体系和治理能力现代化，是党的十八届三中全会提出的全面深化改革总目标。十八届四中全会再次从依法治国的角度强调：坚持法治国家、法治政府、法治社会一体建设，实现科学立法、严格执法、公正司法、全民守法，促进国家治理体系和治理能力现代化。

习近平总书记明确指出："国家治理体系和治理能力是一个国家制度和

---

① 《习近平：坚持运用辩证唯物主义世界观方法论　提高解决我国改革发展基本问题本领》，《人民日报》2015 年 1 月 25 日。

制度执行能力的集中体现。国家治理体系是在党领导下管理国家的制度体系，包括经济、政治、文化、社会、生态文明和党的建设等各领域体制机制、法律法规安排，也就是一整套紧密相连、相互协调的国家制度；国家治理能力则是运用国家制度管理社会各方面事务的能力，包括改革发展稳定、内政外交国防、治党治国治军等各个方面。"①这一重要论述，对国家治理体系和治理能力的内涵做出了科学的界定。从国家治理体系来看，要加强顶层设计，增强改革措施的系统性、协调性，对经济体制、政治体制、文化体制、社会体制、生态文明体制、党的建设制度进行整体谋划，加强各领域的关联性、系统性、协同性研究，使体制机制、法律法规安排具有可行性和可操作性，在政策取向上相互配合、在实施过程中相互促进、在实际成效上相得益彰。从国家治理能力来看，要娴熟地运用对立统一的辩证法和矛盾分析方法，要求把握全面深化改革的重大关系，处理好解放思想和实事求是的关系、顶层设计和摸着石头过河的关系、胆子要大和步子要稳的关系，要不断提高党的科学执政、民主执政、依法执政水平，提高国家机构的履职能力，提高人民群众依法管理国家事务、经济社会文化事务和自身事务的能力。推进国家治理体系和治理能力现代化的根本目的是完善和发展中国特色社会主义，国家治理体系和治理能力现代化必须在中国特色社会主义制度的框架内进行，必须坚持走中国特色社会主义道路，而不是其他什么道路。

第五，坚持运用辩证唯物主义世界观方法论，加强宣传思想工作，牢牢掌握意识形态工作领导权、管理权、话语权。

习近平总书记指出："我们必须毫不放松理想信念教育、思想道德建设、意识形态工作，大力培育和弘扬社会主义核心价值观，用富有时代气息的中国精神凝聚中国力量。"②意识形态工作是党的一项极端重要的工作。在集中精力进行经济建设的同时，一刻也不能放松和削弱意识形态工作。要始终不渝地坚持和巩固马克思主义在意识形态领域的指导地位，坚持正确的政治方向和学术导向，做到守土有责、守土负责、守土尽责。

辩证唯物主义认为，世界上的任何事物都是普遍性和特殊性的统一，

①《习近平谈治国理政》，外文出版社 2014 年版，第 91 页。
②《习近平：坚持运用辩证唯物主义世界观方法论 提高解决我国改革发展基本问题本领》，《人民日报》2015 年 1 月 25 日。

普遍性寓于特殊性之中，特殊性包含着普遍性，不存在只有普遍性而没有特殊性或者只有特殊性而没有普遍性的东西。所有价值观念都是历史的、具体的，都是由社会经济关系决定的，不存在永恒的、不变的、抽象的价值观念。自由、民主、人权、公平、正义等价值观念也都不是抽象的，而是有着具体的特定的社会政治内容，并随着经济社会条件的变化而变化的。从这个意义上说，所谓"普世价值"实际上是一个伪命题，它在现实生活中是不存在的。正如一位美国学者所说的，普世主义是西方对付非西方社会的意识形态。西方某些国家把他们的那套价值观念标榜为"普世价值"，把他们诠释的自由、民主、人权等说成是放之四海而皆准的标尺，极力在世界范围内叫卖和推销，台前幕后策动了一场又一场"颜色革命"，其目的就在于渗透、破坏和颠覆别国政权。国内外一些敌对势力假借"普世价值"之名，抹黑中国共产党，抹黑中国特色社会主义制度，抹黑我国主流意识形态，企图用西方价值观念改造中国，其目的也就在于让中国人民放弃中国共产党的领导，放弃中国特色社会主义制度，使中国再次沦为某些发达资本主义国家的殖民地。对此，我们要敢于"亮剑"，敢于"发声"，不能当"好好先生"，当"绅士"，"过于爱惜自己的羽毛"。要组织力量批判新自由主义、民主社会主义、历史虚无主义、普世价值观，资产阶级民主、自由、人权、平等观，以及质疑改革开放等错误思潮，大力培育和弘扬社会主义核心价值观，开展积极的舆论斗争。我们要把思想统一到中央对意识形态工作的形势判断和工作措施上来，切实做好意识形态工作，把意识形态工作的领导权、管理权、话语权牢牢掌握在自己手中。

第六，坚持运用辩证唯物主义世界观方法论，加强党的建设和反腐倡廉建设，切实提高从严管党、治党的能力和水平。

习近平总书记指出："辩证唯物主义并不否认意识对物质的反作用，而是认为这种反作用有时是十分巨大的。我们党始终把思想建设放在党的建设第一位，强调'革命理想高于天'，就是精神变物质、物质变精神的辩证法。"①党的建设的关键在于思想建设，思想建设的首要在于加强理想信念教育。"坚定理想信念，坚守共产党人精神追求，始终是共产党人安身立命

---

① 《习近平：坚持运用辩证唯物主义世界观方法论　提高解决我国改革发展基本问题本领》，《人民日报》2015 年 1 月 25 日。

的根本。对马克思主义的信仰，对社会主义和共产主义的信念，是共产党人的政治灵魂，是共产党人经受住任何考验的精神支柱。"①通过党委中心组集体学习、专题研讨、专家辅导、个人自学等多种形式开展对中国特色社会主义理论体系和习近平总书记系列重要讲话精神的深入学习，使广大党员干部方向更加明确、思想更加统一、力量更加凝聚、信心更加充足。

加强党的建设必须和反腐倡廉建设结合起来抓，治国必先治党，治党务必从严。"全面从严治党"是"四个全面"重要内容之一，"协调推进全面建成小康社会、全面深化改革、全面依法治国、全面从严治党，这'四个全面'是当前党和国家事业发展中必须解决好的主要矛盾"②。"道私者乱，道法者治。"党纪严于国法。"必须严明党的纪律，党的各项纪律都要严。遵守党的纪律是无条件的，要说到做到，有纪必执，有违必查，而不能合意的就执行，不合意的就不执行，不能把纪律作为一个软约束或是束之高阁的一纸空文"③。严格执纪，铁面问责，将制度的笼子扎紧，架起制度的高压线，划出纪律的红线。习近平总书记围绕党要管党、从严治党，围绕坚持党的群众路线、密切联系群众，从思想建设、组织建设、作风建设、反腐倡廉建设和制度建设等方面，做了系统的阐述，这些重要论述深刻回答了党的建设的重大理论和现实问题，进一步明确了加强党的建设的关键和重点，为推进党的建设新的伟大工程指明了方向，为把我们党建设成为中国特色社会主义事业的坚强领导核心明确了任务和要求。

第七，坚持运用辩证唯物主义世界观方法论，加强中国特色新型智库建设，切实发挥好为党和政府决策服务的功能，不断提升我国的国际影响力和国际话语权。

辩证唯物主义认为，从感性认识到理性认识的飞跃，只是人的认识运动的第一次飞跃。毛泽东指出："马克思主义的哲学认为十分重要的问题，不在于懂得了客观世界的规律性，因而能够解释世界，而在于拿了这种对于客观规律性的认识去能动地改造世界。"④从认识到实践的第二次飞跃是

---

① 《习近平谈治国理政》，外文出版社 2014 年版，第 15 页。
② 《习近平关于协调推进"四个全面"战略布局论述摘编》，中央文献出版社 2015 年版，第 15 页。
③ 中共中央文献研究室编《十八大以来重要文献选编》（上），中央文献出版社 2014 年版，第764 页。
④ 《毛泽东选集》第 1 卷，人民出版社 1991 年版，第 292 页。

更重要的飞跃。智库建设，立足现实、对接现实、服务现实。党的十八大以来，习近平总书记就加强中国特色新型智库建设多次做出重要论述。近期，中央又颁布了《关于加强中国特色新型智库建设的意见》（以下简称《意见》）。习近平总书记的重要论述和《意见》精神，为加强中国特色新型智库建设指明了根本方向，提供了基本遵循，是中国社会科学院建设世界一流的中国特色新型智库的理论指南。

加强中国特色新型智库建设是形势发展的迫切需要。据有关机构统计，截至 2013 年，全球已有超过 6800 家各类型智库，最发达的 G8（八国集团，包括美国、英国、法国、德国、日本、意大利、加拿大和俄罗斯）国家拥有其中的 43%，美国以 1828 家智库的数量雄居榜首。目前我国各类智库只有 200 多家，具有较大影响力和国际知名度的高质量智库就更少。这是与我国所享有的国际地位和国际影响、经济规模和人口数量非常不相称的。当前，全面建成小康社会进入决定性阶段，全面深化改革进入攻坚期，迫切需要大力加强中国特色新型智库建设，健全中国特色决策支撑体系，以科学咨询支撑科学决策，以科学决策引领科学发展。全面深化改革，全面推进依法治国，推进国家治理体系和治理能力现代化，完善和发展中国特色社会主义制度，建立更加成熟更加定型的制度体系，迫切需要大力加强中国特色新型智库建设，充分发挥各类智库在我们党治国理政中的重要作用。同时进一步增强我国软实力，树立好中国形象、宣讲好中国故事、传播好中国声音，推动中华优秀传统文化和当代中国价值观念走向世界，为我国经济社会发展营造良好的国际环境，也迫切需要大力加强中国特色新型智库建设，在公共外交和文化互鉴中有更大的作为，发挥更大的作用，以不断提升我国的国际影响力和国际话语权。

第八，坚持运用辩证唯物主义世界观方法论，立足时代和实践，不断推进理论创新、思想创新，发展 21 世纪中国的马克思主义。

习近平总书记指出：“要学习掌握认识和实践辩证关系的原理，坚持实践第一的观点，不断推进实践基础上的理论创新。”[①]马克思主义必定随着时代变化和实践发展而不断发展，社会主义从来都是在开拓中前进的；

---

① 《习近平：坚持运用辩证唯物主义世界观方法论 提高解决我国改革发展基本问题本领》，《人民日报》2015 年 1 月 25 日。

坚持马克思主义，坚持社会主义，一定要有发展的观点，一定要以我国改革开放和现代化建设的实际问题、以我们正在做的事情为中心，着眼于马克思主义理论的运用，着眼于对实际问题的理论思考，着眼于新的实践和新的发展，始终坚持随着时代变化和实践发展，不断开辟马克思主义的新境界。

习近平总书记回顾近代以来中华民族的发展历程，展望中国未来的发展前景，在党的十八大确立"两个一百年"奋斗目标的基础上，鲜明提出实现中华民族伟大复兴的中国梦，论述了中国梦的重大意义、基本内涵、精神实质、实现路径和实践要求。中国梦之所以得到 14 亿中国人民发自内心的一致拥护，之所以成为海内外中华儿女的最大共识，之所以成为激励全体人民团结奋进的精神旗帜，就在于它将马克思主义的基本原理和当今中国实际和时代特征有机结合起来，并成功地转化成了人民群众听得懂的语言、摸得着的未来。习近平总书记关于中国梦的重要论述，升华了我们党的执政理念，是中华民族实现民族独立、民族自强的伟大觉醒，是中国特色社会主义的重大思想理论成果。中国梦，贯穿着中国的昨天、今天和明天的历史主轴，连接着国家、民族与个人的前途命运，蕴含着国家富强、民族振兴、人民幸福的丰富内涵。当代中国共产党人有责任以马克思主义的宽广视野把握世界，勇于站在时代前列，站在实践前沿，在实现中华民族伟大复兴中国梦的伟大进程中，不断赋予马克思主义以新的时代内涵，在理论创新和实践创新的良性互动中发展 21 世纪中国的马克思主义，使马克思主义的旗帜永不褪色、高高飘扬。

纵论意识形态问题*

　　十八大以来，习近平总书记关于加强党的宣传思想和意识形态工作，发表了一系列重要讲话，做出了一系列重要批示，鲜明地提出能否做好意识形态工作"三个事关"，即事关党的前途命运、事关国家长治久安、事关民族凝聚力和向心力；"三个关乎"，即关乎旗帜、关乎道路、关乎国家政治安全的论断，阐明了意识形态工作对于党和国家事业的极端重要性，肯定了当前意识形态工作取得的成绩和经验，指出了意识形态工作面临的挑战和问题，指明了意识形态工作必须坚持的正确方向。一定要全面地学习贯彻落实习近平总书记关于意识形态工作的系列重要讲话和批示精神，坚守党的意识形态阵地，把意识形态工作的领导权、管理权、话语权和主动权牢牢掌握在手中，任何时候都不能旁落，决不犯无可挽回的历史性错误。

一、清醒认识意识形态斗争性质，高度重视党的意识形态工作

　　对党的意识形态工作的高度重视和行动自觉，从根本上来说，首先取决于对意识形态问题的认识，认识到位了，行动才自觉。必须从理论和实践的结合上，搞清楚什么是意识、什么是意识形态、什么是意识形态斗争、什么是党的意识形态工作。

　　什么是意识形态？可以从意识和意识形态这两个概念理解起。按照辩证唯物主义原则，物质与精神是两大社会现象，物质决定精神，精神反作用于物质。社会存在决定社会意识，社会意识反作用于社会存在。实践决定认识，认识指导实践。意识是人特有的精神活动，是物质长期高度发展

　　* 本文是作者 2015 年以来陆续撰写的《意识形态，共产党人必须坚守的阵地》《巩固马克思主义在意识形态领域的指导地位》等文章的合集，发表于《世界社会主义研究动态》等刊物；社会科学文献出版社以《纵论意识形态问题》为书名，于 2016 年 10 月出版。

的结果，是人对客观物质世界的反映，是人脑的机能。人是社会的人，人的意识具有社会性，人的意识是社会意识，是社会实践的产物。马克思、恩格斯指出："意识一开始就是社会的产物，而且只要人们存在着，它就仍然是这种产物。"①社会意识包括两个层面：一是低级的社会意识，属于社会感情、情绪、意志、欲望、风俗、习惯等非理性层面的社会心理；一是高级社会意识，即人的感性的和理性的认识层面的社会思想。社会意识并不是个人的意识的简单的总和，而是某一社会、阶级、集团的意识，并且制约该社会、阶级、集团成员的个人意识，是该社会、阶级、集团的物质生活条件和社会地位、利益的反映。

社会意识是社会存在的反映。在阶级社会中，一定的政治、哲学、法律、道德、艺术、哲学、宗教等观点的总和，构成一定阶级的意识形态（自然科学虽然也是社会意识的一种形式，但它本身没有阶级性，不属于意识形态）。意识形态专指经过理论加工的一定阶级的意识的思想体系。当社会分裂为阶级时，由于人们的阶级地位和利益的不同，就形成了不同的社会意识，形成不同乃至根本相反的意识形态，表达各阶级的经济利益和政治目的。任何意识形态都有历史性和阶级性，有历史内容，有阶级内容，超历史的、超阶级的、普世的意识形态是不存在的。在阶级社会中，社会心理也在不同程度上反映了一定的阶级倾向，具有一定的阶级内容，但不似意识形态那么集中、鲜明。

一切剥削阶级思想家为了掩盖他所代表的阶级的意识形态的阶级性，总是鼓吹意识形态的超阶级性和普世性，认为其意识形态是代表全人类的，具有"普世价值"。工人阶级的意识形态，其核心是马克思主义世界观方法论，从不隐瞒自己观点的阶级性。因为工人阶级是代表先进生产力和先进文化发展方向的，工人阶级只有解放全人类才能解放自己，工人阶级的阶级利益代表全体劳动人民的共同利益，工人阶级政党没有必要不公开工人阶级及其广大劳动人民的利益诉求，而隐瞒自己意识形态的政治性和阶级性，不需要进行超阶级的粉饰打扮。

马克思主义基本原理告诉我们，经济基础决定上层建筑，有什么样的经济基础，就有什么样的上层建筑。上层建筑可以分成两部分，一部分是

---

① 《马克思恩格斯选集》第 1 卷，人民出版社 1995 年版，第 81 页。

政治的上层建筑，譬如政府、监狱、法庭、警察、军队……一部分是意识形态的上层建筑，如哲学、政治、经济、文化、艺术、宗教等观点。剥削阶级私有制的经济基础决定了剥削阶级的上层建筑，而剥削阶级的上层建筑，一部分是剥削阶级专政性质的国家政权及其构成，一部分是剥削阶级的意识形态。资产阶级意识形态，则是为维持资产阶级国家政权和资本主义经济基础服务的。同时，上层建筑具有相对独立性，可以反作用于经济基础。意识形态的上层建筑同样具有相对独立性和反作用力。当旧的经济基础被新的经济基础替代以后，建筑在它之上的庞大的上层建筑也会发生变革，为新的上层建筑所代替。但旧的意识形态上层建筑还不能马上退出历史舞台，还要拼命地表现自己，并尽可能地维护旧的社会制度。譬如，封建主义社会灭亡了，但封建主义意识形态久久没有退出历史舞台；资本主义制度在我国不存在了，但资本主义意识形态还在拼命地表现自己。这就决定了在社会主义制度的国家里，旧的剥削阶级的意识形态还存在，意识形态领域的斗争远远没有结束。

历史唯物主义论证了社会存在决定社会意识，但并不否认社会意识对社会存在的反作用，恰恰是高度重视社会意识的反作用。重视意识形态，是马克思主义政党的重要原则。旧的、反动的意识形态是为社会上正在衰亡的阶级势力服务的，是阻碍社会发展的。新的、先进的意识形态是为社会上先进的阶级力量服务的，是促进社会发展的。先进的意识形态一经产生，就可以起到巨大的动员、组织、改造作用，能够团结教育人民群众去反对落后的社会关系和社会力量，去解决社会发展的任务。物质可以变精神，精神可以变物质。新的、先进的思想理论是社会革命的先导，是社会进步的号角，正确的思想一经掌握群众，就会转变为改造客观世界的强大的物质力量。毛泽东说："凡是要推翻一个政权，总要先造成舆论，总要先搞意识形态方面的工作。无论革命也好，反革命也好。"①恩格斯指出："正像十八世纪的法国一样，在十九世纪的德国，哲学革命也作了政治崩溃的前导。"②都是在这个意义上讲的。

以马克思主义理论为基础的工人阶级的意识形态，是在资本主义条件

---

① 中共中央文献研究室编《毛泽东年谱（一九四九——一九七六）》第 5 卷，中央文献出版社 2013 年版，第 153 页。

②《马克思恩格斯选集》第 4 卷，人民出版社 1995 年版，第 214 页。

下适应社会生产力发展和工人阶级需要而产生的，是工人阶级战胜资本主义，发展社会主义，最终实现共产主义的强大思想武器。从马克思主义诞生到今天，在社会主义条件下，社会主义意识形态表现出特殊的巨大作用。同时，资本主义以及其他剥削阶级的旧的意识形态绝不会轻易退出历史舞台，也要通过意识形态的作用，与社会主义打一场"没有硝烟的战争"。社会主义意识形态不可能在风平浪静中发挥作用，要在克服各种错误的意识形态的斗争中，发挥其社会职能。列宁指出："问题只能是这样：或者是资产阶级的意识形态，或者是社会主义的意识形态。这里中间的东西是没有的（因为人类没有创造过任何'第三种'意识形态，而且在为阶级矛盾所分裂的社会中，任何时候也不可能有非阶级或超阶级的意识形态）。因此，对社会主义意识形态的任何轻视和任何脱离，都意味着资产阶级意识形态的加强。"[①]为了发挥社会主义意识形态的作用，必须长期坚持社会主义意识形态阵地，占领思想文化舆论阵地，以战胜错误的意识形态。忽视意识形态工作，会犯绝大的错误。

意识形态斗争就是指在思想领域根本对立的不同阶级的世界观、价值观、人生观、利益观的对立和论辩，是根本对立的思想、理论、观点、政治主张的对立和论辩。我们党的意识形态工作说到底是工人阶级与剥削阶级、社会主义与资本主义、马克思主义与反马克思主义在意识形态领域的斗争，是工人阶级意识形态反对并战胜剥削阶级意识形态的斗争。

在我国，虽然主要社会矛盾已经不是阶级斗争了，但不意味着阶级、阶级差别、阶级矛盾、阶级斗争就没有了。一定范围内的阶级斗争还存在，而且往往突出表现在意识形态领域。一定范围内的阶级斗争，特别是意识形态领域内的阶级斗争，在有的时候、在一定条件下还是很激烈的。"树欲静而风不止"，这是不以我们的意志为转移的客观规律。

对意识形态工作的认识，对意识形态问题的处理，离不开马克思主义阶级分析。离开阶级分析，就会分不清、辨不明、看不透国内外各种社会思潮较量的实质及其主要线索；就会认不清、看不透国内外各种社会意识背后的阶级背景；就会被一些似是而非、模糊不清、模棱两可的思潮及其话语蒙蔽眼睛；就会不敢大胆地对反马克思主义、反社会主义、反共产党、

---

① 《列宁选集》第 1 卷，人民出版社 2012 年版，第 326 页。

反人民的思潮展开坚决的斗争；就会逐步地放弃社会主义的思想舆论阵地。离开马克思主义阶级分析，是不能战胜旧的剥削阶级意识形态的。列宁指出："马克思主义给我们指出了一条指导性的线索，使我们能在这种看来迷离混沌的状态中发现规律性。这条线索就是阶级斗争的理论。"① "阶级关系——这是一种根本的主要的东西，没有它，也就没有马克思主义。"②

运用马克思主义阶级分析武器，清醒地认识意识形态斗争的性质，展开正当积极的思想斗争，展开旗帜鲜明的舆论斗争，对于巩固党的执政地位、捍卫社会主义制度，对于团结全体人民共同为中国特色社会主义事业而奋斗来说，是必要的，且是重要的。

当然，坚持意识形态斗争，绝不能回到"以阶级斗争为纲"的老路上去，切忌把阶级斗争泛化、扩大化、绝对化，到处贴标签。对错误思潮展开斗争，同对持有错误认识的一些群众进行教育要有所区别。除极少数反党反社会主义的敌对分子以外，对持有错误认识的群众来说，都应是人民内部的思想认识问题，属于人民内部矛盾。对待群众内部的意识形态问题的讨论，应按照人民内部矛盾来处理。对待人民内部的错误倾向和思想认识问题，只能用民主的方法、团结—批评—团结的方法、说服教育的方法、讲道理的方法来解决，切忌使用处理敌我矛盾的方法。即使对待反党反社会主义的敌对分子，也要善于运用法律的武器。对待意识形态问题，在具体把握上，要分清两类不同性质的矛盾，注意内外有别。阶级分析与处理策略既一致，又有区别。对意识形态斗争的实质，要心中有数。在具体开展舆论斗争时，要内外有别，讲究策略，做到有理、有利、有节。

党的意识形态工作，就是指中国共产党作为工人阶级政党、马克思主义政党，与一切剥削阶级的世界观、价值观和政治主张是不同的、对立的，必须坚持以马克思主义为指导，从实际出发，制定和贯彻正确的理论、路线、方针、政策，坚持马克思主义的世界观、价值观、人生观和方法论；反对并战胜一切剥削阶级腐朽的、落后的、反动的意识形态，树立马克思主义的正确的、科学的、先进的意识形态。习近平总书记指出的"巩固马克思主义在意识形态领域的指导地位，巩固全党全国人民团结奋斗的共同

---

① 《列宁选集》第 2 卷，人民出版社 1972 年版，第 587 页。
② 《列宁全集》第 41 卷，人民出版社 1986 年版，第 92 页。

思想基础"①，是党的意识形态工作的根本任务。

二、充分认识意识形态斗争的重要性、复杂性、尖锐性、严重性和艰巨性

习近平总书记关于意识形态工作一系列重要讲话和批示充分估计到意识形态领域的严峻复杂。一定要从党的执政和社会主义制度安危的高度，认识党的意识形态工作。

一是从中国特色社会主义所处的时代背景来看意识形态工作的重要性。

认清中国特色社会主义事业所处的时代背景和时代性质，才能看清楚意识形态工作的至关重要性。目前我们所处的时代，就根本性质而言，仍然是马克思、恩格斯所判断的那样，处于社会主义与资本主义两种社会形态、两种社会制度、两种前途、两种命运、两条道路、两种力量的反复较量和博弈的时代，即资本主义终究要逐步走向灭亡、社会主义终究要逐步取代资本主义的时代。当然，社会主义与资本主义构成该时代的主要矛盾，并不排除该时代其他矛盾的存在，也不否认它们在较量中有时我上你下，有时我下你上，你中有我，我中有你，有斗争也有策略上的妥协和暂时的合作，有对立不同也有争取发展的共同点，呈现出极其复杂的角斗局面。总体上资本主义走向衰退，但还是强势的；社会主义是代表人类前进方向的新生力量，但还是处在弱势地位。两种社会形态的较量必然在当代世界的意识形态领域反映出来。伴随衰退的总趋势，资本主义必然加大在意识形态领域与社会主义博弈的分量，争夺的重点越发集中在意识形态问题上。

有人错误地认为马克思、恩格斯判断的时代已经过时了，社会主义与资本主义的世界性矛盾不存在了，没有必要再讲社会主义和资本主义、工人阶级和资产阶级的存在、对立和斗争了，没有必要再提意识形态工作了，要淡化意识形态，采取意识形态中立态度。如果这不是故意歪曲邓小平同志和平与发展是当今世界面临的两大问题的判断，至少也是错误地理解邓小平同志的原意。误判时代，就会错误地判断意识形态斗争的性质，轻视

---

① 引自习近平总书记 2013 年 8 月 19 日在全国宣传思想工作会议上的讲话。

意识形态工作的极端重要性，甚至放弃党的意识形态阵地，拱手让错误的意识形态长驱直入，占领我们的各个领域，主导我们各个方面的工作。

邓小平同志的判断只是对今天资本主义与社会主义两大力量对比发生阶段性变化的科学分析，并不影响对总的时代特征的判断。必须正确理解邓小平同志的科学判断，否则就会得出马克思、恩格斯所概括的时代已经改变了、马克思主义"过时论""意识形态终结论"的错误结论。不错，早在 1984 年，邓小平同志就根据国际形势的新变化认为，"现在世界上问题很多，有两个比较突出。一是和平问题。……二是南北问题"①。后来他把南北问题概括为发展问题，再一次明确提出："和平与发展是当代世界的两大问题。"②但到了 1990 年，他冷静地观察和分析了苏东剧变以及我国 1989 年政治风波以后的国际格局指出："现在旧的格局在改变中，但实际上并没有结束，新的格局还没有形成。和平与发展两大问题，和平问题没有得到解决，发展问题更加严重。"③1992 年，他更是强调指出："世界和平与发展这两大问题，至今一个也没有解决。"④在谈到和平与发展问题时，邓小平同志时刻关注反对帝国主义搞"和平演变"的问题，对此保持高度的警惕，他指出："我希望冷战结束，但现在我感到失望。可能一个冷战结束了，另外两个冷战又已经开始。一个是针对整个南方、第三世界的，另一个是针对社会主义的。"⑤他把帝国主义对社会主义国家推行"和平演变"战略比喻为"打一场没有硝烟的第三次世界大战"⑥。他明确指出，"所谓没有硝烟，就是要社会主义国家和平演变"，西方国家"不喜欢中国坚持社会主义道路"，"如果中国搞资产阶级自由化，那末肯定会有动乱"。⑦邓小平同志十分警醒地认识到，只要中国的社会主义旗帜不倒，这场"没有硝烟的世界大战"就不会结束，这是因为社会主义与资本主义这两种社会制度的博弈，仍然是马克思主义经典作家所揭示的时代总特征。这就是当代国际环境的基本现实。

迄今，马克思主义所揭示的总的时代性质和历史趋势并没有改变，只

---

① 《邓小平文选》第 3 卷，人民出版社 1993 年版，第 56 页。
② 同上书，第 104 页。
③ 同上书，第 353 页。
④ 同上书，第 383 页。
⑤⑥⑦ 同上书，第 344 页。

不过经历了三个发展阶段，每个阶段都具有自己的阶段性特征。第一个阶段，是马克思、恩格斯所处的自由竞争资本主义和工人运动、社会主义运动兴起阶段。第二个阶段，是列宁所处的垄断资本主义阶段，即帝国主义战争与无产阶级革命阶段。列宁认为该阶段的特征即主题是战争与革命。第一次世界大战，引发十月革命；第二次世界大战，引发一系列社会主义革命（包括中国革命），这些历史事实证明了列宁的判断是正确的。第三个阶段，就是 20 世纪七八十年代至今的阶段。1989 年"柏林墙"倒塌，1991 年苏联解体，东欧剧变，"冷战"结束，国际形势发生了逆转。邓小平做出总的时代没有变，但有了新的阶段性特征的变化的判断。他关于和平与发展两大世界性问题的判断既符合马克思主义的总的时代判断，又符合第三个阶段性特征的新变化。邓小平同志的总体判断决定了中国特色社会主义的改革开放与和平发展的总的战略选择。

邓小平同志的判断是对今天资本主义与社会主义两大力量对比发生阶段性变化的科学分析，但并不意味着改变对总的时代性质的判断。我们主张尊重世界文明多样性、发展道路多样性，尊重和维护各国人民自主选择社会制度和发展道路的权利，相互借鉴，取长补短，推动人类文明进步。但不代表两种社会形态的矛盾较量就消失了。必须清醒认识到，和平与发展这两大问题至今一个都没有解决，天下仍然很不太平，世界仍然很不安宁。2008 年爆发的世界金融危机说明资本主义内在矛盾依然存在、依然起作用、依然不可克服，只不过表现形式不同，资本主义必然在阵发性的经济危机中逐步走向衰落。总的历史时代并没有改变，马克思主义也没有过时。

两种社会形态、两条道路、两大力量的较量必然在意识形态领域表现出来，表现为社会主义的意识形态、价值取向与资本主义的意识形态、价值取向的激烈交锋和反复较量，这就决定了意识形态斗争的根本性质。而这种较量又同当今复杂的国家利益、民族利益的诉求，同当今复杂的民族、宗教问题，同全世界维护人类生存环境的共同要求纠结在一起，同求和平、求发展的利益需要纠结在一起，往往为国与国、民族与民族、地区与地区、宗教与宗教之间的利益争夺所掩盖。资本主义意识形态为了掩盖其实质，往往又披上普世的、人权的、全人类的、中立的、抽象的外衣，让人们搞不清楚它的阶级实质，模糊人们的清醒判断和认识。

二是从一个半世纪以来世界历史进程看意识形态斗争的复杂性。

　　纵观一个半世纪以来的世界历史进程，已经发生了四次重大转折，可以分前两次和后两次。前两次转折发生在20世纪前半叶。第一次转折发生在20世纪初叶，其标志是1917年爆发的俄国十月社会主义革命。第二次转折发生在20世纪中叶，其标志是1945年"二战"之后一系列国家社会主义革命的成功，形成了一个社会主义阵营。社会主义运动从兴起到发展，处于上升期，资本主义则经历了一系列经济危机和两次世界大战的折腾，步入下降期。

　　20世纪八九十年代至今的20余年中，又接连发生了两次重大的世界性历史转折。第三次转折发生在20世纪末叶，其标志是20世纪80年代末90年代初的苏东剧变、社会主义阵营解体，世界社会主义运动陷入低谷。第四次转折发生在21世纪初叶，其标志是2008年爆发的世界金融危机。这对世界发展格局和中国特色社会主义事业的发展产生的影响，现在仍无法估量。中国特色社会主义的成功使世界社会主义运动呈低潮中起步之势。而世界金融危机却使一些西方国家陷入困境，美国一超独霸格局难以维持，资本主义整体实力趋向下降。

　　四次转折反映了社会主义不是直线式发展，而是曲折地、波浪式、螺旋式地前进。这种前行过程充满了两种不同世界观、价值观的斗争，充满了意识形态的争夺。历史事实雄辩地证明了社会主义意识形态的科学性、生命力和正能量，也证明了资本主义意识形态的欺骗性、顽固性和不甘心退出历史舞台的反动性。

　　三是从第一个社会主义国家苏联的解体、东欧一系列社会主义国家蜕变看意识形态斗争的严重性。

　　2012年2月12日，习近平同志在广东调研时明确指出："苏联为什么解体？苏东为什么垮台？一个重要原因是理想信念动摇了……全面否定苏联历史、苏共历史，否定列宁，否定斯大林，一路否定下去，搞历史虚无主义，思想搞乱了，各级党组织几乎没有任何作用了。"2013年1月5日，习近平总书记在新进两委研讨班上明确指出，"苏联亡党亡国一个重要原因就是意识形态领域斗争十分激烈"，"思想搞乱了"。在意识形态领域，放弃马克思主义、放弃正确路线、放弃党的领导，让资产阶级意识形态长驱直入、潜移默化、蛊惑人心、占领阵地，致使党变质是最后导致苏东总崩盘的思想路线根子。

四是从世界金融危机的爆发及其持续发酵看意识形态斗争的尖锐性。

由美国次贷危机所引发的世界金融危机是一场资本主义的经济危机，进而引发了资本主义的政治危机、社会危机、意识形态危机，说到底是一场资本主义的制度危机。尽管美国等西方资本主义国家已经开始了缓慢的经济复苏，但这场危机的后遗症还存在，危机的作用还在持续发酵。这场危机对当代资本主义世界，进而对资本主义制度是一次严重冲击，引发了西方资本主义阵发性的全面衰退，证明了社会主义的必然性和马克思主义的真理性。这场危机，不仅使资本主义意识形态陷入危机，证明资产阶级意识形态的反动性、落后性和欺骗性，也致使两种意识形态的斗争更为激化。

五是从中国特色社会主义的新成就看意识形态斗争的艰巨性。

形势的变化，一方面，为我们党大力推进中国特色社会主义现代化建设提供了极为有利的氛围、条件和机遇。另一方面，也促使西方资本主义敌对势力越发运用两手策略：在经济上利用我们、拉拢我们、捧杀我们；同时，在军事上加紧包围我们，在经济上加紧挤压我们，在意识形态领域加强进攻，大力西化、分化我们，使我们面对更加复杂、严峻的考验。西方势力越来越把注意力放在意识形态的渗透上，放在打一场"没有硝烟的战争"上，放在"和平演变"、西化、分化、私有化社会主义中国上。

三、深刻分析意识形态斗争于我有利与不利因素，
认清意识形态工作的严峻局面

世界金融危机所引发的世界格局的深刻变化，中国特色社会主义的和平发展，为加强和改进意识形态工作提供了有利的条件，当然也有不利的因素和严峻的挑战。

回顾 20 世纪八九十年代，第三次世界性的历史转折，社会主义陷入低谷，处于暂时劣势，资本主义反而上升，显示暂时优势，伴随力量对比格局的变化，意识形态领域呈敌进我退之势，反社会主义、反马克思主义、反对共产党执政的声音甚嚣尘上。西方资本主义到处大力推销新自由主义理念，鼓噪一时，不可一世。由此导致国内反马克思主义、反社会主义的自由主义、历史虚无主义、民主社会主义等错误思潮泛滥。

2008 年世界金融危机造成的第四次世界性历史转折，一方面使资本主义遭遇前所未有的打击，陷入全面制度危机，呈衰退之势，资产阶级意识形态的集中表现——新自由主义宣告破产，即使在资本主义内部，对资本主义制度的批评之声也不绝于耳。另一方面，中国特色社会主义取得成功，并顶住金融风险，社会主义从低谷中走出。批评新自由主义、资本主义的声音日渐增多，大声呼唤马克思主义、社会主义的声音愈发强烈，坚持和发展马克思主义、坚持和发展社会主义、坚持和发展社会主义意识形态的底气更足了。

形势的变化为我们党加强意识形态工作提供了极为有利的氛围、条件和机遇。另一方面，这种形势也越发促使西方资本主义加大意识形态的攻击力度。以美国为首的西方势力在国际舆论上依然占据主导地位，仍然掌握着文化霸权和话语霸权，在意识形态领域加强向我进攻。"藏独"、"疆独"、香港"占中"等都是这种国际大环境的产物，使我们面对更加复杂、严峻的考验。

当前，我国意识形态领域主流是好的，特别是党的十八大以来，习近平总书记发表一系列重要讲话和批示，着重强调了加强党的意识形态工作，进一步明确了党的意识形态工作的极端重要性，采取了一系列措施加强马克思主义在意识形态领域的指导地位，收到明显成效。在以习近平同志为核心的党中央坚强有力领导下，党的意识形态工作显著加强，意识形态阵地意识明显提升，意识形态斗争日益主动，主流意识形态彰显的"正能量"愈益显现，对社会和群众的引导力、影响力与国际影响力日趋深入，主流媒体与新媒体紧密配合，对新媒体的引导与掌控能力持续增强。可以说，党的意识形态工作已初步形成积极主动、向好向上的局面。

然而也要清醒看到，意识形态领域的斗争是错综复杂的，并将是长期的。西方与我国在意识形态、社会制度、人权、民主等问题上的对抗、对立、争斗十分突出，思想理论领域呈现十分活跃、十分复杂的胶着状态。境内外敌对势力对我施压促变的一贯立场没有改变，通过各种途径、运用各种手段，对我在发展上遏制、思想上渗透、形象上丑化，企图迫使我放弃马克思主义、放弃社会主义、放弃人民民主专政国体、放弃党的领导，改变社会主义政权性质，接受西方价值观念和制度模式。

在思想理论上，鼓吹新自由主义、历史虚无主义、民主社会主义、意识形态中立论、普世价值论、西方人权民主观和西方宪政主义，集中攻击马克思主义和科学社会主义；在党的领导和政权性质上，集中推行西方资产阶级民主政治，迫使我放弃党的领导和中国特色社会主义根本制度（主要是公有制和人民民主专政的社会主义国体）。当然，也有质疑社会主义改革开放、质疑中国特色社会主义的极"左"的错误思潮，否定党的基本路线，否定以经济建设为中心，企图回到"以阶级斗争为纲"的封闭僵化的老路上去，干扰我们党的正确的理论、路线、方针和政策。从总体上看，意识形态领域始终是渗透与反渗透、演变与反演变的重要战场，对敌对势力的攻击任何时候都不可掉以轻心、不可疏于防范。加强党的意识形态工作的任务更加艰巨繁重。

虽然意识形态形势向好，但存在的问题仍是严峻的。如果不在意识形态遭遇战上打一场硬仗、胜仗，仍将面临严重的现实危险。主要问题表现为：

第一，境内外敌对势力密切配合加强渗透围攻，意识形态斗争日趋尖锐复杂。西方敌对势力依托某些驻华使领馆等，利用非政府组织等，拉拢、资助和支持国内反对势力，培养"政治反对派"，内外勾连，呼应联动，左右舆论，将矛头直接或间接指向党和社会主义制度，意图实现意识形态蜕变。

第二，右翼"社会公知"和"意见领袖"等成为敌对势力意识形态渗透攻击的"第五纵队"。他们利用纸媒、论坛、讲堂、博客、微信、互联网等平台，肆无忌惮地鼓吹新自由主义、历史虚无主义、西方宪政主义、民主社会主义、普世价值论、儒化中国论等错误思潮，对党和社会主义制度任意贬损抹黑，实行网上网下、现实虚拟、国内国际互动，误导群众，抢占舆论阵地，负面影响极大，成为意识形态的反面旗帜。

第三，四项基本原则成为敌对势力集中攻击的意识形态目标。四项基本原则体现了社会主义制度的性质、国体、指导思想、领导力量，体现了社会主义意识形态的内涵和基本要求。内外敌对势力的主张各异、表现不同、面具多样，但却有着共同的意识形态诉求，集中体现在一点上，就是反对四项基本原则这一立国之本，力图扭转我国现代化建设和改革开放的社会主义方向，把我国纳入西方资本主义体系。凡是坚持四项基本原则、坚持改革开放正确方向的，他们就群起而攻之，无所不用其极。

第四，教育、文化、社科战线逐渐成为敌对势力实施意识形态渗透进攻的前沿阵地。马克思主义在一些学科边缘化，有的哲学社会科学学科建设不做区别分析，不分良莠，一概服从于西方知识体系，教材严重西化，热衷于全盘引进西方原版教材；某些学者和教师在讲坛上、论坛上、网络上，利用授课、文章、演讲、微博、微信等形式，公开否定党的理论和政策，吹捧西方资本主义制度和观念，宣传错误的思潮，抹黑中国历史、近代史、当代中国史和党史，抹黑党和国家领导人、英雄模范人物，使学生或受众产生错误认知，不自觉地接受西方资产阶级意识形态和价值观；少数文艺工作者利用文艺作品、影视剧宣扬错误的人生观、价值观、历史观，文艺界乱象丛生……

第五，网络新媒体是敌对势力进行意识形态渗透进攻的主战场。互联网在意识形态斗争中的重要性快速提升，成为西方敌对势力对我渗透攻击的主渠道；境外敌对势力控制的媒体设立的中文网站用户庞大，成为批评党和社会主义制度的重要论坛；被敌对势力雇佣的某些网络写手污染网络空间，传播政治谣言，传播党和政府负面评论甚至肆意抹黑；有些反党反共书籍也在网络上传播；微博、博客、微信等平台成为敌对势力渗透的新战场。

第六，有的党员领导干部理论素养不高，政治敏锐性和鉴别力不强，是非模糊，受到敌对势力意识形态的影响。有的党员干部缺少马克思主义基本理论素养，理想信念缺失，道德信仰不坚定，对党的理论路线、方针政策学习不够，理解不深，政治敏锐性和鉴别力差，容易受错误言论左右和利用；个别的甚至在大是大非问题上顺着敌对势力说话，成为错误思想的"应声虫"，起到了混淆是非、促进错误思潮观点蔓延的负面作用；还有的持所谓不偏不倚、意识形态中立的态度，对反动的、错误的言论，事不关己，远远躲避。

第七，西方敌对势力把香港作为意识形态渗透攻击的桥头堡和发动"颜色革命"的试水区。西方敌对势力试图把香港作为在内地发动"颜色革命"的试水区，创造"可控混乱"的基本条件，将香港打造成为对我实施意识形态攻击的桥头堡，企图推动"民主抗争意识与行动"向我国内地蔓延。

第八，青少年是敌对势力意识形态的主要争夺对象。青少年是西方敌对势力的主要意识形态争夺对象，这是意识形态斗争的重要特点。青少年成为西方敌对力量在学校、网络、报刊等一切舆论阵地的拉拢重点，他们年轻、涉世浅，接受马克思主义熏陶和革命传统教育较少，最易于受到西方错误世界观、人生观和价值观的污染。

第九，意识形态工作还存在许多薄弱环节，不能很好适应意识形态斗争的实际需要。近年来思想政治教育工作虽大有改进，但尚存在不少问题。比如有的教材政治方向和学术导向有明显错误倾向；有的教材抽象空洞，脱离实际，对重大理论和实践问题解释无力；有些思想政治课被边缘化，思政教师不受重视，学生不爱听课；有的党政机关、事业单位、企业的思想政治工作也未得到应有重视；有些单位群众性的思想政治工作弱化，思想理论学习教育与部门业务工作存有"两张皮"现象；有的人理想信念不坚定，一些腐朽落后的思想文化借尸还魂，沉渣泛起，拜金主义、享乐主义、极端个人主义蔓延滋长，影响恶劣。

从以上存在的严重问题看，关于我国现阶段意识形态问题可以做以下基本判断。

在我国社会主义初级阶段，阶级斗争不是主要矛盾了，但还在一定范围内长期存在，有时甚至还很激烈，且往往集中体现为意识形态领域复杂尖锐的斗争，社会主义思想和资本主义思想谁战胜谁的问题没有最终解决。阶级斗争往往以意识形态斗争为先导，在我国社会主义初级阶段也是如此。敌视社会主义的势力总是采取"夺权先夺人，夺人先夺心"的策略，从意识形态方面入手，一旦时机成熟，他们就会结成"政治反对派"，企图推翻党的领导和社会主义制度。工人阶级政党无须隐瞒自己的意识形态阶级性，只有旗帜鲜明地亮明自己的意识形态诉求，才能说服和吸引最广大的人民群众，并使之转化成保卫和建设中国特色社会主义的巨大的物质力量。

苏联解体提供了以意识形态为突破口最终导致亡党亡国的惨痛教训。美国等西方资本主义国家在遏制和瓦解社会主义苏联过程中，强调"意识形态的号召力将起决定性的作用"，"最重要的是搞攻心战"，主要开展意识形态攻势，进行思想文化渗透，集中火力摧毁马克思主义思想体系、瓦解人们的共产主义信仰。戈尔巴乔夫等苏联领导人，适应了西方敌对势力"攻心为上"的战略需要，鼓吹意识形态多元化，声称"抛弃意识形态垄断主义"，鼓吹"人道的民主的社会主义"以取代马克思主义指导思想，先在意识形态上把苏共推上绝路，最终导致其亡党亡国。苏联解体殷鉴不远，值得我们深刻反思。

西方敌对势力抓紧对我推行"和平演变"战略，主要以意识形态为突破口，妄图实现意识形态蜕变，大搞"攻心战"，策划"颜色革命"，打一场没有硝烟的战争，是我意识形态的主要敌对力量。他们竭尽全力，在军事、政治、经济方面进行围剿的同时，通过各种渠道，开展意识形态进攻，从传播西方资本主义的思想观念和制度模式，动摇人们对共产党和社会主义制度的信念，制造社会动荡，政局失控，以达到其不战而胜的目的。

右翼"政治异见人士""社会公共知识分子""意见领袖""舆论精英"等，公开挑战党的指导思想和意识形态底线，公开或秘密地联动配合，掀起一波波错误思潮浪潮。

从国际大范围来判断，在意识形态领域总体是资强社弱，必须以坚不可摧的理想信念、政治定力和理论功底打一场意识形态的持久战。以马克思主义为指导的社会主义意识形态是有史以来最先进的思想体系，但其成长的历史还很短，与剥削阶级意识形态的成熟程度、拥有的充分的传播工具、控制的受众和传统优势相比，社会主义意识形态还需要一个成熟、完善、强大的过程。意识形态阵地，社会主义思想不去占领，资本主义思想一定会去占领。毛泽东说："扫帚不到，灰尘照例不会自己跑掉。"[①]对反动的、错误的思想不斗争，它们是不会自动退出历史舞台的，要打主动的持久攻坚战。

四、牢牢掌握马克思主义在意识形态领域的话语权

意识形态之争，从某种意义上来说，就是话语权之争。意识形态之争的实质，说到底，就是哪个阶级的政治主张，哪个阶级的世界观、价值观，哪个阶级的思想观点处于上风头、占统治地位、起引领作用。

所谓话语权，则是使用鲜明准确的，有说服力、感染力、影响力和战斗力的理论范畴和语言文字，表达出本阶级的政治主张、世界观、价值观和理论观点，占领思想文化领域，起着统治的、主流的、引领的、导向的作用。思想理论观点、政治主张是内容，而话语则是形式。内容好，形式

[①]《毛泽东选集》第4卷，人民出版社1991年版，第1131页。

表述不准确、不鲜明，缺乏感染力、战斗力，也起不到宣传内容的作用。思想观点、政治主张是正确的，但表达不出来或表达出来不为人们所接受，就无法真正赢得群众、战胜敌人、付诸实践。中国封建社会，虽几经改朝换代，但封建制度不变，绵延几千年，从意识形态的反作用来说，其所形成的一整套表达封建统治阶级意识形态的话语体系，比如"孔孟之道"及其一系列话语，起到了稳定和巩固封建社会制度意识形态的作用。当代资本主义，经过几百年的发展，则形成了一整套有助于巩固和强化资本主义制度的意识形态话语体系。

我们党所领导的中国特色社会主义的巩固和发展，不仅需要建立强大的物质基础，而且需要建立和巩固精神基础和意识形态阵地。正确的东西不去占领，错误的东西就会去占领，要建立马克思主义的强大的意识形态体系，必须强化马克思主义、社会主义的话语体系建设。资本主义意识形态话语体系，具有鲜明的维护统治阶级利益的意识形态属性，具有极大的欺骗性和影响力，它的一个成功之处就在于披着超阶级性、全民性、普世性的外衣，有一套迷惑人的话语表达体系。马克思主义和科学社会主义作为工人阶级的话语体系一登上意识形态舞台，就表现出鲜明的阶级性和政治性，从而抓住了工人阶级及广大人民群众。"共产党人不屑于隐瞒自己的观点和意图。"①马克思主义话语体系从不掩盖工人阶级意识形态的阶级性，直接表达了工人阶级的阶级诉求和政治要求，直接表明了鲜明的政治立场和政治主张。因为工人阶级的利益是代表全体劳动人民群众的利益，没有必要再披上所谓普世的、超阶级的外衣。经过一百多年的努力，马克思主义用语、概念、范畴作为工人阶级意识形态的话语体系，经过几代马克思主义者的传播，逐步为世界工人阶级及广大人民所接受。从马克思恩格斯的科学创造，到成为工人阶级的思想武器，为工人阶级及其政党所运用，团结人民，教育人民，赢得俄国十月革命和一系列东方社会主义革命的成功，马克思主义话语体系表现出马克思主义强大的生命力。在我国，中国共产党人把马克思主义话语体系与中国实际相结合，形成具有中国特色、中国风格、中国气派的中国化马克思主义的话语体系，如毛泽东思想、中国特色社会主义理论体系，成功地传播了马克思主义真理，指导了中国

---

① 《马克思恩格斯选集》第 1 卷，人民出版社 1995 年版，第 307 页。

革命和中国建设。其特点是体现鲜明的工人阶级意识形态性，体现马克思主义的真理性，体现社会主义的本质属性；与中国实践相结合，为中国人民所掌握，成功地指导中国革命和中国建设实践；具有中国特色、中国风格、中国气派的特点，为中国人民所喜闻乐见。

我国改革开放以来，一方面中国化的马克思主义、中国特色社会主义话语体系在实践中，不断地创新发展，起到了团结人民、鼓舞人民、引导人民的作用。另一方面，又涌进大量的西方话语，它们有体现先进文明的许多东西，但也有带着鲜明的资本主义意识形态属性，具有一定的反动性、落后性的东西；同时我国历史上流传下来的话语体系有体现中华民族优秀传统的东西，也有糟粕的东西。西方资本主义负面的话语体系，以及我国历史上带有落后性质的话语体系，在某种程度上，一度占领了一些思想文化阵地，充斥我国社会生活某些方面，削弱了中国化马克思主义、中国特色社会主义话语体系，助长了剥削阶级意识形态与我对人民群众、对青少年的思想争夺。因此，一要对西方话语体系和我国传统话语体系进行全面梳理，搞清楚哪些可以借鉴使用，哪些必须批判摈弃，去其糟粕，取其精华，为我所用；二要认真研究哪些马克思主义、社会主义的话语是必须坚持的，不能放弃，放弃了就等于自废武功，自动让出舆论阵地。譬如党的基本路线、四项基本原则这些根本性的话语是不能不讲的，不能放弃不用的，而且要反复讲，始终坚持；三要用是非清楚、观点鲜明的马克思主义的、社会主义的话语体系教育群众、引导群众，不能用不痛不痒、是非不明、模模糊糊、语意不详、界限不清的话语，误导舆论，误导群众立场和观点，让群众搞不清楚什么是对的，什么是错的，什么该坚持，什么该反对，甚至把正确的当作错误的，把错误的当成正确的；四要大力构筑以马克思主义为指导的中国特色社会主义话语体系，既要体现马克思主义的原则性和真理性，又不拒绝外来的和传统的先进文明的话语，同时又要具有中国特色、中国风格，为中国人民群众所乐于接受。建设以马克思主义为指导的、以社会主义核心价值观为主流的、以中国特色社会主义理论体系为基本内容的中国特色的话语体系，对于占领我国意识形态阵地是非常必要的。

五、加强党对意识形态工作的领导，打好意识形态主动仗

牢牢把握意识形态工作的领导权、管理权、主动权和话语权，是新的历史条件下做好意识形态工作的必然要求。

第一，必须始终坚持党的基本路线不动摇。

党的基本路线是由我国处于社会主义初级阶段的基本国情所决定的，这是一条正确的政治路线。邓小平同志强调，牢牢把握党的"一个中心，两个基本点"的基本路线一百年不动摇，国家就能长治久安，中国就大有希望。[①]几十年中国特色社会主义实践证明，党的"一个中心，两个基本点"的基本路线是不可分割的有机组成，包括三条基本内容，少了哪一条都会犯颠覆性的、不可挽回的错误。放弃"以经济建设为中心"的建设社会主义的根本任务，就自然丢掉了党执政兴国的第一要务。但要保证抓住中心任务不放，必须坚持改革开放这"关键一招"，坚持四项基本原则这一政治保证，这"两手""都要抓"、"都要硬"。只讲改革开放，不讲四项基本原则，就会走到资本主义邪路上去；只讲四项基本原则，不讲改革开放，又会回到僵化的老路上去。这两个基本点都必须同时讲、同时坚持。对我们的领导干部、我们的人民要经常讲、反复讲党的基本路线，一时一刻不能忘掉。坚持党的基本路线，是党的意识形态工作的中心任务，党的意识形态工作就要为实现党的基本路线服务。

第二，必须坚持中心工作与意识形态工作两手抓、两手都要硬。

正确认识物质与精神的辩证关系，正确处理好经济建设与意识形态工作的关系，对于中国特色社会主义健康发展至关重要。邓小平早在改革开放之初就指出，推动社会主义事业发展，必须坚持物质第一性的历史唯物主义原理，坚持以经济建设为中心；同时，必须高度重视精神力量对经济建设的反作用，高度重视精神文明建设，高度重视意识形态工作。党的群众基础和执政基础包括物质和精神两个方面。物质上丧失群众基础要出问题，精神上丧失群众基础，最终也要出问题。十年"文化大革命"和1989年政治风波从两个不同方面说明了这个道理。只有经济工作和意识形态工

---

① 参见《邓小平文选》第3卷，人民出版社1993年版，第370—383页。

作都抓住，经济建设和思想建设都搞好，物质力量和精神力量都增强，物质文明和精神文明都加强，全国各族人民物质生活和精神生活都改善，中国特色社会主义事业才能顺利向前推进。要按照习近平总书记的要求，在高度重视发展是第一要务，坚持以经济建设为中心的同时，必须充分认识意识形态工作的极端重要性，高度重视意识形态工作，把它摆到全党全国工作大局的重要位置，抓紧抓细抓实。

第三，必须坚持马克思主义在意识形态领域内的指导地位。

马克思主义是党的意识形态工作的灵魂，坚持马克思主义指导，是搞好意识形态工作的关键。必须坚持以马克思主义指导全部宣传思想文化工作，把马克思主义立场观点方法和理论贯穿于意识形态工作的各个方面。坚持用科学理论武装头脑，帮助广大干部群众学好马克思列宁主义、毛泽东思想特别是邓小平理论、"三个代表"重要思想、科学发展观，努力学好习近平总书记系列重要讲话精神，学会运用马克思主义立场观点方法观察和解决问题。在人民中间要长期不懈地开展马克思主义世界观、人生观、价值观、利益观的普遍教育。特别是在党员、干部、知识分子、青年学生中，长期持久地开展马克思主义世界观、方法论的学习与教育，开展正确的思想教育和舆论引导。用党的创新理论武装全党、教育人民、指导工作，是意识形态工作的重要任务。

第四，必须提高党的高级干部的马克思主义理论素养。

将提高党的中高级干部的马克思主义理论素养，作为抓好党的意识形态工作的决定性环节。毛泽东讲："政治路线确定之后，干部就是决定的因素。"[1] "在担负主要领导责任的观点上说，如果我们党有一百个至二百个系统地而不是零碎地、实际地而不是空洞地学会了马克思列宁主义的同志，就会大大提高我们党的战斗力量……"[2]针对今天的情况来讲，如果我们党有一大批"系统地而不是零碎地、实际地而不是空洞地"掌握了马克思主义的高素质的领导干部，将会大大提高我们党的战斗力，守住党的意识形态阵地，战胜西方敌对势力的意识形态进攻，保证中国特色社会主义不变向、不变色、不变味、不变质。提高中高级领导干部的马克思主义理论

---

[1]《毛泽东选集》第 2 卷，人民出版社 1991 年版，第 526 页。
[2] 同上书，第 533 页。

素质，没有捷径，只有一个办法，就是落实领导干部认真研读马克思主义经典著作、党的重要文献和当代中国马克思主义的最新成果这件大事，每个领导干部都要真正学起来，真学马克思主义，坚信马克思主义。

第五，必须坚持党的正面宣传为主的方针，开展积极的舆论斗争。

坚持团结稳定鼓劲、正面宣传为主，是加强党的意识形态工作必须遵循的重要方针。坚持正面宣传为主，绝不意味着放弃舆论斗争。在事关大是大非和政治原则问题上，必须增强主动性、掌握主动权、打好主动仗，帮助干部群众划清是非界限、澄清模糊认识，必须同那些宣传、传播有害思想观念的言行做坚决斗争。要旗帜鲜明地运用马克思主义立场观点方法，利用一切手段、方式，包括新媒体，组织力量，组织理论工作者、宣传文化工作者，对于一切错误观点和思潮，对于在社会上出现攻击党和政府、攻击社会主义制度的言论，展开积极的、正确的说理斗争。不能袖手旁观、无动于衷、麻木不仁，要以高度的责任感，主动出击，不怕被围攻，不怕被"人肉搜索"，不怕被污名。不能用"不争论"作为挡箭牌，东西摇摆，左右迎合，畏首畏尾，退避三舍。在舆论斗争中，每一位党员干部都要当冲锋陷阵的"战士"，不能当爱惜羽毛的"绅士"，要坚决、及时援助那些因为伸张正义而被围攻的同志，做到"一人唱而千人和"，形成一呼百应的态势。要坚决保持我们阵地的纯洁性，决不能给违反四项基本原则、违反党的理论和路线方针政策的错误观点，以及危害人民特别是青少年身心健康的东西提供传播渠道和展示机会。

第六，必须努力管控好互联网这一舆论斗争的主战场。

要把网上舆论工作作为意识形态工作的重中之重来抓。互联网已经成为敌对势力对我国进行意识形态渗透和攻击的工具，这对党的意识形态工作提出了新的挑战。互联网为我们党和政府开展工作提供了新的有力途径，为广大人民群众参与社会经济政治生活提供了新的更大舞台。但是，互联网也很容易被各种敌对势力利用，给各种谣言提供传播场所，特别是它在受到不良影响下形成的强大的网上舆论，有时候会左右社会舆论，绑架党和政府决策，为否定党的领导、否定社会主义制度制造舆论。互联网上还有一种奇怪的不正常现象，就是谁发表正面的言论，谁发表支持党和政府的言论，谁驳斥那些攻击、污蔑党和政府的言论，谁就会受到围攻。互联网确实是一把"双刃剑"，是一个我们面临的"最大变量"，管控好了，有利于我们的国家和人民；管控不好，会伤及我们的国家和人民，甚至后患无穷。

应采取经济、政治、行政、法律、教育等综合手段，切实加强对互联网的有效监管，确保网络空间清朗起来。要动员组织广大党员、干部和群众行动起来，形成一支强大的"网军"，积极引导网络舆论，改善网络舆论生态，净化网络舆论空间。要加强和完善网络管理，坚持意识形态的正面引导，引导好社会舆论，让党的意识形态占领互联网。要巩固和扩张网络空间的"红色地带"，促进网络空间的"灰色地带"向"红色地带"转化，挤压网络空间的"黑色地带"。要加强对网络文学的管控和引导，培养一支网络写作队伍，创作更多引导网络文化发展的、具有正能量的网络文艺作品。要管理和引导好网络"意见领袖"，建立和完善媒体从业人员准入制度，依法打击网络传谣行为，积极推进网络实名制。

第七，必须积极谋划和实施文化"走出去"战略，打破西方敌对势力的意识形态围剿。

着眼于打破美国等西方敌对势力在国际舆论领域的话语霸权，突破其对我国"误读"和"歪曲"的文化屏障，破解所谓的"中国威胁论""中国崩溃论""中国责任论"等唱衰中国的论调，积极开展国际舆论斗争，营造于我有利的国际舆论环境。鼓励一批观点正、学问好的专家学者，从学术的角度，用外国人听得懂的语言、接受得了的方式，阐述中国道路，弘扬中国精神。

第八，必须认真抓好意识形态战线的领导班子和队伍建设。

要选择那些忠诚于党和人民事业的同志来领导意识形态战线，真正把那些具有高度的马克思主义理论修养、政治立场坚定、坚持走群众路线的干部，选拔到意识形态工作领导岗位上来，形成一个领导意识形态工作的政治家集团；对于那些不合格的干部，要尽快调离领导岗位，进而建设一支高素质的意识形态工作队伍。要加强马克思主义理论队伍建设，培养一批政治坚定、学贯中西、勇于创新，在国内外有广泛影响的马克思主义理论家队伍；培养一批具有深厚的马克思主义理论功底，熟悉中国国情，精通中国特色社会主义理论体系，具有创造活力的中青年理论队伍；培养一批思想理论水平高，精通外语，善于在国际舞台上维护我国权益的外向型理论人才；重视对马克思主义理论相关专业的本科生、研究生教育，培养一批高素质的后备人才。

第九，必须加强党对意识形态工作的领导权。

毛泽东同志指出："掌握思想领导是掌握一切领导的第一位。"[1]在当前各种思想、思潮和文化争鸣争锋异常激烈，形势十分复杂的情况下，必须全面加强党的意识形态工作，坚持党对意识形态工作的领导，实行意识形态工作党委责任制，主要领导为第一责任人，全面加强党的意识形态工作。加强党的意识形态工作，必须全党动手，各级党委要切实加强对意识形态工作的领导，以强烈责任感和担当精神把党管宣传、党管意识形态的要求落到实处。各级党委要进一步加强对意识形态形势的分析研判和重大战略性任务的统筹指导，不断提高领导意识形态工作的能力和水平。坚持党性原则，一定要做到旗帜鲜明。要坚持党管媒体原则不动摇，坚持政治家办报、办刊、办台、办新闻网站。要加强马克思主义新闻观教育，坚决反对西方资产阶级的所谓"新闻自由"。

在长期实践中，党的意识形态工作积累了十分丰富的经验。这些经验来之不易、弥足珍贵，是做好今后工作的重要遵循，一定要认真总结、长期坚持，并在实践中不断丰富和发展。只要我们认真贯彻落实习近平总书记系列重要讲话精神，高度重视意识形态工作，继承和弘扬我们党在这方面的优良传统，并根据新的情况、新的形势，努力创造，敢于担当，把习近平总书记系列重要讲话提出的各项工作落到实处，就一定能够抓好党的意识形态工作。

---

[1]《毛泽东文集》第 2 卷，人民出版社 1993 年版，第 435 页。

努力把哲学创新研究提升到一个新的水平[*]

今天，我们在这里召开"爱智求真的时代探寻"学术研讨会，共同回顾哲学研究所 60 年来，特别是改革开放以来走过的不平凡的路程，展望未来一段时间内特别是"十三五"期间哲学研究所的发展前景，这是一件令人十分振奋的事情，也是一件特别有意义的事情。我向同志们表示祝贺！

哲学研究所在建设和发展的过程中，得到了党中央的亲切关怀和高度重视。1957 年 4 月，毛泽东主席邀请哲学研究所著名哲学家金岳霖、冯友兰、贺麟等先生到中南海做客，讨论学术问题。1977 年，中央政治局常委会批准因"文化大革命"停刊的《哲学研究》复刊。2002 年 7 月，中共中央总书记江泽民到中国社会科学院视察，听取了包括哲学研究所研究员陈筠泉在内的哲学社会科学专家学者发言，并发表重要讲话。2005 年 11 月，中共中央政治局第 26 次集体学习，哲学研究所所长李景源研究员就世界马克思主义研究与我国马克思主义理论研究和建设工程做了讲解，胡锦涛总书记在会后与他进行了亲切交谈。

过去 60 年特别是改革开放以来，哲学研究所以马克思列宁主义、毛泽东思想、邓小平理论、"三个代表"重要思想、科学发展观、习近平总书记系列重要讲话精神为指导，坚持正确的政治方向和学术导向，充分发挥基础理论研究的优势，以基础理论研究支撑和带动应用对策研究，以应用对策研究促进和反哺基础理论研究，大力加强马克思主义哲学和马克思主义哲学中国化的研究，积极开展理论学术创新，创造出一大批具有重要社会影响和学术价值的科研成果，培养出一大批政治和业务素质优良的科研人才，为把我院建设成为马克思主义的坚强阵地，哲学社会科学的最高殿堂，党中央、国务院的思想库、智囊团，做出了应有的贡献。

---

* 本文是作者 2015 年 12 月 22 日在"爱智求真的时代探寻暨哲学所建所 60 周年学术研讨会"上的讲话，发表于中国社会科学院《院内通报》2015 年 12 月 23 日。

"凡是过去，皆为序曲。"这是英国文学家莎士比亚说过的一句话。获得今年诺贝尔生理学或医学奖的中国科学家屠呦呦在领奖致辞中引用了这句话。这句话说得很好。它告诉我们：不要躺在过去的功劳簿上；过去取得的成绩，仅仅是一个开端，在未来，我们还要取得更大的成绩。我们既要有"数风流人物，还看今朝"的满腔豪情，又要有"千里之行，始于足下"的踏实态度；既要有"欲穷千里目，更上一层楼"的不懈追求，又要有"衣带渐宽终不悔，为伊消得人憔悴"的奉献精神。

今年，是国家"十二五"发展规划的收官之年，也是创新工程五年的总结之年。哲学所如何在总结过去经验的基础上，通过编制和实施哲学学科创新工程"十三五"规划，谋新篇，开好局，努力推进哲学所的创新研究和各项工作上一个新的台阶，是哲学所领导班子应该集中深入思考的问题，也是哲学所全体同志都应该集中深入思考的问题。在此，我提出三点希望，与大家共勉。

一、努力建设马克思主义哲学的坚强阵地、哲学学科的重要　殿堂和中国文化与社会思潮研究的高端智库

哲学所学科基本格局是"群芳争艳，三足鼎立，一马当先"。即哲学二、三级学科，如马克思主义哲学、中国哲学、外国哲学、逻辑学、伦理学、美学、科技哲学……众花齐放，马克思主义哲学、中国哲学、西方哲学三分天下，马克思主义哲学当先，是哲学所第一学科。毛泽东同志说："马克思主义有几门学问：马克思主义的哲学，马克思主义的经济学，马克思主义的社会主义——阶级斗争学说，但基础的东西是马克思主义哲学。这个东西没有学通，我们就没有共同的语言，没有共同的方法，扯了许多皮，还扯不清楚。有了辩证唯物论的思想，就省得许多事，也少犯许多错误。"[①]邓小平同志指出："我们干部中的很多人不懂哲学，很需要从思想方法、工作方法上提高一步，很需要学习马克思主义哲学。"[②]他还提出，要选编马克思主义经典作家特别是毛泽东同志的著作，作为干部学习马克思主义哲

---

① 《毛泽东文集》第 6 卷，人民出版社 1999 年版，第 396 页。
② 《邓小平文选》第 2 卷，人民出版社 1994 年版，第 303—304 页。

学的教材。陈云同志多次指出，学习理论，"首先要学哲学，学习正确观察问题的思想方法。如果对辩证唯物主义一窍不通，就总是要犯错误。"[①]"学习哲学，可以使人开窍。学好哲学，终身受用。"[②]他曾多次向中央建议，在全党提倡学哲学主要是马克思主义哲学，认为"要把我们的党和国家领导好，最要紧的，是要使领导干部的思想方法搞对头，这就要学习马克思主义哲学"[③]。今天人们熟知的"不唯上、不唯书、只唯实，交换、比较、反复"[④]的十五字箴言，是陈云同志在中国革命和建设实践中学习运用马克思主义哲学的经验总结。习近平总书记多次强调，要学好辩证唯物主义和历史唯物主义。辩证唯物主义和历史唯物主义就是马克思主义哲学，是我们共产党人克敌制胜的看家本领。马克思主义哲学是中国共产党的思想基础。加强马克思主义哲学学科建设，建设马克思主义哲学坚强阵地，是哲学所第一位的任务。加强马克思主义哲学学科建设，建设马克思主义哲学坚强阵地，说到底就是坚持和发展马克思主义哲学。坚持马克思主义哲学的基本原理，就要学习、研究、宣传马克思主义哲学，向反对马克思主义哲学的错误思潮展开斗争，捍卫马克思主义哲学的真理性；发展马克思主义哲学，就是坚持理论联系实际，把马克思主义哲学与当今时代和中国具体实践相结合，丰富、创新、发展马克思主义哲学宝库，推进马克思主义哲学的中国化、时代化和大众化。

作为中国哲学学科国家级综合性的研究机构，把创新发展马克思主义哲学、实现马克思主义哲学中国化、时代化和大众化当作第一位任务，不是只要马克思主义哲学一家，而是要在马克思主义哲学世界观方法论的指导下，加强哲学各学科、各研究方向的全面发展，造就哲学各学科、各专业、各学术观点百花齐放、百家争鸣的学术氛围，推进哲学观点创新、理论创新和学科创新，构建以马克思主义哲学为灵魂的中国特色的哲学创新体系和话语体系。

按照习近平总书记和中央关于加强中国特色新型智库建设的要求，哲学研究也不能游离于党和国家发展现实的大局之外，局限于学术的象牙塔

---

① 《陈云文选》第 3 卷，人民出版社 1995 年版，第 46 页。
② 同上书，第 362 页。
③ 同上书，第 360 页。
④ 同上书，第 371 页。

之中。要让哲学从哲学家的书斋里解放出来，为中国特色社会主义现实服务，为中国人民服务，为党和国家发展大局服务。哲学学科是具有极强的学术性和意识形态性的学科，这就决定了哲学研究要把尊重科学、追求真理与为党、国家和人民的中国特色社会主义事业服务的价值追求有机统一起来。哲学所要成为党的意识形态工作的重要阵地，要为党的思想理论文化宣传工作服务，要把哲学所各研究室、研究中心、研究会整合起来，把文化研究中心抓实，办成中国文化和社会思潮研究的重要智库，向党和国家提供意识形态工作、思想理论工作、文化工作的全局性、前瞻性和储备性的对策建议。

二、以创新工程为实践载体，大力实施科研强所、
人才强所、管理强所战略

创新工程是社科院的希望所在，也是哲学所的希望所在。哲学所要紧紧抓住创新工程，利用好创新工程，通过实施创新工程，大力推进科研强所、人才强所和管理强所。

要坚定不移地以科研为中心，搞好科研发展五年规划，每年抓一批重大课题，最大限度地调动科研积极性，锲而不舍地大力推进，力争产出一批精品力作。

科研能不能上去，关键在人才；哲学所要强，关键是人要强。要有大家，要有名人，要有学术带头人，要有后备人才。哲学所是一个老所、大所，是一个有着深厚学术传统和底蕴的名所，之所以成名，就因为有大批享誉海内外的马克思主义哲学家、中国哲学史家、西方哲学史家、美学家、伦理学家、逻辑学家，等等，如潘梓年、金岳霖、贺麟、容肇祖、汪奠基、刘及辰、温锡增、沈有鼎、虞愚、王明、杨一之、陈元晖、王玖兴……加强人才建设，要坚持两条腿走路，一是引进人才，二是培养人才。哲学所要制定一个考虑 5 年到 10 年的人才发展规划。引进人才首先是看准人才，要引进已成功的人才，还要引进有发展前途的、有潜力的后备人才。培养人才，要有目的地培育他们、使用他们，创造条件让他们发声，让他们出有影响的成果，给他们创造发展的条件和环境。

一个单位能不能形成有利于人才成长、人才发展，有利于科研生产，

有利于科研创新的环境和条件，取决于这个单位有没有良好的学术环境和激励淘汰机制，这就取决于领导与管理。请哲学所根据院里要求和制度，考虑一个一揽子的管理强所的实施方案，针对突出的管理漏洞，提出针对性强的措施，逐步出台可行的管理制度，加大管理力度，创造多出人才、多出成果的条件。

三、加强党委集体领导下的所长负责制制度建设，建设坚强的领导干部队伍、科研骨干队伍和管理骨干队伍

党委集体领导下的所长负责制是我院的一项根本制度，是一项行之有效的领导体制和管理制度。抓好了这项制度建设，一个所就无往而不胜；放弃了这项制度或放松这项制度建设，一个所就要出问题、走下坡路。坚持这项制度，首先是加强党委领导集体这个核心，一切大事要经过党委集体讨论决定，要实行严格的民主集中制，按程序、按规矩、按制度办事，严守政治纪律和政治规矩，决不能搞"一言堂""个人说了算"和"团团伙伙"，要全力以赴维护好党政主要负责人的团结、领导班子的团结，通过领导班子的团结带动全所的团结。

要实行所长负责制，调动好领导班子每一个成员的积极性。要抓好处室以上领导骨干队伍、科研骨干队伍和管理骨干队伍建设，加强理论学习和党性教育，让他们学会用马克思主义指导哲学研究，加强纪律建设和党风廉政建设，让他们成为讲政治、守纪律、学风正、作风好、业务专的哲学所的中流砥柱。

希望哲学所从上到下认真总结哲学所 60 年发展经验，认真总结创新工程五年工作经验，找出存在的问题和差距，制定下个五年或更长时间的发展规划和保障措施，团结一致，严抓实干，让哲学所再创新的辉煌。

根深叶茂新枝发，更盼明年一树花。最后，我衷心祝愿同志们身体健康，成果丰硕；衷心祝愿哲学所的明天更美好！

用马克思主义世界观方法论指导中国特色社会主义伟大实践*

——深入学习贯彻党的十八届五中全会精神

党的十八届五中全会是在全面建成小康社会进入决胜阶段召开的一次重要会议，具有十分重大的现实意义和深远的历史意义。全会审议通过了《中共中央关于制定国民经济和社会发展第十三个五年规划的建议》，明确提出了"十三五"发展的指导思想、基本原则、目标要求和重大举措，是动员全党全国各族人民夺取全面建成小康社会伟大胜利的纲领性文件。全会指出："党的十八大以来，以习近平同志为总书记的党中央毫不动摇坚持和发展中国特色社会主义，勇于实践、善于创新，深化对共产党执政规律、社会主义建设规律、人类社会发展规律的认识，形成一系列治国理政新理念新思想新战略，为在新的历史条件下深化改革开放、加快推进社会主义现代化提供了科学理论指导和行动指南。"[1]当前，我们要认真学习领会习近平总书记一系列治国理政新理念新思想新战略，深入贯彻落实十八届五中全会精神，用马克思主义世界观方法论指导改革发展新实践，协调推进"四个全面"战略布局，为全面建成小康社会，实现中华民族伟大复兴的中国梦而努力奋斗。

第一，坚持运用马克思主义世界观方法论，深刻理解把握习近平总书记系列重要讲话精神，这是我们做好一切工作的前提和基础。

习近平总书记系列重要讲话贯穿了一条一脉相承、一以贯之的红线，这就是马克思主义的立场观点方法。马克思主义的立场观点方法，就是马

---

* 本文发表于《马克思主义哲学论丛》2016年第2辑，总第19辑。

①中共中央文献研究室编《十八大以来重要文献选编》（中），中央文献出版社2016年版，第787页。

克思主义的哲学世界观和方法论，就是辩证唯物主义和历史唯物主义，这是我们党把握和解决当前和今后一个时期关系党和国家战略全局的一系列重大理论和现实问题的哲学依据，是全党思想统一、行动一致的最根本的思想基础，是我们共产党人观察和解决一切问题的望远镜和显微镜，是我们共产党人必须掌握的克敌制胜的看家本领。深入学习贯彻习近平总书记系列重要讲话精神，最根本的是学习讲话的精神实质和"活的灵魂"，学会用马克思主义哲学的基本原理和方法论认识问题、分析问题和解决问题。

习近平总书记善于运用马克思主义哲学世界观和方法论分析复杂事物，全面把握事物的发展变化及其关系，揭示其内在的客观规律。他反复强调要学习辩证唯物主义和历史唯物主义的基本原理，掌握唯物的、辩证的、矛盾的、实践的、生产的、阶级的和群众的观点，增强战略思维、辩证思维、系统思维、创新思维、历史思维、底线思维能力，正确全面地观察分析事物，研究解决我国改革发展中的困难和问题，不断增强决策的科学性、前瞻性、主动性。在党的十八届五中全会上，习近平总书记深刻提出"创新、协调、绿色、开放、共享"五大发展理念，为实现"十三五"时期发展目标、破解发展难题、厚植发展优势指明方向，为我们提供了成功运用马克思主义世界观方法论的范例。

习近平总书记系列重要讲话，从马克思主义哲学世界观和方法论最高峰的视野出发，站在时代和实践发展的战略高度，立足国际国内发展全局，适应时代和实践发展的新要求，把握人民群众的新期待，继往开来，面向未来，提出了一系列治国理政的新思想新观念新论断，构成了全面推进中国特色社会主义事业的理论指南。从哲学的高度或深度出发，深入学习贯彻习近平总书记系列重要讲话精神，坚持全面建成小康社会、全面深化改革、全面依法治国、全面从严治党的战略布局，坚持发展是第一要务，以提高发展质量和效益为中心，深化经济结构改革，加快形成引领经济发展新常态的体制机制和发展方式，保持战略定力，坚持稳中求进，统筹推进经济建设、政治建设、文化建设、社会建设、生态文明建设和党的建设，确保如期全面建成小康社会，为实现第二个百年奋斗目标、实现中华民族伟大复兴的中国梦奠定更加坚实的基础。

第二，坚持运用马克思主义世界观方法论，全面深化改革，不断激发全社会的发展动力和创造活力，推动经济社会持续健康发展。

　　全面深化改革，必须坚持实事求是、一切从实际出发的思想路线，立足我国长期处于社会主义初级阶段这个最大实际，坚持发展仍是解决我国所有问题的关键这个重大战略判断，以经济建设为中心，发挥经济体制改革牵引作用，推动生产关系同生产力、上层建筑同经济基础相适应，推动经济社会持续健康发展。

　　一方面，全面深化改革面临的最大国情和最大实际没有变，"我国仍处于并将长期处于社会主义初级阶段"①。尽管经济总量已经跃居世界第二位，但我国人均收入水平还较低，贫困问题依然突出。2014年国家统计局的统计监测数据显示，全国还有7017万现行标准下的贫困人口。贫困问题既是"三农"工作的难点，也是全面建成小康社会的最大短板。习近平总书记指出，发展是解决中国一切问题的金钥匙，是解决我国所有问题的关键，以经济建设为中心任何时候都不能偏离，并提出，一定要打好扶贫攻坚战。他还指出，坚持发展，最核心的问题是坚持创新，必须把创新摆在国家发展全局的核心位置，不断推进理论创新、制度创新、科技创新、文化创新等各方面创新，让创新贯穿党和国家一切工作，让创新在全社会蔚然成风。推动发展要尊重经济规律，坚持有质量、有效益、可持续的发展，在不断转变经济发展方式、优化经济结构中实现增长，切实把发展的立足点转到提高质量和效益上来，再也不能简单以国内生产总值增长率论英雄。

　　另一方面，经过改革开放后几十年的发展，我国基本国情的内涵不断发生变化，面临的国际国内风险、面临的问题也发生了重大变化。中国经济呈现出新常态。要唯物地、辩证地、全面地看待我国经济社会发展新阶段的基本特征，认识新常态、适应新常态、把握新常态。我国正处于增长速度换挡期、结构调整阵痛期叠加的阶段，要坚持统筹稳增长、调结构、促改革，坚持宏观政策要稳、微观政策要活、社会政策要托底；要充分发挥市场资源配置的决定性作用并更好地发挥政府作用，以经济体制改革为重点，牵引和带动其他领域的改革，使各方面改革协同推进、形成合力。全面深化改革就是要坚持社会主义市场经济改革方向，中国是一个大国，不能出现颠覆性错误，坚决守住中国特色社会主义这条底线；加强和改善

---

　　①《中共中央关于制定国民经济和社会发展第十三个五年规划的建议》，人民出版社2015年版，第5页。

党对全面深化改革的领导，坚持一切从实际出发，以我为主，该改的坚决改，不能改的坚决守住，牢牢把握改革的主动权和领导权。

第三，坚持运用马克思主义世界观方法论，全面依法治国，建设中国特色社会主义法治体系，建设社会主义法治国家。

"全面依法治国"是"四个全面"战略布局的重要内容。要从历史唯物主义关于经济基础决定上层建筑、上层建筑反作用于经济基础的基本原理出发，全面认识社会主义法治建设、依法治国的必要性和重要性。"十三五"规划建议指出，法治是发展的可靠保障。必须坚定不移走中国特色社会主义法治道路，加快建设中国特色社会主义法治体系，建设社会主义法治国家，推进科学立法、严格执法、公正司法、全民守法，加快建设法治经济和法治社会，把经济社会发展纳入法治轨道，从而全面推进中国特色社会主义经济社会发展。

唯物辩证法告诉我们，抓工作不能眉毛胡子一把抓，要善于抓住主要矛盾和矛盾的主要方面，主要矛盾和矛盾的主要方面解决了，其他问题也就迎刃而解了。全面依法治国必须抓住领导干部这个"关键少数"。只有领导干部认识上去了，以身作则、率先垂范，才能以上带下，带动全社会推进依法治国。在现实生活中，一些领导干部法治意识比较淡薄，有的存在有法不依、执法不严甚至徇私枉法等问题，影响了党和国家的形象和威信，损害了政治、经济、文化、社会、生态文明建设的正常秩序。领导干部这个"关键少数"，是影响事业成败的关键因素，是全面实现依法治国的关键。中国共产党是中国特色社会主义事业的领导核心，处在总揽全局、协调各方的地位。社会主义法治必须坚持党的领导，党的领导必须依靠社会主义法治。人民民主是我们党始终高扬的旗帜，社会主义政治文明是我们党始终不渝追求的目标。把坚持党的领导、人民当家作主、依法治国有机统一起来，是我国社会主义法治建设的一条基本经验，也是我国法治与西方所谓"宪政"的根本区别。

第四，坚持运用马克思主义世界观方法论，加强宣传思想工作，牢牢掌握意识形态工作的领导权管理权话语权。

习近平总书记指出，意识形态工作是党的一项极端重要的工作。在集中精力进行经济建设的同时，一刻也不能放松和削弱意识形态工作。"我们必须毫不放松理想信念教育、思想道德建设、意识形态工作，大力培育和弘扬社会主义核心价值观，用富有时代气息的中国精神凝聚中国力量。"①马克思主义哲学原理说明，物质决定精神，精神反作用于物质；社会存在决定社会意识，社会意识反作用于社会存在。因此，我们要始终不渝地坚持和巩固马克思主义在意识形态领域的指导地位，坚持正确的政治方向和学术导向，做到守土有责、守土负责、守土尽责，巩固社会主义制度的思想理论基础。

马克思主义哲学基本原理认为，世界上的任何事物都是普遍性和特殊性的统一，普遍性寓于特殊性之中，特殊性包含普遍性，不存在只有普遍性而没有特殊性或者只有特殊性而没有普遍性的东西。人类社会一切价值观念都是历史的、具体的，都是由社会经济关系决定的，不存在永恒的、不变的、抽象的价值观念。自由、民主、人权、公平、正义等价值观念也都不是抽象的，而是有着具体的特定的社会政治内容，并随着经济社会条件的变化而变化。从这个意义上说，所谓"普世价值"实际上是一个伪命题，它在现实生活中是不存在的。正如一位美国学者所说的，普世主义是西方对付非西方社会的意识形态。西方某些国家一些人喜欢把他们的那套价值观念标榜为"普世价值"，把他们诠释的自由、民主、人权等说成放之四海而皆准的标尺，极力在世界范围内叫卖和推销，台前幕后策动了一场又一场"颜色革命"，其目的就在于渗透、破坏和颠覆别国政权。国内外一些敌对势力假借"普世价值"之名，抹黑中国共产党，抹黑中国特色社会主义制度，抹黑我国主流意识形态，企图用西方价值观念改造中国，其目的也就在于让中国人民放弃中国共产党的领导，放弃中国特色社会主义制度，使中国再次沦为某些发达资本主义国家的殖民地。对此，我们要敢于"亮剑"，敢于"发声"，不能当"好好先生"、当"绅士"，不能"过于爱惜自己的羽毛"。要组织力量批判新自由主义、民主社会主义、历史虚无主义、普世价值观，批判资产阶级民主、自由、人权、平等观，以及质疑改革开放等错误思潮，大力培育和弘扬社会主义核心价值观，开展积极的舆论斗争。我们要把思想统一到中央对意识形态工作的形势判断和工作措施上来，切实做好意识形态工作，把意识形态工作的领导权、管理权、话语权牢牢

---

① 《习近平：坚持运用辩证唯物主义世界观方法论 提高解决我国改革发展基本问题本领》，《人民日报》2015 年 1 月 25 日。

掌握在自己手中。

第五，坚持运用马克思主义世界观方法论，加强党的建设和反腐倡廉建设，切实提高从严管党治党的能力和水平。

物质变精神、精神变物质的"两变"思想，是毛泽东同志对实践与认识、存在与思维、物质与精神辩证关系观点的发展。共产党人在重视物质条件的同时，高度重视思想、精神、理论、意识形态的反作用。习近平总书记指出："我们党始终把思想建设放在党的建设第一位，强调'革命理想高于天'，就是精神变物质、物质变精神的辩证法。"①党的建设的关键在于思想建设，思想建设的关键在于加强理想信念教育。"坚定理想信念，坚守共产党人精神追求，始终是共产党人安身立命的根本。对马克思主义的信仰，对社会主义和共产主义的信念，是共产党人的政治灵魂，是共产党人经受住任何考验的精神支柱。"②通过广泛开展多种形式的马克思主义、中国特色社会主义理论体系和习近平总书记系列重要讲话精神的深入学习，广大党员干部方向更加明确，思想更加统一，力量更加凝聚，信心更加充足。

加强党的建设必须和反腐倡廉建设结合起来抓，治国必先治党，治党务必从严。"道私者乱，道法者治。"党纪严于国法。"必须严明党的纪律，党的各项纪律都要严。遵守党的纪律是无条件的，要说到做到，有纪必执，有违必查，而不能合意的就执行，不合意的就不执行，不能把纪律作为一个软约束或是束之高阁的一纸空文。"③严格执纪，铁面问责，将制度的笼子扎紧，架起制度的高压线，画出纪律的红线。习近平总书记围绕党要管党、从严治党，围绕坚持党的群众路线、密切联系群众，从思想建设、组织建设、作风建设、反腐倡廉建设和制度建设等方面，做了系统的阐述。这些重要论述深刻回答了党的建设的重大理论和现实问题，进一步明确了加强党的建设的关键和重点，为推进党的建设新的伟大工程指明了方向，为把我们党建设成为中国特色社会主义事业的坚强领导核心明确了任务和

① 《习近平：坚持运用辩证唯物主义世界观方法论　提高解决我国改革发展基本问题本领》，《人民日报》2015 年 1 月 25 日。

② 中共中央文献研究室编《习近平关于全面从严治党论述摘编》，中央文献出版社 2016 年版，第 57 页。

③ 中共央纪律检查委员会、中共中央文献研究室编《习近平关于严明党的纪律和规矩论述摘编》，中国方正出版社、中央文献出版社 2016 年版，第 76 页。

要求。习近平总书记强调："要坚持全面从严治党、依规治党，深入推进党风廉政建设和反腐败斗争，巩固反腐败斗争成果，健全改进作风长效机制，着力构建不敢腐、不能腐、不想腐的体制机制，着力解决一些干部不作为、乱作为等问题，积极营造风清气正的政治生态，形成敢于担当、奋发有为的精神状态，努力实现干部清正、政府清廉、政治清明，为经济社会发展提供坚强政治保证。"①

第六，坚持运用马克思主义世界观方法论，立足时代和实践，不断推进理论创新、思想创新，发展21世纪中国的马克思主义。

实践第一的观点是马克思主义的基本观点。实践决定认识、产生认识、检验认识、推动认识，认识指导实践，正确的认识引导正确的实践。马克思主义必定随着时代变化和实践发展而不断发展，社会主义从来都是在开拓中前进的；坚持马克思主义，坚持社会主义，一定要有发展的观点，一定要以我国改革开放和现代化建设的实际问题以及我们正在做的事情为中心，着眼于马克思主义理论的运用，着眼于对实际问题的理论思考，着眼于新的实践和新的发展，始终坚持随着时代变化和实践发展，不断开辟马克思主义的新境界。

习近平总书记回顾近代以来中华民族的发展历程，展望中国未来的发展前景，在党的十八大确立的"两个一百年"奋斗目标的基础上，鲜明提出实现中华民族伟大复兴的中国梦，论述了中国梦的重大意义、基本内涵、精神实质、实现路径和实践要求。中国梦之所以得到13亿中国人民发自内心的一致拥护，之所以成为海内外中华儿女的最大共识，之所以成为激励全体人民团结奋进的精神旗帜，就在于它将马克思主义的基本原理和当今中国实际和时代特征有机结合起来，深深植根于中国人民的伟大的历史实践、现实实践，又高于实践、指导实践，并成功地转化成人民群众听得懂的语言、摸得着的未来，鼓舞中国人民为争取更美好的未来而努力拼搏。习近平总书记关于中国梦的重要论述，升华了我们党的执政理念，是中华民族实现民族独立、民族自强的伟大觉醒，是中国特色社会主义理论体系的重大思想创新。中国梦，贯穿着中国的昨天、今天和明天的历史主轴，连接着国家、民族与个人的前途命运，蕴含着国家富强、民族振兴、人民

①《中国共产党第十八届中央委员第五次全体会议公报》，人民出版社2015年版，第17页。

幸福的丰富内涵。当代中国共产党人有责任以马克思主义的宽广视野把握世界，勇于站在时代前列，站在实践前沿，在实现中华民族伟大复兴中国梦的伟大进程中，不断赋予马克思主义以新的时代内涵，在理论创新和实践创新的良性互动中发展 21 世纪中国的马克思主义，使马克思主义的旗帜永不褪色，高高飘扬。

把人民写在自己的旗帜上*

——纪念中国共产党成立 95 周年

"作始也简，将毕也钜。"这是中共创始人之一董必武 1956 年 2 月 11 日视察中共"一大"会址时写下的一句话。中国共产党成立以来的 95 年，正是这样一个由"简"到"钜"的伟大历程。回顾我们党 95 年来取得的革命、建设和改革的辉煌成就，我们倍感振奋。为什么我们党能取得如此辉煌的成就？这是因为我们党始终坚持全心全意为人民服务、密切联系人民群众。这是我们党精心培育、全党努力践行的优良传统与作风，是须臾不可忘记的重要历史经验。

一、永远把人民群众作为力量源泉

唯物史观告诉我们，人民群众是历史活动的主体，是历史的创造者，是社会变革的决定力量。中国共产党人坚信人民群众是真正的英雄，是推动历史前进最伟大的力量，其他任何力量都不能与之相比。中国共产党 95 年来能取得伟大成就，关键在于永远把人民群众作为我们党无往而不胜的力量源泉。

我们党来自人民，从诞生之日起就深深植根于人民群众之中，建立与人民群众的血肉联系，根据人民群众的利益和要求提出不同历史阶段的任务，制定相应的路线方针政策，并依靠人民群众完成这些任务。民主革命时期，在国民党反动集团背叛革命、残酷杀戮共产党人和工农革命群众的生死关头，我们党转向农村创建根据地，走农村包围城市的革命道路，唤起工农千百万，使革命火种得以保存、革命力量得到发展。苏区群众全力

---

* 本文发表于《人民日报》2016 年 6 月 28 日。

支援革命，把最后一块布、最后一碗米、最后一个娃交到我们党手上。长征途中，如果没有各民族群众的无私帮助，没有他们冒着生命危险掩护红军伤病员、提供粮秣，艰难转战的红军将士也许真的成为"石达开第二"了。全面抗战时期，我们党领导的八路军、新四军深入敌后，广泛发动群众，开展游击战争，使日本侵略者陷于人民战争的汪洋大海，最后打败了日寇。还是在人民群众的支持下，我们党用小米加步枪打败了用先进武器装备起来的数百万国民党军队，夺取了解放战争的胜利。

新中国成立后，我们党在"一穷二白"的基础上建设社会主义，各种困难不言而喻。在党和国家遇到困难时，在个人利益、局部利益与国家利益发生矛盾时，人民群众总是自觉服从大局，显示了强烈的爱国主义精神和强大的民族凝聚力。在重大自然灾害面前，总会出现"一方有难、八方支援"的感人场景。为了三峡工程、南水北调等重点建设工程的需要，大量移民响应党的号召，离别故土，谱写了舍小家、顾大家的动人篇章。

回顾95年的历史，我们党之所以能从建党时的50多名党员发展成为一个有着8700多万党员的世界大党，能从小到大、从弱到强，不断发展壮大，就是因为有广大人民群众的拥护和支持。这种支持不仅仅是看得见的有形支持，更包括人心的、精神的无形支持。人民群众的支持是我们党从胜利走向胜利的决定性因素，是我们党的最大靠山。我们党正是紧密联系人民群众，才有了取之不尽、用之不竭的力量源泉，党的事业才有了光明前途。

二、永远做人民群众利益的忠实代表

中国共产党为什么能得到人民群众的拥护和支持，使人民群众成为党无往而不胜的力量源泉？从根本上说是因为中国共产党永远是人民群众利益的忠实代表。中国共产党作为中国工人阶级的先锋队、中国人民和中华民族的先锋队，始终在为人民群众谋利益，是中国最广大人民根本利益的代表。这是由我们党的性质、根本宗旨和所担负的历史使命所决定的。

早在我军建军之初，我们党就为人民军队规定了"三大任务"和"三大纪律六项注意"（后来增加到八项注意），教育官兵树立为人民打仗的信念。毛泽东同志一再告诫全党："共产党人的一切言论行动，必须以合乎最广大人民群众的最大利益，为最广大人民群众所拥护为最高标准。"① "与人民利益适合的东西，我们要坚持下去，与人民利益矛盾的东西，我们要努力改掉，这样我们就能无敌于天下。"②在主持设计新中国的政权体制时，毛泽东同志特别提出，各级政府都要加上"人民"二字，各类政权机构也要加上"人民"二字，以凸显与旧政权的本质区别。改革开放以后，随着多元利益格局的形成，邓小平同志提出要以人民拥护不拥护、赞成不赞成、高兴不高兴、答应不答应作为全党想事情、做工作对不对、好不好的基本尺度。

从我们党百年来的发展历程可以清楚地看到，一切为了人民、一切服务于人民，始终是中国共产党人的行为准则和光辉旗帜。中共创始人之一李大钊写道："铁肩担道义，妙手著文章。"这"道义"就是为了人民，这"文章"也是为了人民。共产党员夏明翰视死如归，慷慨高歌："砍头不要紧，只要主义真。杀了夏明翰，还有后来人！"这"主义真"就是为了人民。"生的伟大，死的光荣"的共产党员刘胡兰，面对敌人的铡刀毫无惧色，也是为了人民。总之，在"一切为了人民"这面旗帜下，一代又一代优秀共产党员为了人民利益忘我奋斗，无怨无悔，甚至献出宝贵生命，生动诠释着党的根本宗旨。正因为我们党一切为了人民，所以受到人民群众的拥护和爱戴，得到人民群众的全力支持。习近平总书记指出："我们讲宗旨，讲了很多话，但说到底还是为人民服务这句话。我们党就是为人民服务的。"③这为在新的历史条件下坚持党的根本宗旨、永葆党的本色指明了方向。

三、永远保持同人民群众的血肉联系

永远把人民群众作为自己的力量源泉，永远代表最广大人民的根本利益，要求我们党永远保持同人民群众的血肉联系。能否永远保持同人民群众的血肉联系，关系党的前途命运。历史上有些起过进步作用的政治力量，开始也能在一定程度上反映和代表人民群众的利益；然而，在取得统治地位后，它们就逐渐走向人民群众的对立面，最终被人民群众所唾弃。而我

①《毛泽东选集》第 3 卷，人民出版社 1991 年版，第 1096 页。
②《毛泽东文集》第 3 卷，人民出版社 1996 年版，第 210 页。
③ 习近平：《做焦裕禄式的县委书记》，中央文献出版社 2015 年版，第 24 页。

们党的最大政治优势，就是能永远保持同人民群众的血肉联系。

新民主主义革命时期，在我们党领导下的革命根据地，从党中央到各级地方党委和地方政权，时刻关心群众疾苦，重视维护和发展群众利益，努力让群众得实惠，形成了军民鱼水情、党群一家亲的生动局面。如果说在艰苦的战争环境中，党同人民群众保持血肉联系还比较容易做到，那么，在我们党掌握全国政权后，如何继续保持党同人民群众的血肉联系就成为新的考验。新民主主义革命胜利前夕，毛泽东同志在党的七届二中全会上提出了"两个务必"的重要思想。这一思想包含着对我国几千年历史治乱规律的深刻借鉴，包含着对我们党艰苦卓绝奋斗历程的深刻总结，包含着对胜利了的革命政党永葆先进性和纯洁性、对即将诞生的人民政权实现长治久安的深刻忧思。在党的八大上，邓小平同志进一步提醒全党："由于我们党现在已经是在全国执政的党，脱离群众的危险，比以前大大地增加了，而脱离群众对于人民可能产生的危害，也比以前大大地增加了。"[1]基于这一认识，老一辈无产阶级革命家以身作则、严于律己，始终保持公仆本色，始终保持同人民群众的血肉联系，为全党做出了表率。

权力具有两面性，可以用来为人民服务，也可能成为谋私的工具，腐蚀掌权者。当前，随着改革开放全面推进和国家经济实力显著增强，我们党正面临"四大考验""四种危险"，其中一种危险就是脱离群众。在新的历史条件下如何保持党的先进性和纯洁性，保持同人民群众的血肉联系，成为党的建设的头等大事。邓小平同志曾深刻指出："党是整个社会的表率，党的各级领导同志又是全党的表率。如果党的组织把群众的意见和利害放在一边，不闻不问，怎么能要求群众信任和爱戴这样的党组织的领导呢？如果党的领导干部自己不严格要求自己，不遵守党纪国法，违反党的原则，闹派性、搞特殊化、走后门、铺张浪费、损公利私，不与群众同甘苦，不实行吃苦在先、享受在后，不服从组织决定，不接受群众监督，甚至对批评自己的人实行打击报复，怎么能指望他们改造社会风气呢！"[2]可见，党的作风关系党的形象和生命。我们党的历代领导人都要求党的干部和广大党员坚持廉洁奉公、严格自律，抵制拜金主义、享乐主义，永不脱离人民

---

① 《邓小平文选》第 1 卷，人民出版社 1994 年版，第 221 页。

② 《邓小平文选》第 2 卷，人民出版社 1994 年版，第 177—178 页。

群众。同时，我们党注重加强制度建设、完善监督机制，促使广大党员干部切实做到权为民所用、情为民所系、利为民所谋。党的十八大以来，以习近平同志为核心的党中央坚持全面从严治党，以踏石留印、抓铁有痕、壮士断腕的决心和魄力，把权力关进制度的笼子里；坚决惩治腐败分子，坚持"老虎""苍蝇"一起打，得到人民群众衷心拥护。随着反腐倡廉制度建设的全面加强、全面从严治党的深入开展，我们党的肌体将越来越健康，党同人民群众的联系将越来越密切，党的号召力、凝聚力、战斗力也将大大增强。

回首过去，岁月峥嵘；展望未来，任重道远。希腊神话中的安泰之所以能成为大力士，是因为有大地母亲。安泰的敌人将他举到空中，使他脱离大地母亲，便在空中将他掐死了。这个故事给人以深刻启迪。对于党同人民群众的关系问题，我们要常存敬畏，常怀忧患，常葆警醒。只要始终植根人民、造福人民，始终保持同人民群众的血肉联系，始终与人民心连心、同呼吸、共命运，我们党就能永远立于不败之地。到建党 100 周年时，我们一定能实现全面建成小康社会的目标，向着第二个百年奋斗目标阔步前进。

谈谈"普世价值"的反科学性、虚伪性和欺骗性*

"普世价值"作为某些西方势力打压社会主义国家、发展中国家等一切它所不喜欢的国家,推行其"颜色革命"的西方版的意识形态工具,已然成为一个国际性的流行语,频繁地出现在各类论坛、讲坛和媒体上。特别是某些西方势力更是利用"普世价值",作为意识形态攻击武器,加紧与社会主义中国"打一场没有硝烟的战争",实施"和平演变"的图谋。

对于"普世价值"的态度有三种情况:一是支持赞成"普世价值",企图以"普世价值"为思想武器,推动"颜色革命";二是虽然不认可美国统治集团倡导的"普世价值",但认为全人类存在一个共同适用的"普世价值";三是彻底否定"普世价值",反对利用"普世价值"作为"颜色革命"的思想武器。

什么是"普世价值"?存在不存在"普世价值"?某些西方势力所鼓吹的"普世价值"到底是什么货色?需要从理论上、实践上进行彻底的批驳,把道理彻底讲清楚、搞明白,这是坚持马克思主义的指导作用、坚持社会主义核心价值观的主流地位、巩固全国人民共同奋斗的思想基础、巩固我国社会主义制度、坚持和发展中国特色社会主义的迫切需要。

一、什么是"价值":哲学意义上的价值与经济学意义上的价值是不同的概念

要搞清楚什么是"普世价值",必须从头谈起,先说清楚什么是"价值"。

价值,从不同的角度来看,无论是从哲学角度,还是从经济学角度,或是从其他角度,其内涵都是不同的。经济学的价值概念指的是市场经济中某商品有没有效用,有什么效用,值还是不值,值多少。马克思主义政

* 本文发表于《世界社会主义研究动态》2017 年 3 月 1 日,《世界社会主义研究》2017 年第 5 期。

治经济学的价值概念，包含使用价值和交换价值两重性：一是商品的使用价值，即该商品有没有用，有多大用，也就是该商品对于人所具有的实际使用效用；二是商品的交换价值，即该商品值不值，值多少，也就是该商品中所凝结的社会必要劳动时间。衡量一个商品的价值，唯一的标准就是生产一个商品所消耗的平均的、必要的社会化的劳动时间，而不是具体的劳动时间。譬如，生产一个杯子，不同的社会生产条件，不同的生产单位，不同的劳动者，其所耗费在它上的具体劳动时间是不同的。而把杯子拿到市场上出售，每个杯子的价值是多少，就不是看生产该杯子所耗费的具体劳动时间是多少，而是看整个社会生产一个杯子的无差别的、平均的、必要的社会化的劳动时间是多少。使用价值是具体的，而交换价值是一般的、平均的、抽象的。经济学的价值概念，讲的是商品的价值，但商品的价值背后则是人与人之间的经济关系。

哲学意义上的价值，与经济学意义上的价值内涵不同，是最一般意义上的价值概念。从马克思主义哲学的观点来看，哲学所讲的价值，指的是某人某物某事，包括物质的或精神的，有没有效用，有多大效用；值不值，值多少。价值，从某人某物某事质上来衡量，即有没有效用，是正面的、积极的、好的效用，还是负面的、消极的、坏的效用。从量上来衡量，即有多大效用，值什么。用通俗的话来说，即某人某物某事有没有用、有没有益、有没有效，有多大用、有多少效，值还是不值、值什么。值还是不值，有正负之分，有好用处还是坏用处、有益还是有害、有效还是无效之分。

哲学意义上的价值本质上反映了一种关系，即人作为主体与其所指向、认识、作用的对象作为客体之间的一种相互关系，即客体对主体需求的满足所具有的作用与意义关系。马克思说，"'价值'这个普遍的概念是从人们对待满足他们需要的外界物的关系中产生的"，是"这些物质使人们满足需要的这一属性"。①用哲学的语言来说，主体是指从事社会实践和认识活动的人，客体则是指人的社会实践和认识活动的对象，即主体所指向、认识、作用的对象。在这个意义上说，主体是人，客体是主体的对象。例如，人喝水，人就是主体，水就是客体。但如果说人就是主体，外部自然物就

---

① 《马克思恩格斯全集》第 19 卷，人民出版社 1963 年版，第 405—406 页。

是客体，这是不全面的。严格地讲，只有处于社会实践及相应的认识活动中的人才是主体，主体应当是社会的、实践的、历史的、现实的、有思维活动的人。主体可以是一个人，即个体，也可以是一群人，即群体，群体可以是政党、阶级、民族或某个利益集团。客体，是主体实践和认识的对象。客体可以是物质的世界，可以是人的世界，也可以是精神世界。譬如，某物是客体，某社会、国家、阶级、阶层、政党、群体、个体的人，是客体；某个理论体系也可以是客体。可以说，客体是相对主体而言的，是能满足主体需要、对主体的需求有一定满足意义的对象，即某物某人某事。

　　社会的人、现实的人是有需要的，而客体则可以满足主体的需要，这种对主体需要的满足，对主体来说，客体对主体具有一定的作用和意义。用哲学语言来说，客体就会产生主体所需要的作用和意义。譬如，水可以满足人的生理需要，对主体来说具有一定的意义，人就会对水的效用产生价值认识与评价。客体满足主体需要的程度越高，客体对于主体的作用和意义就越大，主体对客体的价值评价就越高。价值本质上是主体与客体的关系，即客体对于主体需要的满足和意义关系，也就是说，以主体为尺度会对于客体对主体需要的满足、作用与意义产生一定的价值认识与评价。

　　哲学上的价值关系，即主客体关系就是社会实践和认识的人同其所指向、认识和作用的客体之间的对象化关系。所谓对象化关系，就是主体在一定客观条件下作用于客体，按照自己的需求、意愿、目的，利用、再塑客体，在这个过程中，主体逐步地使自身适应、吸收、同化客体，也就是说，主体在作用客体的过程中，不断地适应客体、改造自身，主体改造客体世界，也被客体世界所改造。用哲学的语言来说，这就是对象化。人喝水，水被人所利用、所同化，成为人的一部分，这就叫作对象化。主体与客体的关系，一方面是物质性的关系，即表现为主客体之间利用与被利用、改造与被改造、塑造与被塑造的物质能量转换关系；另一方面是精神性关系，表现为主体与客体之间认识与被认识、评价与被评价的关系。人喝了水，与水发生了一种能量转换的物质性关系，同时人对水的性质、作用又不断地深化认识，对水的效用产生一种认识评价关系，认识到水对人的价值，这就是精神性的关系。主体客体之间的价值关系，实质上是以物质与实践为基础的物质性与精神性相结合的对象性关系。

　　由此看来，所谓哲学上的价值概念，实质上就是人在社会实践和认识活动中，人的活动所作用的对象是否满足人的需要，对于人的生存和发展具有什么意义，从而产生作为主体的人对主体与客体的满足与意义关系的观念反映。严格来讲，价值是关系范畴，它既离不开主体，即主体的需要，也离不开客体，即客体对主体需要的满足与意义，又离不开主体对客体作用的认识评价，即作为主体的人对客体对于主体需要的满足与意义的认识评价。

价值是客观存在的，具有客观性。人喝水，人与水之间就产生价值关系，水满足人的生理需要，水对人是有用的，因而是有意义的，从而是有价值的。然而，水对人有用，人在水满足其需要过程中，就会对水的作用产生主观判断，这就是价值评价，价值又具有主观性。价值评价的基础是客观存在的客体及其作用，是人的社会实践，而表现出来的则是主体的主观判断。所以，价值一方面存在客观性，一方面也存在主观性。对于口渴之人，水是需要的。但对于已经喝足了水的人，腹中无食，恰恰粮食又是需要的，在不同的条件下，人对水与粮食价值的判断就会产生变化。既然价值是客观的，同时又有主体性和主观性，有人的主观判断在其中，故此，价值既由客体存在的客观条件所决定，又受决定人的主体性及其社会条件和社会实践所制约，从而受人的主观判断所影响。人是社会的人，具体的人，不同的社会条件和社会实践的人对于同样的客体作用的价值判断是不同的。特别是在阶级社会中，人的价值判断是有阶级性的，不同阶级的人，其价值判断是受阶级差别制约的，是有阶级差别的。所以，价值具有社会性、历史性，在阶级社会中，具有阶级性，是具体的、历史的、相对的，从来没有抽象的、离开具体条件、离开人的具体社会关系、离开具体的人而存在的价值。在阶级社会，价值判断受人所处的阶级地位和社会条件所制约。所谓适合一切发展时代、适合一切社会形态、适合一切历史条件、适合一切国度、适合一切人，无论是历史上的人还是现实生活中的人的超历史的、超阶级的、永恒不变的、适用一切的"普世价值"是根本不存在的。

二、什么是人的价值：人的价值是人的自我价值与社会价值的统一

价值可以分为物的价值和人的价值两大类。物的价值是物对于人的需

要的满足与意义，从而产生人与物的价值关系及对物的价值判断。人的价值，又可以分为人本身的社会价值和人的活动所创造的事的社会价值两方面。譬如，某个人对于社会的价值，某个历史事件、某个社会现象对于社会的价值。历史事件、社会现象虽然是人的活动构成的，但却表现为具体的某个历史事件、某个社会现象。当然某个历史事件、某个社会现象的价值，说到底还是人的价值，因为历史事件、社会现象是人创造的。譬如，俄国十月社会主义革命，是一个历史事件，在人类历史上它是有一定地位和作用的，人们会对它产生某种价值判断。列宁是一个历史人物，而列宁的社会价值，又是通过列宁领导的十月革命的社会价值体现出来。可见人的价值与事的价值是相联系的、一致的。人离不开事，事离不开人。社会的事也是由社会的人的活动所构成的，但对某人的评价，重在对该人的价值判断，而对某事的评价，则重在对事的价值判断。人的活动所创造的事的价值，说到底也是人对于社会的价值。本文主要讨论的是人的价值。

所谓人的价值是关于人活在世界上对社会、对自己有没有用处，有好用处还是坏用处的价值评价问题，也就是现实的人及其活动所创造的事对于社会的价值。人的价值包含十分丰富复杂的内容，大致可以概括为两个方面，即人的自我价值和社会价值。人的自我价值是人及其活动对于人自身的价值，是人通过自己的活动满足自身的需要。例如，一个人通过自己的劳动，充实和愉悦了自己，或使自己得到了完善和提升，实现了个人的自我价值。社会价值是人及其活动所创造的事对于社会的价值，是人通过自己的活动所创造的事满足社会的需要所具有的意义。即是说，一个人要对社会承担一定的义务，有所担当，有所作为，做出一定的贡献，对于社会来说是有价值的。

马克思主义价值观主张人的自我价值和社会价值的统一。一个人活着，首先要考虑到社会价值的实现，只有在实现自身的社会价值的前提下，才能实现人的自我价值。如果一个人只讲自我价值不讲社会价值，这个人就是极端的利己主义者和极端自私的人。当然，社会也要为每个人尽可能地创造个人价值实现的机会，但是必须把个人自我价值的实现引导到社会价值实现的正确价值观上去。

毫无疑问，每一个人来到世界上，都需要最大限度地发挥自己的潜能，成就和完善自己，实现个人的自我价值，使自己的人生具有意义。马克思主义、社会主义的价值理念是承认个人的自我价值的。不尊重个人的价值，不承认、甚至贬斥自我价值，不是马克思主义、社会主义所秉持的价值观。

当然，也不能走向极端，将个人自我价值绝对化，将它凌驾于集体或社会价值之上。任何人都是社会大家庭的一份子，是组成社会的一个"要素"，是处于社会相互作用之网上的一个"纽结"。任何一个人都离不开他人，离不开社会，离不开集体。一个人只有与社会、与他人、与集体紧密结合，通过社会性的实践活动，才能有所作为，才能实现自己的个人价值和社会价值。为人民服务，为社会奉献，为人类造福，是每一个人都应该做的事，甚至可以说，是每一个人的社会责任或"分内的事"。

人的自我价值与社会价值并不绝对对立。正如马克思、恩格斯所指出的："个人怎样表现自己的生活，他们自己也就怎样。"① 一个人在社会中生活、表现自己，他的个人价值往往也就是他的社会价值，或者说个人与社会相统一的价值。像张思德一样安心于平常的工作岗位，全心全意为人民服务；像白求恩（Bethune）一样"毫不利己，专门利人"；像雷锋一样"一辈子做好事，不做坏事"；像焦裕禄一样鞠躬尽瘁，为大众造福；像杨善洲一样严于律己，倾力奉献；像袁隆平一样勤勉敬业，献身人类最需要的事业……不仅与人们的自我完善、自我实现不相冲突，而且还是人们自我完善、自我实现的根本途径。从这个意义上说，人的社会价值具有更加重要的意义，也使人更加得到人们的尊重和爱戴。正因如此，许多人都认同爱因斯坦的名言："一个人的价值，应该看他贡献什么，而不应该看他取得什么。"②个人与集体、社会是有机地、不可分割地联系在一起的，个人自我价值与社会价值也是相互联系、交织在一起的。社会价值是通过无数的个人自我价值的追求活动实现的；社会价值的实现又能为个人自我价值的实现创造更好的基础和条件。

人的个人自我价值和社会价值是具体的、历史的、阶级的（在阶级社会）、千差万别的、相对的，不分差别、不分国别、不分历史、不分人等的，超越一切现实的人的价值的所谓"普世价值"是压根儿就没有的。

---

① 《马克思恩格斯全集》第 3 卷，人民出版社 1960 年版，第 24 页。
② 《爱因斯坦文集》第 3 卷，许良英等编译，商务印书馆 1979 年版，第 145 页。

三、什么是"共同价值"：人类有共同价值，没有"普世价值"；共同价值只存在于具体的、历史的、现实的个别价值之中

　　前文已经充分说明人类根本不存在"普世价值"，那么人类是否有共同价值呢？共同价值与"普世价值"是两个根本不同的概念。人类是有共同价值的，所谓"共同价值"就是人类所持有的千差万别的价值是有其价值共同点的，千差万别的价值的共同点就是共同价值。这就好比植物的叶子是千姿百态、千差万别的，找不到绝对一样的两片叶子。但不尽相同的叶子，也是有共同性的，譬如阔叶类、针叶类等，杨树叶类、松树叶类等，就是概括了不同类别叶子的共同特点。然而，无论阔叶类、针叶类等，还是杨树叶类、松树叶类等，它们都只存在于每一片个别的、具体的叶子之中，并不离开具体的叶子而单独存在。可以说，尊重自然、关爱自然、保护自然是人类自然观的一个共同的价值选择。但是，在阶级社会中，不同的阶级，其自然观的价值选择是不同的。所谓"普世价值"，即超历史、超阶级、永恒的，超越一切人类价值，普遍适用于世上一切价值判断，这是荒谬的价值观。

　　要真正搞清楚没有"普世价值"，却有"共同价值"这个问题，就必须首先搞清楚个别与一般、个性与共性、特殊与普遍的哲学道理。

　　马克思主义哲学认为，个别、个性、特殊就是指单个的、具体的、实实在在的客观存在物。一般、共性、普遍则是指不同客观存在物之间在本质上的共同点。个别是具体的、特殊的、活生生的、实实在在的，是现实客观存在的，而一般则是普遍的、抽象的、干巴巴的，是从个别中抽象出来的体现某类东西的共同点的概念。某类东西的共同点只存在于现实客观存在物之中，并不单独存在。比如说，人们见到的狗是大狗、小狗、公狗、母狗、黑狗、黄狗……不同种类的千差万别的个别的、具体的狗，而这些个别的、具体的狗都有狗的共同特征。"狗"是一切个别的、具体的狗的共同本质的抽象，它只存在于每个具体的狗之中，并不单独存在。这就好比，人们只见过个别的、具体的狗，谁也没有见过抽象的狗。又比如，"红"只是一个抽象概念，一说到"红"，人们总觉得有一个什么红的东西。其实，"红"只是从无数个具体事物中抽象而来，并存在于具体事物之中的红的共

同性，只是"红"的概念，并不是什么红的东西。只有认识到，"狗"的概念不等于每个存在的个别的、具体的狗，"红"的概念并不红，"动"的概念并不动，"变"的概念并不变，这才算是懂得了个别与一般、具体与抽象的区别。一般、普遍、共同是有的，但只存在于个别之中，没有离开个别而单独存在的一般。

可以更形象地说，人们所看到的人是一个一个具体的人，或是男人，或是女人；或是黄种人，或是白种人，或是黑种人……这些一个一个的具体的人就是个别，个别的人是具体的、生动的、实实在在的。而人们所说的人，则是一个概念，是一般，是从所有个别人中抽取出来的人的共同本质。谁也没有见过不男不女、不中不西、不黑不白、不老不少，既不是张三，也不是李四的抽象的人。人的共同本性是从无数具体人中抽象出来的一般，是抽象的概念，只存在于个别人之中。价值也是如此，世上只存在千差万别的个别的具体人所秉持的价值认知，这些个别的具体的人的价值认知当然在价值取向上是有共同点的，但是却没有离开个别的、具体的、历史的人的价值选择而独立存在的共同价值，更没有所谓的"普世价值"。这就好比人的灵魂与躯体的关系，灵魂存在于躯体之中，没有离开躯体而单独存在的灵魂。躯体不在了，灵魂自然也就没有了。

对于个别与一般的关系，如果离开唯物辩证法，人类就会陷入认识的误区。人类的认识，总是从认识个别到认识一般、从认识具体到认识抽象，这是人的认识的一个飞跃，这个飞跃意义重大。但真正把个别与一般的辩证关系搞清楚，却并不容易。错把一般概念也当作真实存在的东西，这种认识上的失误，在人类认识史上历来存在。在我国古代哲学史上，先秦时期的"辩者"提出过著名的"鸡三足"命题。在《庄子·天下篇》中记载的"辩者二十一条"中，有"鸡三足"这一命题。在《公孙龙子》的《通变论》中有更具体的记载："谓鸡足，一。数足，二。二而一，故三。"同时记有："谓牛羊足，一。数足，四。四而一，故五。"说的是同样的道理。这里的"谓"，即称谓，是指的一般；这里的"数"，是具体的鸡和牛羊的具体的足的数目，是鸡或牛羊足的个别。一般的鸡足加个别的鸡足，则为"鸡三足"，实际上一般的鸡足，只是一个概念，存在于诸多个别鸡的足之中，它本来并不存在。

本来，一般存在于个别之中，在具体的鸡或牛羊足之外，并不独立存在一个作为一般、"共相"的鸡或牛羊的足。在这个命题中，把一般作为脱离个别的独立存在与个别的具体的东西相提并论，这就得出了"鸡三足"之类荒谬的结论。比如说，人们看见过一千只狗，由此得到狗的概念，这个狗的概念并不是第一千零一只狗，而是另外的事。"一般存在于个别之中"，"个别就是一般"，"任何个别（不论怎样）都是一般"。在个别的事物中，蕴含着一般的、普遍的、共同的本质和规律；如果离开了个别的、具体的事物，一般就是空洞的、虚幻的、没有内容的。不能设想，离开了一个个具体的、个别的特殊客观存在物，还能存在什么抽象的、一般的普遍客观存在物。人类的共同价值也是一样的，它只存在于每个具体的主体与客体的满足与意义的价值关系之中。人类的价值判断只存在于千千万万的具体人的具体价值判断之中，根本不存在离开具体的价值判断而单独存在的共同价值，更不可能存在超越一切具体的主体与客体的价值关系的所谓"普世价值"。如果错把一般概念当作真实存在，就会错把共同价值当作离开个别价值而存在的真实存在，就会进而把它视作所谓的"普世价值"。

可见，人的价值是具体的、历史的、相对的。由于人类社会是不断发展变化的，主体、客体以及主客体之间的关系也不断变化，其价值关系和价值观念也要随之而改变。又由于价值是以主体为尺度的，而不同的主体处于不同的社会关系之中，具有不同的社会实践，具有不同的主体性，因而同一客体对于不同主体便具有不同的价值，主体对客体的价值判断也不尽相同。特别是在阶级社会，人的价值观念和价值判断受阶级的局限，打上了阶级的烙印。

价值不仅具有相对性、具体性，而且具有共同性、普遍性。价值的共同性是因为主体有着共同的生活环境、共同的社会需要、共同的利益要求。生活在同一个地球上的人类，即使在相互隔绝的情况下，在处理人与自然、人与社会、人与人的关系时，也会不可避免地碰到相同或相似的问题，从而产生一些共同的需要和利益，也会形成一些共同的价值关系、价值追求和价值观念。譬如尊师重教、尊老爱幼、诚实可信等价值取向，对于不同历史阶段、不同文明、不同社会、不同国度、不同阶级阶层的人来说，是有共同性的。在共同利益较多的领域或问题上，如科技进步、卫生防疫、环境保护、防灾减灾、预防犯罪等，人类的价值的共同性就较多；而在利益竞争、利益冲突较多的领域，价值的共同性就较少，如利益纷争、劳资关系、阶级矛盾、阶级冲突等方面，价值的共同性、一致性就少，差别性、对立性、冲突性就多。

人类文明的发展是一个不断累积和进步的过程，每一代人都在前人的基础上进行创造。文明的积累、进步既包括同一种文明纵向的继承，也包括不同文明横向的借鉴、吸收和融合。特别是伴随着经济全球化的进程，不同国家、不同文明之间的交流、交往日益频繁，各民族的历史成为"世界历史"，人类面对的许多挑战往往超越了国界的限制，都需要团结合作、共同应对，从而需要确立一些超越国家、民族和社会制度的共同行为准则和价值准则。经济全球化愈发展，价值领域的对立性也愈发展，同时共同性也随之发展。

但是，共同价值是相对的，从来没有绝对的、完全一致的、超然存在的共同价值，更没有绝对的"普世价值"。有放之四海而皆准的真理，没有放之四海而皆准的"普世价值"。共同价值反映的是人类的某些共同需要、共同利益、共同追求，体现了人类的社会性和相互依存性，是不同的人、民族、国家之间的共性，然而却是相对的、局限的、易变的、有条件的。共同价值不可能适用于一切时代、一切国家、民族和人们，只能适用于特定时期、地域和人们，只能存在于具体的价值关系和价值观念中。即使是某些共同的价值取向，在不同的社会条件下，不同的社会地位的具体的人那里，表现也是各异的。就拿尊老爱幼来说，剥削阶级与被剥削阶级、中国人与外国人在价值取向上其表现形式和具体内容就不完全一样。共同价值更不是某类价值观比如西方资本主义价值观的普世化。

搞清楚个别与一般、具体存在与抽象概念的关系，搞清楚一般存在于个别之中，没有离开个别而独立存在的一般，人类认识是从认识个别到认识一般，没有离开个别认识的一般认识，没有离开感性认识的理性认识，就可以认识到，人的价值是具体的、历史的、相对的、阶级的（在阶级社会），并不存在什么超历史、超时空、超阶级（在阶级社会）的永恒不变的价值关系和价值理念，并没有脱离具体价值的抽象的、普遍的、一般的、绝对共同的价值。虽然人类的不同价值取向存在某些共同点，有价值共同性，但"共同价值"是有条件限制的，绝不等于无条件限制的"普世价值"。

四、什么是价值观：从来就没有超历史的、抽象的、普世的价值观

价值观是以观念形态反映出来的人的价值评价与判断的观点，是人的系统化、理论化的对价值的总看法。哲学上的价值观，本质上反映了以主体为尺度对主体与客体之间的对象化关系的总体价值认识，也就是主体对客体满足主体需要的作用与意义的价值评价的理论观点。在主体对客体能不能满足需求、在多大程度上满足需求的基础上，所必然产生的主体对客体作用与意义的价值评价，也就是主体对客体能不能满足主体的需要，并在多大程度上满足主体的需要所产生的价值判断，这种价值判断上升到理性的认识，形成系统化、理论化的观点就是价值观。价值观不等于个别的、具体的人的价值判断或价值评价，它属于世界观范畴，是人类对价值问题的世界观方法论层面的理性看法。

价值观属于意识形态上层建筑范畴。人们的社会存在决定社会意识，社会的经济基础是最基本的社会存在，在经济基础之上构成人类社会的上层建筑。上层建筑包括政治的上层建筑，如军队、警察、监狱、法庭、政党、政府等；还包括意识形态的上层建筑，如政治、哲学、历史、法律、宗教等观点，世界观、人生观、价值观等都属于意识形态上层建筑范畴。既然价值观属于意识形态范畴，就带有鲜明的意识形态属性。譬如艺术作品，确实有无鲜明意识形态色彩的山水画，也有无标题音乐等，但是作者创作这些艺术作品时，是带有强烈的感情色彩和意识形态取向的，观众在欣赏这些艺术作品时，也会从自己的立场和意识形态取向出发来解读它们。西方资产阶级文艺复兴时期的许多艺术作品，作者就是带有强烈的资产阶级意识形态取向的，在受众中也会产出这样的意识形态效果。鲁迅说得好："穷人决无开交易所折本的懊恼，煤油大王哪会知道北京捡煤渣老婆子身受的酸辛。饥区的灾民，大约总不去种兰花，像阔人的老太爷一样，贾府上的焦大，也不爱林妹妹的。"[①]价值观既然属于意识形态范畴，它自然受经济基础，乃至政治上层建筑所决定、所制约，同时它又反作用于经济基础，乃至政治上层建筑，人们的实践、言行和道德直接受某种价值观

---

① 《鲁迅全集》第 4 卷，人民文学出版社 2005 年版，第 208 页。

的导向、制约和影响。当前，构建和践行社会主义核心价值观，具有重大现实意义。

价值观是一个历史范畴。在不同的历史条件下，社会价值观也是随着历史条件的变化而变化。原始社会人们的价值观与阶级社会人们的价值观就不同，不同的阶级社会形态、不同阶级属性的价值观也是不同的。奴隶社会的主流价值观不同于封建社会的主流价值观，封建社会的主流价值观不同于资本主义社会的主流价值观，资本主义社会的主流价值观不同于社会主义社会的主流价值观。

在阶级社会里，价值观是一个阶级的范畴，自有阶级社会以来，价值观就具有阶级性。在奴隶社会，有体现奴隶主阶级立场和利益的奴隶主阶级的价值观。在封建社会，有地主阶级的价值观。在资本主义社会，有资产阶级价值观，也有工人阶级价值观。工人阶级价值观是依存于新的社会生产力和新的生产方式而形成的价值观，是社会主义、共产主义的价值观，是马克思主义所倡导的科学价值观。

哲学上的价值观主要侧重于对人的价值的评价，严格地讲是对人的价值的总看法，如对某个历史人物的价值判断、对某个历史事件的价值判断等，都直接受人们所持有的价值观的影响与制约。世界观决定人生观，从而决定价值观。有什么样的世界观，也就有什么样的价值观。当然，某种价值观也体现并影响着某种世界观。关于人的价值，不同的立场、不同的世界观和人生观，价值判断的标准是不一样的。立场不同、世界观不同，人生观则不同，从而价值观也不同。用马克思主义世界观和人生观对人的价值进行评价判断，那么一个人首先应当考虑自己活着对国家、民族、集体、他人有没有用，有没有贡献，这是正确的价值观；对社会有价值，才能实现个人的自我价值，人活得才有意义，这是正确的自我价值观。不同的价值观对人的社会价值和个人自我价值取向不同，马克思主义价值观是人的社会价值与个人自我价值相统一的价值取向，是既务实又崇高的科学价值观。

价值观是历史的、具体的，从来就没有超历史的，抽象的，适用于一切社会、一切阶级、一切人的"普世价值观"。

五、什么是"普世价值"："普世价值"是违反科学的骗人说教，是特定的政治概念，是某些西方势力的意识形态政治工具

前面对价值和价值观做了哲学上的研究和讨论。现在我们可以对"普世价值"做一个科学的判断和政治的定性分析。西方资本主义的"普世价值"话语实质是西方资本主义意识形态的"普世价值观"。

第一，"普世价值观"是资本主义的、唯心主义的、反科学的、欺骗性的价值观。

离开个别的、具体的、历史的、阶级的价值观而单独存在的，超越一切个别、具体、历史、阶级的"普世价值观"是根本不存在的。所谓"普世价值"的说法就如同宣扬人死了以后灵魂仍然存在，在活生生的现实的人之外还存在上帝、鬼神，还存在脱离一切物质的精神一样，充其量不过是为资本主义的政治需要服务的、唯心主义的价值观，是欺人欺世的欺骗把戏。

第二，"普世价值观"是政治概念，是为西方资本主义政治服务的意识形态工具。

世界近代以来，某些西方势力宣传"教会是超国家、超民族、超阶级的普世实体"，提倡宗教普世主义，以配合西方殖民主义、资本主义、帝国主义的文化侵略和精神奴役，服从并服务于西方资本主义、帝国主义对他国、他民族的控制、掠夺和奴役。20世纪中期，为挽救资本主义的经济、政治和精神的危机，某些西方势力适应西方资本主义政治需要，倡行"全球伦理""普世运动"，加大推广西方资本主义意识形态的力度，以维持和巩固资本主义的统治地位。进入21世纪以来，某些西方势力更是赤膊上阵，大力推行"普世价值"，以挽救资本主义制度的整体败落，"颜色革命"西方国家所不喜欢的国家，"和平演变"社会主义国家。

"普世价值"作为西方资本主义意识形态的强势话语，有其特定的政治含义，是西方资本主义意识形态的攻击武器，已成为西方资本主义实现其在政治、经济、文化霸权的政治工具。西方资本主义的代言人塞缪尔·亨廷顿说："普世文明的概念是西方文明的独特产物……普世文明的概念有助于为西方对其他社会的文化统治和那些社会模仿西方的实践和

体制的需要作辩护。普世主义是西方对付非西方社会的意识形态。"①亨利·基辛格曾直言不讳地论述，美国要通过推行西方价值观来"重塑世界面貌"，"演变"与西方价值观不同的国家，力促通过价值观使中国重蹈苏联、东欧覆辙的策略；并明确说道："美国自建国以来笃信自己的理想具有普世价值，声称自己有义务传播这些理想。这一信念常常成为美国的驱动力。"②

某些西方势力大肆倡导"普世价值"的政治目的，实质上是强制推行资本主义的政治理念和制度模式。"普世价值"在某种意义上，则是西方资本主义政治制度及其体制的代名词。不错，自由、民主、人权是人类共同的价值追求。但是自由、民主、人权又是具体的、历史的、相对的，从来就没有抽象的、超历史的、超阶级的、普世的自由、民主与人权。不同的历史时代、不同的社会形态、不同的国家、不同的阶级、不同社会地位的人们，对自由、民主、人权的理解和要求是不同的，实现形式和途径也各不相同，人世间没有完全一样的自由、民主、人权模式，没有普遍适用的自由、民主、人权的制度、体制、机制。就自由、民主、人权的本质来说，资产阶级有资产阶级的自由、民主、人权观，工人阶级有工人阶级的自由、民主、人权观，西方有西方的自由、民主、人权，中国有中国的自由、民主、人权。然而，就自由、民主、人权的具体形式来说，在同样的西方资本主义国家，也是不同的，美国式的民主与英国式的民主就不同。把西方自由、民主、人权绝对化、抽象化、"普世化"，把资本主义自由、民主、人权理念与制度模式转化成"普世价值"，实质上是企图通过"普世价值"来推销资本主义制度模式，"颜色革命""和平演变"西方国家认为是异类的国家。资本主义国家的政治，是资产阶级少数人的政治。资产阶级的民主，是资产阶级少数人的民主。资产阶级所追求的自由无非是拥有私有财产的自由，是资本自由贸易、自由竞争的自由，本质上是资本剥削劳动的自由。资本主义国家宣扬的人权也不是抽象的，而是具体的、历史的，资产权是一切人权的基础，资产权不平等，一切权利平等就都是空洞的。在西方资本主义社会现实中，资本、金钱、财富决定一切，决定人的自由度，

---

① 塞缪尔·亨廷顿：《文明的冲突与世界秩序的重建（修订版）》，新华出版社 2010 年版，第 45 页。
② 亨利·基辛格：《论中国》，中信出版社 2011 年版，第 517 页。

决定人的社会地位、政治权利，决定人们享有的人权水平。掀去资本主义人权说的表层面纱，它实质上只不过是资产阶级的统治权、剥削权、压迫权和侵略权。

对于西方资本主义的自由、民主、人权的"普世价值"说教，中国人民其实并不陌生。鸦片战争以后，中国沦为半殖民地半封建社会，国家积贫积弱。求独立、求解放、求自由、求进步、求幸福的中国人，千辛万苦、如饥似渴地向西方寻求救国救民的道理。西方的各种"主义"，纷至沓来；西方各式各样的民主模式，如君主立宪制、多党制、总统制等都在中国试过水，结果都行不通。事实证明，脱离中国实际，全盘照搬西方资产阶级自由、民主、人权制度模式，只能是水土不服，注定要失败。今天的实践证明，只有中国特色社会主义制度、道路才适合中国的实际。

"普世价值"今天被某些西方势力热炒，是醉翁之意不在酒，司马昭之心路人皆知。他们所宣扬的"普世价值"不是一般意义上的人类共同价值，而是专指西方资本主义政治理念和制度模式。他们一方面把西方资本主义制度模式说成是"普世价值"，一方面把中国一切不好的东西都归咎于社会主义制度体制，鼓吹中国只有接受"普世价值"才有前途，其用意就是颠覆中国特色社会主义制度，推翻工人阶级、劳动人民当家作主的人民民主专政的社会主义国体，推翻中国共产党的领导。

第三，某些西方势力竭力倡导"普世价值观"，只不过是打着骗子的幌子，在价值取向、价值是非判断上，使用的却是双重价值标准。

某些西方势力在大力推行"普世价值"的过程中，使用的是双重价值标准。对他国他人，它使用"普世价值"来判断是非，对自己则使用另外一套政治标准来判断是非。一方面，它利用"普世价值"到处标榜民主、自由、平等、博爱、人权等西方政治理念，对待凡是它不喜欢的国家就借机安上"专制""残暴""邪恶""暴力""反人类""不民主""不自由""不平等"的罪名，企图颠覆之；而另一方面，它自己却不受"普世价值"的任何价值的、道德的约束，为了达到自己不可告人的政治目的，不惜使用武力干涉他国内政，派飞机、军舰、大炮、高新技术武器，狂轰滥炸，大打出手，滥杀无辜。远的不说，就说20世纪90年代以来，某些西方势力发动的海湾战争、阿富汗战争、科索沃战争、南斯拉夫战争、利比亚战争、叙利亚战争……至今，一个个国家沦为乱局，成千上万贫民惨遭杀戮，难民泛滥，民不聊生，这难道就是"普世价值观"所宣扬追求的自由、民主、人权吗？

学会运用习近平新时代中国特色社会主义思想所贯穿的马克思主义思想方法和工作方法*

习近平新时代中国特色社会主义思想既部署"过河"的方向和任务，又指导如何解决"桥或船"的问题，为我们认识问题、分析问题和解决问题提供了有效的"武器"和"钥匙"。

学懂弄通做实习近平新时代中国特色社会主义思想，最根本的就是认真学习、深刻领会、牢固把握、灵活运用贯穿其中的马克思主义哲学世界观方法论，也就是马克思主义思想方法和工作方法。一定要学会运用习近平新时代中国特色社会主义思想所贯穿的马克思主义思想方法和工作方法，认识和解决新时代中国特色社会主义的一系列重大理论和实践问题，认识和解决我们面临的纷繁复杂的实际工作问题，不断增强马克思主义哲学智慧，切实提升分析解决实际问题的思想水平和工作能力。

一、高度重视马克思主义思想方法和工作方法的学习和运用

世界观是人们对世界的总体看法，是人们认识世界的思维方式；方法论是人们改造世界的根本方法，是人们改造世界的工具手段。世界观解决"怎么看""是什么"的问题，方法论解决"怎么干""干什么"的问题。马克思主义哲学世界观和方法论是有机统一、不可分割的，同时又是有区别的。当用于观察认识世界时，就是世界观；当用于改造世界时，就是方法论。比如辩证法，既是世界观又是方法论。毛泽东同志指出："这个辩证法的宇宙观，主要地就是教导人们要善于去观察和分析各种事物的矛盾的运

---

　　* 本文发表于《世界社会主义研究动态》2017 年 3 月 20 日。以《学会运用马克思主义思想方法和工作方法》为题发表于《马克思主义哲学论丛》2018 年第 2 辑，总第 27 辑。

动，并根据这种分析，指出解决矛盾的方法。"①按辩证法看世界，世界就是辩证的，就起到了世界观的作用；用辩证法改造世界，就成为改造世界的工具手段，就起到了方法论的作用。

列宁指出："马克思的哲学是完备的哲学唯物主义，它把伟大的认识工具给了人类，特别是给了工人阶级。"②马克思主义哲学，即辩证唯物主义和历史唯物主义是一个科学的哲学理论体系，也是一个科学的世界观和方法论体系，又是一个正确的思想方法和工作方法体系。马克思主义思想方法和工作方法是马克思主义哲学世界观和方法论在实践中的具体运用，即马克思主义哲学世界观和方法论的实践化、具体化。马克思主义思想方法是指用马克思主义哲学世界观指导人们观察认识世界的思维方式，也就是解决"怎么看""是什么"的问题；马克思主义工作方法主要是指运用马克思主义哲学方法论指导人们分析改造世界的工具手段，也就是解决"怎么干""干什么"的问题。

同马克思主义世界观和方法论一样，马克思主义思想方法和工作方法也是有机统一、不可分割的。任何方法论离不开世界观的指导，而任何世界观如果不用于解决实际问题、不用于改造世界，那就是空洞的理论。思想方法指导工作方法，思想方法不对头，工作方法就不对头。同时，不把思想方法运用到实践、延伸到工作方法，思想方法就是空洞无用的。把思想方法和工作方法统一在一起，是马克思主义哲学的一大特点，是马克思主义哲学世界观和方法论不可分割地统一在实践中的重要特征表现。在认识和改造世界过程中，必须坚持马克思主义思想方法和工作方法的统一。

实践性是马克思主义哲学最显著的特点，是区别于其他哲学的显著标志。马克思主义哲学具有其他一切旧哲学所无法比拟的得天独厚的优势，具有强烈实践性的思想方法和工作方法功能。马克思主义哲学不仅在于解释世界，更重要的在于改造世界，最终落脚于改造世界的实践活动。马克思主义思想方法和工作方法是科学的，因为它的理论基础是马克思主义哲学世界观和方法论；马克思主义思想方法和工作方法是实践的，因为马克思主义哲学不仅具有科学性，还具有实践性。马克思主义思想方法和工作

---

① 《毛泽东选集》第 1 卷，人民出版社 1991 年版，第 304 页。
② 《列宁选集》第 2 卷，人民出版社 1995 年版，第 311 页。

方法辩证统一于认识和改造世界的社会实践活动中。恩格斯指出："马克思的整个世界观不是教义，而是方法。它提供的不是现成的教条，而是进一步研究的出发点和供这种研究使用的方法。"①列宁指出："马克思主义者从马克思的理论中，无疑地只是借用了宝贵的方法。"②习近平总书记强调："坚持以马克思主义为指导，最终要落实到怎么用上来。'凡贵通者，贵其能用之也。'"③坚持马克思主义哲学世界观和方法论，必须学会运用正确的思想方法和工作方法指导认识世界、改造世界的实践活动，这始终是马克思主义政党思想建设的重大任务。

对于马克思主义政党来说，思想方法和工作方法是在实际工作中如何运用马克思主义指导实践的问题，是党的理论、路线和策略的重要组成部分。抓工作、办事情，没有正确的思想方法和工作方法是不行的。如果不采取正确的思想方法和工作方法，就会使工作遭受损失。能否进行正确的实践，取得预想的工作成效，在一定条件下取决于人们采取的思想方法和工作方法是否正确。对于一个政党来说，思想方法和工作方法错误了，理论、路线、大政方针就会错误，行动也会错误。即使有正确的理论、路线、方针和政策，如果具体行动者的思想方法和工作方法错了，落实到实际工作中仍然会出现偏差或失误。中国特色社会主义进入新时代，我们的思想方法和工作方法也要迅速跟上新时代，才能更好地实现十九大确立的奋斗目标。

中国共产党历来重视马克思主义思想方法和工作方法的学习和运用。在革命战争年代，毛泽东同志指出，我们"不但应当了解马克思、恩格斯、列宁、斯大林他们研究广泛的真实生活和革命经验所得出的关于一般规律的结论，而且应当学习他们观察问题和解决问题的立场和方法"④，"学会把马克思列宁主义的理论应用于中国的具体的环境"⑤。邓小平同志在总结社会主义建设经验教训时强调："主要的是要用马克思主义的立场、观点、方法来分析问题，解决问题。马克思主义的活的灵魂，就是具体地分析具

①《马克思恩格斯选集》第 4 卷，人民出版社 1995 年版，第 742—743 页。
②《列宁选集》第 1 卷，人民出版社 1995 年版，第 60 页。
③ 习近平：《在哲学社会科学工作座谈会上的讲话》，人民出版社 2016 年版，第 13 页。
④《毛泽东选集》第 2 卷，人民出版社 1991 年版，第 533 页。
⑤《毛泽东著作选读》（上册），人民出版社 1986 年版，第 288 页。

体情况。"①习近平总书记反复强调全党要学习和掌握马克思主义哲学，坚持马克思主义思想方法和工作方法，从纷繁复杂的事物表象中把准脉搏、掌握规律，在对历史的深入思考中做好现实工作，更好地走向未来，不断开创马克思主义在中国发展的新境界。完成党的十九大提出的战略任务，迫切需要我们学会马克思主义思想方法和工作方法，提高思想水平，提升工作能力。

二、习近平新时代中国特色社会主义思想树立了灵活运用马克思主义思想方法和工作方法的光辉典范

习近平新时代中国特色社会主义思想蕴含着辩证唯物主义和历史唯物主义哲学精华，蕴含着马克思主义思想方法和工作方法思想精髓，为我们树立了灵活运用马克思主义思想方法和工作方法的光辉典范。掌握马克思主义思想方法和工作方法，说到底就是要求我们站在马克思主义世界观和方法论的高度，从马克思主义一贯坚持的基本立场出发观察世界，掌握马克思主义一贯坚持的基本观点认识世界，运用马克思主义一贯坚持的基本方法改造世界。

第一，坚持以人民为中心的立场是马克思主义思想方法和工作方法的根本落脚点。

是不是站在工人阶级和广大劳动人民的立场上认识问题、解决问题，这是马克思主义思想方法和工作方法区别于其他哲学思想方法和工作方法的显著特征。马克思主义思想方法和工作方法作为工人阶级的科学世界观和方法论，是科学性与价值性的统一，具有鲜明的党性原则和政治立场。马克思主义从不掩饰认识和解决问题的政治立场，这使其与一切打着价值中立的旗帜、鼓吹进行"纯粹客观"研究的旧哲学的思想方法和工作方法从根本上区分开来。马克思说："哲学把无产阶级当作自己的物质武器，同样，无产阶级也把哲学当作自己的精神武器。"②观察问题的立场不同，对问题的认识就不同，解决问题的方法也不同，实践的结果更不同。

---

① 《邓小平文选》第 2 卷，人民出版社 1994 年版，第 118 页。
② 《马克思恩格斯全集》第 3 卷，人民出版社 2002 年版，第 214 页。

习近平总书记为我们确立了以人民为中心的思想方法和工作方法的立场导向和价值取向，为我们树立了尊重人民主体地位、聚焦人民实践创造的学习榜样。习近平新时代中国特色社会主义思想一以贯之地贯穿着以人民为中心这一马克思主义思想方法和工作方法的基本立场。世界上从来就没有纯而又纯的无立场的思想方法和工作方法，为少数人还是为绝大多数人，是区分马克思主义思想方法和工作方法与其他思想方法和工作方法的首要问题。习近平总书记指出："人民立场是中国共产党的根本政治立场，是马克思主义政党区别于其他政党的显著标志。"[1] "党的一切工作，必须以最广大人民根本利益为最高标准。检验我们一切工作的成效，最终都要看人民是否真正得到了实惠，人民生活是否真正得到了改善，人民权益是否真正得到了保障。"[2]对于马克思主义思想方法和工作方法而言，为什么人的问题是根本性、原则性问题。一切为了人民，一切依靠人民，一切从人民出发，是马克思主义思想方法和工作方法认识一切问题、分析一切问题、解决一切问题的着眼点和落脚点。在习近平新时代中国特色社会主义思想中，人民占据着最高位置。人心是最大的政治，人民立场是最为根本的立场，这就决定了我们观察问题、认识问题、分析问题、解决问题的认识准则、判断准则和行动准则。

第二，坚持实事求是、一切从实际出发的思想路线，是马克思主义思想方法和工作方法的基本出发点。

列宁指出，"马克思主义是以事实，而不是以可能性为依据的"[3]，"我们要从实际情况出发来讨论问题"[4]，"这在政治上永远是最好的和唯一正确的原则"[5]。实事求是、一切从实际出发是马克思主义哲学的精髓要义，是马克思主义思想方法和工作方法的精髓要义，也是习近平新时代中国特色社会主义思想的精髓要义。实事求是、一切从实际出发，是我们党运用马克思主义思想方法和工作方法认识和解决问题一贯秉持的基本出发点。习近平总书记指出："实事求是，是马克思主义的根本观点，是中国共产党人

① 习近平：《在中国共产党成立 95 周年大会上的讲话》，人民出版社 2016 年版，第 18 页。
② 《习近平谈治国理政》，外文出版社 2014 年版，第 28 页。
③ 《列宁全集》第 35 卷，人民出版社 1959 年版，第 203 页。
④ 《列宁全集》第 7 卷，人民出版社 1959 年版，第 141 页。
⑤ 《列宁全集》第 20 卷，人民出版社 1958 年版，第 272—273 页。

认识世界、改造世界的根本要求，是我们党的基本思想方法、工作方法、领导方法。不论过去、现在和将来，我们都要坚持一切从实际出发，理论联系实际，在实践中检验真理和发展真理。"①

马克思主义思想方法和工作方法本身就是实事求是思想路线的产物。对于中国共产党人而言，实事求是从来就不是一个抽象空洞的哲学命题，而是解决现实问题的强大思想武器。在 90 多年历程中，中国共产党人就是用实事求是、一切从实际出发这把钥匙，打开了中国历史发展的一个又一个关键点，开启了马克思主义中国化的一个又一个新境界。其间所经历的成功和胜利，无不得益于坚持实事求是思想路线；所遭遇的挫折和失误，也无不源于背离了实事求是这一思想路线。

习近平新时代中国特色社会主义思想本身就是坚持实事求是思想路线、准确把握客观实际、科学掌握客观规律的创新成果。习近平总书记牢牢坚持实事求是这一精髓，深刻把握当今世界发展不断变化的特征，正确认识和把握我国社会发展的阶段性特征，牢牢把握中国仍处于并将长期处于社会主义初级阶段的最大国情，并从这一最大的实际出发，科学总结十八大以来我国发展的历史性变革，准确判断中国特色社会主义进入一个新时代，前进到一个新的历史起点上，进而提出解决中国与世界当代问题的科学方案。这一过程，既是运用马克思主义思想方法和工作方法进行理论探索的过程，也是运用马克思主义思想方法和工作方法实践探索的过程，更是不断开辟 21 世纪当代中国马克思主义发展新境界和中国特色社会主义新境界的过程。

第三，坚持唯物辩证法的思维方式，是马克思主义思想方法和工作方法的锐利思想武器。

唯物辩证法要求我们必须运用辩证思维方式和工作方法认识和解决问题。习近平新时代中国特色社会主义思想处处体现着唯物辩证法的思想方法和工作方法。习近平总书记号召我们要提高辩证思维能力，就是要求我们充分掌握唯物辩证法的思想方法和工作方法，唯物辩证地而不是唯心形而上学地、客观地而不是主观地、发展地而不是静止地、全面地而不是片

---

① 习近平：《在纪念毛泽东同志诞辰 120 周年座谈会上的讲话》，人民出版社 2013 年版，第 15 页。

面地、系统地而不是零散地、普遍联系地而不是孤立地观察事物，在矛盾双方对立统一的过程中把握住事物的发展规律，克服极端化、片面化，从而达到分析问题、解决问题的目的。习近平总书记要求我们提高辩证思维能力，把辩证思维与战略思维、历史思维、创新思维、底线思维统一起来，作为一个完整的思想方法和工作方法体系予以学习掌握，并运用到解决中国的实际问题中去。习近平总书记不仅强调学习唯物辩证法的极端重要性，还为我们提供了坚持唯物辩证法、坚持辩证思维，灵活运用马克思主义思想方法和工作方法的学习榜样。

第四，坚持唯物史观基本观点对社会问题进行历史思维，是马克思主义思想方法和工作方法的历史观总看法总方法。

唯物史观是马克思主义关于社会历史发展问题的哲学总观点、总说明和总方法，是我们共产党人观察和解决一切社会历史问题的望远镜、显微镜和金钥匙，也是习近平新时代中国特色社会主义思想的历史观依据和方法论武器。习近平总书记指出："历史和现实都表明，只有坚持历史唯物主义，我们才能不断把对中国特色社会主义规律的认识提高到新的水平，不断开辟当代中国马克思主义发展新境界。"[1]历史和现实不可辩驳地证明，中国革命、建设和改革开放取得的每一个伟大胜利，都离不开唯物史观的正确指导和成功运用。习近平总书记站在新的历史起点上，自觉运用生产、群众和社会基本矛盾等唯物史观基本观点，运用唯物史观思想方法和工作方法，深刻思考当代中国和当今世界的重大理论和实践问题，准确把握人类历史发展的基本规律和总趋势，把握中国共产党、中华人民共和国和中国特色社会主义的发展规律和发展趋势，把树立坚定的共产主义远大理想和中国特色社会主义共同理想高度统一起来，科学回答了中国当代社会发展的一系列重大问题，提出新时代坚持和发展中国特色社会主义的一系列战略、策略和举措，扎实推进中国特色社会主义伟大实践，为我们树立了运用唯物史观思想方法和工作方法认识社会、改造社会的成功范例。

---

① 中共中央宣传部编《习近平总书记系列重要讲话读本》，人民出版社、学习出版社 2016 年版，第 175 页。

三、不断提高掌握马克思主义思想方法和工作方法的能力水平

一种哲学的生命力，不仅取决于其逻辑论证是否严密，概念体系是否完备，而且在更为根本的意义上取决于它能否成为一个时代的思想旗帜，能否成为人民群众的理论指南和价值取向，能否成为人民群众所接纳的思想方法和工作方法，一句话，即能否为人民所用、满足实践所需。习近平新时代中国特色社会主义思想是科学世界观和方法论的有机统一，是马克思主义思想方法和工作方法的有机统一。它既部署"过河"的方向和任务，又指导如何解决"桥或船"的问题，为我们认识问题、分析问题和解决问题提供了有效的"武器"和"钥匙"。学习习近平新时代中国特色社会主义思想，要深刻理解领悟其哲学智慧，切实做到真学真懂真信真用其所蕴含的马克思主义思想方法和工作方法，不断提高解决实际问题的能力。

学懂，就要在读原著、学原文、悟原理上下功夫。习近平新时代中国特色社会主义思想既有谋划全局的宏观思考，又有解决问题的方法指南，蕴含着极其丰富思想方法和工作方法的思想光芒。要主动而不是被动地学习、持之以恒而不是一朝一夕地学习，做到深学深悟、常学常新。要突出问题导向，带着问题学、跟着时代学、抓着精髓学，力求把握其内在的马克思主义的思想方法和工作方法的实质。

弄通，就要在全面准确、融会贯通上下功夫，深刻领会、准确掌握其思想真谛。既要把习近平新时代中国特色社会主义思想作为一个完整的科学理论体系来把握，又要全面系统地理解和掌握其中所体现的马克思主义思想方法和工作方法，既要关注其站在新的时代高度，面向新的实践，不断开辟21世纪当代中国马克思主义发展新境界，还要把它作为马克思主义思想方法和工作方法来把握，切实领会其认识问题、分析问题、解决问题的要义实质。

做实，就要在知行合一、学以致用上下功夫。运用是学习的根本目的。学习和运用马克思主义思想方法和工作方法是我们党的优良传统。学习习近平新时代中国特色社会主义思想，就是要在学中用，在用中学，牢牢掌握马克思主义思想方法和工作方法，把学习成果转化为提高判断形势、解决问题、推动工作的能力水平，切实运用到建设中国特色社会主义的伟大

实践中去。

开辟新时代、开启新征程、开创新局面、开发新气象，必须认真学习和深刻领会习近平新时代中国特色社会主义思想所秉持的马克思主义思想方法和工作方法，把成就现在、开启未来的钥匙掌握在自己手中，在时代前进的滚滚洪流中，在人类进步的历史进程中，书写中国特色社会主义伟大事业的新篇章。

开辟 21 世纪当代中国马克思主义哲学发展新境界*

——习近平总书记"7·26"重要讲话精神学习体会

    2017 年习近平总书记发表的"7·26"重要讲话，通篇贯穿了马克思主义哲学真理。他站在辩证唯物主义和历史唯物主义的世界观和方法论高度，科学分析了国际国内形势，深刻阐述了十八大以来 5 年党和国家发展的历史性变革，深刻阐述了新的历史条件下坚持和发展中国特色社会主义的一系列重大理论和实践问题，深刻阐述了未来一个时期党和国家事业发展的大政方针和行动纲领，提出了一系列新的重要思想、重要观点、重大判断、重大举措，是一篇马克思主义的纲领性文献。习近平总书记"7·26"重要讲话，不仅是党的理论的重大创新，也是 21 世纪当代中国马克思主义哲学的重大创新。

一、坚持和发展马克思主义哲学的光辉典范

    马克思主义哲学是迄今人类理论思维的最高峰，是中国共产党人全部思想、路线和行动的哲学和理论指南。170 多年前，马克思主义哲学的诞生实现了人类思想史上的一场划时代的变革。它不仅开创了哲学发展的新纪元，而且引导世界进步力量极其深刻地改变了人类历史发展的进程，改变了整个世界的面貌。随着十月革命的炮声，马克思主义传播到中国，为中国先进知识分子和人民群众所接受，迅速改变了中国人民的精神面貌，改变了数以亿计中国人民的历史命运。毛泽东同志在 1949 年撰写的《唯心历史观的破产》中指出："自从中国人学会了马克思列宁主义以后，中国人

* 本文发表于《社科党建》2017 年第 4 期，《中国社会科学报》2017 年 8 月 29 日，《世界社会主义研究动态》2017 年 8 月 25 日，《世界社会主义研究》2017 年第 9 期。

在精神上就由被动转入主动。"①由此,古老的中国结束了在黑暗中摸索的历史,开辟了一条革命建设改革发展的中国道路,产生了马克思主义中国化的两大理论成果及其哲学思想——毛泽东思想和中国特色社会主义理论体系及其哲学思想。

党的十八大以来,习近平总书记围绕改革发展稳定、内政外交国防、治党治国治军发表了一系列重要讲话,这些重要讲话集中凝练为治国理政新理念新思想新战略。习近平总书记系列重要讲话精神和治国理政新理念新思想新战略是 21 世纪当代马克思主义中国化的新成果,是对中国特色社会主义理论体系的丰富、创新和发展,为我们在新的历史起点上实现伟大奋斗目标提供了基本遵循和理论指南。

习近平总书记系列重要讲话精神和治国理政新理念新思想新战略蕴含着极其丰富的哲学思想,不仅为我们树立了灵活运用马克思主义哲学的光辉典范,而且开辟了 21 世纪中国马克思主义哲学发展的新境界,是马克思主义哲学中国化、时代化和大众化的进一步创新发展,让当代中国马克思主义哲学放射出更加灿烂的真理光芒。

从习近平总书记系列重要讲话精神和治国理政新理念新思想新战略,到"7·26"重要讲话,我认为其中蕴含的哲学思想是:

第一,凝结了当代中国重大问题科学解决的哲学思考,开辟了马克思主义哲学中国化的新境界。

马克思指出:"理论在一个国家实现的程度,总是取决于理论满足这个国家的需要的程度。"②党的十八大以来,我们中国正在进入一个变革的时代,中国大地上正经历着广泛而深刻的历史性变革,正进行着宏大而独特的实践探索,我们党团结带领中国人民已经前进到一个新的历史发展阶段,站在了一个新的历史起点上,正在开展具有许多新的历史特点的伟大斗争。这种前无古人的伟大实践,必将遭遇一些"最宏大和最重要的问题"。怎样完成民族和国家从站起来、富起来到强起来的历史性飞跃,把伟大祖国建设成为一个社会主义现代化强国,实现中华民族伟大复兴的中国梦,这是中国共产党人所面临的最重大的历史性课题。习近平总书记强调,"解决中

---

① 《毛泽东选集》第 4 卷,人民出版社 1991 年版,第 1516 页。
② 《马克思恩格斯文集》第 1 卷,人民出版社 2009 年版,第 12 页。

国的问题只能在中国大地上探寻适合自己的道路和办法",中国的现代化只能基于"中国自己的条件",走自己的道路,而不能照搬其他的理论或别国经验。

对于"在新的历史条件下,面临新形势新需求新挑战,为什么坚持和发展中国特色社会主义,怎样坚持和发展中国特色社会主义""建设一个什么样的社会主义现代化强国,怎样建设社会主义现代化强国"这个当代中国最重大课题,习近平总书记做出了全面的哲学回答,从世界观方法论的高度解决了当代中国究竟"举什么旗,走什么路,以什么样的精神状态,担负什么样的历史使命,实现什么样的奋斗目标"①这一系列带有根本性的问题,在马克思主义哲学中国化的发展道路上迈出了新的重要一步。

第二,凝结了当今时代发展大趋势的哲学概括,开辟了马克思主义哲学时代化的新境界。

恩格斯指出:"每一个时代的理论思维,包括我们这个时代的理论思维,都是一种历史的产物,它在不同的时代具有完全不同的形式,同时具有完全不同的内容。"②哲学发展有其自身的规律,它是时代变迁在观念形态上的集中反映。对哲学的考察,需要将其放到时代的大坐标中来进行。历史表明,社会大变革的时代,一定是哲学大发展的时代。正如习近平总书记所说:"要跟上时代前进步伐,就不能身体已进入 21 世纪,而脑袋还停留在过去。"③

当今世界正在发生历史上最为广泛而深刻的社会变革,世界多极化、经济全球化深入发展,社会信息化、文化多样化持续推进,新一轮科技革命和产业革命正在孕育成长,今天比以往任何时候都更需要对时代精神进行深刻把握和精确表达。"这是一个需要理论而且一定能够产生理论的时代,这是一个需要思想而且一定能够产生思想的时代。"④

面对这样一个历史时代方位,习近平总书记站在马克思主义哲学的高度,系统地思考和科学回答了一系列重大课题。诸如,我们从哪里来、现

---

①《高举中国特色社会主义伟大旗帜　为决胜全面小康社会实现中国梦而奋斗》,《人民日报》2017年 7 月 28 日。

②《马克思恩格斯文集》第 9 卷,人民出版社 2009 年版,第 436 页。

③ 习近平:《积极树立亚洲安全观　共创安全合作新局面——在亚洲相互协作与信任措施会议第四次峰会上的讲话》,《人民日报》2014 年 5 月 22 日。

④ 习近平:《在哲学社会科学工作座谈会上的讲话》,人民出版社 2016 年版,第 8 页。

在在哪里、将到哪里去？在新的历史起点上，以什么样的理念引领，以什么样的思想支撑，以什么样的战略筹划，以什么样的机制保障，才能把复兴之路上的中国带入一个新的境界，才能取得中国特色社会主义现代化建设的伟大胜利，才能把剧烈变动中的世界引向一个更加美好的未来？让和平的薪火代代相传，让发展的动力源源不断，让文明的光芒熠熠生辉，让社会主义之光普照全球。这是对社会发展大趋势和历史运动大逻辑的深刻洞察和系统剖析，这是对当今时代精神之精华的准确把握和精确表达，在马克思主义哲学时代化的道路上迈出了新的重要一步。

第三，凝结了人民大众实践探索的哲学认识，开辟了马克思主义哲学大众化的新境界。

马克思主义哲学的根本特征在于，它不仅致力于科学地"解释世界"，而且致力于积极地"改变世界"。改变世界的前提在于发动改变世界的现实力量，就是最广大的人民群众。"理论一经掌握群众，也会变成物质力量。"[1]马克思主义哲学从本质上说是以人民为中心，来自人民、为了人民、依靠人民，为人民所用，属于人民的学问。马克思主义哲学必须抛弃资产阶级理论家一贯使用的神秘的哲学面纱，以人民群众喜闻乐见的形式阐述哲学道理，以人民乐于接受的话语征服群众。毛泽东同志曾经倡导："让哲学从哲学家的课堂上和书本里解放出来，变为群众手里的尖锐武器。"[2]

艾思奇的《大众哲学》影响了不止一代中国人，其中一个重要经验在于他充分考虑人民群众的思维习惯和语言习惯，把深邃的理论转变为通俗易懂的语言，把抽象的理论逻辑转变为形象的生活逻辑。

习近平总书记系列重要讲话精神和治国理政新理念新思想新战略所内含的哲学思想通过人们喜闻乐见的形式进行表达，用群众听得懂的语言讲群众听得懂的道理，在哲学理论与人民群众之间架起一座桥梁，从而取得"随风潜入夜，润物细无声"的效果。习近平总书记经常用人民群众喜闻乐见的语言方式来讲述人民群众最关注的问题，用打比方、讲故事的方式来阐述深刻的哲学道理，诸如"打老虎，拍苍蝇""踏石留印，抓铁有痕""人心就是力量""补精神之'钙'""把权力关进制度的笼子""鞋子合不合

---

① 《马克思恩格斯全集》第 1 卷，人民出版社 1956 年版，第 460 页。
② 《毛泽东文集》第 8 卷，人民出版社 1999 年版，第 323 页。

脚，自己穿了才知道""没有比人更高的山，没有比脚更长的路"等等，将"高大上"的哲学理念转化为"接地气"的生活语言，平实中蕴含着大智慧，更有一种透彻、直指人心的力量，一经传出，立即成为全民能诵的经典语录。习近平总书记为建构具有中国特色、中国风格、中国气派的马克思主义哲学中国化理论体系和话语体系做出了突出贡献，在马克思主义哲学大众化的道路上迈出了新的重要一步。

二、灵活运用马克思主义哲学基本立场、观点和方法的先锋模范

习近平总书记系列重要讲话精神和治国理政新理念新思想新战略中始终贯穿了一条红线，这就是马克思列宁主义、毛泽东思想和中国特色社会主义理论体系一以贯之的基本立场、观点和方法，即马克思主义哲学世界观方法论，它既构成了治国理政新理念新思想新战略的哲学依据，又形成了治国理政新理念新思想新战略的哲学内容。

第一，实事求是是习近平总书记系列重要讲话精神和治国理政新理念新思想新战略的哲学精髓。

实事求是是马克思主义哲学的精髓要义，是毛泽东哲学思想的精髓要义，是中国特色社会主义理论体系哲学思想的精髓要义，也是习近平总书记系列重要讲话精神和治国理政新理念新思想新战略所内含哲学思想的精髓要义。习近平总书记指出："实事求是，是马克思主义的根本观点，是中国共产党人认识世界、改造世界的根本要求，是我们党的基本思想方法、工作方法、领导方法。不论过去、现在和将来，我们都要坚持一切从实际出发，理论联系实际，在实践中检验真理和发展真理。"[1]

马克思主义哲学本身就是实事求是的产物，是马克思主义哲学的创立者和发展者对以往自然、社会和人类思维发展的"实事"、对他们所处时代的"实事"、对他们所历经的实践的"实事"，进行哲学探索和科学研究而"求"出来的"是"。对于中国马克思主义者而言，实事求是思想路线具有特殊重要的意义，作为地地道道的中国话语概括，它是马克思主义中国化的成功典范，是打造马克思主义哲学中国化理论体系和话语体系的成功标

---

[1] 习近平：《在纪念毛泽东同志诞辰 120 周年座谈会上的讲话》，人民出版社 2013 年版，第 15 页。

尺。对于中国共产党人而言，实事求是思想路线从来就不是一个抽象空洞的哲学命题，而是解决现实问题的强大思想武器。百年奋斗历程中，中国共产党人就是用实事求是这把钥匙，打开了中国历史发展的一个又一个关键点，开启了马克思主义哲学中国化的一个又一个新境界。其间所经历的成功和胜利，无不得益于实事求是；所遭遇的挫折和失误，也无不源于背离了实事求是。

习近平总书记系列重要讲话精神和治国理政新理念新思想新战略本身就是坚持解放思想、实事求是思想路线，准确把握客观实际、科学掌握客观规律的创新成果。习近平总书记牢牢坚持实事求是这一精髓，深刻把握当今世界发展不断变化的特征，正确认识和把握我国社会发展的阶段性特征，牢牢把握中国仍处于并将长期处于社会主义初级阶段的最大国情，并从这一最大的实际出发，科学总结十八大以来我国发展的历史性变革，准确判断中国特色社会主义进入一个新的发展阶段，前进到一个新的历史起点上，进而提出解决中国与世界当代问题的科学方案，并付诸实践。这一过程，既是理论探索的过程，也是实践的过程，更是不断开辟 21 世纪当代中国马克思主义哲学发展新境界的过程。

第二，以人民为中心是习近平总书记系列重要讲话精神和治国理政新理念新思想新战略的哲学立场。

马克思主义哲学作为无产阶级的科学世界观和方法论，是科学性与价值性的统一，它具有鲜明的党性原则和阶级立场，而且从不掩饰自己的立场与观点。这使其与一切打着价值中立的旗帜，鼓吹进行"纯粹客观"研究的一切剥削阶级的旧哲学从根本上区分开来。马克思说："哲学把无产阶级当做自己的物质武器，同样，无产阶级也把哲学当做自己的精神武器。"[1]

习近平总书记指出："人民立场是中国共产党的根本政治立场，是马克思主义政党区别于其他政党的显著标志。"[2]"党的一切工作，必须以最广大人民根本利益为最高标准。检验我们一切工作的成效，最终都要看人民是否真正得到了实惠，人民生活是否真正得到了改善，人民权益是否真正

---

① 《马克思恩格斯文集》第 1 卷，人民出版社 2009 年版，第 17 页。
② 习近平：《在庆祝中国共产党成立 95 周年大会上的讲话》，人民出版社 2016 年版，第 18 页。

得到了保障。"①在习近平总书记系列重要讲话精神和治国理政新理念新思想新战略中,人民占据着最高位置。人心是最大的政治,人民立场是最为根本的立场。对于马克思主义哲学而言,"为什么人"的问题是根本性、原则性问题。一切为了人民、一切依靠人民,以人民为中心是马克思主义哲学的根本立场。世界上从来就没有纯而又纯的无立场的哲学,为少数人服务还是为绝大多数人服务,是马克思主义哲学首先要回答的前提性问题。习近平总书记的哲学实践和哲学创造为我们确立了以人民为中心的立场导向和人民至上的价值取向,为我们树立了尊重人民主体地位、聚焦人民实践创造,自觉把理想追求同国家和民族发展紧密联系在一起、同服务人民和奉献社会紧密联系在一起的崇高的理想信念。确立以人民为中心的马克思主义哲学的根本立场,为开辟 21 世纪当代中国马克思主义哲学发展新境界做出了新的贡献。

第三,辩证思维是习近平总书记系列重要讲话精神和治国理政新理念新思想新战略的哲学方法。

习近平总书记系列重要讲话精神和治国理政新理念新思想新战略是科学世界观和方法论的有机统一。它既部署"过河"的方向和任务,又指导如何解决"桥或船"的问题,为我们认识问题、分析问题和解决问题提供了有效的方法"钥匙"。辩证思维,就是承认矛盾、分析矛盾、解决矛盾,善于抓住关键、认清矛盾、找准重点、洞察事物发展规律的思想方法。习近平总书记系列重要讲话精神和治国理政新理念新思想新战略处处体现着辩证思维的根本方法。比如,在分析国际国内形势时,强调要坚持"两点论",一分为二看问题,既要看到国际国内形势中有利的一面,也要看到不利的一面;在阐述全面深化改革时,指出全面深化改革是一项极其复杂的系统工程,强调胆子要大、步子要稳,"战略上要勇于进取,战术上则要稳扎稳打"②,强调"要有强烈的问题意识,以重大问题为导向"③,坚持"稳中求进的工作总基调"④;在阐述社会治理时,指出"管得太死,一潭死

---

① 习近平:《在纪念毛泽东同志诞辰 120 周年座谈会上的讲话》,人民出版社 2013 年版,第 19页。

②中共中央文献研究室编《习近平关于全面深化改革论述摘编》,中央文献出版社 2014 年版,第 145 页。

③同上书,第 38 页。

④《习近平谈治国理政》,外文出版社 2014 年版,第 111 页。

水不行，管得太松，波涛汹涌也不行"①；等等。习近平总书记号召我们要提高辩证思维能力，就是要求我们客观地而不是主观地、发展地而不是静止地、全面地而不是片面地、系统地而不是零散地、普遍联系地而不是孤立地观察事物，在矛盾双方对立统一的过程中把握住事物的发展规律，克服极端化、片面化，从而达到分析问题、解决问题的目的。习近平总书记要求我们提高辩证思维能力，要把辩证思维与战略思维、历史思维、创新思维、底线思维等统一起来，作为一个完整的科学方法论体系予以学习掌握，并运用到解决中国的现实问题中去。这就为开辟 21 世纪马克思主义哲学发展新境界提供了方法论支撑。

第四，历史思维是习近平总书记系列重要讲话精神和治国理政新理念新思想新战略的哲学观点。

唯物史观是马克思主义关于社会历史发展问题的哲学总观点和总说明，是我们共产党人在政治上观察和解决一切社会问题的望远镜和显微镜，也是习近平总书记系列重要讲话精神和治国理政新理念新思想新战略的哲学根据和理论基石。习近平总书记强调必须坚持以唯物史观为指导，强调提高以唯物史观为基础的历史思维能力，用以解决复杂的社会问题。他指出："历史和现实都表明，只有坚持历史唯物主义，我们才能不断把对中国特色社会主义规律的认识提高到新的水平，不断开辟当代中国马克思主义发展新境界。"②历史和现实的实践已经不可辩驳地证明，中国革命、建设和改革开放取得的每一个伟大胜利，都离不开唯物史观的正确指导和成功运用。习近平总书记站在新的历史起点上，自觉运用生产、群众和社会基本矛盾等唯物史观基本观点，思考当代中国和当今世界的重大理论和实践问题，准确把握人类历史发展的基本规律和总趋势，指出既要看到历史发展的光明前景，又要看到当前存在的困难和问题；既要看到在当前国际金融危机背景下资本主义必然灭亡的总趋势，又要看到资本主义依然具有自我调节的能力，总体上仍然是资强社弱，要有长期斗争的思想准备。习近平总书记运用彻底的历史唯物主义观点，坚持历史思维，要求我们必须树

---

①中共中央文献研究室编《习近平关于全面建成小康社会论述摘编》，中央文献出版社 2016 年版，第 139 页。

② 中共中央宣传部编《习近平总书记系列重要讲话读本》，人民出版社、学习出版社 2016 年版，第 281 页。

立坚定的共产主义远大理想和中国特色社会主义共同理想。没有远大理想，不是合格的共产党员；离开现实工作空谈远大理想，也不是合格的共产党员。要把远大理想和共同理想统一起来，苦干实干，扎实推进中国特色社会主义伟大实践不断前进。这就为开辟21世纪马克思主义哲学发展新境界提供了精神动力。

三、努力提高习近平总书记倡导的掌握和运用马克思主义哲学世界观和方法论的能力

一种哲学的生命力，不仅取决于其逻辑论证是否严密，概念体系是否完备，而且在更为根本的意义上取决于它能否成为一个时代的思想旗帜，能否成为人民群众的理论指南，能否成为人民群众的价值取向，能否成为人民群众的行为方式，一句话即能否为人民所用、满足实践所需。

马克思主义哲学具有其他一切旧哲学所无法比拟的得天独厚的优势。马克思主义哲学的一个根本特征在于它不仅是科学的理论体系，而且是改变世界的强大武器；不仅具有理论上的科学性，而且具有实践上的革命性。马克思主义哲学经典作家不仅是卓越的学者，而且是坚强的战士。他们的哲学智慧不仅体现在对理论问题的思考上，体现在同错误思想的斗争上，而且特别体现在实践中对重大现实问题的分析和解决上。马克思列宁主义的开创者马克思、恩格斯、列宁是这样，毛泽东思想的创立者毛泽东同志是这样，中国特色社会主义理论体系的奠基者邓小平同志是这样，习近平总书记在新的条件下，与江泽民同志、胡锦涛同志一样，继续书写中国特色社会主义理论体系的新篇章也是这样。

学习习近平总书记系列重要讲话精神和治国理政新理念新思想新战略，要深刻理解领悟其哲学智慧，切实做到真学真懂真信真用其所蕴含的哲学世界观和方法论。今天，我们学习习近平总书记系列重要讲话精神和治国理政新理念新思想新战略中所贯穿的哲学立场、观点和方法，就要把理论和实践、科学性和革命性统一起来，真正学会运用马克思主义哲学世界观和方法论解决实际问题的能力。正如习近平总书记所指出的："坚持以马克思主义为指导，首先要解决真懂真信的问题，核心要解决好为什么人

的问题，最终要落实到怎么用上来。"①

真学，就要在读原著、学原文、悟原理上下功夫。习近平总书记系列重要讲话精神和治国理政新理念新思想新战略哲学思想既有谋划全局的宏观思考，又有解决问题的方法指南，闪烁着极其丰富的思想光芒。要主动而不是被动地学习、持之以恒而不是一朝一夕地学习，做到深学深悟、常学常新。要突出问题导向，带着问题学、跟着时代学、抓着精髓学，力求把握其实质。

真懂，就要在全面准确、融会贯通上下功夫，深刻领会、准确掌握其思想真谛。要把习近平总书记系列重要讲话精神和治国理政新理念新思想新战略作为一个完整的科学体系来把握，要全面系统理解其时代背景、实践基础、科学内涵、精神实质、创新观点和重大意义，特别要关注其站在新的时代高度，面向新的实践，不断开辟 21 世纪当代中国马克思主义哲学发展新境界的巨大理论勇气和深邃哲学智慧。

真信，就要在坚定理想信念上下功夫。习近平总书记指出："崇高的理想，坚定的信念，永远是中国共产党人的政治灵魂。"②革命理想高于天。共同的理想信念和价值体系，是无产阶级政党始终保持坚强有力的思想基础，也是马克思主义哲学始终保持先进性的精神基础。理想信念的坚定，来自思想理论的坚定。要把信仰挺在前面，把学习成果转化为不可撼动的理想信念，转化为正确的世界观、人生观、价值观。

真用，就要在知行合一、学以致用上下功夫。使用是学习的根本目的。学哲学用哲学是我们党的优良传统。在学中用，在用中学，把学习成果转化为提升党性修养、思想境界、道德水准的精神营养，转化为提高判断形势、解决问题、推动工作的能力水平，并切实运用到建设中国特色社会主义的伟大实践中去，以真理之光照亮奋斗之路，以信仰之力引领复兴征程。

当今世界正处在大发展大变革大调整时期。当代中国正经历着历史上最为广泛而深刻的社会变革，也正在进行着人类历史上最为宏大而独特的实践创新。这必将给哲学创造、理论繁荣提供强大动力和广阔空间。习近平总书记系列重要讲话精神和治国理政新理念新思想新战略就是在这样一

---

① 《结合中国特色社会主义伟大实践　加快构建中国特色哲学社会科学》，《人民日报》2016 年 5 月 18 日。

② 习近平：《在纪念红军长征胜利 80 周年大会上的讲话》，人民出版社 2016 年版，第 3 页。

个需要理论而且一定能够产生理论的时代所产生的科学真理。它凝聚了当今世界的时代精神，代表了当代中国的思想高度，开辟了 21 世纪当代中国马克思主义哲学发展新境界。今天，我们要开创中华民族伟大复兴的新局面，推进中国特色社会主义现代化，就必须认真学习和深刻领会习近平总书记系列重要讲话精神和治国理政新理念新思想新战略所秉持的马克思主义哲学世界观和方法论，把开启未来的钥匙掌握在自己手中，不断在推进实践创新、制度创新、文化创新、理论创新的基础上推进哲学创新，并通过哲学创新带动并指导实践创新、制度创新、文化创新和理论创新，在时代前进的滚滚洪流中，在人类进步的历史进程中，书写中国特色社会主义伟大事业的新篇章。

努力接受《实践论》《矛盾论》的哲学滋养，运用科学的世界观方法论指导实践*

——纪念毛泽东同志《实践论》《矛盾论》发表 80 周年

今年是毛泽东同志的《实践论》《矛盾论》（以下简称"两论"）发表 80 周年。毛泽东哲学思想是毛泽东思想的哲学依据、基础、实质和重要组成部分。"两论"是中国化的马克思主义——毛泽东思想的标志性成果，是中国化的马克思主义哲学——毛泽东哲学思想的代表性著作，是毛泽东哲学思想的经典，是马克思主义世界观与方法论相统一的典范，是马克思主义与中国实际相结合的结晶。"两论"为中国共产党人认识和掌握马克思主义，确立马克思主义思想路线，实现马克思主义中国化，推动中国革命、建设和改革不断取得胜利，提供了科学的世界观和方法论，发挥了极其重要的强大思想武器作用。

党的十八大以来，在以习近平同志为核心的党中央领导下，中国特色社会主义进入了新的发展阶段。在新的历史起点上，运用"两论"的哲学智慧，从哲学高度对中国特色社会主义的理论和实践进行提炼、概括和总结，对于进一步推进实践基础上的理论创新和理论指导下的实践创新，推进中国特色社会主义伟大事业、开展伟大斗争、建设伟大工程、实现伟大梦想，具有极其伟大的理论意义和强烈的现实价值。

---

* 本文发表于《世界社会主义研究动态》2017 年 9 月 12 日，《社科党建》2017 年第 6 期，《中国社会科学报》2017 年 9 月 28 日；以《读懂用好<实践论><矛盾论>的哲学智慧》为题发表于《光明日报》2017 年 9 月 1 日。

一、"两论"是中国革命实践的产物,是为了正确指导中国革命, 科学解决中国革命的理论路线和战略策略问题

检验某一理论是否正确管用,取决于该理论是否满足实践的需求。深刻理解和把握某一理论的精神实质与价值意义,需要系统考察该理论产生的时代背景、实践基础、历史条件和发展渊源。"两论"的形成离不开当时的时代背景、中国国情和斗争实践。深刻理解和把握"两论"的哲学真谛,必须全面考察"两论"形成的时代条件、中国国情和实际斗争需要等具体情况。

在世界范围内占统治地位的资本主义社会形态由竞争发展到垄断即帝国主义阶段,世界历史进入帝国主义和无产阶级社会主义革命阶段,是"两论"产生的大的时代背景。

在当时的时代条件下,帝国主义列强已经把全世界瓜分完毕,帝国主义国家内部工人阶级和资产阶级的阶级矛盾、因瓜分殖民地不均而产生的帝国主义之间的矛盾、一切被剥削被压迫国家和民族与帝国主义之间的矛盾、被剥削被压迫国家内部人民大众和反动阶级势力之间的矛盾更加激烈。一方面,世界无产阶级反对资本主义的社会主义革命如火如荼;另一方面,世界范围内殖民地半殖民地人民的民族独立解放运动风起云涌,且两者日益结合在一起。中国作为帝国主义扩张侵略的牺牲品已经沦为半殖民地半封建境地,中国人民争取民族解放、国家独立的斗争,只有在无产阶级政党领导下,纳入世界社会主义革命,才能成功。

中国的具体国情和新民主主义革命实践是"两论"产生的实践基础。"两论"是毛泽东同志在当时的历史时代大背景下,在领导中国革命的具体实践中,为了纠正误导中国革命、导致中国革命大挫折的错误路线,确立科学的思想和政治路线,以正确地指导中国革命而写作的。

20 世纪初,孙中山所领导的资产阶级旧民主主义的辛亥革命半途而废,摆在中国人民面前的一个事关民族生死存亡的重大问题是:以什么阶级的政党为领导核心,以什么主义为指导,选择什么样的发展道路,才能挽救中国,实现中华民族的独立、自由、解放和复兴?辛亥革命的结局充分说明,在中国试图通过资产阶级领导的民主主义革命振兴中华是行不通

的。俄国十月社会主义革命的胜利给中国人民送来了新的希望。以马克思列宁主义为指导，在中国工人阶级政党领导下，走俄国十月革命的社会主义道路，这是中国工人阶级和中国人民做出的正确选择。1921年，中国共产党宣告成立，中国近代历史从此进入了一个崭新的发展境界。然而，我们党在领导中国革命的具体实践中却经历了一系列困难曲折，在面对选择什么样的理论、路线、方针、政策、举措等重大战略、策略问题上，党先后产生了两种错误路线：一条是右倾机会主义路线，主张"二次革命"论，先进行资产阶级政党领导的资产阶级民主革命，然后再进行工人阶级政党领导的社会主义革命，把革命领导权拱手让给资产阶级政党，放弃武装夺取政权的正确道路；另一条则是"左"倾机会主义路线，主张"一次革命"论，在政治上搞关门主义，拒绝统一战线，在军事上搞冒险主义，在中心城市一举发动武装暴动，毕其功于一役，试图一举把社会主义革命搞成功。"左"、右倾两条错误路线给蓬勃兴起的中国革命带来了两起两落的重大挫折，造成了两次重大损失。右倾机会主义错误路线造成了轰轰烈烈兴起的第一次大革命的失败，这是一起一落；"左"倾机会主义错误路线彻底背离了以毛泽东为代表的中国共产党人所开辟的武装斗争、土地革命和根据地建设三位一体的农村包围城市的井冈山革命道路，葬送了中央红色政权和四次反"围剿"的胜利，造成第五次反"围剿"失败，致使中央红军放弃中央苏区，被迫长征，几乎断送了党和红军，导致中国革命陷入了危亡的境地，这又是一起一落。

遵义会议是我们党在中国革命的危急时刻召开的一次十分关键的会议，结束了错误路线的统治，确立了毛泽东同志在党和军队中的实际领导地位，从此中国革命开始走上了正确轨道。遵义会议解决了最紧迫的党的领导权掌握在谁手中的问题和正确军事路线问题，更深层次的政治路线和思想路线问题没来得及清算。要解决中国革命正确的理论路线和战略策略问题，就必须从根本上解决思想路线问题。实际上无论右倾机会主义，还是"左"倾机会主义，它们共同的特征都是主观与客观相分裂，理论与实际相脱离，实质是将马克思列宁主义普遍真理与中国革命的具体实践相脱离，表现为主观主义。不打倒主观主义，就无法确立正确的思想路线和政治路线。

反对主观主义，说到底就是解决对待马克思主义的根本态度问题。对待马克思主义有两种根本对立的态度：一种是实事求是的态度，一切从实际出发，把马克思主义同中国实际相结合；另一种是主观主义的态度，与客观实际相脱离，表现为教条主义或经验主义。而在中国革命历史上，时间最长、危害最大的主观主义是教条主义，即脱离中国革命实际照抄照搬马列主义现成结论，非"左"即右。从理论根基上、从思想路线上、从世界观和方法论层面对主观主义特别是教条主义进行一次彻底的清算，已经十分紧迫地摆在了在陕北革命根据地站稳脚跟、准备进行全民族抗战的中国共产党人面前。

"两论"既是一定历史条件和实践条件的产物，同时也是对中国革命两起两落经验教训的理论总结。同时，从更广阔的视野看，"两论"的产生同中国革命由第二次国内革命战争向全面抗战的转变密切相关，也是为即将来临的全面抗战和争取未来中国革命的最后胜利做思想理论准备，为全党提供最锐利的思想武器和理论武装。正是在这样的历史转折关头，毛泽东同志领导全党在延安发起了马克思主义理论教育和整风运动，亲自讲授"两论"，用马克思主义哲学世界观和方法论武装全党，彻底清算并克服主观主义尤其是教条主义的流毒，在全党牢固树立了实事求是的思想路线，奠定了全党团结奋斗的共同思想基础。

"两论"是中国革命经验教训的哲学总结。毛泽东同志从哲学高度认真总结了 1921 年至 1937 年中国革命两次胜利的经验和两次失败的教训，对中国革命实践的独创性经验做出了具有经典意义的哲学概括、总结和创新。正确总结中国革命的经验与教训，需要有一个过程。没有两次胜利和两次失败的比较鉴别，就不能充分认识中国社会的特点和中国革命的规律，就无法正确判断中国社会的具体矛盾和中国革命的发展趋势；没有两次胜利和两次失败的比较鉴别，也就不能充分认识到实事求是思想路线的极端重要性和主观主义尤其是教条主义对中国革命的严重危害性；没有两次胜利和两次失败的比较鉴别，就不能形成适合于中国革命的理论、路线、方针和政策。

恩格斯说："我们党有个很大的优点，就是有一个新的科学的世界观作为理论的基础。"① "两论"为党的正确理论路线和战略策略提供了坚实的

---

① 《马克思恩格斯文集》第 2 卷，人民出版社 2009 年版，第 599 页。

科学世界观和方法论基础。以毛泽东同志为代表的中国共产党人正是遵循辩证唯物主义和历史唯物主义的思想路线，解决了中国革命面临的一系列理论和实践问题。从当时的世情、国情、民情的客观实际出发，运用马克思主义的立场、观点、方法，提出了指导中国革命正确的理论、路线、战略和策略，根据形势的变化，制定了抗日民族统一战线的方针，形成了"中国革命分两步走"的总战略，即第一步先进行中国共产党领导的新民主主义革命，走"农村包围城市、武装夺取政权"的道路，第二步在新民主主义革命成功后进行社会主义革命。这样就彻底解决了思想路线问题，奠定了全党团结奋斗的共同思想基础。

总而言之，历史条件和实践斗争决定了不仅写作"两论"有客观必要，也有实际需要。"两论"的产生是中国革命的实践需要，没有中国革命的具体实践，就没有"两论"。"两论"是中国实践的产物，为解决中国革命而写作，也是为促进马克思主义同中国实际相结合而面世。

二、紧紧抓住马克思主义同中国实际相结合这一根本点，深刻把握"两论"的精神实质和伟大意义

必须把马克思列宁主义普遍原理与中国具体实践相结合，用中国化马克思主义指导中国具体实践，这是中国革命的根本经验，也是中国革命、建设和改革之所以取得一个胜利接着一个胜利的根本经验。只有紧紧围绕这一根本经验，把"两论"放到马克思主义普遍真理与中国革命实际相结合的实践过程中来考察，才能深刻理解"两论"的精髓要义和重大意义。

十月革命给中国人民送来了马克思列宁主义，这无疑是解决中国问题的一支"好箭"。但是如果不把这支"好箭"与中国革命的具体实际相结合，再好的"箭"也无法发挥作用。毛泽东同志指出："马克思列宁主义和中国革命的关系，就是箭和靶的关系。有些同志却在那里'无的放矢'，乱放一通，这样的人就容易把革命弄坏。有些同志则仅仅把箭拿在手里搓来搓去，连声赞曰：'好箭！好箭！'却老是不愿意放出去。这样的人就是古董鉴赏家，几乎和革命不发生关系。马克思列宁主义之箭，必须用了去射中国革命之的。这个问题不讲明白，我们党的理论水平永远不会提高，中国革命

也永远不会胜利。"①只有贯彻落实实事求是的思想路线，学会用马克思列宁主义的"箭"射中中国之"的"，解决中国革命的实际问题，才能指导中国革命取得胜利。

中国革命的两次挫折和失败告诫年轻的中国共产党人必须解决两个重大认识问题。一要正确认识中国的实际国情。因为一切正确的思想、理论和路线都来自对中国实际的正确认识，既不来自书本，也不是人们头脑中所固有的，这正是《实践论》所集中解决的。二要正确认识中国社会矛盾运动的特殊性。唯有如此才能在具体问题的具体分析中找到解决中国问题的正确思路，这也正是《矛盾论》要集中解决的。而这两个方面集中到一点，就是为正确指导中国革命取得胜利，必须彻底解决思想路线问题。"两论"正是为解决这两个重大认识问题，为解决根本性的思想路线问题应运而生的。

坚持实践的观点，一切从实际出发；坚持矛盾的观点，一切从矛盾的特殊性出发；坚持"特殊"与"一般"相结合的辩证法和认识论精髓的观点，一切从马克思列宁主义普遍真理与中国社会的特殊实际相结合出发。这就是"两论"的精髓要义和精神实质。

第一，坚持实践第一的观点，一切从实际出发。

实践的观点是马克思主义哲学首要的、基本的观点。针对主观主义特别是教条主义忽视在中国大地上正在推进的革命实践，仅仅热衷于生搬硬套马克思主义的个别词句和外国革命的经验问题，毛泽东同志特别强调实践的观点，并把他的著作命名为《实践论》。他从实践是认识的来源、认识的动力、认识的检验标准和认识的目的等多个方面，说明了实践之于认识的基础地位和决定作用，说明认识的基础是实践，从实践发生又转过来为实践服务。这就彻底拔除了主观主义尤其是教条主义的思想根子，筑牢了正确思想路线的哲学依据。

第二，坚持矛盾的观点，一切从矛盾的特殊性出发。

作为一部辩证法著作，《矛盾论》不是简单描述唯物辩证法的一般原理，而是以马克思主义基本原理同中国革命实践相结合为出发点，抓住主观主义的要害和形而上学的命门，即脱离中国矛盾的特殊实际的总病根，一针

---

①《毛泽东选集》第 3 卷，人民出版社 1991 年版，第 819—820 页。

见血直击要害。毛泽东同志论述了矛盾的普遍性，强调对立统一规律是唯物辩证法的实质和核心，把对立统一规律概括为宇宙间的普遍规律，定义为最普遍的客观法则。在论述矛盾普遍性的基础上，他特别阐述了矛盾的特殊性，强调必须坚持具体矛盾具体对待的马克思主义的活的灵魂。他指出，任何矛盾体都是特殊性与普遍性的统一，不仅要注意矛盾的普遍性，更要注意矛盾的特殊性。他深刻分析了当时中国社会特殊的基本矛盾、主要矛盾、阶级矛盾等社会诸矛盾，科学地把握了中国社会特殊的阶级构成和阶级关系现状，在具体矛盾分析的基础上形成了指导中国革命的正确路线。

第三，坚持"特殊"与"普遍"相统一是认识论和辩证法精髓的观点，一切从普遍原理与特殊实际相结合出发。

毛泽东同志指出，宇宙间的一切事物都是个别与一般、特殊与普遍的统一结合体。人类对任何事物的认识都是从认识个别到认识一般，从认识特殊到认识普遍，再运用一般、普遍的认识指导对个别、特殊的认识。马克思主义辩证法与认识论是一致的，"特殊"与"普遍" 的统一关系既是辩证法的精髓，也是认识论的精髓。

在"两论"这两部马克思主义哲学中国化的经典论著中，毛泽东同志牢牢抓住了马克思主义哲学的精髓，深刻论述了认识论和辩证法的个别与一般、特殊与普遍的辩证关系，提出了特殊与普遍相结合的马克思主义普遍原理，从辩证唯物主义认识路线的高度提出了党的正确的思想路线，为实现马克思主义中国化提供了哲学依据。毛泽东同志认为，要运用马克思主义指导中国革命，必须实现马克思主义中国化。所谓马克思主义中国化，就是把马克思主义的一般原理应用于中国的"具体环境"和"特殊条件"，使之发生内容和形态的改变，形成适应中国实际需要的、具有中国内容和表现形态的、为中国人民所接受的中国化的马克思主义。既要肯定"普遍性"，坚持马克思主义普遍原理，又要肯定"特殊性"，坚持马克思主义普遍原理与中国特殊实际相结合；不能因为强调"特殊性"而否定"普遍性"，从而否定马克思主义普遍原理；也不能因为强调"普遍性"而否定"特殊性"，从而否定马克思主义中国化的必要性。因为强调"特殊性"而否定"普遍性"，是拒绝和否定马克思主义的指导作用，就是经验主义；强调"普遍性"而否定"特殊性"，就会脱离中国的具体国情，脱离中国的历史文化，脱离中国的人民大众，就是教条主义。把马克思主义一般原理与中国特殊国情相结合，这是马克思主义认识论和辩证法的真谛所在，也是解决中国革命问题的出发点、根本点。

《实践论》主要解决的是认识与实践的统一问题，《矛盾论》主要解决的是矛盾的普遍性与特殊性的统一问题。这两个统一的解决，就是实现了马克思主义基本原理和中国革命实践的统一。

三、"两论"在马克思主义和马克思主义哲学发展史上 具有重大的里程碑意义

"两论"是体现毛泽东哲学思想的集大成之作，是毛泽东哲学思想的集中体现、高度结晶和成名之作，毛泽东同志的其他著作在特定意义上可以概括为对"两论"哲学思想的铺垫、准备、运用和发展。"两论"是马克思主义基本原理和中国革命实践相结合的光辉典范，它不仅在我们党的历史上占有重要地位，而且在马克思主义和马克思主义哲学发展史上，具有开创性的重大价值。

第一，"两论"创造性地发展和丰富了马克思主义哲学理论体系。

毛泽东同志创造性地把马克思主义哲学唯物论、辩证法、认识论和历史观高度统一起来，提出了一系列马克思主义哲学的新观点、新论断和新思想，实现了马克思主义哲学的中国化、时代化和大众化，创造了马克思主义哲学的创新形态——毛泽东哲学思想，为马克思主义哲学从而为马克思主义的发展做出了历史性贡献。

一是在马克思主义哲学史上，第一次对认识的辩证发展过程做了科学全面的论述。毛泽东同志深刻阐述了实践在认识中的基础地位之后，对认识的辩证发展过程做出了深刻的哲学概括，认为人的认识经过"两次飞跃"，不但表现在从感性认识到理性认识的飞跃，更表现在从理性认识到革命实践的飞跃，是一个循环往复、螺旋式上升以至无穷的过程。他精辟概括了人类认识的总规律：通过实践而发现真理，又通过实践而证实真理和发展真理；从感性认识而能动地发展到理性认识，又从理性认识而能动地指导革命实践，改造主观世界和客观世界；实践、认识、再实践、再认识，这种形式，循环往复以至无穷，而实践和认识之每一循环的内容，都比较地

进到了高一级的程度。他强调，这就是辩证唯物论的全部认识论，这就是辩证唯物论的知行统一观。毛泽东同志把马克思主义认识论称为能动的革命的反映论，以通俗、简明的语言阐明并发挥了列宁提出的"从生动的真理到抽象的思想，并从抽象的思维到实践"的认识辩证法。

二是创造性地运用中国话语、中国概念提出了一系列马克思主义认识论的新观点。比如提出了"从实践到认识，又从认识到实践""由个别到一般，再由一般到个别""从群众中来，到群众中去"的认识辩证法的新概括；"实践是真理的标准"，人们认识世界的目的是"改造客观世界，也改造自己的主观世界"的新观点等一系列中国化的马克思主义认识论的标志性概念。

三是科学地论述了真理问题，坚持和发展了马克思主义真理观。毛泽东同志强调，"我们的结论是主观和客观、理论和实践、知和行的具体的历史的统一，反对一切离开具体历史的'左'的或右的错误思想"[①]，这发展了马克思主义真理观关于"真理是一个过程""真理是具体的"[②]的思想。他指出，"在绝对真理的长河中，人们对于在各个一定发展阶段上的具体过程的认识只具有相对的真理性"[③]，"客观现实世界的变化运动永远没有完结，人们在实践中对于真理的认识也就永远没有完结"[④]，"无数相对的真理之总和，就是绝对的真理"[⑤]，发展了列宁关于"绝对真理是由发展中的相对真理的总和构成的"[⑥]思想。

四是把对立统一规律形象地称为矛盾规律，把对立统一观点生动地概括为矛盾观点，形成关于对立统一规律的马克思主义哲学辩证法中国化的理论与话语创新体系。毛泽东同志认为，所谓矛盾，就是指事物内部的对立面的统一，即事物内部包含着相互联结、相互依存、相互渗透、相互转化，又相互排斥、相互分离、相互否定、相互斗争的方面和倾向。他指出，"事物的矛盾法则，即对立统一的法则，是唯物辩证法的最根本的法则"[⑦]，用矛盾概念形象地概括了万事万物既对立又统一、在对立统一中发展的最

①《毛泽东选集》第 1 卷，人民出版社 1991 年版，第 296 页。
②《列宁专题文集：论辩证唯物主义和历史唯物主义》，人民出版社 2009 年版，第 338 页。
③⑤《毛泽东选集》第 1 卷，人民出版社 1991 年版，第 295 页。
④同上书，第 296 页。
⑥《列宁全集》第 18 卷，人民出版社 2017 年版，第 323 页。
⑦《毛泽东选集》第 1 卷，人民出版社 1991 年版，第 299 页。

普遍的辩证法客观法则。毛泽东同志所提炼概括的矛盾观点既是对马克思主义经典作家关于对立统一规律是辩证法的根本规律、列宁关于对立统一规律是辩证法的核心和实质等观点的继承和发展，也是对立统一规律的马克思主义哲学中国化的通俗表述。

五是提出事物矛盾特殊性和普遍性的统一是辩证法的精髓，认识事物矛盾的特殊性是科学认识事物的基础的哲学原理。毛泽东同志告诉我们，世界上千差万别的事物都是具体的，因而是特殊的，从千差万别的具体事物中找出共性和普遍规律，就要认识事物的特殊性，而事物的特殊性是由事物内在矛盾的特殊性决定的，因而揭示事物的普遍规律、探寻真理就要从矛盾的特殊性分析开始。认识事物必须首先认识事物矛盾，具体地分析具体事物的矛盾特殊性。研究和运用矛盾观点，必须牢牢把握共性与个性、绝对与相对的矛盾问题的精髓。这个认识发展了列宁关于"马克思主义的精髓，马克思主义的活的灵魂：对具体情况作具体分析"①的思想。从实践上说，矛盾的共性与个性、绝对与相对的道理是马克思主义普遍真理同本国革命具体实践相结合这一思想原则的哲学根据。

六是强调要学会运用矛盾分析方法认识问题、解决问题。毛泽东同志指出，矛盾观点是观察世界、认识世界、改造世界的世界观、方法论，运用矛盾观点认识、说明世界，就是世界观；运用矛盾观点分析、改造世界，就是方法论。认识世界，必须用辩证法；用辩证法认识世界，必须用矛盾观点分析世界，必须学会使用矛盾分析法来认识事物。

"两论"创造性地发展了马克思主义辩证法和认识论，为马克思主义哲学中国化做出了奠基性贡献。

第二，"两论"确立了马克思主义哲学中国化的理论高度。

一个理论，只有在哲学层面上实现了思想自觉，才能说它已经成熟，并且达到了科学思维的高度。"两论"不是对马克思主义认识论和辩证法的一般原理的阐述，而是自觉按照马克思主义的基本立场观点方法，充分吸取中国优秀传统文化的有益要素，并从哲学层面进行的系统深入的理论概括和总结，具有高度的科学性和真理性，代表了马克思主义哲学中国化所应有的理论高度。

---

① 《列宁专题文集：论马克思主义》，人民出版社 2009 年版，第 293 页。

第三，"两论"成为马克思主义哲学大众化的成功典范。

"两论"最初是毛泽东在抗日军政大学的讲演稿，面对的听众是即将奔赴前线作战的抗日将士，讲课的主要目的是用马克思主义哲学世界观方法论武装广大干部，使他们认清教条主义的本质和危害，从而为迎接革命新阶段的到来做思想上理论上的准备。"两论"充分考虑到广大干部的思维习惯和语言习惯，运用短小精悍的表述方式，把深邃的理论转变为通俗易懂的语言，把抽象的理论逻辑转变为形象的生活逻辑，形成了新鲜活泼的、为中国老百姓所喜闻乐见的中国特色、中国风格、中国气派和中国话语，开创了马克思主义哲学大众化的成功典范。

第四，"两论"奠定了实事求是思想路线的哲学基础。

在中国共产党的领导下，中国革命和建设事业取得了一个又一个胜利，其中一个至关重要的经验就是我们党确立了一条正确的思想路线，即实事求是。对于一个政党来说，思想路线的正确与否事关生死存亡，而一个政党能否创立正确的思想路线，取决于它是否具有科学的世界观和方法论的指导，这最终还是要归结到哲学基础问题。毛泽东同志曾经指出，总结经验必须提高到哲学高度，因为"一切大的政治错误没有不是离开辩证唯物论的"①。不从哲学高度彻底解决思想路线问题，那么即使纠正了一个错误，还会犯另一个错误。"两论"写作的着眼点恰恰在这里，其历史贡献也在于奠定了实事求是思想路线的哲学基础，为实事求是思想路线提供了世界观方法论基础。

"两论"的产生标志着马克思主义哲学中国化——毛泽东哲学思想的基本确立，也是毛泽东思想基本形成的重要标志。

四、习近平总书记系列重要讲话精神和党中央治国理政新理念新思想新战略蕴含的哲学思想是"两论"的丰富和发展

党的十八大以来，以习近平同志为核心的党中央，高度重视接受马克思主义哲学智慧的滋养，继承发扬"两论"思想精髓，运用科学的思想方法和工作方法指导实践，提出了一系列重要哲学观点，开辟了 21 世纪马克

①中共中央文献研究室编《毛泽东哲学批注集》，中央文献出版社 1988 年版，第 311—312 页。

思主义哲学发展新境界。

第一，坚持解放思想、实事求是的思想路线，是习近平总书记系列重要讲话和党中央治国理政新理念新思想新战略蕴含的哲学思想的精髓要义。

解放思想、实事求是的思想路线是我们党的生命线，是我们党在中国革命和建设的历史实践中逐渐提炼、总结出来的思想结晶，对于推动中华民族实现站起来、富起来、强起来的历史性飞跃已经发挥并将继续发挥极其重要的作用。习近平总书记牢牢坚持实事求是的思想路线，强调要牢牢把握社会主义初级阶段这个最大国情，牢牢立足社会主义初级阶段这个最大实际，更准确地把握我国社会主义初级阶段不断变化的特点，分析问题、认识问题，进而提出解决问题的科学方案，并付诸实践检验。这一过程，既是理论探索的过程，也是实践检验的过程；既是坚持党的思想路线的过程，也是发展党的思想路线的过程，更是不断开辟 21 世纪马克思主义哲学发展新境界的过程。

第二，坚持以辩证思维为核心的科学方法论体系，是习近平总书记系列重要讲话精神和党中央治国理政新理念新思想新战略蕴含的哲学思想的根本方法。

习近平总书记强调，充分运用辩证思维的根本方法，是唯物辩证法的要求，也是我们党在革命、建设、改革进程中一贯倡导和坚持的方法。他为我们树立了灵活运用辩证法的典范，比如在分析国际国内形势时，强调要坚持"两点论"，一分为二看问题，既要看到国际国内形势中有利的一面，也要看到不利的一面；在阐述全面深化改革时，指出全面深化改革是一项极其复杂的系统工程，强调胆子要大、步子要稳；在阐述社会治理时，指出"管得太死，一潭死水不行；管得太松，波涛汹涌也不行"[①]，等等。他强调要提高辩证思维能力，把辩证思维与战略思维、历史思维、创新思维等统一起来，作为一个完整的科学方法论体系予以学习掌握，并运用到解决中国的现实问题中去。习近平总书记关于辩证法的思考既是对"两论"的继承发扬，也为开辟 21 世纪马克思主义哲学发展新境界提供了方

---

① 中共中央文献研究室编《习近平关于全面建成小康社会论述摘编》，中央文献出版社 2016 年版，第 139 页。

法论支撑。

第三，坚持历史思维的唯物史观观点，是习近平总书记系列重要讲话精神和党中央治国理政新理念新思想新战略蕴含的哲学思想的科学历史观。

历史思维是习近平总书记系列重要讲话精神和党中央治国理政新理念新思想新战略的唯物史观基石。习近平总书记强调，必须坚持以唯物史观为指导，提高以唯物史观为基础的历史思维能力，用以解决复杂的社会、历史和现实问题。他指出："历史和现实都表明，只有坚持历史唯物主义，我们才能不断把对中国特色社会主义规律的认识提高到新的水平，不断开辟当代中国马克思主义发展新境界。"①习近平总书记站在新的历史起点上，自觉运用生产、群众和社会基本矛盾等唯物史观基本观点，思考当代中国和当今世界的重大理论和实践问题，准确把握了人类历史发展的基本规律和总趋势。他指出，既要看到历史发展的光明前景，又要看到当前存在的困难和问题；既要看到在当前国际金融危机背景下资本主义必然灭亡的总趋势，又要看到资本主义依然具有自我调节的能力，总体上仍然是资强社弱，要有长期斗争的思想准备。习近平总书记站在唯物史观的立场上要求我们必须树立坚定的共产主义理想和中国特色社会主义共同理想。他指出，没有远大理想，不是合格的共产党员；离开现实工作空谈远大理想，也不是合格的共产党员。要把远大理想和共同理想统一起来，苦干实干，扎实推进中国特色社会主义伟大实践不断前进，为开辟21世纪马克思主义哲学发展新境界提供不竭动力。

第四，坚持马克思主义哲学的中国化、时代化、大众化的基本方向，是习近平总书记系列重要讲话精神和党中央治国理政新理念新思想新战略蕴含的哲学思想的根本要求。

马克思主义哲学是发展的理论，正如毛泽东同志在《实践论》中所说："马克思列宁主义并没有结束真理，而是在实践中不断地开辟认识真理的道路。"②对于中国的马克思主义者来说，如何在坚持的基础上发展马克思主义哲学，是一个不容回避的重大问题。在新的历史起点上，习近平总书记

---

① 中共中央宣传部编《习近平总书记系列重要讲话读本（2016年版）》，学习出版社、人民出版社2016年版，第281页。

② 《毛泽东选集》第1卷，人民出版社1991年版，第296页。

以更加宽阔的眼界审视马克思主义哲学在当代发展的现实基础和实践需要，坚持以我们正在做的事情为中心，聆听时代声音，更加深入地推动马克思主义哲学同当代中国发展的具体实际相结合，努力推进马克思主义哲学的中国化、时代化和大众化，不断开辟 21 世纪马克思主义哲学发展新境界。

"两论"是中国共产党人学习马克思主义哲学最基本、最主要的教材，是中国共产党人的必修课。当前，学习、坚持、运用、继承"两论"哲学智慧，要同学习习近平总书记系列重要讲话精神和党中央治国理政新理念新思想新战略结合起来，牢牢掌握马克思主义立场、观点和方法，运用于中国特色社会主义的伟大实践中，夺取中国特色社会主义建设新的更大胜利。

80 年风雨沧桑，世界和中国都发生了前所未有的重大变革，"两论"的重要价值并没有因此而晦暗，而是日益放射出更加璀璨的真理光芒。80 年的历史实践已经证明，并将继续证明："两论"所阐发的马克思主义哲学基本原理及其所遵循的科学世界观和方法论，具有普遍和恒久的意义，不仅是我们党取得革命胜利的思想法宝，也是推进中国特色社会主义伟大事业必须遵循的理论指南。

坚持马克思主义无神论是大原则[*]

在党的十九大召开前夕，为了更好地落实习近平总书记在全国宗教工作会议上的重要讲话精神，加强马克思主义无神论研究和宣传教育，由中国社科院马克思主义理论研究和学科建设工程支持的第五届科学无神论论坛在广西大学开幕了。我代表中国社会科学院党组祝贺论坛成功召开，感谢广西大学对论坛的支持！

结合学习习近平总书记在全国宗教工作会议上重要讲话精神，我讲五个问题。

一、必须坚持马克思主义无神论的大原则

2016 年 4 月，习近平总书记在全国宗教工作会议上旗帜鲜明地指出："坚持马克思主义无神论是大原则。"坚持马克思主义无神论，是中国共产党作为马克思主义执政党的基本要求，也是中国作为以马克思主义为指导思想的社会主义国家的应有之义，我国立法、行政、司法，以及经济、政治、社会、文化、生态等方方面面工作都要坚持这个大原则，不要有意无意地违背这个大原则。

无神论是和有神论相对立的、否定神的存在和各种神学观点的理论，是宗教神学的对立面，是唯物论的组成部分和表现形式。马克思指出："无神论是对神的否定，并且正是通过这种否定而设定人的存在。"^①无神论和有神论的斗争焦点是无神还是有神的问题，实质是唯物论和唯心论的斗争。马克思主义无神论是马克思主义基本理论的组成部分，是最彻底的唯物论，

＊ 本文是作者 2017 年 7 月 15 日在中国社会科学院第五届科学无神论论坛上的讲话，发表于《社科党建》2017 年第 3 期，《科学与无神论》2017 年第 6 期，《世界社会主义研究动态》2017 年 9 月 6 日。
① 《马克思恩格斯文集》第 1 卷，人民出版社 2009 年版，第 197 页。

也是比历史上任何无神论都更科学、更彻底的无神论。它不仅要说明世上无神，而且要致力于使人们从有神论的思想束缚中解放出来，把实现社会主义、共产主义作为自己追求的目标。

马克思在《1844 年经济学哲学手稿》中指出："无神论、共产主义才是人的本质的现实的生成，是人的本质对人来说的真正的实现，或者说，是人的本质作为某种现实的东西的实现。"①马克思主义是彻底的唯物主义，唯物主义的第一原则是坚持物质本体论，坚持物质是第一性的、物质决定精神，反对一切唯心论。马克思主义无神论批判有神论，是从批判宗教神学开始的。他在《〈黑格尔法哲学批判〉导言》中指出："对宗教的批判是其他一切批判的前提。"②"反宗教的批判的根据是：人创造了宗教，而不是宗教创造人。"③"宗教是人的本质在幻想中的实现，因为人的本质不具有真正的现实性。因此，反宗教的斗争间接地就是反对以宗教为精神慰藉的那个世界的斗争。"④"宗教里的苦难既是现实的苦难的表现，又是对这种现实的苦难的抗议。宗教是被压迫生灵的叹息，是无情世界的情感，正像它是无精神活力的制度的精神一样。宗教是人民的鸦片。"⑤"废除作为人民的虚幻幸福的宗教，就是要求人民的现实幸福。要求抛弃关于人民处境的幻觉，就是要求抛弃那需要幻觉的处境。因此，对宗教的批判就是对苦难尘世——宗教是它的神圣光环——的批判的胚芽。"⑥"对天国的批判变成对尘世的批判，对宗教的批判变成对法的批判，对神学的批判变成对政治的批判。"⑦马克思主义正是从对宗教神学的批判转向对社会的政治批判。对有神论的批判是马克思主义得以确立的理论前提。在这个意义上，无神论是马克思主义理论的起点。

不坚持马克思主义无神论，就不是彻底的唯物论者，不是真正的马克思主义者。2016 年《中共中央、国务院关于加强和改进新形势下宗教工作的意见》强调，要"在全社会加强辩证唯物主义、历史唯物主义、中国特色社会主义宗教理论和无神论的宣传，始终保持马克思主义无神论作为主流意识形态在人民群众思想中占据主导地位，切实维护意识形态安全"。必

---

①《马克思恩格斯文集》第 1 卷，人民出版社 2009 年版，第 217 页。
②③同上书，第 3 页。
④《马克思恩格斯文集》第 1 卷，人民出版社 2009 年版，第 3—4 页。
⑤⑥⑦同上书，第 4 页。

须从巩固马克思主义在意识形态领域的指导地位的高度，重视马克思主义无神论的研究和宣传教育工作。必须清醒地看到，当前某些宗教狂热已经构成对主流意识形态的严重冲击和影响。要始终保持马克思主义无神论作为主流意识形态在人民群众思想中占据主导地位，必须自觉地抵御宗教狂热对群众的精神诱惑和思想渗透。必须重视马克思主义无神论的宣传教育，把马克思主义无神论放在党的意识形态工作格局中来布局，这是十分重要和迫切的思想建设任务，关系到党的主流意识形态安全，关系到巩固马克思主义在意识形态领域的指导地位，关系到巩固全国人民共同团结奋斗的思想基础。

二、共产党人要做坚定的马克思主义无神论者

习近平总书记强调：“共产党员要做坚定的马克思主义无神论者，严守党章规定，坚定理想信念，牢记党的宗旨，绝不能在宗教中寻找自己的价值和信念。”[①]共产党员做坚定的马克思主义无神论者，是保持共产党的先进性和纯洁性的具体体现，是做一个合格的党员的基本要求。做坚定的马克思主义无神论者，就要坚信马克思主义无神论，积极宣传马克思主义无神论。

中国共产党从成立开始，就始终把马克思主义作为自己的指导思想和行动指南。党的全部理论、路线和行动都是建立在辩证唯物主义和历史唯物主义世界观基础之上的。共产党员是马克思主义者，是工人阶级的先锋战士，是群众中最先进、最有觉悟的分子，先进性体现在世界观上，就表现为坚持辩证唯物主义和历史唯物主义世界观，反对唯心主义和形而上学世界观，为共产主义奋斗终身。

马克思指出：“共产主义是径直从无神论开始的。”[②]邓小平同志曾经说过：“对马克思主义的信仰，是中国革命胜利的一种精神动力。”[③]坚持马克思主义无神论世界观，是共产党与生俱来的精神支柱。中国共产党人

---

①《发展中国特色社会主义宗教理论　全面提高新形势下宗教工作水平》，《人民日报》2016 年 4 月 24 日。

②《马克思恩格斯文集》第 1 卷，人民出版社 2009 年版，第 186 页。

③《邓小平文选》第 3 卷，人民出版社 1993 年版，第 63 页。

作为实践的无神论者，正是由于坚持无神论的世界观，而不是引领人民寄希望于神灵庇佑、追求虚幻的天国和来世、乞灵于神的启示和主观幻想，才领导中国人民通过自己的长期奋斗，顺应社会发展规律，在 96 年的征程中，一步一步地把中国人民带向了解放和富裕的光明大道。抽掉无神论这一思想基石，党的理论大厦就要坍塌，党所奋斗的一切就会变得虚无缥缈。如果不坚持马克思主义无神论，就会对马克思主义世界观、社会主义信念产生动摇，丧失马克思主义立场，导致真假不分、是非不分，丧失应有的政治鉴别力和政治敏锐性，成为唯心主义、有神论等错误思想的俘虏。社会主义社会区别于其他社会的一个重要特点和优势，就在于人们在马克思主义信仰指引下自觉创造新世界。因此，从这个意义上说，大多数人的信仰状况，特别是作为执政党的党员的信仰是否正确、坚定，是否能坚持马克思主义无神论，对中国特色社会主义事业成败具有决定意义。

　　坚持马克思主义无神论，内在地要求共产党人不得信仰宗教。作为工人阶级的先锋战士，共产党人不能放弃无神论而转向宗教寻找精神支柱和价值。共产党人只能是无神论者，不能是有神论者，不能信仰宗教。共产党人不能信仰宗教是中国共产党的一贯原则。1940 年，毛泽东同志在《新民主主义论》中指出："共产党员可以和某些唯心论者甚至宗教徒建立在政治行动上的反帝反封建的统一战线，但是决不能赞同他们的唯心论或宗教教义。"①1982 年，在邓小平同志领导下制定的中央关于宗教工作的 19 号文件也指出："党的宗教信仰自由的政策，是对我国公民来说的，并不适用于共产党员。一个共产党员，不同于一般公民，而是马克思主义政党的成员，毫无疑问地应当是无神论者，而不应当是有神论者。我们党曾经多次做出明确规定：共产党员不得信仰宗教，不得参加宗教活动，长期坚持不改的要劝其退党。这个规定是完全正确的，就全党来说，今后仍然应当坚决贯彻执行。"②1990 年，江泽民同志在与全国宗教工作会议代表座谈时指出："宗教世界观与马克思主义世界观是根本对立的。共产党人是无神论者，

---

①《毛泽东选集》第 2 卷，人民出版社 1991 年版，第 707 页。
②中共中央文献研究室编《三中全会以来重要文献选编》（下），人民出版社 1982 年版，第 1233 页。

共产党人的世界观应该是马克思主义的世界观。"①2006 年，胡锦涛同志在全国统战工作会议上的讲话中指出："我们中国共产党人是无神论者，不信仰任何宗教。"②在 2016 年 4 月召开的全国宗教工作会议上，习近平总书记重申了党员不得信教的纪律规定，要求党员做坚定的马克思主义无神论者，决不能在宗教中寻找自己的价值和信念。

为了保持党员在世界观上的纯洁性，广大党员不仅应该把不信教作为一项纪律要求，更应该把其作为内心的自觉追求，主动学习辩证唯物主义与历史唯物主义，从世界观高度坚信无神论，把无神论作为自己认识世界、改造世界的思想武器，划清唯物主义与唯心主义、无神论与有神论的界限，坚决抵制各种腐朽思想对世界观的侵蚀、渗透。政治纲领同世界观高度一致，党员不信仰任何宗教，是我们党区别于国内外多数政党的一大特点，也是一大优势。共产党员不得信仰宗教是一条重要的政治纪律。全面从严治党，必须严格执行这条政治纪律。如果党员信仰宗教，必然会动摇党的世界观基础，弱化对理想信念的坚守，冲击党组织的纯洁性，危害党的领导，危害中国特色社会主义事业。

三、要敢于和善于宣传马克思主义无神论

共产党员不仅要坚持无神论，还要敢于和善于面向群众进行无神论的教育和宣传工作。共产党人宣传无神论，不仅是为了坚持一种科学的学说，更主要的是为了使广大群众掌握无神论这个认识世界、改造世界的思想武器，把群众从各种有神论的束缚中解放出来，自己掌握自己的命运，做自己的主人。马克思主义无神论虽然不能解决有神论的社会根源，但可以提高人们鉴别真伪和自我保护的能力，强化人们的主体意识，帮助人们形成科学的世界观、健康的生活方式和健全的心理。

我党历来重视无神论宣传教育。1941 年 9 月 13 日，毛泽东同志指出："我们是信奉科学的，不相信神学。"③1957 年 11 月 18 日，他指出："要用

---

①中共中央文献研究室、中共中央编译局编《马克思 恩格斯 列宁 斯大林 毛泽东 邓小平 江泽民论唯物论和无神论》，中央文献出版社 1999 年版，第 84 页。

②《胡锦涛文选》第 2 卷，人民出版社 2016 年版，第 477 页。

③《毛泽东文集》第 2 卷，人民出版社 1993 年版，第 378 页。

唯物论代替唯心论，用无神论代替有神论。"①1963 年 12 月 30 日，他在一个批示中指出："不批判神学就不能写好哲学史，也不能写好文学史或世界史。"②1979 年 10 月 19 日，邓小平同志指出："我们建国以来历来实行宗教信仰自由。当然，我们也进行无神论的宣传。"③1990 年 12 月 7 日，江泽民同志指出："共产党员不但不能信仰宗教，而且必须要向人民群众宣传无神论、宣传科学的世界观。"④2003 年 8 月 19 日，胡锦涛同志指出："关于无神论研究和宣传教育是一项长期任务，需纳入科学研究规划和宣传思想工作的总体部署，锲而不舍地进行。尤其是共产党员应牢固地确立唯物主义世界观。这与贯彻党的宗教信仰自由政策并不矛盾。"⑤2004 年 5 月 28 日，中共中央组织部、宣传部、文明办和中央党校、教育部、中国社会科学院六部委联合下发了《关于进一步加强马克思主义无神论研究和宣传教育工作的通知》。

著名的马克思主义宗教学家任继愈先生在 1988 年也说过："无产阶级同神学做斗争，能够采取的唯一手段只能是思想手段，即进行无神论宣传教育。"⑥

一个合格的共产党员，不仅要坚持马克思主义无神论，而且要旗帜鲜明地宣传马克思主义无神论，普及宣传科学文化知识和健康的生活方式，帮助和引导人们划清唯物论和唯心论、无神论和有神论、科学和迷信、文明和愚昧的界限，逐步扩大无神论思想的影响，逐渐消除有神论思想产生的社会基础和思想基础，始终保持马克思主义无神论作为主流意识形态在人民群众思想中占据主导地位。如果任由有神论无限制地在社会蔓延并迅速扩大，甚至发展为主流意识形态，那将直接威胁到党的指导思想，严重损害党的执政基础，最终挑战党的执政地位。广大党员要从关乎党的执政安全和党的事业的兴亡的高度，重视马克思主义无神论的宣传教育。

---

① 《毛泽东文集》第 7 卷，人民出版社 1999 年版，第 331 页。

② 《毛泽东文集》第 8 卷，人民出版社 1999 年版，第 353 页。

③④ 中共中央文献研究室、中共中央编译局编《马克思 恩格斯 列宁 斯大林 毛泽东 邓小平 江泽民论唯物论和无神论》，中央文献出版社 1999 年版，第 84 页。

⑤ 引自胡锦涛 2003 年 8 月 19 日对任继愈来信的批示，复印件收藏于中国无神论学会。

⑥ 任继愈：《关于宗教与无神论问题》，载《宗教·道德·文化》，宁夏人民出版社 1988 年版，第 14 页。

共产党员向社会积极宣传马克思主义无神论,要从团结广大群众出发,服从党的中心任务,以凝聚广大人民群众紧密团结在党的周围、为实现中华民族伟大复兴和推进社会主义制度完善为目的,注意团结信教群众为实现共同目标而奋斗。不能把有神论和无神论的对立等同于政治上的对立,在社会主义制度下,信教群众与非信教群众在根本利益上是一致的,在世界观上的差异性是次要的。在党的正确的宗教方针政策指引下,只要全面贯彻习近平总书记在全国宗教工作会议上的重要讲话精神,完全可以做到"政治上团结合作,信仰上互相尊重",共同致力于实现中华民族伟大复兴的宏伟战略目标。无神论的教育、宣传绝不是制造信教与不信教群众的对立,而是为了使更多的群众学会用辩证唯物主义的世界观和方法论科学地看待宗教现象,理性地选择自己的世界观,主动创造自己的现实的幸福生活。

广大党员要不断提升自身水平,用丰富的自然科学、人文科学、宗教学知识和宽阔的世界眼光武装自己,突出青少年这个无神论教育重点,注重无神论宣传的政策、方式、方法、实效,防止伤害信教群众的宗教感情,防止加剧宗教狂热,防止因信仰问题造成群众的分裂。不能以轻蔑的态度对待信教的群众,把他们一脚踢开,而是要在实际的社会生活中坚持不懈地、有分寸地、耐心地对他们进行启发。只有无神论真正为大多数群众所接受,无神论的宣传教育才有完全的意义。要通过坚持不懈、广泛、深入地进行无神论宣传,逐步教育和引导群众自觉树立无神论的积极的世界观,以科学的态度对待世界、对待人生,依靠自己去争取幸福的生活,就像《国际歌》唱的那样:"从来就没有救世主,也不靠神仙皇帝,要创造人类的幸福,全靠我们自己……不要说我们一无所有,我们要做天下的主人"。

四、深入学习、全面贯彻习近平总书记关于马克思主义无神论重要思想

党的十八大以来,以习近平同志为核心的党中央高度重视无神论研究和宣传教育工作,提出了一系列旗帜鲜明的观点和要求,主要有:

第一,共产党员要做坚定的马克思主义无神论者,不坚持无神论就不是马克思主义者,就不是彻底的唯物论者。

第二，我国是共产党领导的社会主义国家，既不能用封建主义、资本主义思想意识和价值观念作为全社会的精神支柱，也不能用宗教作为全社会的精神支柱。

第三，在我国，无神论者和有神论者在世界观上是不同的，但并不妨碍政治上的认同。

第四，我们共产党人不仅要坚持马克思主义无神论，而且要积极宣传马克思主义无神论，普及科学文化知识，帮助和引导人们划清唯物论和唯心论、无神论和有神论、科学和迷信、文明和愚昧的界限，逐渐消除宗教产生和传播的思想基础和社会基础。

第五，坚持马克思主义无神论是大原则，我国立法、行政、司法，以及经济、政治、社会、文化、生态等方方面面都要坚持这个大原则，不要有意无意违背这个大原则。

第六，始终保持马克思主义无神论作为主流意识形态，在人民群众思想中占据主导地位。

关于坚持和发展马克思主义无神论的论述，构成习近平总书记系列重要讲话的重要组成部分，是迄今党的主要领导人对马克思主义无神论问题讲得最为充分、最为深刻和最为透彻的，丰富和发展了马克思主义无神论思想，是马克思主义无神论中国化的最新成果，是加强马克思主义无神论研究和宣传教育的根本指针，对开辟马克思主义无神论事业的新局面，具有重大意义。深入学习和全面贯彻习近平总书记关于马克思主义无神论的重要思想，必须做到：正确处理无神论宣传教育与贯彻宗教信仰自由政策的关系，不能把无神论宣传教育同贯彻宗教信仰自由政策对立起来；大力加强马克思主义无神论阵地建设；高度重视马克思主义无神论学科建设和理论研究。

五、中国社会科学院为加强马克思主义无神论
阵地建设而做出的举措

加强马克思主义无神论阵地建设，是加强党的意识形态工作的一项重要而又紧迫的任务。中国社科院一直十分重视科学无神论的学科建设和阵地建设。科学无神论学科在中国社会科学院有着悠久的历史和特殊的地位。

从 1963 年 12 月毛泽东同志批示加强世界宗教研究开始，科学无神论学科在我国著名马克思主义理论家和学问家任继愈先生的带领下就开始发展了。在 20 世纪 80 年代和 90 年代，科学无神论学科曾经领先全国，涌现了以任继愈先生为首的一批著名学者，在推动全国科学无神论事业发展方面发挥了引领作用，特别是在反对伪科学和"法轮功"等邪教方面发挥了重要作用。2009 年，中国社科院成立了马克思主义无神论研究室和科学与无神论研究中心。马克思主义无神论研究室，是我国目前唯一的专门研究马克思主义无神论的国家级研究机构。科学无神论论坛从 2013 年开始举办，今年是第五届。2015 年开始，科学无神论论坛正式列为中国社科院马克思主义理论学科建设与理论研究工程资助的八大论坛之一。2016 年，科学无神论学科被确定为中国社会科学院登峰战略"特殊学科"建设项目。

中国社科院将进一步采取措施来推动加强科学无神论的学科建设和阵地建设。包括：尽快引进人才，充实马克思主义无神论研究室，形成以高级职称人员为主的合理人才结构；加强无神论学科人才培养，在研究生院马克思主义研究系增设二级学科马克思主义无神论研究专业，招收马克思主义无神论研究硕士生和博士生；在"马克思主义理论骨干人才计划"中招收马克思主义无神论专业博士生；办好全国唯一的无神论学科杂志——《科学与无神论》杂志，提高杂志的办刊质量，将杂志纳入中国社科院核心期刊目录；在新成立的中国社科院大学马克思主义学院开设"马克思主义无神论"课程。

开启新时代中国哲学繁荣发展的新征程*

今天我们相聚在我国著名哲学家贺麟先生的故乡四川金堂，隆重举行中国青年哲学论坛（2017）暨首届贺麟青年哲学奖评审会议。在此，我谨代表中国社会科学院向出席此次会议的各位嘉宾表示热烈欢迎。

前不久，中国共产党第十九次全国代表大会胜利闭幕。党的十九大是我们党在全面建成小康社会决胜阶段、中国特色社会主义进入新时代的关键时期召开的一次十分重要的大会。党的十九大报告是我们党在新时代开启新征程、续写新篇章的政治宣言和行动纲领，集中体现了当代中国马克思主义最新成果，是一篇充满当代中国共产党人政治智慧和历史担当的马克思主义纲领性文献，具有划时代的理论意义和实践意义。把思想和行动统一到党的十九大精神上来，统一到习近平新时代中国特色社会主义思想上来，奋力开启新时代中国特色哲学繁荣发展的新征程，为实现中华民族伟大复兴贡献哲学智慧，是广大哲学工作者应当承担的历史使命。

本次会议的主题是"变革时代的哲学探索"，这一主题很好地体现了新时代的一个本质特征，那就是变革。当今世界正处于一个空前变革的时代，当代中国正经历着最为广泛而深刻的社会变革。历史一再表明，社会大变革的时代，一定是哲学大发展的时代。时代的变革和实践的发展，孕育着思想和理论的伟大创造。当前我们正面临着前所未有的挑战，也面临着前所未有的机遇。我们比以往任何时候都更需要对时代精神进行深刻把握和精确表达，这是一个需要理论而且一定能够产生理论的时代，这是一个需要思想而且一定能够产生思想的时代。哲学作为时代精神的精华，必须紧扣时代脉搏，与时代同行俱进。只有如此，才能够日益焕发出真理的光辉，否则必将随着时间的推移而归于沉寂，并最终被时代所遗弃。习近平新时

* 本文是作者 2017 年 11 月 8 日在四川金堂召开的中国青年哲学论坛（2017）暨首届贺麟青年哲学奖评审会议上的讲话，发表于《哲学研究》2018 年第 1 期。

代中国特色社会主义思想是对当今中国时代精神的准确把握和精确表达，是需要理论的时代产生的重要理论，需要思想的时代产生的重要思想。当前哲学工作者要在深入学习领会习近平新时代中国特色社会主义思想的基础上，在哲学领域不断拓展新视野、提炼新问题、概括新理论、开辟新境界，为实现中华民族伟大复兴提供哲学支撑，这是新时代中国特色哲学应当占据的时代高度。

明年，我们将迎来改革开放 40 周年。近 40 年的改革开放深刻改变了中国。回首中国哲学这些年走过的道路，可以说，中国哲学始终与人民同呼吸、与时代共命运、与国家共荣辱。开始于 1978 年的关于真理标准问题的大讨论吹响了思想解放的第一声号角，为改革开放拉开了思想帷幕。在改革开放不断深化的过程中，中国哲学总是行进在时代的最前列，最敏锐、最准确地捕捉时代精神的脉搏和社会实践的本质，并以彻底的创新意识和批判精神披荆斩棘，破除一切不合时宜的思想观念和体制机制弊端，为改革开放注入源源不断的思想动力。"理论在一个国家实现的程度，总是决定于理论满足这个国家的需要的程度。"[1]近 40 年改革开放的历史进程雄辩地证明，在中国大地上，哲学不仅是在黄昏起飞的密涅瓦的猫头鹰，更是报晓人类解放的高卢雄鸡；哲学不仅是一种理论，更是可以运用于实践的武器。正是通过一次又一次正确运用于实践并从实践中实现和发展自己，中国哲学展现出极其强大的生命力和创造力。

习近平总书记在党的十九大报告中指出，经过长期努力，中国特色社会主义进入了新时代，这是我国发展新的历史方位。中国特色社会主义进入新时代，在中华人民共和国发展史上、中华民族发展史上具有重大意义；在世界社会主义发展史上、人类社会发展史上也具有重大意义。对此，我们需要认真学习领会，特别是需要深入挖掘、深刻理解、深度把握其所蕴含的十分丰富的哲学意义。

时代是思想之母，实践是理论之源。马克思曾经指出："我们判断一个人不能以他对自己的看法为根据，同样，我们判断这样一个变革的时代也不能以它的意识为依据；相反，这个意识必须从物质生活的矛盾中，从社

---

① 《马克思恩格斯选集》第 1 卷，人民出版社 1995 年版，第 11 页。

会生产力和生产关系之间的现存冲突中去解释。"①这就意味着，我们对一个时代的把握，不能从它关于自己的意识出发，不能单纯满足于概念演绎的严密和体系构造的完备，而必须从这个时代的现实实践出发。哲学作为最贴近时代和实践的事业，必须深入社会实践的深处，把实践发展的需要提升到哲学反思的高度，进而转化为哲学研究的课题。

当代中国正在进行着人类历史上最为宏大而独特的实践探索，习近平总书记在哲学社会科学工作座谈会上的重要讲话中指出："当代中国的伟大社会变革，不是简单延续我国历史文化的母版，不是简单套用马克思主义经典作家设想的模板，不是其他国家社会主义实践的再版，不是国外现代化发展的翻版，不可能找到现成的教科书。"②中国特色社会主义是一项前无古人的事业，是改革开放以来党的全部理论和实践的主题，也是当代中国哲学研究必须面对的重大时代课题。恩格斯在谈到历史与逻辑的一致时，曾经指出："历史从哪里开始，思想进程也应当从哪里开始。"③对于当代中国哲学来说，"思想的进程"必须从新时代中国特色社会主义伟大实践开始，必须真正学懂、弄通、做实习近平新时代中国特色社会主义思想，做好新时代坚持和发展中国特色社会主义这篇大文章。在这一基础上构建具有中国特色、中国风格、中国气派的中国哲学学科体系、学术体系和话语体系，以实现中国哲学事业的繁荣发展，进而在世界哲学舞台上吹响推动人类思想不断前进的中国号角，这是新时代中国特色哲学应当占据的实践高度。

时代在不断前进，思想也必须与时俱进；实践在不断发展，理论也必须不断创新。坚持一切从实际出发，理论联系实际，实事求是，在实践中检验真理和发展真理，是马克思主义最重要最可贵的理论品格。这种与时俱进的理论品格，是 170 多年来马克思主义乃至马克思主义哲学始终保持强大生命力和巨大创造力的关键所在。尽管我们的时代与马克思所生活的时代相比，发生了巨大而深刻的变化，但从世界社会主义发展 500 多年的总体历程来看，我们仍然处于马克思所揭示的时代，处于马克思所说的"历史向世界历史转变"的延续和发展时期。不论是从科学性和真理性来说，

---

① 《马克思恩格斯文集》第 2 卷，人民出版社 2009 年版，第 592 页。
② 习近平：《在哲学社会科学工作座谈会上的讲话》，《人民日报》2016 年 5 月 19 日。
③ 《马克思恩格斯选集》第 2 卷，人民出版社 1995 年版，第 43 页。

还是就影响力和传播面而言，马克思主义乃至马克思主义哲学都是人类思想史上"一座不可逾越的高峰"。这是我们对中国特色社会主义保持坚定信心、对科学社会主义保持必胜信念的科学依据。

马克思主义哲学是中国哲学研究的旗帜和灵魂。坚持马克思主义哲学的指导地位，是中国哲学区别于其他哲学的根本特征。习近平新时代中国特色社会主义思想是马克思主义中国化的最新理论成果，是当代中国的马克思主义。其所蕴含的丰富哲学思想，是马克思主义哲学中国化的最新理论成果，是当代中国的马克思主义哲学。牢牢坚持习近平新时代中国特色社会主义思想对于中国哲学研究的指导地位，并将其转化为清醒的理论自觉、坚定的价值立场和科学的思维方法，让马克思主义的旗帜、让马克思主义哲学的旗帜在中国哲学的上空高高飘扬，放射出更加璀璨的真理光芒，是新时代中国特色哲学应当占据的精神高度。

115 年前，也就是 1902 年，贺麟先生诞生于金堂，并从这里走向世界。今天我们在此举行中国青年哲学论坛暨贺麟青年哲学奖的评审会议，同时也是对贺麟先生的纪念。以贺麟先生为代表的那一代学者具有自己鲜明的特点，一方面，他们具有深厚的学术积累、开阔的学术视野、高超的学术造诣，在中西会通方面做出了突出贡献；另一方面，他们又具有一种强烈持久的家国情怀，对中华民族怀有深厚的感情，对民族精神高度敏感，对时代问题深度关切，同时自觉把个人的学术研究与国家前途和民族命运紧密结合起来，为构建中华民族自己的哲学理论不懈奋斗。这一点对于当代中国哲学工作者来说，尤其可贵。哲学作为人类文明的灵魂，与民族精神血脉相通。越是民族的，越是世界的，"与大地贴得更近，看天空才会更远"。当代中国哲学工作者一刻也不要忘记我们的国家和民族，一刻也不要忘记我们的价值立场，一刻也不要忘记我们生而为中国人，我们有中国人独特的精神世界和价值观念，只有深深植根于中国这块土地，只有牢牢坚持为人民做哲学这一根本立场，才有可能获得源源不断的力量支撑，才有可能形成自己的特色、自己的风格、自己的气派，才有可能创造出无愧于我们这个伟大时代、无愧于我们这个伟大民族的哲学思想。这是新时代中国特色哲学应当占据的国家高度、民族高度和人民高度。

本次会议聚集了一批来自全国各地的优秀青年学者共同研讨，这意味着它将成为集中展现当代中国青年哲学工作者思想风采和学术造诣的一次盛会。会议的成功举办，不仅可以使佼佼者脱颖而出，更为重要的是，可以勾勒出中国哲学的未来走向。习近平总书记在十九大报告中对青年人寄托了殷切的期望，他指出："青年兴则国家兴，青年强则国家强……中华民族伟大复兴的中国梦终将在一代代青年的接力奋斗中变为现实。"①他还指出："我们不仅要让世界知道'舌尖上的中国'，还要让世界知道'学术中的中国''理论中的中国''哲学社会科学中的中国'。"②这对哲学工作者，特别是对青年哲学工作者提出了很高要求。青年代表着未来，代表着希望。青年一代有理想、有力量、有担当，国家就有前途，民族就有希望。尽管面临的任务艰巨、担负的责任重大，但当代中国青年哲学工作者依然是幸运的，因为你们生逢一个伟大的时代，伟大的时代呼唤着伟大的哲学，探索这种时代真理的事业是崇高的，探索者则是幸福的。我相信，当代中国青年哲学工作者一定能够不负党和人民赋予的历史重托，一定能够在为实现中华民族伟大复兴提供哲学动力的历史进程中书写无愧于时代、无愧于历史、无愧于人民的壮丽篇章。

中国特色社会主义进入了新时代，近代以来久经磨难的中华民族迎来了从站起来、富起来到强起来的伟大飞跃，我们比历史上任何时刻都更接近、更有信心和能力实现中华民族伟大复兴的目标，我们也比历史上任何时刻都更需要哲学的创新发展，更需要哲学以其特有的方式守护思想、把握现实、引领时代，把通达未来的钥匙掌握在我们自己手中，在时代前进的滚滚洪流中，在人类进步的历史进程中，奋力开启新时代中国哲学繁荣发展的新的伟大征程！

---

① 习近平：《决胜全面建成小康社会 夺取新时代中国特色社会主义伟大胜利——在中国共产党第十九次全国代表大会上的报告》，人民出版社 2017 年版，第 70 页。

② 习近平：《在哲学社会科学工作座谈会上的讲话》，《人民日报》2016 年 5 月 19 日。

辩证唯物主义世界观方法论是中国共产党全部理论与实践的思想基础*

  2019 年新年伊始，《求是》杂志第 1 期发表了习近平总书记《辩证唯物主义是中国共产党人的世界观和方法论》一文，意义重大、非同一般。

  近代以来，当中华民族深陷于帝国主义侵略压迫给中国人民带来的沉重灾难之中时，中华民族先进分子呐喊出"振兴中华"的民族最强音。在对指导救国救民各种思想武器的比较选择中，中华民族先进分子接受了马克思主义，把马克思主义作为实现民族复兴大业的唯一思想武器。从此，中国共产党人运用辩证唯物主义世界观方法论，把马克思主义与中国实际相结合，创造了中国化马克思主义。在马克思主义和中国化马克思主义的指引下，中国共产党人带领中国人民浴血征战、艰辛努力，经过革命、建设和改革的百年奋斗，取得了从站起来，到富起来，再到强起来的伟大胜利，实现中华民族伟大复兴中国梦即在眼前、胜利在望。中华民族的百年奋斗史雄辩地证明，中国人民的伟大胜利是马克思主义的伟大胜利，是辩证唯物主义世界观方法论的伟大胜利。学会运用辩证唯物主义世界观和方法论，中国共产党人就会无坚不摧、无往不胜。

一、辩证唯物主义是放之四海而皆准的科学真理

  毛泽东指出："马克思主义有几门学问……但基础的东西是马克思主义哲学。"①马克思主义作为科学的理论体系，其内涵有三个层次。第一个层次，也就是最高层次，是马克思主义哲学世界观方法论，也称马克思主义

  * 本文发表于《哲学研究》2019 年第 3 期，《世界社会主义研究动态》2019 年 7 月 29 日，《中华魂》2020 年第 1 期。

①《毛泽东文集》第 6 卷，人民出版社 1999 年版，第 396 页。

立场、观点和方法，即辩证唯物主义和历史唯物主义，也可统称为辩证唯物主义。第二层次是马克思主义基本原理，也称马克思主义一般结论，是马克思主义经典作家运用马克思主义立场、观点和方法，认识自然、社会和思维一般规律而得出的科学理论。第三层次是马克思主义的具体结论，也就是运用马克思主义立场、观点和方法，根据马克思主义的基本原理，对特定历史条件下的具体问题做出具体分析所得出的具体判断。哲学世界观方法论层次、一般原理层次和具体结论层次，这三个层次构成了马克思主义系统的、科学的、不断创新的理论体系。

马克思主义哲学即辩证唯物主义，揭示了宇宙间一切事物的一般规律及其本质特征，是对自然、社会和思维最一般规律及其本质特征的科学概括，是颠扑不破、放之四海而皆准的真理。譬如，世界是物质的，物质是运动的，时空是运动的基本形式，运动是有规律的，对立统一是根本规律，规律是可以认识的；社会存在决定社会意识，社会意识是社会存在的反映，人的认识是社会实践的产物，实践是认识的源泉、动力与唯一检验标准；劳动创造了人与人类社会，人类社会由无阶级社会发展到阶级社会，再发展到无阶级社会，在阶级社会中阶级差别、阶级矛盾和阶级斗争是客观存在的，阶级斗争是阶级社会发展的直接动力；生产力是推动历史发展的最终动因，生产力决定生产关系，经济基础决定上层建筑……这些辩证唯物主义关于自然、社会、思维最一般规律的真理，是马克思主义整个理论体系的核心、基础和前提，是马克思主义经典作家观察问题、分析问题、处理问题的立场、观点、方法，是共产党人观察认识问题的世界观，也是共产党人分析解决问题的方法论。掌握辩证唯物主义，也就掌握了真理、掌握了最锐利的思想武器，在实际斗争中就可以少犯错误、少走弯路、少受挫折。

马克思主义一般原理，是马克思主义经典作家们运用马克思主义立场、观点和方法分析判断问题而得出的一般结论，反映了事物发展的客观规律和必然趋势，也是客观真理。譬如，关于人类社会形态由低级到高级演变规律的理论、关于共产主义代替资本主义必然趋势的理论等等，是马克思主义最基本的观点，是共产党人认识和处理一切问题必须遵循的基本原则，是不能违背的，违背了，就要犯认识上和实践上的错误。

马克思主义具体结论，是在特定条件下运用马克思主义立场、观点和方法分析具体问题而得出的具体认识，是人们在特定历史条件下处理具体问题的具体的指导方针和重要依据，会因时间、地点等具体条件的改变而改变，具有一定的历史局限性和认识局限性。譬如，马克思主义经典作家关于社会主义革命只能在几个西方发达资本主义国家同时进行才能取得胜利的具体结论，也就是通常所说的"数国同时胜利论"，是马克思在当时自由资本主义的历史条件下所形成的。在列宁所处的无产阶级革命和帝国主义阶段，由于时间、地点、条件的变化而改变。列宁发现了帝国主义经济政治发展不平衡的规律，提出了社会主义革命可以在帝国主义统治的薄弱环节率先实现的观点，形成了"一国胜利论"，指导十月社会主义革命取得成功。马克思主义的具体结论是有局限性的。条件变了，仍然死抱着马克思主义具体结论不放，脱离具体的现实条件，就会犯教条主义错误。给中国革命带来重大失败与挫折的，大多是因为教条主义错误而造成的。

学习、掌握马克思主义最重要、最根本的，是学习马克思主义哲学世界观方法论，即辩证唯物主义。把马克思主义哲学概括为辩证唯物主义和历史唯物主义，或统称为辩证唯物主义，这两种说法是一致的，都是正确的。那种认为辩证唯物主义只解决了对自然界一般规律的认识，而对社会、思维一般规律的认识尚未涉及的观点是偏颇的。辩证唯物主义是关于自然、社会、思维最一般规律的科学。自然、社会、思维三者既一致又有区别。人类社会说到底是自然的一部分，社会发展过程也是一个自然历史过程。人类社会是自然的一部分，又是自然的特殊部分，是自然界中由有意识的人有意识地利用自然、改造自然、对象化自然的特殊部分。思维是人的思维，说到底也是自然的一部分，是自然更为特殊的部分。人的思维是自然物质发展到一定阶段的产物，是作为物质的人脑的机能，是人在社会实践中对外部世界的反映，是人的社会实践的产物。人对自然的科学认识，如果不包括对人类社会发展一般规律、对人的思维一般规律的认识，就不可能完成对整个自然的科学认识。只有完成包括人类社会历史、人类思维一般规律的科学认识，才能完成对自然一般规律的全部科学认识，才能形成最彻底的辩证唯物主义哲学，才能完成对旧哲学的彻底改造，实现哲学革命。当马克思主义完成了对自然，同时完成了对社会历史和人类思维一般规律的认识，创造了历史唯物主义和唯物主义认识论，才真正创造了辩证唯物主义。辩证唯物主义是包括了唯物论、辩证法、历史观、认识论、价值观、人生观等全部观点在内的系统的科学体系。辩证唯物主义自然而然地包括了唯物主义历史观和唯物主义认识论，同时，如果没有唯物主义历史观和唯物主义认识论，也就没有辩证唯物主义。

辩证唯物主义之前的一切旧唯物主义的根本缺陷：一是唯物主义与辩证法的分离，唯物主义往往与辩证法分离，辩证法往往又与唯物主义分离；二是不能把唯物论与辩证法有机结合起来，运用于揭示人类历史发展的客观规律，在历史观领域表现为历史唯心主义；三是不能把唯物论与辩证法有机结合起来，运用于说明人的思维是怎样产生的，人的正确思想是从哪里来的，不能揭示人类思维发展的一般规律，在认识论领域最终仍然逃脱不了唯心主义的束缚。旧唯物主义表现在历史观领域和认识论领域都是唯物论与辩证法相分离，最终仍然坠入唯心主义泥坑。马克思主义哲学是彻底、完备的唯物主义哲学，突破了唯心主义和形而上学的局限，把唯物主义和辩证法结合起来应用于社会历史领域和人的思维领域，完成了历史观领域和认识论领域的彻底革命，从根本上克服了旧唯物主义的根本缺陷，克服了以往一切哲学在历史观和认识论上的唯心主义，使辩证唯物主义完成了对自然、社会、思维发展最一般规律的哲学概括，实现了唯物论和辩证法在一切领域的有机统一，构成了无产阶级及其政党正确思想路线的理论基础。

在辩证唯物主义那里，唯物论与辩证法是作为一个有机结合起来的思想体系，自然观、历史观和认识论也是统一的。历史观和认识论既是自然观的重要组成部分，又是自然观的特殊组成部分。这表现在：一方面，没有结合在一起的唯物论和辩证法作为科学世界观和方法论，就不可能对社会历史做出科学的说明，不可能对人类思维过程即认识过程做出科学的说明，不可能确立唯物主义历史观和唯物主义认识论；另一方面，没有对社会历史过程的唯物论、辩证法的理解，对人的思维过程的唯物论、辩证法的理解，特别是对人类物质实践意义的揭示，就不可能完成唯物论与辩证法的彻底结合，从而也就不可能完成对整个世界的彻底的唯物论和辩证法的认识，不可能摒弃唯心主义历史观和唯心主义反映论，不可能建立起完整的辩证唯物主义世界观和方法论理论体系。

辩证唯物主义、历史唯物主义和唯物主义认识论，构成马克思主义哲学严密的科学体系。只有掌握了有机结合起来的唯物论与辩证法，才能揭示人的思维即人的认识的一般规律；同时也只有确立了唯物主义历史观，才能揭示人的思维即人的认识的一般规律。从马克思主义哲学体系的构成上来看，唯物主义认识论可以融入辩证唯物主义理论体系，是辩证唯物主义的重要组成部分，所以又把马克思主义哲学世界观和方法论合称为辩证唯物主义和历史唯物主义，说到底，统称为辩证唯物主义。当然，在统一完整的马克思主义哲学体系中，绝不能偏废任何一个重要部分。正是在这个意义上说，辩证唯物主义是马克思主义哲学世界观方法论的全部。共产党人必须要用辩证唯物主义作为自己的世界观方法论，反对形形色色的唯心主义和形而上学，反对历史唯心主义，以正确指导实践。

二、辩证唯物主义是最科学、最管用的思想方法和工作方法

习近平总书记认为，当前，结合我国实际和时代条件，必须学习和运用辩证唯物主义世界观方法论着重解决四个问题：一是掌握世界统一于物质，物质决定意识的原理，坚持从客观实际出发制定政策、推动工作；二是学习掌握事物矛盾运动的基本原理，不断强化问题意识，积极面对和化解前进中遇到的矛盾；三是学习掌握唯物辩证法的根本方法，不断增强辩证唯物思维能力，提高驾驭复杂局面、处理复杂问题的本领；四是学习掌握认识和实践的关系的原理，坚持实践第一的观点，不断推进实践基础上的理论创新。

马克思主义思想方法和工作方法是辩证唯物主义世界观方法论在实践中的具体运用。习近平总书记高度概括了辩证唯物主义最基本的观点，创造性地把辩证唯物主义基本观点转化为指导实践的思想方法和工作方法，为我们结合今天新的实际，掌握辩证唯物主义，指导实际工作指明了方向和路径。今天，学习辩证唯物主义，重点要掌握好以下几个方面最基本的思想方法和工作方法。

第一，一切从实际出发。

世界是物质的，物质是第一性的，不是精神决定物质，而是物质决定精神，世界统一于物质，是辩证唯物主义的一个基本观点。

什么是物质，即怎样给物质下一个科学的定义，人类经历了一个长期曲折的认知过程。辩证唯物主义与旧唯物主义的区别不在于承认不承认物

质是第一性的，而在于旧唯物主义把物质归结于某种具体的物质实体，而辩证唯物主义却给物质做了科学的定义。如中国古代朴素唯物主义"五行说"，直观地、形而上学地把世界归结于"金、木、水、火、土"五种最基本的物质元素，认为它们是构成世界的最原初的物质。古希腊唯物主义哲学把世界或归结于原子或归结为一团燃烧的火等某种具体物质形态。这些看法只不过是一种朴素的、缺乏科学根据的猜测。近代唯物主义根据当时自然科学关于原子是物质最小单位的认识，把原子归结为物质的最基本单位，具有不可分性、质量不变性，认为物质就是由原子构成的。原子说虽然是朴素唯物主义的进步，但仍然逃脱不了旧唯物主义的局限性。一切旧唯物主义虽然坚持了世界的物质性，但由于把物质直观简单、形而上学地归结为某种具体物质实体，无法说明世界的本原，最终导向唯心主义。

辩证唯物主义第一次科学地解决了物质概念问题，明确了科学的物质概念，确立了辩证唯物主义的物质观。恩格斯说："物、物质无非是各种物的总和，而这个概念就是从这一总和中抽象出来的。"[①]哲学上的物质概念，不是指具体的物质形态或结构，而是指物质的全体，是对一切领域和一切物质形态的共同本质的抽象概括。列宁给物质下了一个科学的定义："物质是标志客观实在的哲学范畴，这种客观实在是人通过感觉感知的，它不依赖于我们的感觉而存在，为我们的感觉所复写、摄影、反映。"[②]世界上千差万别的物质实体，其唯一的共同特征就是它们的客观实在性。辩证唯物主义的物质概念克服了旧唯物主义把世界归结于某种具体物质形态的形而上学局限性，对形形色色的具体物质形态做出了科学的抽象，奠定了唯物主义物质观的基石。马克思主义经典作家把唯物主义物质观的基本观点运用到历史观领域和认识论领域，形成了科学的实践观，建立了实践基础上的唯物主义认识论，从而确立了包括实践观在内的最科学、最完备的唯物主义物质观。

坚持辩证唯物主义物质观，具体化为指导实践的思想方法和工作方法，可以归结为一句话——一切从实际出发。遵循辩证唯物主义物质观的基本观点，在实际工作中必须遵循实事求是、一切从实际出发的思想路线。实

---

① 《马克思恩格斯选集》第 4 卷，人民出版社 1995 年版，第 343 页。
② 《列宁全集》第 18 卷，人民出版社 1988 年版，第 130 页。

事求是、一切从实际出发，是马克思主义的精髓，是我们党从事革命、建设和改革必须遵循的正确的思想方法和工作方法。正是基于实事求是、一切从实际出发的思想路线，中国共产党人把马克思主义与中国具体实践和时代条件相结合，一切从中国国情实际出发，制定了新民主主义和社会主义革命的理论、路线、方针和政策，取得了中国革命的胜利，完成了使中国人民站起来的伟大历史任务。也正是靠实事求是、一切从实际出发，我们党把马克思主义与中国国情、与建设改革实践相结合，走出了一条具有中国特色的社会主义道路，实现了富起来的伟大历史任务，正在向强起来进军。

第二，一切以时间、地点、条件为转移。

世界是物质的，物质是运动的，物质和运动是不可分的，没有不运动的物质，也没有离开物质的运动。物质世界，包括精神现象在内的一切都处在永不停歇的运动、变化和发展之中，也是辩证唯物主义的一个基本观点。

一切都是运动变化发展的观点，运用到思想方法和工作方法上，就是一切以时间、地点、条件为转移。没有停滞不前的实践，没有永恒不变的认识，也没有亘古不移的理论。世界是变化的，实践是发展的，一切事物都因时间、地点、条件的变化而变化。条件改变了，人们的认识，人们所采取的指导思想、行动路线、方针政策也要随着时间、地点、条件的变化而变化。俄国十月革命走的是率先在中心城市举行武装暴动取得政权，然后再向农村进军，以城市带动农村的革命道路。中国革命的具体情况与俄国不同，国情实际发生了根本变化，照搬俄国革命的具体道路就会失败。中国共产党人从曲折和失败中找到了一条成功的道路，即农村包围城市的中国革命道路。理论创新，恰恰说明条件变化了，理论认识也会随之发生变化。一切以时间、地点、条件为转移，是实事求是、一切从实际出发思想路线的深化。

第三，具体问题具体分析。

世界统一于物质，物质世界又是多种多样、千变万化的，每类具体物质形态的运动既存在与其他一切物质形态共同的普遍规律和一般本质，又具有其特殊规律和特殊本质，物质世界是一般与特殊、普遍与个别的有机统一，这是辩证唯物主义的一个基本观点。

　　个别就是指单个的、具体的事物，一般则是指不同事物之间在本质上的共同点。个别是具体的、特殊的、活生生的，而一般则是抽象的、普遍的、干巴巴的。比如，人们所看到的人是一个一个具体的人，或是男人，或是女人，或是黄种人，或是白种人，或是黑种人……这些一个一个的具体的人就是个别的人。而人们所说的人则是一般概念，因为不管是男人还是女人，是黄种人、白种人还是黑种人，是这个人还是那个人，都具有人的共同本质，都是人。具体的人就是个别人，个别人是具体的、生动的、实实在在的人；一切个别人的共同的、普遍的本质则是一般的人。一般的人是人们在长期的实践中对千千万万具体的、个别的、特殊的人的共同本质的抽象认识，是一般概念。

　　个别和一般并不是彼此孤立、互相排斥的，而是具有内在统一性的。一般只能在个别中存在，只能通过个别而存在。在个别事物中，蕴含着一般、普遍、共同的本质和规律；如果离开了个别的、具体的事物，一般就是空洞的、虚幻的、没有内容的东西。不能设想，离开了一个个具体的、个别的、特殊的人，还能存在什么抽象的、一般的、普遍的人。从这个意义上说，"个别就是一般"，"任何个别（不论怎样）都是一般"。①不能把一般作为脱离个别的独立存在，与个别、具体的东西相提并论。

　　从认识个别到认识一般、从认识具体到认识抽象、从认识特殊到认识普遍，这是人类认识的一般规律。认识一般只能通过认识个别而实现，否则就会得出荒谬的认识结论。由于人的认识总是由个别到一般，也就是人的认识总是从认识个别事物开始的，进而认识到一般，然后再从一般认识到个别。没有对个别的认识就无法形成对一般的认识。因此，辩证唯物主义要求我们："在分析任何一个社会问题时，马克思主义理论的绝对要求，就是要把问题提到一定的历史范围之内。"②"马克思主义的精髓，马克思主义的活的灵魂：对具体情况作具体分析。"③

　　共性与个性、个别与普遍辩证关系的道理，是辩证唯物主义的真理，不懂得这点，就等于背叛和抛弃了辩证唯物主义。这个道理在思想方法和工作方法上必然体现为对具体问题要做具体分析。具体问题具体分析是辩

---

　　①《列宁专题文集：论辩证唯物主义和历史唯物主义》，人民出版社 2009 年版，第 150 页。
　　②《列宁专题文集：论马克思主义》，人民出版社 2009 年版，第 302 页。
　　③同上书，第 293 页。

证唯物主义的精髓，是马克思主义思想方法和工作方法活的灵魂。

把马克思主义基本原理与中国特色国情相结合，是中国共产党人秉持具体问题具体分析的道理在思想方法和工作方法上的灵活运用。只有把马克思主义的一般原理应用于中国的"具体环境"和"特殊条件"，使之发生内容和形态的改变，才能形成适应中国实际需要的、具有中国内容和表现形态的、为中国人民所接受的中国化的马克思主义，才能用于指导中国的实际。既要肯定"一般性"，坚持马克思主义一般原理，又要肯定"特殊性"，坚持马克思主义一般原理与中国特殊实际相结合；不能因为强调"特殊性"而否定"一般性"，从而否定马克思主义一般原理，也不能因为强调"一般性"而否定"特殊性"，从而否定马克思主义中国化的必要性。因为强调"特殊性"而否定"一般性"，是拒绝和否定马克思主义的指导作用；因为强调"普遍性"而否定"特殊性"，就会脱离中国的具体国情，脱离中国的历史文化，脱离中国的人民大众。因为强调"普遍性"而否定"特殊性"，就是教条主义；因为强调"特殊性"而否定"普遍性"，就是经验主义。教条主义离开具体实际，生搬硬套马克思主义的结论和词句，拿来指导实践，就会走弯路，使事业遭受损失。经验主义否定马克思主义的普遍指导作用，拒绝马克思主义指导，离开马克思主义的正确指南，就会迷失方向。

第四，矛盾分析是最根本的分析方法。

对立统一规律是世界最普遍、最根本的规律，社会、自然、思维等世界上的一切规律皆服从于它、根源于它。对立统一观点则是对立统一普遍规律的高度抽象，是辩证唯物主义的实质和核心观点，亦是辩证唯物主义的一个基本观点。

唯物辩证法认为自然、社会和人类思维有三大规律，即质量互变规律、否定之否定规律和对立统一规律，对立统一规律是其中最根本的规律。列宁认为，事物运动、变化和发展是"对立面的统一（统一物之分为两个互相排斥的对立面以及它们之间的相互关系）"[①]，这是辩证唯物主义关于对立统一规律的精辟概括。辩证唯物主义关于对立统一规律的哲学概括，从根本上揭示了事物的存在状态和发展规律，说明了事物发展的根本原因。人们认识事物及其规律本质，必须运用对立统一的观点认识和分析该事物

---

① 《列宁专题文集：论辩证唯物主义和历史唯物主义》，人民出版社 2009 年版，第 149 页。

具体的运行规律及其特征。对立统一的观点和对立统一的分析方法，就是辩证唯物主义世界观和方法论，使之见诸实际，就是马克思主义思想方法和工作方法。

毛泽东创造性地把对立统一规律形象地称为矛盾规律，把唯物辩证法的对立统一观点概括为矛盾观点，把对事物对立统一状况的分析称为矛盾分析，并把掌握矛盾观点和矛盾分析方法上升到马克思主义思想方法和工作方法的高度。毛泽东是矛盾论的大师。早在 1937 年，为克服党内存在的严重的教条主义思想，他撰写了《矛盾论》，系统阐述了事物的矛盾法则即唯物辩证法的最根本法则。1956 年 4 月，毛泽东在中央政治局扩大会议上做了有关《论十大关系》的报告。《论十大关系》是运用对立统一观点即矛盾观点分析认识中国社会主义建设规律的典型范例。毛泽东以矛盾观点和矛盾分析方法为武器，实事求是地分析了中国社会主义建设的十大关系。十大关系问题是关乎中国社会主义建设全局的十大矛盾。毛泽东说："这十种关系，都是矛盾。世界是由矛盾组成的。没有矛盾就没有世界。我们的任务，是要正确处理这些矛盾。"①世界是辩证的，矛盾是辩证法的核心，辩证法的核心观点是矛盾观点。认识世界，必须用辩证法认识世界；用辩证法认识世界，必须用矛盾观点认识世界。矛盾概念形象地概括了万事万物的既对立又统一的、在对立统一中发展的最普遍的客观法则。矛盾观点是对立统一观点的辩证唯物主义中国化的通俗表述。毛泽东谆谆教导我们要学会用矛盾观点分析问题、认识问题和解决问题。矛盾观点是观察世界、认识世界、改造世界的世界观方法论，运用矛盾观点认识说明世界，就是世界观；运用矛盾观点分析改造世界，就是方法论，矛盾观点与矛盾分析法是一致的。

是否承认对立统一，即是否承认世界上的一切事物和现象都包含着矛盾，是否承认矛盾是事物运动、变化和发展的根本原因，是辩证法和形而上学两种世界观方法论的根本分歧。形而上学的基本特征是否认矛盾，否认事物的自我运动和自我发展，看不到事物自身的矛盾是事物发展的源泉和动力，否认事物根本性质的变化，把事物看成是不包含任何差异、变化的抽象的同一，认为事物内部是绝对同一的，同一事物永远是同一事物，

---

① 《毛泽东文集》第 7 卷，人民出版社 1999 年版，第 44 页。

不是别的事物；认为事物变化发展是数量上增减和场所上变化，并把这种变化归结为外部原因。在矛盾的普遍性与特殊性、同一性与斗争性、外因与内因、一般与个别、共性与个性、绝对与相对问题上，辩证法与形而上学都是有原则分歧的。辩证法是一种全面的、运动的、普遍联系的、突出重点的、对立统一的观点，形而上学是一种孤立的、静止的、片面的、割裂的、绝对同一的观点。形而上学与辩证法关于矛盾问题认识上的本质区别，决定了人们思想方法和工作方法的根本不同。

正确认识世界、改造世界，一定要学习马克思主义的对立统一观点，学会运用矛盾分析方法具体分析任何事物的特殊矛盾，认清矛盾的性质、特点，对不同质的矛盾采用不同的解决办法，分析矛盾、解决矛盾，从而推动事物的转化和发展。

第五，实践是检验真理的唯一标准。

辩证唯物主义高度重视实践的作用。马克思、恩格斯自认是"实践的唯物主义者"①。列宁认为："生活、实践的观点，应该是认识论的首要的和基本的观点。"②实践的观点是马克思主义认识论的首要观点，同样是辩证唯物主义的一个基本观点。

马克思主义以前的旧唯物主义反对唯心主义，是应当肯定的。但它的根本缺陷是因为不了解实践的作用，因而在认识和解释社会历史和人的思维发展规律时，离开人的实践去说明社会历史和人的认识问题，不了解实践创造了人和人类社会，不了解实践在认识中的作用，不能把辩证法应用到社会历史和人的思维问题的认识上，把人看作感性的、被动的人，看不到人的实践能动性，看不到实践是认识的动力和源泉，离开人的社会性、离开人的历史，把认识看作对客观实在的直观的、被动的、消极的反映，结果自然又掉进唯心主义历史观和认识论的泥潭中。

辩证唯物主义第一次自觉地把实践作为自己哲学的基础，从而科学地说明了人类社会历史和人的思维发展历史，把唯心主义从历史观和认识论中彻底驱逐出去。在被恩格斯称作"包含着新世界观的天才萌芽的第一个文献"③的《关于费尔巴哈的提纲》中，马克思涉及了实践在社会历史和

①《马克思恩格斯选集》第 1 卷，人民出版社 2012 年版，第 155 页。
②《列宁专题文集：论辩证唯物主义和历史唯物主义》，人民出版社 2009 年版，第 49 页。
③《马克思恩格斯文集》第 4 卷，人民出版社 2009 年版，第 266 页。

人的思维发展中的根本作用问题，奠定了辩证唯物主义的理论基石。列宁认为，实践"不仅具有普遍性的品格，而且还具有直接现实性的品格"①。实践具有共通性和普遍性，个别的、特殊的事物的普遍本质与一般规律能够在实践中逐步显露出来，只要具备了同样的条件，实践就可以随时随地产生合乎规律的运动，从而证明规律与必然性的存在，证明正确的思想、理论是与规律相符合的，是对客观事物的本质的认识。更重要的是，实践具有直接现实性。实践作为在一定思想指导下的感性物质活动，能够把在实践中获得的认识经过感性阶段上升到理性阶段，形成理论、路线、方针、政策、计划、方案等，并将理论、路线、方针、政策、计划、方案付诸行动，并产生改造客观世界和主观世界的结果。如果在实践中达到了预期的目的，就证明了人的认识的正确性。如果经过反复实践都不能达到预期的目的，就是对于一种认识的证伪。判断一种理论、一个方案是否正确，要看它在实践中是不是行得通，看能不能取得预期的结果。

毛泽东特别强调认识论实践第一的观点。他针对教条主义者轻视实践，不了解中国实际，不尊重中国实践及其经验，不重视调查研究，生搬硬套马克思主义的词句和外国革命的经验，给中国革命造成严重危害的现实，特别强调了实践的极端重要性。他把自己的辩证唯物主义的另一篇著作称为《实践论》。从实践是认识的来源、认识发展的动力、检验真理的标准和认识的目的四个方面说明了实践对于认识的决定作用，并以实践为基础，第一次对认识的辩证发展过程做了全面的论述，第一次将实践摆在改造世界的人的历史活动中，深刻揭示了实践在认识过程和社会历史进程中的基础地位和决定作用，创造性地发展了辩证唯物主义哲学。

马克思主义发展到今天，始终保持旺盛的生命力，不仅因为马克思主义解释的是反映自然、社会和思维发展普遍规律的真理，更因为一代又一代的马克思主义者既坚持辩证唯物主义，又发展辩证唯物主义，不断推进实践创新基础上的理论创新，实践、实践再实践，认识、认识再认识，实践需要理论，实践孕育理论，不断发展的实践推进理论的不断创新。列宁回答了帝国主义阶段的时代问题，并结合俄国国情和革命实践，找到了俄国革命的正确道路，成功地领导俄国十月社会主义革命，缔造了世界上第

---

① 《列宁专题文集：论辩证唯物主义和历史唯物主义》，人民出版社 2009 年版，第 139 页。

一个社会主义国家，创立了列宁主义；毛泽东把马克思列宁主义同中国具体国情和现实实践相结合，走出了一条不同于俄国革命道路的中国革命道路，创建了中华人民共和国，把中国引导到社会主义发展道路上，创立了毛泽东思想。以邓小平、江泽民、胡锦涛等为代表的中国共产党人把马克思列宁主义、毛泽东思想与中国改革开放新的实践永续结合，创立和不断充实了中国特色社会主义理论体系。在党的十八大以来的新时代条件下，习近平创立了新时代中国特色社会主义思想，进一步丰富发展了中国特色社会主义理论体系。

从作为思想方法和工作方法的指导意义上来看，实践是检验真理的唯一标准的观点，对于马克思主义政党来说至关重要。因为马克思主义政党最重视理论对实践的指导作用。那么，怎样检验理论的正确与否，这对于马克思主义政党来说又是至关重要的。马克思在《关于费尔巴哈的提纲》中指出："人的思维是否具有客观的……真理性，这不是一个理论的问题，而是一个实践的问题。人应该在实践中证明自己思维的真理性，即自己思维的现实性和力量，自己思维的此岸性。关于思维——离开实践的思维——的现实性或非现实性的争论，是一个纯粹经院哲学的问题。"①只有人们的社会实践，才是人们对于外界认识的真理性的判断标准。判定认识或理论是否具有真理性，不是依主观上觉得如何而定，而是依客观上社会实践的结果如何而定。检验真理的标准只能是社会实践。

实践之所以是检验真理的唯一标准，是由真理的本性和实践的特性决定的。真理是人们的思想对于客观事物及其规律的正确反映，是主观与客观相符合的认识。判断一种认识是不是真理，在主观的范围内是不能解决的，客观事物本身也不能自动地把自己与人的认识相对照。作为检验真理的标准，既不能到主观领域中去寻找，也不能到纯粹客观的领域中去寻找，只能到能够把主客观联结起来的东西中去寻找。这只能是实践。

毛泽东在《实践论》中特别强调实践检验标准的唯一性。所谓唯一性，即只有一个标准。一种理论、一种思想、一个观点、一个办法是否正确，只能由实践来说话、来判断、来裁定。不论谁的指示、谁的讲话、谁的本本，都必须服从实践标准。改革开放之初展开的实践是检验真理的唯一标

①《马克思恩格斯文集》第 1 卷，人民出版社 2009 年版，第 500 页。

准的大讨论，是一场空前的马克思主义教育和思想解放运动，把人们从对马克思主义教条化的理解、对错误路线的无条件服从和执行、对个人的盲目崇拜迷信的思想禁锢中解放出来了，开启了社会主义改革开放的新篇章。坚定不移地坚持实践是检验真理的唯一标准，是中国共产党人必须遵循的马克思主义思想方法和工作方法。

正因如此，无产阶级政党必须勇于实践、善于实践，不但要善于认识世界，更重要的是在斗争实践中改造世界，建立一个新世界；并且要在实践创新基础上推进理论创新，在理论创新指导下进行实践创新，不断用实践检验理论，推动实践与理论创新双向互动，这正是马克思主义政党永葆生命力的根本所在。

三、针对新的实际，真学真懂真信真用辩证唯物主义

毛泽东高度重视用辩证唯物主义世界观方法论武装全党、指导实践。早在井冈山斗争时期，他就写出《反对本本主义》这一坚持辩证唯物主义"一切从实际出发"根本观点的哲学名著，提倡辩证唯物主义，反对以教条主义、经验主义为主要特征的主观主义，反对形而上学，提倡实事求是、一切从实际出发的马克思主义思想路线。在全面抗战最困难时期，也是重要转折时期，毛泽东发动了全党的马克思主义教育运动，发表了《矛盾论》《实践论》《论持久战》等著作，用辩证唯物主义教育全党、武装革命，统一全党的思想，为中国革命的伟大胜利奠定了辩证唯物主义世界观方法论的思想基础。在社会主义建设时期，毛泽东发表了《论十大关系》《关于正确处理人民内部矛盾的问题》《人的正确思想是从哪里来的？》《学习马克思主义的认识论和辩证法》等重要著作，为探索中国特色社会主义建设道路提供了世界观和方法论的武器。无论在革命战争时期，还是社会主义建设时期，毛泽东同志反复强调全党要学哲学、用哲学，学会用辩证唯物主义指导工作。在改革开放时期，邓小平、江泽民、胡锦涛等同志也反复要求全党学会运用辩证唯物主义世界观方法论分析和处理问题。

中国特色社会主义进入新时代，习近平总书记指出："今天我们党带领人民实现'两个一百年'奋斗目标，实现中华民族伟大复兴的中国梦，必须不断接受马克思主义哲学智慧的滋养，更加自觉地坚持和运用辩证唯物

主义世界观和方法论，更好地在实际工作中，把握现象和本质、形式和内容、原因和结果、偶然和必然、可能和现实、内因和外因、共性和个性的关系，增强辩证思维、战略思维能力，把各项工作做得更好。"①

　　为什么要学习和掌握辩证唯物主义，这是由辩证唯物主义的真理本性所决定的。我们共产党人所秉持的中国特色社会主义共同理想和共产主义远大理想，皆源于对辩证唯物主义真理的信仰，我们共产党人只相信真理，为真理而奋斗。

　　辩证唯物主义作为真理，除了显著的阶级性之外，其科学性在于实践性、发展性和创造性。辩证唯物主义第一个特点是实践性。辩证唯物主义之所以永不枯竭，永远具有蓬勃的生命力，首先在于它的实践性。辩证唯物主义始终强调要把马克思主义与常新的实践相结合，要同各国的实际相结合。毛泽东讲过：理论正确不正确，要拿到实践中去检验；实践是检验正确理论的标准，这就叫作唯物论。邓小平也讲过，一个科学理论的提出，都是总结、概括实践经验的结果。没有前人和今人、中国人和外国人的实践经验，怎样总结、概括出新的理论呢？马克思主义特别强调实践性，强调一切从实际出发，把理论同各国的实际相结合。正因为辩证唯物主义有这样一个根本特性，从而决定了我们党必须按照辩证唯物主义基本原则，高度重视理论和实际相结合。如果离开实践，不是理论与实际相联系，而是理论与实际相脱离，那么，就会把辩证唯物主义变成空洞的、无用的教条。只有坚持理论和实际相结合，辩证唯物主义才能永葆蓬勃的生机和活力。

　　辩证唯物主义的另一个特点是发展性。辩证唯物主义之所以是真理，在于它不会永远停留在同一个水平上，而是永远向更高的水平发展。这种发展性是由实践性带来的。辩证唯物主义要求人们实践、实践，再实践，同时也就需要对实践认识、认识，再认识。辩证唯物主义必然随着实践的发展而发展。实践常新，理论也常新。恩格斯讲过："我们的理论是发展的理论，而不是必须背得烂熟并机械地加以重复的教条。"②恩格斯还讲过："马克思的整个世界观不是教条，而是方法。它提供的不是现成的教条，而

---

① 习近平：《辩证唯物主义是中国共产党人的世界观和方法论》，《求是》2019 年第 1 期。
②《马克思恩格斯选集》第 4 卷，人民出版社 1995 年版，第 681 页。

是进一步研究的出发点和供这种研究使用的方法。"①辩证唯物主义是世界观和方法论的统一，只有运用它的立场、观点和方法不断地解决新的问题，才具有蓬勃的生命力，才会不断地向前发展。毛泽东在 1959 年底至 1960 年初阅读苏联政治经济学教科书的时候讲过："马克思这些老组宗的书必须读，他们的基本原理必须遵守，这是第一。但是任何国家的共产党，任何无产阶级的思想界，都要创造新的理论，写出新的著作，产生自己的理论家。"②他还讲："我们在第二次国内战争末期和抗战初期写了《实践论》、《矛盾论》，这些都是适应于当时的需要而不能不写的。现在，我们已经进入社会主义时代，出现了一系列的新问题，如果单有《实践论》、《矛盾论》，不适应新的需要，写出新的著作，形成新的理论，也是不行的。"③孤立地、静止地研究辩证唯物主义，把它同现实生活中的生动发展割裂开来、对立起来，是毫无出路的。总之，辩证唯物主义是发展的，必须随着实践的发展而不断充实新的理论内容。

辩证唯物主义还有一个特点就是创造性。辩证唯物主义是科学的理论，因为它同实际相结合，不断地在实践中提出新问题，解决新问题，提出新观点，形成新的哲学理论，这就决定了辩证唯物主义具有创造性的特点。创造性这一点，首先体现在马克思、恩格斯身上。他们随着实践的发展不断地思考和研究新的问题，不断地充实和完善自己的理论，继承了以往一切哲学的优良品质和科学观点，创立了辩证唯物主义，实现了人类哲学观的创新革命。列宁在帝国主义和无产阶级革命阶段，在俄国革命和社会主义新的探索实践中，充实和丰富了马克思主义哲学，形成了列宁主义哲学思想。毛泽东在中国革命和建设实践中，发展和丰富了列宁主义哲学思想，形成了毛泽东哲学思想。邓小平哲学思想是在马克思列宁主义哲学、毛泽东哲学思想基础上的创新。习近平总书记在新的历史条件下，又开拓了马克思主义哲学的新境界。

实现辩证唯物主义在中国特色社会主义新时代的历史条件下的创造性运用和发展，必须做到以下几点。

第一，刻苦读书真学。

---

① 《马克思恩格斯全集》第 39 卷，人民出版社 1974 年版，第 406 页。
②③ 《毛泽东文集》第 8 卷，人民出版社 1999 年版，第 109 页。

　　一个人的哲学素养和哲学运用能力不是天生的，而是后天勤奋刻苦学习获得的。学习有两个途径。一是向书本学习。认真读书，认真研读马克思主义经典哲学著作，研读中国哲学史、外国哲学史，研读历史、文学、科学等著述。有条件的同志要多读书，条件差些的同志也要少而精地读书，不读书是绝对掌握不了辩证唯物主义的。二是向社会学习。社会是所大学堂，是无字之书，人民群众是老师。向社会学习，就是要向人民学习，向实践学习，勤于实践，善于从实践中获取真知。

　　第二，深入思考真懂。

　　"学而不思则罔。"读书而不思考，接触实际而不研究，就等于吃东西而不认真咀嚼，囫囵吞枣，不会从书本中和实践中获得丰富的营养，即使读了书也是白读，接触了实际也是白接触。要做到真学而真懂，一要真正弄明白书中讲的道理，需要逐字逐句读、反复细致读，要弄清楚书中所包含的深刻道理。二要围绕书中所涉及的事例、典故、史实，多方面阅读相关的书籍，融会贯通多方面知识。三要结合思想实际和工作实际反复研究思考，多问几个为什么。

　　第三，坚定理想真信。

　　共产党人坚定的理想信念是基于对真理的信仰而建立起来的。马克思主义也是一种信仰，是以真理支撑的信仰。辩证唯物主义是支撑共产党人理想信念的哲学依据和真理基础。学习辩证唯物主义而不相信它的真理性，是无法坚定理想信念的。学习辩证唯物主义，必须把它作为对真理的信仰、对真理的追求，要更加坚定对它所揭示的人类社会发展客观规律和必然趋势的信心和信念。不能把学习辩证唯物主义仅仅当作对知识的追求，更不能把辩证唯物主义当作追求功名利禄的梯子，当作解决温饱的饭碗，当作自己养家糊口的家伙，更不能把辩证唯物主义当作手电筒，只照别人、不照自己，学习辩证唯物主义必须真信。

　　第四，联系实际真用。

　　学习辩证唯物主义的目的在于运用。辩证唯物主义不仅仅在于解释世界，更重要的在于改造世界。毛泽东指出："不应当把马克思主义的理论当成死的教条。对于马克思主义的理论，要能够精通它、应用它，精通的目的全在于应用。"①他强调了一个十分重要的观点：学习理论的目的在于应用。学习辩证唯物主义怎样运用呢？他用了一个十分生动的比喻——有的放矢。他说，马克思主义和中国革命的关系，就是箭和靶的关系。我们要用马克思列宁主义之箭，去射中国革命之的。学习辩证唯物主义必须做到"学以致用""有的放矢"。

学习辩证唯物主义真学真懂真信真用，"学以致用""有的放矢"，必须要解决好理论联系实际的学风问题，把辩证唯物主义运用到改造客观世界和改造主观世界的实际中去。毛泽东指出："学风问题是领导机关、全体干部、全体党员的思想方法问题，是我们对待马克思列宁主义的态度问题，是全党同志的工作态度问题。既然是这样，学风问题就是一个非常重要的问题，就是第一个重要的问题。"②学风问题是对待辩证唯物主义的根本态度问题，是马克思主义的一个基本原则问题。要学会运用辩证唯物主义研究和解决两个实际问题：一个是工作实际，一个是思想实际。马克思讲，无产阶级在改造客观世界的同时也要改造自己的主观世界，要联系和解决好客观世界和主观世界这两个实际。客观世界的实际，就是工作实际，包括国内外大局的实际、本地区本单位的实际、个人具体工作的实际。主观世界的实际，包括人们的思想实际，如个人的世界观、人生观、价值观，道德作风操行，政治思想状况，等等；党内和社会上带有普遍性的思想实际，如社会风气、干部群众的思想状况等等。联系客观世界的实际也好，联系主观世界的实际也好，都是运用辩证唯物主义来认识、分析和解决工作实际和思想实际两个方面的问题，在改造客观世界的同时改造主观世界。解决两个实际的问题，一是解决能力问题，即提高运用马克思主义立场、观点和方法分析和解决工作实际的能力；二是解决品德问题，即提高思想政治素质、道德作风素质。解决两个实际，归到一点，都是要解决树立辩证唯物主义的世界观方法论问题，树立马克思主义思想方法和工作方法问题。

---

① 《毛泽东选集》第 3 卷，人民出版社 1991 年版，第 815 页。
② 《毛泽东选集》第 3 卷，人民出版社 1991 年版，第 813 页。

捍卫马克思主义社会形态演变一般规律原理，反对历史虚无主义*

从当前意识形态斗争的态势和需要来看，捍卫和宣传马克思主义社会形态演变一般规律理论，阐述中国社会形态演变历史的本真事实，纠正历史唯心主义特别是其变种——历史虚无主义，对于坚持马克思主义唯物主义历史观的科学性、纯洁性和战斗性，用唯物主义历史观武装我们的干部群众，有着重要的现实价值和深远的历史意义。

一

马克思主义政敌否定反对马克思主义，往往都要集中火力否定反对马克思主义唯物主义历史观。

这是因为，没有历史唯物主义就没有辩证唯物主义，就没有作为马克思主义哲学的辩证唯物主义和历史唯物主义。恩格斯称赞唯物主义历史观是马克思的"第一个伟大发现"，"正像达尔文发现有机界的发展规律一样，马克思发现了人类历史的发展规律"。[①]辩证唯物主义和历史唯物主义是马克思主义的哲学基石，没有这样的基石牢固奠定马克思主义理论大厦的基础，就没有马克思主义真理体系的全部。辩证唯物主义与历史唯物主义，是作为一块整钢的马克思主义哲学不可分割的有机联系在一起的两个重要组成部分，没有辩证唯物主义也就没有历史唯物主义，没有历史唯物主义

* 本文发表于《世界社会主义研究动态》2019 年 5 月 4 日、5 月 15 日，正式摘要发表于《红旗文稿》2019 年第 9 期，《中华魂》2020 年第 5 期；以《坚持唯物史观及其社会形态演变一般规律原理，正确认识和把握中国社会形态历史发展的道路》为题作为《中国社会形态史纲》一书代序，由中国社会科学出版社、南开大学出版社于 2020 年出版。

① 《马克思恩格斯选集》第 3 卷，人民出版社 2012 年版，第 1002 页。

也就没有辩证唯物主义。在马克思主义哲学产生之前的一切旧哲学，其唯物主义与辩证法是分离的，马克思主义哲学的一个伟大功绩就是把唯物主义与辩证法结合起来，并率先贯通于历史领域，把唯物主义历史观从历史领域彻底清除出去，创立了唯物主义历史观。唯物主义历史观的建立恰恰是辩证唯物主义创立的标志，是马克思主义哲学创立的标志，是马克思主义创立的标志。

这是因为，唯物主义历史观的一系列基本原理和基本观点，诸如社会存在决定社会意识，社会形态演变一般规律，社会基本矛盾，人民史观，阶级和阶级斗争，无产阶级革命和无产阶级专政，社会主义、共产主义必然代替资本主义等，都直接触动了资本主义最敏感的神经，撼摇了资本主义大厦的基础，是一切马克思主义政敌必欲除之而后快的马克思主义真理的根基。

这是因为，唯物主义历史观是最直接地指导无产阶级及其政党领导人民大众展开反对一切剥削制度和反动阶级的斗争、翻身求解放谋幸福的思想武器。中国共产党人接受马克思主义，首先接受的是历史唯物主义，而接受历史唯物主义，必定接受阶级和阶级斗争的观点。中国先进分子学习马克思主义科学理论是为了寻找挽救中国的办法。李大钊同志特别强调，阶级斗争学说是唯物史观的一个重要内容，要解决经济问题，就必须进行阶级斗争、进行革命。如果不重视阶级斗争，"丝毫不去用这个学理作工具，为工人联合的实际运动，那经济的革命，恐怕永远不能实现"[1]。毛泽东同志说，读了《共产党宣言》这本书，"我才知道人类自有史以来就有阶级斗争，阶级斗争是社会发展的原动力，初步地得到认识问题的方法论……我只取了它四个字：'阶级斗争'，老老实实地来开始研究实际的阶级斗争"[2]。正是在中国共产党人领导下开展了工人阶级及人民大众反对一切反动阶级的阶级斗争，通过革命的手段，才建立了人民民主专政的社会主义国家。

历史唯物主义的对立面就是历史唯心主义，当前历史虚无主义是历史唯心主义的典型表现。近年来，反对马克思主义的错误思潮突出表现在用

---

[1]《李大钊选集》，人民出版社 1959 年版，第 233—234 页。
[2]《毛泽东文集》第 2 卷，人民出版社 1993 年版，第 379 页。

历史虚无主义取代历史唯物主义。一切反对马克思主义的政敌，首先挖掉的是马克思主义的基础——马克思主义哲学，而一切反对马克思主义哲学的政敌，又首先搞掉的是历史唯物主义。坚持不坚持历史唯物主义是坚持不坚持马克思主义的试金石。坚持马克思主义必定坚持历史唯物主义，坚持历史唯物主义必定反对历史唯心主义。当前，反对历史唯心主义首要的是反对历史虚无主义。

二

否定反对历史唯物主义，必定否定马克思主义经典作家所概括的社会形态演变一般规律的科学原理，否定反对共产主义代替资本主义必然趋势的正确结论。

历史唯物主义关于人类社会经过原始社会、奴隶社会、封建社会、资本主义社会，经过社会主义社会的过渡而达到共产主义社会的"五种社会形态"演变发展的一般规律（以下简称"五形态说"），是人类社会历史发展的普遍规律和必然趋势，是马克思主义唯物主义历史观的一个最基本的观点。

否认反对历史唯物主义"五形态说"是一切历史唯心主义，特别是历史虚无主义的一个通病。其表现为：有的根本不承认人类社会经过原始社会、奴隶社会、封建社会、资本主义社会，必将经过社会主义的过渡而发展到共产主义社会这一人类历史发展的普遍规律，认为"五形态说"是马克思主义经典作家臆造出来的，不是科学的真理；有的变换手法，故意谎称马克思、恩格斯根本没有提出过"五形态说"，"五形态说"是列宁、斯大林等后来人编造出来、强加给马克思主义经典作家的，制造出马克思主义经典作家与马克思主义的继承和发展者之间的对立和矛盾的假象，以混淆真理是非；有的则玩弄抽象承认具体否定的伎俩，抽象地承认"五形态说"，但具体到对我国历史与现状的判断，则认为中国没有经过原始社会、奴隶社会和封建社会。

曾几何时，一些历史课本、历史读物、历史著述、历史展览、历史陈列等都不讲人类经过"五种社会形态"的普遍规律，不讲中国已经过原始社会、奴隶社会、封建社会，不讲如果没有外国资本主义的侵入，中国也会缓慢地发展到资本主义，不讲共产主义必然代替资本主义……用王权更替史或历代艺术品发展史取代社会形态演变史。更为可笑的是，有的中国历史课本或读物，从三皇五帝讲到末代皇帝，但在讲到近代鸦片战争爆发、中国共产党成立这样大的历史事件时，再也无法回避中国半殖民地半封建的社会现状，突然冒出了一个中国进入"半殖民地半封建社会"。须知没有父母，哪来的儿女？历史是连续的，没有封建社会哪来的半封建社会？没有资本主义社会哪来的半殖民地社会？由此再向前追溯，没有原始社会、奴隶社会，哪来的封建社会？历史唯物主义社会形态演变一般规律的科学理论，就好比没有父母就没有儿女这样最通俗的道理一样，是不可否定的真理。

更有甚者，不承认社会主义、共产主义必然代替资本主义的历史必然性，高喊"资本主义万岁"，说中国走资本主义道路才是修成正果。须知资本主义也是人类社会历史发展必经的一个过程，前有封建社会，后有社会主义、共产主义社会。实际上，新的社会形态因素——社会主义社会已经在资本主义社会的母体中孕育产生，将来必定代替资本主义，这是不可阻挡的历史潮流。以往阶级社会历史可以表现为王权更替的历史，但其实质绝不能归结为王权更替历史这么简单。这就好比一个人，作为新生婴儿已在母体中孕育，然后出生，经过儿童、少年、青年、壮年到死亡，就人类个体来说，作为人类历史的某个社会形态必然由生到死，这是不可推翻的历史铁律。

还有，一些历史读物、历史展览、历史影视，往往只是从唯美主义角度而不是从唯物史观角度，离开社会形态发展的一般规律，离开社会基本矛盾的运动，离开阶级社会阶级矛盾和阶级斗争的主线，单独地展示历代文物和历史人物，把历史仅仅变成精美艺术品的展示史，皇室贵族、才子佳人的个人英雄史，从而取代社会形态演变的真实历史，取代阶级社会阶级斗争的历史事实，一味地"去政治化""去意识形态化""去阶级斗争化"。罗列王权更替历史、陈列艺术品，介绍历史文物、展示文明载体，让人们享受美的、艺术的、文明的熏陶，是完全必要的，也是不可或缺的；但是只有把一定的历史事件、一定的历史人物、一定的历史实物放到一定的社会形态历史条件下认知，才是唯物主义历史观的态度。

三

唯物主义历史观的社会形态演变一般规律理论是不可否定的，否定了就会犯颠覆性的根本错误。一切历史唯心主义，特别是历史虚无主义，一般都在这个重大问题上反对马克思主义。

唯物主义历史观是分析说明一切社会历史现象的世界观方法论。唯物史观分析认识社会历史问题，就是坚持一切从社会存在出发来说明社会问题。社会存在是第一性的，最根本的社会存在就是生产方式的存在，就是"经济的社会形态"的存在。社会发展史说到底就是社会形态发展史。生产力决定生产关系，生产力与生产关系的统一构成社会生产方式，生产关系的总和构成社会经济基础，一切都要从生产力决定生产关系、生产关系决定经济基础、经济基础决定上层建筑，从而必须从生产方式所决定的人类社会形态出发来认识人类社会现象，而不是相反，这是唯物史观的不可违背的根本原理。

人类社会形态的演进，最主要是源于生产力的发展。人类的生产工具从旧石器升级到新石器，再到青铜器、铁器，再到机器、电子、信息、互联网、人工智能……生产力逐步提升，促使生产关系、生产方式不断发生变化，从而引起社会形态从原始社会进步到奴隶社会，再进步到封建社会。当代资本主义虽强但已经开始衰落，当代社会主义虽弱但却是必然胜利的新生事物。从长远来看，任何新生事物都是不可战胜的。譬如，原始社会生产力的进步，导致人们的分工发生根本变化，进而引起剩余产品出现，产生了私有制，代替了原始共产主义公有制。经济基础决定上层建筑，经济结构的变化引发社会结构从母系社会向父系社会过渡，为私有制社会的形成奠定基础。经济结构的变化引起了政治结构、阶级结构、社会结构的变化，从原始社会，到奴隶社会，到封建社会，到资本主义社会，经社会主义社会过渡到共产主义社会，这就是人类社会历史的客观发展规律，这个规律是必然的，是不以人的意志为转移的。

有人谬称马克思从来没讲过"五形态说"，企图否定社会形态演变的普遍规律，这显然是站不住脚的。社会形态演变一般规律理论是马克思主义唯物史观的重要内容，是唯物史观的重要组成部分，是马克思主义经典作家以深邃的历史洞察力深刻剖析人类社会历史发展进程而收获的重要理论硕果，是对人类历史观的伟大贡献。马克思虽然没有就社会形态问题撰写过专著，但围绕着这一问题留下了大量论述。马克思在 1851 年撰写的《路易·波拿巴的雾月十八日》这部名著中提出"社会形态"（Gesellchaft formation）概念。马克思写道："新的社会形态一形成，远古的巨人连同复活的罗马古董——所有这些布鲁土斯们、格拉古们、普卜利科拉们、护民官们、元老们以及凯撒本人就都消失不见了。冷静务实的资产阶级社会把萨伊们、库辛们、鲁瓦耶-科拉尔们、本杰明·贡斯当们和基佐们当作自己真正的翻译和代言人；它的真正统帅坐在营业所的办公桌后面……"①马克思这里使用了"社会形态"这一概念，是为了表明资本主义社会是人类历史发展的一个新阶段，是不同于以往的社会形态。根据日本学者大野节夫的考证，形态（Formation）这一用语是马克思从当时的地质学术话语中借用过来的。该词在当时的地质学中用以表示在地壳发展变化的进程中先后形成的不同岩层，一个形态就是一个不同的岩层单位。可以看出，马克思使用"社会形态"这一概念，意在表明人类社会的发展也是由不同的历史层次、不同的历史阶段、不同的社会样态构成的。

　　早在马克思主义创立的初期，马克思、恩格斯在 1846 年合著的《德意志意识形态》一书中，就第一次提出人类社会经过五种所有制形式：（1）部落所有制；（2）古代公社所有制和国家所有制；（3）封建的或等级的所有制；（4）资产阶级的所有制；（5）未来共产主义所有制。②在 1848 年发表的《共产党宣言》中，马克思、恩格斯说明："在过去的各个历史时代，我们几乎到处都可以看到社会完全划分为各个不同的等级，看到社会地位分成多种多样的层次。在古罗马，有贵族、骑士、平民、奴隶，在中世纪，有封建主、臣仆、行会师傅、帮工、农奴，而且几乎每个阶级内部又有一些特殊的阶层。"③紧接着，他们又说："从封建社会的灭亡中产生出来的现代资产阶级社会并没有消灭阶级对立。它只是用新的阶级、新的压迫条件、新的斗争形态代替了旧的。"④在《1857—1858 年经济学手稿》中，马

①《马克思恩格斯选集》第 1 卷，人民出版社 1995 年版，第 585—586 页。
②《马克思恩格斯选集》第 1 卷，人民出版社 2012 年版，第 148—149 页。
③④《马克思恩格斯选集》第 1 卷，人民出版社 1995 年版，第 272—273 页。

克思提出了众所周知的关于三大社会形态的论述，他强调指出："家长制的，古代的（以及封建的）状态随着商业、奢侈、货币、交换价值的发展而没落下去，现代社会则随着这些东西同步发展起来。"①1859 年 1 月，在《〈政治经济学批判〉序言》中，马克思关于五种社会形态的思想已经表述得十分清晰了："大体说来，亚细亚的、古代的、封建的和现代资产阶级的生产方式可以看作是经济的社会形态演进的几个时代。资产阶级的生产关系是社会生产过程的最后一个对抗形式……人类社会的史前时期就以这种社会形态而告终。"②在 1867 年出版的《资本论》中，马克思充分论证了共产主义代替资本主义的必然性。到此为止，还不能说马克思已然十分精确地提出"五形态说"。比如，虽然马克思肯定"古代"社会之前还有一个社会形态，但他对原始社会形态的概括却只是初步提到"亚细亚"的社会样态。在马克思那里，古代的社会显然是指古希腊、古罗马的奴隶社会，但"亚细亚"是指什么社会形态，其属性是什么，马克思当时意指原始社会，但尚未明确其科学定义。后来，历史科学有了一定发展，特别是历史学家摩尔根的《古代社会》一书出版，对原始社会提供了详尽的研究材料，这使马克思对原始社会有了明确的科学界定，这一科学认识集中反映在 1880 年到 1881 年间他对《古代社会》一书的摘要中。最后，恩格斯利用马克思的批语，经过研究，于 1884 年撰写了《家庭、私有制和国家起源》一书，清晰地勾画出人类社会发展"五形态"的历史进程。这说明，"五形态说"已经内在地包含在马克思、恩格斯在历史唯物主义基础上对社会发展形态的科学分期认识中，构成了系统的社会形态演变一般规律理论，反映了人类社会形态发展进程的最普遍的规律。

还有人意图借口马克思曾说过"人的依赖关系""以物的依赖性为基础的人的独立性""建立在个人全面发展和他们共同的社会生产能力成为他们的社会财富这一基础上的自由个性"③的"三形态说"，以"三形态说"来否定"五形态说"。围绕着"三形态说"和"五形态说"的争论曾一度产生了某些思想混乱。有人用"三形态说"否定"五形态说"，认为"五形态说"不是马克思的本意，不是历史发展的普遍规律。

①《马克思恩格斯全集》第 30 卷，人民出版社 1995 年版，第 108 页。
②《马克思恩格斯选集》第 2 卷，人民出版社 1995 年版，第 33 页。
③《马克思恩格斯全集》第 46 卷（上册），人民出版社 1979 年版，第 104 页。

　　实质上，"三形态说"与"五形态说"是一致的，而不是相互排斥的。所谓"三形态说"，是人们根据马克思"伦敦手稿"中对社会历史进程的看法而提出的一种论点。在这部手稿中，马克思指出："人的依赖关系（起初完全是自然发生的），是最初的社会形态，在这种形态下，人的生产能力只是在狭窄的范围内和孤立的地点上发展着。以物的依赖性为基础的人的独立性，是第二大形态，在这种形态下，才形成普遍的社会物质交换，全面的关系，多方面的需求以及全面的能力的体系。建立在个人全面发展和他们共同的社会生产能力成为他们的社会财富这一基础上的自由个性，是第三个阶段。第二个阶段为第三个阶段创造条件。"①依据马克思关于人的依赖关系、物的依赖关系、个人全面发展这三大阶段的划分，可以认为，马克思认为人类社会经过自然经济、商品经济和产品经济这三个阶段。这就是一些学者概括的社会发展"三形态说"。

　　事实上，"三形态说"同样也反映了马克思根据生产力发展的历史状况，对社会发展形态所做的一种科学分期的看法。从马克思表达的整个思想来看，第一个阶段，"人的依赖关系"实质上是自然经济社会的特点。自然经济社会横跨原始社会、奴隶社会、封建社会。当然随着每种社会形态的进一步发展，其自然经济特点会逐步减弱，商品经济特点会逐步增加。在自然经济条件下，生产力低下，分工不发达，生产的直接目的是生产者的自身需要，必然采取人与人直接互相依赖的办法，来克服工具落后的状况。比如原始人必须依赖于原始群体，帮工必然依附于师傅，这就表现为个人对他人、对社会组织的依赖。第二阶段，"人对物的依赖关系"实质上是商品经济社会的特点。在商品经济社会中，生产发展了，人们生产的目的主要是为了交换，人与人之间的关系物化成商品，产生了"商品拜物教"，人依赖于商品，处于物化的、异己的关系的统治下。在高度发达的市场经济社会——资本主义社会中，人成为商品、货币、资本的奴隶。第三阶段，"个人全面发展"是商品经济消亡以后社会的特点，有人把这个社会概括为产品经济社会。在这个社会中，生产力高度发达，消灭了旧式分工，产品极其丰富，人摆脱了物及其外部关系的束缚，成为人自身的主人、社会关系的主人、物的主人，人可以自由、全面地发展。这就是马克思主义经典

---

①《马克思恩格斯全集》第 46 卷（上册），人民出版社 1979 年版，第 104 页。

作家所预见的共产主义社会。

　　不难看出，社会形态发展进程的"三形态说"与"五形态说"这两种划分，都是根据历史唯物主义的基本原理，对社会形态演变进行分析得出的正确结论，二者的理论根据是一致的。实际上，"五形态说"和"三形态说"是互相包容的。按照马克思的原意，自然经济阶段基本是前资本主义社会，如原始社会、奴隶社会、封建社会。商品经济阶段是资本主义社会。人们概括的产品经济阶段则是共产主义社会。社会主义社会是一个过渡形态的社会。按照马克思最初的预见，社会主义是在资本主义市场经济高度发达的基础上建立起来的。因而，作为共产主义第一阶段的社会主义社会，不存在商品和货币，只遗留资本主义的痕迹，如资产阶级法权等。可是，现实的社会主义却是在相对落后的国家建立的，这样的社会主义必然要经过市场经济充分发展的阶段。当然，"五形态说"和"三形态说"这两种划分也是有区别的。

　　对于社会历史发展的分期，人们可以根据需要，对同一对象，按照特定的标准，从不同的角度加以划分。例如，以阶级斗争为线索，可以划分为阶级社会、阶级过渡社会和非阶级社会；以生产资料所有制性质为标准，可以划分为原始公有制社会、私有制社会、私有制向公有制过渡的低级形式的公有制为主体的社会和高级形式的公有制社会。当然，任何科学划分都不能离开以历史唯物主义基本原理为指导，以生产力发展状况为判定标准，根据社会基本矛盾运动的规律，直接考察社会经济关系的性质和特征而进行。"五形态说"是马克思对社会形态划分的主线索，是马克思主义社会形态演变一般规律理论的主要内容。制造"三形态说"与"五形态说"的对立，以"三形态说"否定"五形态说"，彻底偏离了马克思主义唯物史观关于社会形态演变一般规律理论的正确的轨道。在 20 世纪 90 年代初，我专门就"三形态说"和"五形态说"的争论写过一篇文章——《社会形态理论与社会形态演变规律》，发表在 1990 年 5 月 7 日的《光明日报》上，批驳了某些认识。

　　马克思主义社会形态演变一般规律理论最核心、最根本的要旨就在于说明，人类社会发展是生产力与生产关系的矛盾运动，由不同的历史阶段构成，表现为不同的"经济的社会形态"的演进，从原始社会到奴隶社会再到封建社会，资本主义社会同以前的其他社会形态一样，只是人类社会历经的一个历史阶段，资本主义社会必然由兴盛走向灭亡，人类社会形态必将驰入一个全新的历史进程。

岁月更替，人世沧桑。马克思主义社会形态演变一般规律理论并不因时代的变迁而丧失理论光彩，相反，它依然以其宏大的世界视野、科学的理论价值，对当今社会发展发挥着重要的指南作用。

四

马克思主义社会形态演变一般规律理论在概括社会形态发展本质时，剔除了大量偶然因素，舍去了活生生的事例，只是对历史发展客观逻辑的一种抽象，并不是对全部社会历史现象的总汇，也不排除人类社会历史发展可能出现的某种跨越、倒退等偶然特例，必须科学辩证地认识马克思主义"五形态说"。

需要特别指出的是，唯物史观关于人类社会经历了五种社会形态，只是讲的一种总的历史趋势，或者说总的历史规律，并不等于说每个国家、每个民族都必须完整地经历这五种社会形态。事实上，迄今，有些国家和民族也没有完整地经历这五种社会形态。肯定五种社会形态发展的一般规律，并不等于否定历史的跨越，也不等于否定历史可能出现的倒退等特殊情况。从科学角度看，作为人类社会演进的基本历史趋势，马克思主义"五形态说"的概括具有充分的历史依据。但也要看到，理论概括源于实际，但并不等于全部具体的历史实际。"五形态说"只反映了人类历史发展的普遍性规律，而具体的历史发展不是单一的、直线的、绝对的，毫无偶发性、毫无特例的。在一定历史条件下，哪个国家、哪个民族、哪个地区是否可以有特例、有偶然的情况发生，是否都要依次经过同样的社会形态发展阶段，马克思主义经典作家从来没有把它绝对化。他们从来不以认识历史过程的一般规律为满足，而是努力进一步探索不同民族、国家和地区符合一般规律的特殊发展道路。

马克思主义以"五形态说"为主要内容的社会形态演变一般规律理论本身，也需要结合新的历史事实和现实实际，不断进行新的科学概括、总结，并不断探索。马克思主义经典作家在创立唯物史观和科学社会主义理论的过程中，当时其注意力和着眼点，主要是放在西方发达资本主义国家；

但后来的实践发展促使他们开始注意并研究西方国家和东方国家社会主义革命的不同情况，提出了非资本主义国家跨越资本主义制度的"卡夫丁峡谷"、走社会主义道路的可能性问题，修订和发展了原先的看法，进一步丰富和发展了唯物史观和科学社会主义理论。通过对东方国家和民族发展道路的研究，他们认为，在一定条件下，经济文化比较落后的国家可以不经过资本主义的充分发展，跨越资本主义制度的"卡夫丁峡谷"，而进行社会主义革命，走上非资本主义的社会主义道路，实现社会形态的跨越式发展。

马克思主义经典作家认为，一般地说，像英国等资本主义比较发达的国家，资本主义生产方式是通向共产主义的必经阶段。但他们又预言，像俄国那样经济文化比较落后的国家可以不经过资本主义制度的"卡夫丁峡谷"，而走向社会主义。也就是说，马克思主义经典作家在阐述资本主义生产力和生产关系的矛盾必然导致社会主义革命这一原理时，并不排除不同国家、不同民族、不同地区依各自具体的历史条件所采取的特殊发展道路的特殊性，并不排除某些落后国家在一定条件下可以跨越资本主义制度的"卡夫丁峡谷"、实现社会主义革命的可能性。当然，人类社会形态发展是一个自然历史过程，不论任何特殊国家的制度与道路的特殊选择如何，社会制度可以跨越，但生产力的经济发展过程却不可跨越。归根到底，这一切皆取决于生产力与生产关系的矛盾运动，由这种运动所决定和表现出来的历史环境，以及客观条件所决定的人的主体能动性的主观条件。这个重要思想具有世界观方法论的意义，它告诉我们：经济文化比较落后的国家要进入社会主义社会形态，一定要从本国具体国情出发，选择适合本国特殊国情的社会主义模式，走具有本国特色的社会主义发展道路。可见，马克思恩格斯关于非资本主义道路理论不是对人类社会形态演变一般规律理论的否定，而是对该理论的深化和丰富。

五

研究中国社会形态发展历史，要在唯物史观的指导下梳理出中国社会形态演变的清晰脉络，概括提炼出在遵从人类发展普遍规律基础上的中华民族的社会形态发展的独特历史和发展道路。

人类社会发展的一般规律存在于不同的国家、地区、民族发展的特殊之中，对人类社会发展一般规律的概括，是从对不同国家、地区、民族发展的具体历史事实中总结提炼出来的。人类社会发展"五形态说"是马克思主义唯物史观对不同国家、地区、民族发展的特殊规律的抽象概括。要用唯物史观关于社会形态演变一般规律理论的这个正确的"一般抽象"，来指导分析中国特色的社会形态演变规律，分析中国独特的发展道路，梳理概括出中国社会形态演变历史和中国道路发展的特殊性，而不是把中国社会形态历史和发展道路人为地编造为中国王权更替史或才子佳人史。正如毛泽东同志在《中国革命和中国共产党》一文中指出的那样："中华民族的发展（这里说的主要地是汉族的发展），和世界上别的许多民族同样，曾经经过了若干万年的无阶级的原始公社的生活。而从原始公社崩溃，社会生活转入阶级生活那个时代开始，经过奴隶社会、封建社会，直到现在，已有了大约四千年之久。"①在中国封建社会的晚期，民族工商业在一些地区获得规模性发展，促进了中国资本主义萌芽的产生。如果没有西方列强的侵入，中国也能自发地走向资本主义。毛泽东同志曾指出："中国封建社会内的商品经济的发展，已经孕育着资本主义的萌芽，如果没有外国资本主义的影响，中国也将缓慢地发展到资本主义社会。"②到了近代，西方资本主义先于中国发展起来，将全世界的殖民地瓜分完毕。资本主义列强不允许中国再按照人类社会形态的一般发展规律，独立自主地走西方发达资本主义的发展道路，而迫使中国沦为受西方剥削压榨的半殖民地半封建社会。中国的社会形态演进既有普遍性又有特殊性，中国的特殊情况决定了中国既不能走原来发达资本主义国家走过的资本主义道路，也不能直接进入社会主义社会，而要经过新民主主义革命，建立新民主主义社会，再经过社会主义革命而不经过资本主义制度的痛苦，实现跨越性发展，走出一条非资本主义的现代化道路——中国特色社会主义道路。这是中国社会形态和中国道路的独特历史。只有从社会形态演进层面予以理论剖析，才能认清中国社会形态历史和发展道路的特殊性。当然也绝对不能因为中国社会形态历史和发展道路的特殊性而否定历史唯物主义"五形态说"的普遍性，

---

① 《毛泽东选集》第 2 卷，人民出版社 1991 年版，第 622 页。
② 同上书，第 626 页。

否定马克思主义社会形态演变一般规律理论的科学性，甚而否定中国已经经历过原始社会、奴隶社会、封建社会，经过新民主主义和社会主义革命，进入社会主义初级阶段，最终将向更高社会形态过渡的必然性。

六

为什么否认唯物史观必定否定社会形态演变一般规律的理论，必定否定"五形态说"的普遍性？

第一，这样做，可以直接否定阶级社会的存在，从而否定阶级和阶级斗争学说。不承认阶级社会、阶级和阶级斗争的存在，否定马克思主义阶级观点和阶级分析方法，已经成为否定唯物史观的时髦思潮。在阶级社会中，人是分为阶级的，是存在阶级差别和阶级矛盾的，阶级斗争是阶级社会前进的动力。《共产党宣言》明确指出："至今一切社会的历史都是阶级斗争的历史。"[①]恩格斯在其 1888 年英文版序言中加注，明确为"从土地公有的原始氏族社会解体以来"的历史"都是阶级斗争的历史"。[②]这对人类进入阶级社会后阶级斗争这一矛盾主线给予了精确概括。中国共产党领导下的中国人民解放军急风暴雨式地打败国民党反动派，推翻"三座大山"，取得中国革命的胜利，这种你死我活的流血战争就是阶级斗争。列宁指出："阶级关系——这是一种根本的和主要的东西，没有它也就没有马克思主义"[③]，"必须牢牢把握住社会阶级划分的事实，阶级统治形式改变的事实，把它作为基本的指导线索，并用这个观点去分析一切社会问题，即经济、政治、精神和宗教等等问题"[④]。毛泽东同志曾经明确指出，社会主义制度建立以后，"阶级斗争并没有结束"，"社会主义和资本主义之间谁胜谁负的问题没有真正解决"，"如果对于这种形势认识不足，或者根本不认识，那就要犯大的错误，就会忽视必要的思想斗争"。[⑤]习近平总书记指出："马克思主义政治立场，首先就是阶级立场，进行阶级分析。有人说这已经

---

① 《马克思恩格斯选集》第 1 卷，人民出版社 1995 年版，第 272 页。
② 《马克思恩格斯文集》第 2 卷，人民出版社 2009 年版，第 14 页。
③ 《列宁全集》第 41 卷，人民出版社 1986 年版，第 92 页。
④ 《列宁选集》第 4 卷，人民出版社 1995 年版，第 30 页。
⑤ 《毛泽东文集》第 7 卷，人民出版社 1999 年版，第 230 页。

落后于时代了，这种观点是不对的。我们说阶级斗争已经不再是我国社会主要矛盾，并不是说阶级斗争在一定范围内不存在了，在国际大范围中也不存在了。改革开放以来，我们在这个问题上的认识一直是明确的。"①习近平总书记的重要观点在《党章》《宪法》上表述得都十分坚定明确。既要反对"以阶级斗争为纲"的错误观点，又要反对"阶级斗争完全熄灭"的错误认识，坚持马克思主义阶级观点和阶级分析方法，实事求是地运用具体问题具体分析的科学方法。当今仍有一些文艺作品和理论著述否定阶级和阶级斗争的历史事实，从而"虚无革命"，"告别革命"，"虚无中国革命历史"，虚无唯物主义历史观。

第二，这样做，可以直接否认社会革命的伟大意义，从而否认无产阶级社会革命和无产阶级专政学说。按照唯物主义历史观的观点，新的社会形态代替旧的社会形态是一场伟大的社会革命。当旧的生产关系已经严重阻碍生产力的发展，旧的上层建筑已经严重束缚经济基础的发展，改变生产关系和上层建筑已成为刻不容缓的事情之时，社会革命就将到来。社会革命表现为代表先进生产力的新兴阶级推翻代表落后生产关系的反动阶级的政治统治，表现为一个阶级推翻另一个阶级的政治统治、建立新的社会形态。当然社会革命还有另外一个意义，也就是狭义的社会革命，指在不改变政治制度和社会形态的前提下，通过调整、变革不适合生产力发展的生产关系和上层建筑的某些方面和环节，推进生产力的发展和社会的进步。社会革命是具有历史进步意义的，是代表先进生产力、先进阶级利益的。维持旧利益、旧制度、旧统治、旧秩序、旧思想、旧习俗的一切反动阶级总是贬低、否定、反对社会革命。当前，资产阶级及其政客们总是千方百计地反对无产阶级社会主义革命，反对无产阶级专政。在我国具体表现为"否定社会主义和共产主义""否定人民民主专政"这类历史虚无主义的错误观点。

第三，这样做，可以直接否认意识形态的阶级性，否定唯物主义历史观的意识形态学说。在阶级社会中，人的思想具有意识形态阶级性质，这是马克思主义的一个重要观点。经济基础决定上层建筑，政治上层建筑决定意识形态上层建筑。在阶级社会，人类思想的相当部分是具有强烈阶级

---

① 转引自刘世军《中国政治学研究新时代的到来》，《文汇报》2014年7月1日。

特性的意识形态。阶级社会的统治阶级和被统治阶级的思想都带有鲜明的阶级性、政治性和意识形态性，这决定了阶级社会的意识形态必然分为两大对立阵营，贯穿着正确与错误、先进与落后、真理与谬误、革命与反动的意识形态斗争。新兴的革命阶级要战胜落后的反动阶级不仅要进行政治领域、经济领域、军事领域的斗争，还必须开展意识形态领域的斗争。只有在意识形态领域最终战胜反动落后阶级的意识形态，才能真正取得历史进步的胜利。西方资本主义打出"普世价值"的旗号，抹杀意识形态的阶级性和政治性，实质是企图用资产阶级的腐朽意识形态反对无产阶级的先进意识形态，达到维护旧制度、挽救旧秩序的目的。"淡化意识形态""去意识形态化"是典型的错误观点。

第四，这样做，可以直接否认共产主义的最高理想和中国特色社会主义共同理想，否定科学社会主义学说。一切反动阶级都不承认人类社会发展的"五形态"的一般演进规律，不承认社会主义替代资本主义的必然性，把自己的政治统治说成是永不灭亡、长青永驻。资产阶级向来侈言自己的资本主义社会是亘古不变的"千年王国"，而把社会主义、共产主义说成是虚无缥缈的，是一种不可实现的臆想，它的出现不过是过眼烟云，最终历史将在资本主义这里"终结"，从而达到否定科学社会主义学说、摧毁共产党人理想信念追求的目的。

第五，这样做，可以直接否定一切历史进步性，从而否认马克思主义唯物主义历史观的历史进步学说。按照马克思主义的社会形态演变规律理论，人类历史发展总体是向上、向前、向进步方向发展的，尽管有暂时的倒退，但历史前进的步伐是不可逆转、不可阻挡的。凡是有利于社会生产力发展的，就是进步的，反之就是反动的，这就是唯物主义历史观的历史进步论。用这样的观点来看待历史就是唯物主义历史观，否则就是唯心主义历史观，就是历史虚无主义。

历史唯物主义是真理，真理是打不倒的。恩格斯认为，在唯物史观发现之前，人们对社会历史的一切认识都是在黑暗中摸索。唯物史观从生产工具、劳动分工的发展，到生产力的发展，到生产关系的发展，到整个社会经济基础的变化，从而引起整个社会生产生活的变化，到所有制的变化，到阶级，到国家，到上层建筑，再到意识形态，形成了一个科学的认识逻辑。正是从这个基本分析线索入手，马克思发现了资本主义剩余价值的秘密，揭示了资本主义不可克服的内在矛盾，说明了资本主义必亡，社会主义、共产主义必胜的道理。必须坚持用历史唯物主义教育我们的人民、教育我们的党员，武装我们的人民、武装我们的党员，才能获得对人类历史认识的全部科学解释和对世界的革命改造。正如习近平总书记所指出的："历史和现实都表明，只有坚持历史唯物主义，我们才能不断把对中国特色社会主义规律的认识提高到新的水平，不断开辟当代中国马克思主义发展新境界。"①

---

① 《习近平在中共中央政治局第十一次集体学习时强调——推动全党学习和掌握历史唯物主义更好认识规律更加能动地推进工作》，《人民日报》2013 年 12 月 5 日。

领导干部要学好哲学、用好哲学[*]

习近平总书记高度重视领导干部学习马克思主义哲学、运用马克思主义哲学，要求领导干部一定要把马克思主义哲学作为必修课，作为看家本领，学好用好。党的十八大以来，中央政治局安排了两次集体学习马克思主义哲学。一次是 2013 年 12 月 3 日，学习历史唯物主义；一次是 2015 年 1 月 23 日，学习辩证唯物主义。《求是》2019 年第 1 期发表的重要文章就是 2015 年 1 月 23 日习近平总书记在中央政治局集体学习辩证唯物主义的重要讲话。今天结合习近平总书记关于学习马克思主义哲学的重要讲话精神，就领导干部要学好哲学、用好哲学，我谈几点体会。

具体谈四个问题：（1）领导干部为什么要学哲学、用哲学；（2）马克思主义哲学是放之四海而皆准的真理；（3）马克思主义哲学是最管用的思想方法和工作方法；（4）真学真懂真信真用马克思主义哲学。

哲学是非常晦涩难懂的，讲着讲着可能会把同志们讲睡了。有人说治疗失眠症的最好办法是阅读哲学著作，特别是阅读黑格尔的哲学著作。这话不一定对，但有点儿意思。我在北京大学读书的时候，其他系特别是中文系、外语系的女同学称哲学系的男生为"面包干""干面包"，意思是说学哲学的男生一点儿感情都没有。今天，我尽可能地讲得通俗一点儿，争取讲成名副其实的"大众哲学"。

第一个问题，领导干部为什么要学哲学、用哲学。

要搞清楚为什么要学哲学，就要首先搞清楚哲学有什么用，哲学是什么，然后才能解决为什么要学哲学的问题。

第一，哲学有什么用。

哲学一词，除个别语言之外，全世界大多语言发音是从英语

* 本文是作者 2019 年 6 月 14 日在中共陕西省委学习中心组扩大会议上做的辅导报告（根据报告录音整理完成），发表于《马克思主义哲学论丛》2020 年第 1—2 辑，总第 34—35 辑。

"philosophy"而来的。英语发音是从哪里来的？是从古希腊语发音来的，古希腊语"哲学"由两个词根组成，第一个词根是"爱"，第二个词根是"智慧"，两个词根结合在一起，是"爱智慧"的意思。古希腊大哲学家，同时也是大数学家毕达哥拉斯（前 580 至前 570 之间—约前 500）说："我不是一个智者，我是一个爱智慧的人。"当然，这是一句自谦的话。严格来讲，在古希腊人看来，哲学家是智者，是充满智慧的人，哲学是专门研究智慧的学问。在中文里，哲学这两个字的翻译很贴切，哲就是哲理，就是使人变聪明的道理，哲学就是使人变聪明的学问，哲学家就是深谙哲理的人。正如习近平总书记所说："哲学是人类的智慧之学。"①

那么哲学有什么用呢？可以说，哲学不像其他各门学问，如物理、化学、生物、数学等，都有专门的用处。比如，学航空发动机的，学出来可以设计航空发动机；学建筑的，可以设计房子、建筑房子；学医的，可以给人治病。学哲学的既不会造发动机、盖房子，又不会看病……没有什么专门的用处。古希腊早期有个著名的哲学家，叫泰勒斯（约前 624—约前 547），专门研究哲学、研究宇宙、研究星空。有一次他散步时仰望晴空，研究宇宙大学问，一不留神掉到坑里了，跟在他身边的女奴嘲笑他："你还是哲学家，是聪明的人，是研究宇宙的，掉在坑里都不知道。"但是泰勒斯并不把这句话当回事，依然研究宇宙、研究哲学。他办了一件很了不起的大事，当年整个希腊种植很多橄榄树，他通过观察宇宙，发现橄榄要丰收，下令把希腊榨橄榄油的机器全部买断，果然当年橄榄大丰收，都要到他这儿榨油，他发了大财。看来，哲学家也不能说不办事，而是办大事。另一位古希腊哲学家亚里士多德（前 384—前 322）为泰勒斯辩护："学哲学的人可以一不小心掉进坑里，但不学哲学的人本来就在坑里，从来没有出过坑，也不知道坑外是什么样子。"中国有个成语叫"坐井观天"。如果不了解世界上的大道理，缺少科学的世界观或宇宙观，就永远生活在坑里，只能坐井观天，不晓得坑外的事情。亚里士多德讲的其实就是一个智者讲的话。

哲学到底有什么用呢？哲学没有专门的用处，却有大用处，这个大用

---

① 李章军：《习近平中央党校春季学期第二批入学学员开学典礼上强调——认真学习马克思主义经典著作　不断推进中国特色社会主义事业》，《人民日报》2011 年 5 月 14 日。

处就是研究宇宙、研究自然、研究世界、研究社会、研究人的思维的最一般规律，从而得出对整个自然、整个人类社会、整个人类思维发展最一般规律的总看法。哲学是研究世界最普遍发展规律的一门学问，如果懂得了关于整个世界的大学问，就可以办大事，也可以办成大事。

我举四个例子来说明哲学的大用处。

第一个例子就是《大众哲学》与艾思奇。著名马克思主义哲学家艾思奇是《大众哲学》的作者，我的老师韩树英是艾思奇的学生。20 世纪 30 年代，艾思奇在上海亭子间写作了《大众哲学》（原名《生活哲学》）。为什么取名《生活哲学》呢？是为了避开国民党反动派的新闻检查。毛泽东看到《大众哲学》，高度重视，把艾思奇请到延安，从此延安中央党校就有了艾教员讲哲学。毛泽东也到中央党校讲哲学，他亲自倡议在延安成立新哲学研究会，在全党发起了马克思主义哲学学习运动，以解决正确的思想路线问题。正是从延安"学哲学、用哲学"开始，奠定了我们党正确思想路线的哲学基础。毛泽东两篇哲学名著《实践论》和《矛盾论》，是他在延安中央党校的哲学讲稿，这两部著作起到了端正党的思想路线、解决马克思主义世界观方法论的巨大作用。毛泽东指出："如果我们党有一百个至二百个系统地而不是零碎地、实际地而不是空洞地学会了马克思列宁主义的同志，就会大大地提高我们党的战斗力量，并加速我们战胜日本帝国主义的工作。"[1]毛泽东这里说的"学会了马克思列宁主义"，首先应当是学会了马克思主义哲学。他把战胜日本帝国主义的关键寄托在一百个至二百个学会了马克思列宁主义，首先是学会了马克思主义哲学的领导骨干身上，这就是习近平总书记所说的抓住了"关键少数"，抓到根儿上了。据蒋介石的卫士长回忆，蒋介石败退台湾后，总结失败的教训时曾说过，既是败在了中国共产党领导的人民解放军手里，也是败在了一个小青年的《大众哲学》手里。这充分说明哲学的力量是不可估量的。毛泽东讲，"物质变精神，精神变物质"[2]的"两变"思想，告诉我们物质决定精神、产生精神，同时精神反作用于物质，正确的思想一经掌握群众，可以转变成改造世界的强大物质力量，这正是哲学的力量所在。

---

[1]《毛泽东选集》第 2 卷，人民出版社 1991 年版，第 533 页。

[2] 中共中央文献研究室编《建国以来重要文献选编》第 17 册，中央文献出版社 1997 年版，第 367 页。

第二个例子就是毛泽东与美国总统尼克松谈哲学。20 世纪六七十年代，美苏冷战，华约与北约两大军事集团对峙。中国一方面受到美国的长期遏制，另一方面又遭到苏联社会帝国主义的压制，苏联陈兵百万压在我国东北、西北边疆，随时准备对我国发动军事打击。这种险峻的国际环境，严重影响了我国社会主义建设和国家安全。在这个关键的历史关头，毛泽东高瞻远瞩，从战略高度搞"乒乓外交"，打出了美国牌，邀请美国乒乓球队访华，把美国总统尼克松请到中国来，努力争取与美国恢复正常的外交关系，以牵制苏联。毛泽东对尼克松说："我们之间今天不谈别的，只谈哲学。哲学谈好了，我们之间的问题就解决了。"毛泽东会见尼克松时谈到"一分为二"，谈哲学问题。在毛泽东哲学思想推动下，周恩来与基辛格经过外交谈判，与美国签订了《上海公报》，为中美建交奠定了基础。这一战略举动彻底打破了中美外交僵局，缓解了中国的外部环境，开拓了中国对外关系新局面，这集中体现了哲学改变世界的作用。

第三个例子就是开展实践是检验真理唯一标准的大讨论。1978 年，党的十一届三中全会解决了事关全局的政治路线问题，确定了以经济建设为中心，实行改革开放的战略抉择。但要拨乱反正，实施正确的政治路线，首要的是解放全党思想，统一全党认识。开展"实践是检验真理的唯一标准"大讨论，恢复和坚持实事求是的思想路线，彻底解决了中国共产党人和中国人民解放思想、实事求是的思想基础问题，从思想上牢固确立了党在社会主义初级阶段的基本路线。解放思想、实事求是，大力推进社会主义改革开放，带来了中国经济社会 40 多年突飞猛进的全面发展。在确立中国特色社会主义道路选择这一重大战略决策的进程中，正是一个重大哲学命题——实践是检验真理的唯一标准——的提出带动了中华民族的思想解放，带动了中国经济社会的大发展，这也展示了哲学的威力。

第四个例子就是提出并实践社会主义市场经济。40 多年的实践证明，社会主义市场经济体制的改革，使得我国经济社会走上了快车道，创造了世界发展史上的奇迹，一跃成为世界第二大经济体。社会主义市场经济既是一个经济学命题，更是一个哲学命题。社会主义市场经济就是使社会主义制度同市场经济结合在一起，把社会主义制度的优越性同市场经济的积极性高度结合起来。实现这种结合，在人类历史上是一个伟大的创举，在社会主义发展史上也是一个伟大的创举。依据马克思主义哲学唯物史观，社会主义是比资本主义社会更为先进的社会形态，其优越性在社会主义发展史上已被实践充分证明了。苏联曾经的发展成就证明了这一点，新中国70年的历史成就更证明了这一点。市场经济是人类社会在长期发展进程中所形成的一种经济运行方式，资本主义把市场经济运行方式发展到成熟。然而，在资本主义条件下，市场经济具有两面性。一方面，可以最优地配置经济发展诸因素，最大限度地调动生产积极性；另一方面，在资本主义条件下，市场经济极大地助长个人主义、金钱主义、盲目主义，造成贫富差距、两极分化、矛盾激化。历史上两次世界大战给人类社会造成巨大灾难，与资本主义把市场经济的消极面发挥到极致有很大关系。资本主义市场经济一方面成就了经济社会发展，另一方面又把人类社会推向了崩溃的边缘。社会主义制度的优越性恰恰可以制约市场经济的消极面。我国社会黑恶势力的产生是与市场经济的消极面分不开的。黑恶势力就是为了钱，利用市场经济的消极面，利用管理上的不完善和漏洞，以非法手段敛财。扫黑不打财就断不了黑根。黑恶势力可以去坐牢，但是把财保住了，从牢里出来后照样可以卷土重来。扫黑必断财，必须彻底铲除黑恶势力存在的经济基础，让黑恶势力永远不能翻身，永远不能祸害老百姓。社会主义制度与市场经济相结合，可以用社会主义制度的优越性来克服市场经济的局限性和消极面。一些有远见的资本主义政治家、思想家开始考虑运用社会主义公平正义的因素对资本主义进行局部改良，修补资本主义市场经济的弊端，这造就了二战后资本主义相对缓和的和平发展时期。

马克思主义经典作家开始预想的社会主义，是在资本主义高度成熟的国家革命成功后建立的，不搞市场经济，只搞计划经济。苏联失败的教训、中国社会主义建设的失误都说明，在相对落后的国家建设社会主义，资本主义制度是可以跨越的，但社会发展所经历的市场经济自然历史过程却是不可超越的，不发展市场经济，在相对落后国家就建设不了社会主义。在领导中国社会主义建设的探索进程中，毛泽东一直在思考这个问题，20世纪50年代末60年代初，他已经看到并提出了这个问题。在读斯大林的《苏联社会主义经济问题》和苏联编的《政治经济学教科书》时，他创造性地提出："商品生产，要看它是同什么经济制度相联系，同资本主义制度相联系就是资本主义的商品生产，同社会主义制度相联系就是社会主义的商品生产。"①这个认识构成了今天社会主义市场经济理论的重要前提。邓小平重提并发挥了毛泽东这段话。邓小平 1979 年 11 月 26 日指出："说市场经济只存在于资本主义社会，只有资本主义的市场经济，这肯定是不正确的……社会主义也可以搞市场经济。"②邓小平 1992 年又再次指出："计划多一点还是市场多一点，不是社会主义与资本主义的本质区别。计划经济不等于社会主义，资本主义也有计划；市场经济不等于资本主义，社会主义也有市场。计划和市场都是经济手段。"③社会主义可以搞市场经济，这是站在马克思主义哲学历史观的高度所做出的重大判断，这个重大哲学创新推动中国发生了根本改变。把新的社会主义制度同市场经济的手段结合在一起，构成社会主义市场经济，这是中国共产党人运用唯物史观哲学思维所解决的重大时代课题。这又说明哲学的强大功能。

我举这几个实例说明，哲学具有改变世界，既改变客观世界又改变主观世界，在改造客观世界的同时改造主观世界，通过改造主观世界以改造客观世界的强大功能。马克思说过："哲学家们只是用不同的方式解释世界，问题在于改变世界。"④马克思主义哲学不仅在于认识世界，更重要的在于改造世界。哲学的巨大功能就是指导人的世界观并付诸实践，从而发挥改变世界的功能。这么一看，哲学不是具有一般的用处，也不是具有专门的用处，而是具有根本性大作用。

第二，哲学是什么。

哲学是关于世界观的学问，是系统化、理论化的世界观。毛泽东在《整顿党的作风》一文中指出："什么是知识？自从有阶级的社会存在以来，世界上的知识只有两门，一门叫做生产斗争知识，一门叫做阶级斗争知识。自然科学、社会科学，就是这两门知识的结晶，哲学则是关于自然知识和社会知识的概括和总结。"⑤自然科学是研究自然界各类现象特殊规律的学问，如物理学是研究自然界物理现象具体规律的科学，化学是研究自然界化学现象具体规律的科学。社会科学是研究社会现象特殊规律的科学，如

---

① 《毛泽东文集》第 7 卷，人民出版社 1999 年版，第 439 页。
② 《邓小平文选》第 2 卷，人民出版社 1994 年版，第 236 页。
③ 《邓小平文选》第 3 卷，人民出版社 1993 年版，第 373 页。
④ 《马克思恩格斯选集》第 1 卷，人民出版社 1995 年版，第 57 页。
⑤ 《毛泽东选集》第 3 卷，人民出版社 1991 年版，第 815—816 页。

历史学是研究历史现象具体规律的科学，经济学是研究经济现象具体规律的科学。大凡自然科学与社会科学的每一个具体学科都是研究本学科研究对象特殊规律的科学。哲学既不是自然科学又不是社会科学，而是社会科学和自然科学的结晶，是处于这两门科学之上的，概括了这两门科学知识的大学问，是研究自然、社会、人的思维的最一般发展规律的科学。自然、社会、思维最一般发展规律，是世界观层面上的大问题，哲学就是解决人对世界最根本规律看法的学问，是关于世界观的科学。老实说，研究世界观问题的学问没有什么专门的用处，但有大用处。

什么是世界观？世界观也是宇宙观，是人对外部世界的总的看法。世界观是决定一个人怎么看问题、怎么行动、怎么处理自己与身边的人和事的关系的认识总开关。一个人不论是自觉还是不自觉，总是按照一定的世界观在想问题、办事情。比如，在处理人际关系的时候，有的人就是小心眼儿，老是处理不好与他人之间的关系，总闹无原则的矛盾。有的人就很大度，能够处理好各种人际关系，能够搞好团结。当然，这里不是指不讲原则的一团和气。是什么原因使有的人处理不好人际关系呢？一事当前，先考虑自己，自私自利，秉持极端个人主义世界观，那就永远处理不好与他人的关系；一事当前，先公后私、大公无私，先想着人民、想着群众、想着他人，秉持集体主义世界观，就会处理好与他人的关系。从根本上说，这里面就存在一个接受什么样的世界观指导的问题。

有一个历史小故事可以说明这个问题。清朝宰相张英（1637—1708），是安徽桐城人，他老家的府邸与一位姓吴的富户比邻而居，都要起房造屋，为争地皮，发生了争执。张老夫人便修书北京，要张宰相出面干预。没想到，这位宰相看罢来信，反而作诗劝导老夫人："千里捎书只为墙，再让三尺又何妨？万里长城今犹在，不见当年秦始皇。"张老夫人见书明理，立即主动把墙往后退了三尺。吴家见此情景，深感惭愧，也马上把墙让后三尺。这样，张吴两家的院墙之间，就形成了六尺宽的巷道，成了有名的"六尺巷"。看来，一个谦让的世界观化解了一个难题。

对人的一生来说，无论是思想认识上，道德理论上，还是行动实践上，不论是自觉的，还是不自觉的，都受世界观这个总开关控制。世界观决定人们的人生观、利益观、价值观、国家观、宗教观、家庭观、婚姻观、幸福观等的一切看法、观点，人的一切言行都受世界观决定、支配。

就人类的世界观来讲，无非有三大类。第一类是自发的世界观。一个人，出生涉世以来，就不断受到周边环境和社会条件的影响，即使不认字、不读书，也会受到社会上某种世界观的影响而形成某种世界观。第二类是神学世界观。如佛教、道教、伊斯兰教、天主教、基督教……这些宗教信奉的神、信奉的教义各不相同，但都持有神论，即神学世界观。神学世界观是在自发世界观基础上形成的，认为世界是神创造的。当然，神学世界观也讲一些道理，不是一点儿道理不讲。例如，佛学博大精深，就有许多辩证法思想，但是其世界观说到底还是唯心主义世界观。第三类是哲学世界观，即系统化、理论化的世界观。宗教也形成某些理论，但它还不是理论化的世界观，是靠对神的信仰所形成的世界观，只有哲学才是理论化的世界观。具有了哲学世界观，一个人也就具有了自觉的世界观。哲学世界观有正确、科学与不正确、不科学之分。马克思主义哲学世界观就是最正确、最科学的世界观。

第三，为什么要学哲学。

哲学的作用就在于通过世界观而指导人们的实践。哲学世界观决定人的主观世界，从而指导人的实践活动，产生改造客观世界同时改造主观世界的作用。马克思主义哲学的作用特别突出地表现在改造世界的指导功能上。马克思、恩格斯发表的《共产党宣言》标志着科学社会主义的诞生。《共产党宣言》开宗明义地说："一个幽灵，共产主义的幽灵，在欧洲游荡。"①这个"幽灵"指的就是马克思主义的科学社会主义学说，为什么马克思、恩格斯使用"幽灵"和"游荡"等词语呢？因为当时马克思的学说在欧洲还没有为工人阶级及其劳动人民所接受。资本主义各国统治阶级既害怕它，又打压它，联合起来围剿它。然而，真理终归是真理，只要是真理，终将会发扬光大。"星星之火，可以燎原"，科学社会主义一旦为工人阶级所接受，立刻转变为轰轰烈烈的工人运动。俄国先进分子和人民大众运用科学社会主义指导革命实践，开创了十月社会主义革命的新纪元。中国共产党人和人民群众运用科学社会主义指导中国革命，经过艰苦卓绝的奋斗，成功地走出了中国特色社会主义道路。从科学社会主义创立到今天150年间，马克思主义科学理论转化为改造世界的强大物质力量，世界发生了翻天覆

①《马克思恩格斯选集》第1卷，人民出版社2012年版，第399页。

地的变化，这就是真理发挥的力量，哲学发挥的力量。中国共产党再过两年就是百年大党了，中国发生的巨大变化靠的是什么？在思想上靠的是马克思主义世界观、方法论的指导。马克思主义与中国实际相结合，根本改变了中国人民的精神面貌，根本改变了中国的面貌。

20 世纪 60 年代，中国乒乓球队最早赢得男子团体冠军的是庄则栋、李富荣、徐寅生三人，徐寅生个子较矮，先天条件不是特别好，但球打得很精明。他的一篇文章《打乒乓球的辩证法》，讲的是用哲学辩证法指导打乒乓球，这篇文章得到了毛泽东的肯定。学好哲学可以指导打乒乓球，当然这也不是简单对号就能解决问题那么容易。

有四个例子，说明毛泽东高度重视领导干部学好、用好马克思主义哲学。

第一个例子。毛泽东曾经借用唐朝诗人王之涣的诗《登鹳雀楼》阐明学哲学、用哲学的重要性。鹳雀楼在陕西省渭南市和山西省运城市之交的黄河之滨山西一侧，即在渭南市韩城与运城市永济隔河相望永济一侧中条山上，中条山下黄河老渡口蒲州，就是《西厢记》故事发生的地方。中条山上原有一座唐代鹳雀楼，已经毁于战火，现在永济市又在山下平地上重建了鹳雀楼。《登鹳雀楼》诗曰："白日依山尽，黄河入海流，欲穷千里目，更上一层楼。"毛泽东寓意说，我们共产党人的眼力不够，需要借助马克思主义政治上的望远镜，才能"欲穷千里目，更上一层楼"，意指要看得比别人更远，必须站得更高。马克思主义哲学就是观察世界大事的望远镜，只有站在马克思主义哲学的理论高度才可以看得更远。

第二个例子。毛泽东在全面抗战初期撰写了名著《论持久战》指导全面抗战。《论持久战》对全面抗战的战略、策略问题做了洞察一切的论述，全面抗战的实践完全证明了毛泽东的远见卓识。《论持久战》是毛泽东运用马克思主义哲学论述战争的精品力作，他娴熟地运用马克思主义哲学观察问题，就比一般人看得更远、判断更准。据说，《论持久战》一问世，不要说在延安，在重庆也是洛阳纸贵。列宁讲，共产党人的杰出领袖要比普通人看得更远，讲的也是这个道理。邓小平是一个大战略家。他看问题都是从战略上、全局上看。他的重大判断都有几十年、一百年，几代人的时间跨度。譬如，他讲香港"现行的资本主义制度和生活方式，在一九九七年后五十年不变"①，并形象地比喻为"马照跑、股照炒、舞照跳"。关于党的基本路线，邓小平说："基本路线要管一百年，动摇不得。"②邓小平观察判断问题的宽广视野，体现出马克思主义哲学大家观察问题的历史洞察力。

第三个例子。浙江省绍兴市绍剧团保留剧目《孙悟空三打白骨精》于1961年10月进京演出。郭沫若看了以后写了一首诗，谈《孙悟空三打白骨精》的观后感，他写道："千刀万剐唐僧肉，一拔何亏大圣毛。"认为唐僧太可恨了，不识好人，多次把孙悟空赶走，差点让白骨精吃掉，幸亏孙悟空多次救下唐僧，应该千刀万剐唐僧。毛泽东看到郭沫若这首诗后回了一首《七律·和郭沫若同志》："一从大地起风雷，便有精生白骨堆。僧是愚氓犹可训，妖为鬼蜮必成灾。金猴奋起千钧棒，玉宇澄清万里埃。今日欢呼孙大圣，只缘妖雾又重来。"教育郭沫若要分清敌我友，白骨精是敌人，孙悟空是火眼金睛的英雄，唐僧是受蒙蔽的好人，一时犯糊涂，唐僧是可以教育的，不应当千刀万剐，千刀万剐的应当是白骨精。如果不扫除世界上一切害人妖魔，不把白骨精彻底铲除，就会酿成灾难，幸亏孙大圣，才把妖魔铲除掉。毛泽东这首诗告诉我们一个深刻的哲学道理，要透过现象看本质。白骨精一会儿变成妙龄女子，一会儿变成老叟，一会儿又变成老妈妈，这些都是表面现象，其本质是妖孽，是一定要吃人的。要善于区别真假，透过现象看到事物的本质。一般人的眼力不够，往往看得不深、不透，不能透过现象看到本质，比如人的肉眼看不到细菌，要靠显微镜。马克思主义哲学既是政治上的望远镜，又是政治上的显微镜，只有借助马克思主义哲学的显微镜才能透过现象，见微知著，看到本质。所谓看破红尘，从积极意义上说，就是把事情看透，抓住事物的本质。

毛泽东的这首诗同样适合于当前开展的扫黑除恶专项斗争。如果不扫黑除恶，妖魔鬼蜮必成灾。习近平总书记从战略高度提出开展扫黑除恶专项斗争，"重点在农村，城市也要搞"，不铲除老百姓身边的妖魔鬼怪，就会祸害百姓。开展扫黑除恶专项斗争，要善于透过现象看到事物的本质，运用马克思主义哲学指导专项斗争实践。

①《邓小平文选》第3卷，人民出版社1993年版，第67页。
② 同上书，第370—371页。

　　第四个例子。毛泽东早在 1955 年做出了基本粒子无限可分的大判断。20 世纪中期，许多物理学家认为原子已经是最基本的粒子了，不能再分下去了，故把原子称为"基本粒子"。毛泽东认为，从辩证法来看，世上一切事物都是一分为二的，原子不是不可分，而是可无限分下去。毛泽东并不是研究粒子物理学的科学家，他是靠辩证法得出这样一个大胆而又正确的判断。之后，科学家发现了比原子更小的"夸克"粒子。1997 年，在美国夏威夷召开的世界第七届粒子物理学讨论会上，美国著名的微粒子物理学家、诺贝尔物理学奖获得者格拉肖提议把"夸克"命名为"毛粒子"。今天，粒子物理学对更小粒子的多次新发现都证明了毛泽东的判断是科学的。

　　以上事例都说明一个道理，只要学会运用马克思主义哲学望远镜和显微镜观察问题、认识问题、解决问题，就掌握了最锐利的思想武器，无往而不胜。

　　我们党一贯重视领导干部学哲学、用哲学。从毛泽东、邓小平、江泽民、胡锦涛到习近平都大力倡导领导干部学好哲学、用好哲学。习近平总书记高度重视领导干部学好哲学、用好哲学，他反复强调："我们党自成立起就高度重视在思想上建党，其中十分重要的一条就是坚持用马克思主义哲学教育和武装全党。学哲学、用哲学，是我们党的一个好传统。"① "学习党的基本理论，掌握马克思主义立场观点方法，以此作为政治上的望远镜和显微镜。"② "现在的领导干部不少人受过专业训练，不缺乏专门知识，但其中的很多人不懂哲学，不善于辩证思考，很需要在思想方法和工作方法上提高一步。"③ "必须不断接受马克思主义哲学智慧的滋养，更加自觉地坚持和运用辩证唯物主义世界观和方法论。"④ "党的各级领导干部特别是高级干部，要原原本本学习和研读经典著作，努力把马克思主义哲学作

──────────

　　①《习近平在中共中央政治局第十一次集体学习时强调──推动全党学习和掌握历史唯物主义更好认识规律更加能动地推进工作》，《人民日报》2013 年 12 月 5 日。

　　② 中共中央文献研究室编《十七大以来重要文献选编》（中），中央文献出版社 2011 年版，第 674 页。

　　③ 习近平：《领导干部要爱读书读好书善读书──在中央党校 2009 年春季学期第二批进修班暨专题研讨班开学典礼上的讲话》，《学习时报》2009 年 5 月 18 日。

　　④ 习近平：《辩证唯物主义是中国共产党人的世界观和方法论》，《求是》2019 年第 1 期。

为自己的看家本领。"①如陈云有一句话概括得既准确又通俗易懂："学习哲学可以使人开窍。学好哲学，终身受用。"②这些都说明学习掌握马克思主义哲学的极端重要性。

第二个问题，马克思主义哲学是放之四海而皆准的真理。

马克思讲："任何真正的哲学都是自己时代的精神上的精华。"③马克思主义哲学是放之四海而皆准的真理。当然，有的人总认为马克思主义哲学，特别是毛泽东哲学思想、邓小平哲学思想太简单，不如有些唯心主义哲学，如西方古代哲学、外国现代哲学，什么生命哲学、分析哲学、结构主义、存在主义、实证主义等那样玄而又玄有嚼头。他们错误地以为，只有讲得越玄、越像天书那样，让人读不懂，甚至连本人也读不懂，那才是哲学。其实哲学真理从来是朴实无华、通俗易懂、一点就通的。马克思主义哲学是真理之学、智慧之学、通俗之学、大众之学，就像大海，从表面上看似乎很浅，但深入进去，就会发现其博大精深和奇妙无穷。

第一，马克思主义哲学是马克思主义最基础、最基本的东西。

毛泽东说："马克思主义有几门学问：马克思主义的哲学，马克思主义的经济学，马克思主义的社会主义——阶级斗争学说，但基础的东西是马克思主义哲学。这个东西没有学通，我们就没有共同的语言，没有共同的方法，扯了许多皮，还扯不清楚。有了辩证唯物论的思想，就省得许多事，也少犯许多错误。"④毛泽东这句话说得很通俗，把马克思主义哲学重要性讲透、讲到位了。马克思主义哲学，就是马克思主义世界观方法论，是马克思主义立场、观点和方法，是辩证唯物主义和历史唯物主义的哲学体系。这三个说法都是一致的，都是马克思主义哲学。这就好比同样一个人有三个名字，不论怎么称呼，都是一个人。

马克思主义作为系统、完整、科学的理论体系，内含哲学世界观、方法论，一般原理和具体结论三个层次，构成马克思主义不断创新、系统完整的科学体系。

①《习近平在中共中央政治局第十一次集体学习时强调——推动全党学习和掌握历史唯物主义更好认识规律更加能动地推进工作》，《人民日报》2013 年 12 月 5 日。

②《陈云文选》第 3 卷，人民出版社 1995 年版，第 362 页。

③《马克思恩格斯全集》第 1 卷，人民出版社 1995 年版，第 220 页。

④《毛泽东文集》第 6 卷，人民出版社 1999 年版，第 396 页。

第一个层次，也是最高层次，是马克思主义哲学世界观、方法论。它揭示了宇宙间一切事物的一般规律及其本质特征，是对自然、社会和思维最一般规律及其本质特征的科学概括，是颠扑不破、放之四海而皆准的真理。譬如，世界是物质的，物质是运动的，时空是运动的基本形式，运动是有规律的，对立统一是根本规律，规律是可以认识的；社会存在决定社会意识，社会意识是社会存在的反映，人的认识是社会实践的产物，实践是认识的源泉、动力与唯一检验标准；劳动创造了人与人类社会，人类社会由无阶级社会发展到阶级社会，再发展到无阶级社会，在阶级社会中阶级差别、阶级矛盾和阶级斗争是客观存在的，阶级斗争是阶级社会发展的直接动力；生产力是推动历史发展的最终动因，生产力决定生产关系，经济基础决定上层建筑；人民，只有人民才是历史的真正创造者……这些马克思主义哲学关于自然、社会、思维最一般规律的真理，是马克思主义整个理论体系的核心、基础和前提，是马克思主义经典作家观察问题、分析问题、处理问题的立场、观点、方法，是共产党人观察认识问题、分析解决问题的世界观、方法论。掌握了马克思主义哲学，也就掌握了真理，掌握了最锐利的思想武器，在实际工作中就可以少犯错误、少走弯路、少受挫折。

第二个层次是马克思主义基本理论，也称马克思主义一般原理。它是马克思主义经典作家运用马克思主义立场、观点和方法，分析判断问题而得出的一般原理，反映了事物发展的客观规律和必然趋势，也是客观真理。譬如，关于人类社会形态由低级到高级演变一般规律的"五形态"理论、关于共产主义代替资本主义必然趋势的理论等。这些原理是马克思主义最基本的观点，是共产党人认识和处理一切问题必须遵循的基本原则，是不能违背的；违背了，就要犯认识上和实践上的错误。

第三个层次是马克思主义具体结论。它是在特定条件下运用马克思主义立场、观点和方法分析具体问题而得出的具体判断，是人们在特定历史条件下处理具体问题的具体方针和依据。它会因时间、地点等具体条件的改变而改变，具有一定的历史和认识局限性。譬如，马克思主义经典作家关于社会主义革命只能在几个西方发达资本主义国家同时进行才能取得胜利的具体结论，也就是通常所说的"数国同时胜利论"，是马克思在当时自由资本主义的历史条件下所形成的。在列宁所处的无产阶级革命和帝国主义阶段，时间、地点、条件已经改变，如果列宁领导的俄国革命按这个具体结论去办，就不可能在俄国进行社会主义革命。列宁的《帝国主义论》，研究了资本主义由竞争发展到垄断的基本特征，认为帝国主义经济政治发展是不平衡的，形成帝国主义统治的薄弱环节，如果薄弱环节的主观条件成熟，社会矛盾激化，有正确思想指导的坚强的革命党领导人民，相对落后的国家可以先进行社会主义革命，并取得胜利，这就是列宁提出的"一国胜利论"。列宁的理论判断恰恰坚持了马克思主义的一般原理，又结合俄国实际和时代特征，突破了马克思的原有结论，把马克思主义发展到了列宁主义阶段。

条件变了，仍然死抱着马克思主义具体结论不放，脱离具体的现实条件，就会犯教条主义错误。给中国革命带来重大失败与挫折的，大多是由教条主义错误造成的。列宁领导的俄国社会主义革命是先搞城市暴动取得政权，然后占领农村。第一次国共合作破裂和大革命失败后，国民党反动派残杀中国共产党人，中国共产党人掀起武装斗争高潮。从发动城市起义开始，上海工人三次武装起义、南昌起义、广州起义、平江起义，还有秋收起义等，城市起义全都失败了。毛泽东认为，中国革命照抄照搬俄国从城市到农村的具体革命道路是行不通的，从中国实际出发，应当先从农村武装斗争开始，建立农村革命根据地，走农村包围城市的中国革命道路。正是从中国实际出发，把马克思主义与中国实践相结合，走出一条中国特色的革命道路，中国革命才取得了成功。马克思主义的具体结论是有局限性的，不能照抄照搬，要根据本国实践进行具体结合。具体到当前开展扫黑除恶专项斗争，每个地区都不完全一样，要按照习近平总书记的重要指示精神制定本地区的扫黑除恶的具体实施方案，根据本地区实际情况开展专项斗争。

第二，马克思主义哲学是人类理论思维的最高峰。

从人类理论思维发展史与哲学发展史来看，作为人类时代精神精华的哲学思想，基本上是东西方两条发展线索。一条发展线索在西方，古希腊哲学具有代表性。在古希腊哲学那里，具有代表性的唯物主义与唯心主义、辩证法与形而上学观点都产生了。西方中世纪封建社会，神学占主导地位，哲学作为神学的"婢女"，为神学服务，为神学辩护，神学唯心主义是哲学的基本形态。西方近代资本主义形成，诞生了资产阶级启蒙哲学家，推崇唯物主义。随着资本主义的发展，先后产生了 17 世纪英国唯物主义（如培根、霍布斯、洛克的唯物主义经验论），18 世纪法国唯物主义（如百科全书派的战斗唯物主义和无神论），19 世纪德国古典哲学（如黑格尔唯心主义辩证法和费尔巴哈人本唯物主义）。无论是唯物主义哲学还是辩证法哲学，到了德国古典哲学，已经发展到了人类理论思维当时所能达到的认识高度了。

另一条发展线索在东方，中国哲学具有代表性。中国哲学从春秋子学、先秦儒学、两汉经学、隋唐佛学、魏晋玄学、宋明理学、明清实学，到近代唯物主义……有唯心主义，有唯物主义，也有辩证法和形而上学。当然，东方哲学不仅仅发源发展于中国，还有古代印度等文明国家。

无论是西方哲学，还是东方哲学，从古到今，哲学流派很多，但在回答思维与存在关系这一哲学最高命题上，在何为第一性、谁决定谁的问题上，大体上分成两大阵营，一类是唯物主义哲学世界观，一类是唯心主义哲学世界观；两大层次，在唯物主义与唯心主义这一层次下，还有辩证法与形而上学之分。辩证法与形而上学受唯物主义和唯心主义两大世界观支配。只要持唯心主义世界观，即便讲辩证法，其所坚持的辩证法是不彻底的，最终还要坠入唯心主义泥潭；持形而上学观点的唯物主义也是不彻底的，最终也会陷入唯心主义泥坑。当然，唯物主义和唯心主义对哲学基本问题根本不同的看法是科学认识问题，不能简单地说一切唯物主义都是好的、一切唯心主义都是坏的，唯心主义等于反动、唯物主义等于进步。列宁说，唯心主义是"一朵不结果实的花"[①]。从人类哲学思维发展逻辑来认识，唯心主义的产生和发展是人类哲学思维发展成熟的必经过程。

马克思主义哲学恰恰是人类哲学思想发展的必然结果，它占领了人类理论思维的最高峰。为什么说马克思主义哲学是人类理论思维的最高峰呢？因为在马克思主义哲学产生之前的一切旧哲学，具有三大缺陷。

第一个缺陷，唯物论与辩证法相分离。唯物主义、唯心主义与辩证法、形而上学有交叉，有唯心主义讲辩证法的，也有唯物主义讲形而上学的。在马克思主义哲学产生之前，没有任何哲学流派或哲学家把唯物主义与辩证法彻底结合在一起。当然也有唯物主义讲辩证法的，但都是个别的、零碎的，而不是全部的、系统的。黑格尔是哲学大师，读黑格尔的哲学著作

---

① 《列宁全集》第 38 卷，人民出版社 1986 年版，第 412 页。

就同听交响乐一样，是一种精神的享受。黑格尔哲学把辩证法发展到了人类思维当时所能达到的最高水准，但是他的哲学是唯心主义的外衣包裹着辩证法的合理内核。到黑格尔唯心主义辩证法那里，辩证法的一切规律、一切原则、一切范畴都已经形成，如果不突破唯心主义世界观的束缚，辩证法已然发展到不能再发展的地步了。到费尔巴哈人本唯物主义，如果不突破形而上学思维方式的束缚，唯物主义也已经发展到了不能再发展的地步。马克思所做的则是突破唯心主义、形而上学的枷锁，把唯物论与辩证法结合在一起，创立了辩证唯物主义，这是马克思主义哲学的一个伟大创新。

　　第二个缺陷，唯心主义在历史观领域占统治地位。在对人类历史一般规律的认识上，唯物论与辩证法相分离，无法科学地揭示人类历史。人是从哪里来的，人类社会发展的动力是什么，人类社会发展的规律是什么，人类社会发展的未来是什么……在马克思主义哲学产生之前，这些问题都没有一个科学的答案。正如恩格斯所讲："先前无论资产阶级经济学家或者社会主义批评家所做的一切研究都只是在黑暗中摸索。"①马克思把唯物论和辩证法结合在一起，彻底贯彻到历史领域，揭示了人类社会的谜底，揭示了人类社会发展的一般规律。恩格斯在马克思墓前的讲话，把唯物史观的发现看作马克思对人类思想史的第一个伟大发现。

　　第三个缺陷，唯心地解释人类思维的一般规律。在对人类思维客观规律的认识上，也因为唯物论和辩证法相分离，人类一直无法正确地揭示人类思维的一般规律。马克思主义哲学之前的一切旧哲学，其根本缺陷在于直观性、机械性和被动性，被称为机械唯物主义、形而上学唯物主义或直观唯物主义。唯物论与辩证法的分离，决定了旧哲学无法科学解释人的主观能动性，不能科学地说明人的思想是从哪里来的、怎样产生的，不能正确解答人类思维发展的本质与规律。唯心主义大体分成主观唯心主义和客观唯心主义。主观唯心主义认为人的思想是人头脑中先天固有的，如康德哲学的先验唯心论；客观唯心主义认为人的思想是上帝给的，或在人之外先天存在一个绝对的精神，如黑格尔的理念论。

　　旧唯物论由于把人看作被动的肉体存在，虽然坚持了物质第一性的唯物主义原则，但解释不了人的思想是从哪里来的，对思想来源的解释是机

---

　　①《马克思恩格斯选集》第 3 卷，人民出版社 2012 年版，第 1002—1003 页。

械的、直观的、形而上学的，从而最终坠入唯心主义的泥坑。例如，英国唯物论者洛克的"白板说"，他认为人的心灵原来就是一块白板或一张白纸，人的一切知识都是从后天经验中获得的。虽然坚持了唯物论，但对人的认识的直观、机械的解释，最终仍导向唯心主义。还有人脑产生思想如"胆囊分泌胆汁"等观点，是庸俗唯物主义的典型解释。马克思主义哲学认为人是感性的、能动的、实践的、社会的人，正是人的物质的实践活动，首先是生产实践，同时包括科学研究实践和政治活动实践（在阶级社会中是阶级斗争实践）创造了人和人类社会，也创造了人的思维，推动了人类思维的发展。马克思主义哲学揭示了人类思维发展的本质和规律。

马克思主义哲学把唯物论和辩证法结合在一起，彻底地运用到历史观、认识论，把唯物主义物质观运用到历史领域形成科学的唯物史观，运用到认识领域形成了科学的实践认识论，建立了实践唯物主义基础上的科学历史观和认识论，从而成为最彻底、最完备的坚持辩证法的唯物论，也成为最彻底、最完备的坚持唯物论的辩证法，即辩证唯物主义，从而揭示了自然、社会、人类思维发展的最一般规律。

第三，马克思主义哲学是有机地统一在一起的辩证唯物主义和历史唯物主义。

我们把马克思主义哲学又称为辩证唯物主义与历史唯物主义。马克思、恩格斯没有把他们自己的哲学直接称为"辩证唯物主义和历史唯物主义"，但这不能成为否定"辩证唯物主义和历史唯物主义"科学提法的根据。在哲学史上，某种哲学的名称往往是后来人来命名，而不是本人提出来的。把马克思主义哲学概括为"辩证唯物主义和历史唯物主义"，最恰当不过地概括了马克思主义哲学的本质和特征。列宁在《唯物主义和经验批判主义》一书中，把辩证唯物主义和历史唯物主义联结在一起，称为马克思主义哲学："马克思和恩格斯在他们的著作中特别强调的是辩证唯物主义，而不是辩证唯物主义，特别坚持的是历史唯物主义，而不是历史唯物主义。"[①]列宁将辩证唯物主义和历史唯物主义看作一块不可分割的整钢，是对马克思主义哲学的科学称谓。列宁和后来的斯大林，包括中国共产党人都把马克思主义哲学称为"辩证唯物主义和历史唯物主义"。习近平总书记在主持中

---

① 《列宁选集》第 2 卷，人民出版社 1995 年版，第 225 页。

央政治局集体学习时，也这样称呼马克思主义哲学。

辩证唯物主义和历史唯物主义不是两个主义，也不是两个分开的部分，而是一个不可分离的完整的主义，即马克思主义哲学。辩证唯物主义和历史唯物主义是一个完整的马克思主义哲学的科学体系，是对世界一般规律的总体看法。自然、社会、人类思维是有机联系在一起的世界的三个现象。自然、社会、思维三者既为一体又有区别。人类社会说到底是自然的一部分，社会发展过程是一个自然历史过程，但又是自然的特殊部分，是自然界中由有意识的人有意识地利用自然、改造自然、对象化自然的自然历史的特殊过程。思维是人的思维，说到底也是自然的一部分，是自然更为特殊的部分，是人在社会实践中对外部世界的反映。人对自然的科学认识，如果不包括对人类社会发展一般规律、对人的思维一般规律的认识，就不可能完成对整个自然的科学认识。只有完成对人类社会历史、人类思维一般规律的科学认识，才能完成对整个自然一般规律的全部科学认识，才能完成对旧哲学的彻底改造，实现哲学革命，形成最彻底的马克思主义哲学。当马克思主义完成了对自然，同时完成了对社会历史和人类思维的认识，创造了历史唯物主义和唯物主义认识论时，才真正创造了辩证唯物主义，才真正创造了马克思主义哲学。马克思主义哲学就是有机统一在一起的辩证唯物主义和历史唯物主义，按照列宁的说法，是不可分割地联系在一起的一块整钢，是最彻底、最完备的唯物主义哲学。

第四，马克思主义哲学是由唯物论、辩证法、历史观和认识论等几个主要内容构成。

为易于理解，我分别介绍一下马克思主义哲学所包含的几个主要方面的内容，但绝不能误认为这几个方面内容是可以分开的，是马克思主义哲学的全部。

唯物论。所谓唯物论就是坚持认为物质是世界一切事物的唯一本原、是世界的唯一本体，物质是第一性的、精神是第二性的，物质决定精神、世界的统一性在于物质性的哲学世界观。

什么是物质，怎样给物质下一个科学的定义，人类经历了一个长期曲折的认知过程。旧唯物主义者在物质观上存在两大缺点。

第一个缺点，把物质归结为某一具体实体。辩证唯物主义与旧唯物主义的区别不在于承认或不承认物质是第一性的，而在于旧唯物主义把物质归结为某种具体的物质实体。如中国古代朴素唯物主义"五行说"，直观地把世界归结为"金木水火土"五种最基本的物质元素，认为它们是构成世界的最原初的物质。古希腊唯物主义哲学把世界或归结为原子或归结为一团燃烧的火等某种具体物质形态，这些看法只不过是一种朴素的、缺乏科学根据的猜测。近代唯物主义根据当时自然科学关于原子是物质最小单位的认识，把原子归结为物质的最基本单位，具有不可分性、质量不变性，认为物质就是由原子构成的。原子说虽然是朴素唯物主义的进步，但仍然逃脱不了旧唯物主义的局限性。一切旧唯物主义虽然坚持了世界的物质性，但由于把物质直观地归结为某种具体实体，则无法说明世界的本原、本体，最终导向唯心主义。

物质概念在马克思主义哲学唯物论里是最基础的概念。马克思主义哲学第一次科学地解决了物质概念问题，对物质做出了科学的概括，确立了科学的物质概念，创立了最彻底的唯物论物质观。物质概念在马克思主义哲学那里不是指具体的东西，不是指这个杯子，也不是指这块毛巾，杯子、毛巾都是具体的物质。马克思主义哲学认为，物质只是个概念，不是某个具体实体。物质是宇宙间一切具体物质的最一般的抽象，是观念的物质而不是具体的物质。马克思主义哲学从一个个具体物质实体中抽象出一切具体物质的共同的本质特征，即物质是独立于人之外，又可以被人感觉、认识的客观实在。如果认为物质是某个具体实体，把世界的构成归结为某一种具体物质实体，那就会陷入机械唯物论。恩格斯说："物、物质无非是各种物的总和，而这个概念就是从这一总和中抽象出来的。"①哲学上的物质概念，不是指具体的物质形态或结构，而是指物质的全体，是对一切领域和一切物质形态的共同本质的抽象概括。列宁给物质下了一个科学的定义："物质是标志客观实在的哲学范畴，这种客观实在是人通过感觉感知的，它不依赖于我们的感觉而存在，为我们的感觉所复写、摄影、反映。"②世界上千差万别的物质实体，其唯一的共同特征就是它们的客观实在性。辩证唯物主义的物质概念克服了旧唯物主义把世界归结为某种物质具体形态的形而上学局限性，对形形色色的具体物质形态做出了科学的抽象，唯物主

---

① 《马克思恩格斯选集》第 4 卷，人民出版社 1995 年版，第 343 页。
② 《列宁全集》第 18 卷，人民出版社 1988 年版，第 130 页。

义物质观是辩证唯物主义的基石。

第二个缺点，认为物质是与时间、空间分离的。有人总以为时间、空间同物质是可以分开的，实际上时间、空间都是物质的运动形式，时间和空间离不开物质，物质离不开时间和空间。牛顿力学讲的时间和空间，是地球引力范围之内的物质的时间和空间。爱因斯坦相对论讲的时间和空间，是超过地球引力之外的物质的时间和空间。爱因斯坦的相对论认为，时间和空间是随着物质的变化而变化的，在相对论的范围，随着物质的变化时间会拉长，空间会变短。

辩证法。辩证法认为世界是辩证存在的。辩证法强调整个世界具有两大辩证原则。一个是普遍联系的原则。世界上的一切事物都是有联系的，没有孤立存在的事物。例如"扫黑除恶专项斗争"，黑、恶、乱、伞、财、腐和基层组织建设，它们是有关联的。乱生恶、恶生黑，有黑就有恶，有恶就有乱，有黑恶乱就有伞，没有"官伞""警伞"也有"庸伞"，有伞就有腐，腐生伞，伞护黑、护恶、护乱，黑恶乱伞腐是由财联系起来的，形成由财织就的关系网。扫黑除恶治乱必须进行综合治理，从加强基层党组织、政权建设入手，开展反腐败斗争永远在路上。

另一个是不断发展的原则。一切事物都是发展变化的，没有任何事物是绝对静止不变的。有人说，我坐在那里一动不动，不就是静止吗？毛泽东1958年6月30日读《人民日报》报道余江县（今鹰潭市余江区）消灭了血吸虫病，欣然命笔赋诗《送瘟神》，其中"坐地日行八万里，巡天遥看一千河。牛郎欲问瘟神事，一样悲欢逐逝波"讲的是一切都在运动的道理，人坐在那里不动，但地球在转，实际上人每时每刻都随着地球在运动。与此同时，作为生命体的人也在每时每刻进行着生命的运动。运动是绝对的，静止是相对的。

世界上一切事物的辩证存在表现为两大方式。一是一切事物都是以系统的方式存在。什么是系统呢？一切事物都是由各种因素相互联系在一起，形成一个总体系统。二是一切事物都是以过程的方式存在。什么是过程？一个人有生必有死，从生到死是一个发展过程。任何社会形态都有生有死，从生到死是一个发展过程，如资本主义社会从生长到兴盛，到衰落，最后到灭亡，是一个发展过程。资本主义之前的原始社会、奴隶社会、封建社会都有一个发展过程，社会主义发展也有一个历史过程。

世界的辩证存在表现为三大规律：质量互变规律、否定之否定规律和对立统一规律。对立统一规律是世界上最根本的规律。

世界的辩证法还有五大范畴：偶然与必然、原因与结果、形式与内容、可能与现实、现象与本质。

历史观。把唯物论彻底贯彻到社会历史领域，就要坚持社会存在决定社会意识，要从社会存在出发来认识人类历史，来认识人类社会一切精神现象，社会存在是唯物史观观察社会历史问题的根本出发点。

什么是社会存在？马克思主义哲学认为，人首先是要生存的，要生存就必须吃饭，人类每时每刻必须进行社会生产活动，必须解决生存所需的一切物质生活资料。从这个最普通的道理来看，人类社会生产是人类社会的基础、前提、条件和动力。在社会生产过程中，人与自然发生关系构成生产力、人与人之间发生关系结成生产关系，生产力与生产关系构成社会生产方式。生产关系总和构成社会经济基础，在经济基础之上构成人类社会的上层建筑，这就是全部的人类社会，构成人类社会的"经济的社会形态"。上层建筑分为政治上层建筑与意识形态上层建筑。政治上层建筑有军队、监狱、法庭、政党、政府等。政法机关是"刀把子"，党委和政府是"印把子"，这都属于政治的上层建筑。政治上层建筑之上还有意识形态上层建筑，即思想、理论、学说、宗教、哲学等。政治上层建筑与意识形态上层建筑是相互作用的，政治上层建筑决定意识形态上层建筑，意识形态上层建筑又反作用于政治上层建筑。经济基础决定上层建筑，上层建筑又反作用于经济基础。社会的生产方式构成人类社会最基本的社会存在。必须从社会的经济基础、从生产方式出发来说明人和人类社会。

马克思主义哲学从最基本的社会存在出发来说明人类社会历史规律，从而发现了人类社会发展的根本规律：人的劳动实践创造了人与人类社会。人不是被动的纯粹的动物式的人，而是主动的、实践的、社会的人。生产力决定生产关系，生产关系反作用于生产力，经济基础决定上层建筑，上层建筑反作用于经济基础，人类社会就是在生产力与生产关系、经济基础与上层建筑的社会基本矛盾的运动中不断变化发展的，生产力是人类社会发展的决定性动力、最终动力。在阶级社会，社会基本矛盾在人与人的关系上又表现为阶级矛盾和阶级斗争，阶级斗争是阶级社会发展的直接动力。人民是历史的真正创造者。生产的观点、阶级的观点、群众的观点是马克思主义历史观最根本的观点。

唯物主义历史观是我们观察阶级社会一切问题的世界观、方法论。有人说，美国与我国的关系是老大与老二的关系，老大不允许老二发展起来。用这话来判断中美关系，没有说到根本上。习近平总书记讲："马克思主义政治立场，首先是阶级立场，进行阶级分析。"①我们同美国之间的关系就是两种制度、两条道路、两个阶级之间的关系，有老大对老二的利益关系，但从根本上说，不完全是什么老大与老二的关系，是制度之争、道路之争、阶级之争的关系。美国是垄断资本主义少数资本家的国家，而不是美国人民的国家；中国是人民的国家，而不是少数人的国家。中国是社会主义国家，是工人阶级和广大人民群众当家作主的国家，美国是垄断资本主义国家，是少数人当家作主的国家。习近平总书记要求以人民为中心，一切为了人民，这就是我们共产党人的根本宗旨所在、初心使命所在。特朗普什么时候提出过"扫黑除恶"？没有。特朗普什么时候提出过基层组织建设？没有。因为他不代表人民。扫黑除恶是为人民着想，精准扶贫也是为人民着想。这些都是中国共产党人的党性与宗旨。中国共产党人和广大人民群众与国内外敌对势力、分裂势力、腐败势力的斗争实际上就是一定范围内阶级斗争的表现。为什么要坚持抓住刀把子？没有刀把子，没有专政的工具，黑恶腐势力就要翻天，老百姓的日子就不好过，中国共产党就不是人民的党，就会堕落成资本主义的政党。坚持执政为民，是唯物史观的根本立场、观点和方法。

认识论。马克思主义哲学认为，物质决定精神，存在决定意识，实践决定认识。人的意识是物质长期发展的产物，下雨雨点落在地上打出坑来，这是最简单的无机物的物理反应；向日葵葵花盘可以随着太阳光变换方向，这是有机物植物的生物反应；给狗扔块骨头，狗就会流出哈喇子来，狗脑受到外部刺激，产生下意识的反应，这是动物最低级的意识……马克思主义哲学认为，人的思维能力、人的意识是物质发展到人类的长期演变的结果；思维是人脑的机能，思想是思维的结果，是人对外部世界在观念上的反映；人脑为人的思想产生提供了物质条件，但离开了人的社会实践，人脑不会产生思想，实践是首要的、第一位的，人的实践活动决定了人的认

---

① 刘世军：《中国政治学研究新时代的到来》，《文汇报》2014 年 6 月 30 日。

识，人的思想是实践的产物、社会的产物，实践是认识的源泉、动力和唯一检验的标准；人的认识分为感性认识和理性认识，理性认识来自感性认识，理性认识高于感性认识；实践、认识、再实践、再认识是人类认识的辩证发展规律。马克思主义唯物主义反映论彻底阐述了人的思想是从哪里来、是怎样运动的根本问题。毛泽东的《实践论》《人的正确思想是从哪里来的》生动阐明了人的认识发展规律，揭示了人类认识的辩证法，发展了马克思主义认识论。

第五，马克思主义哲学的显著特点。

马克思主义哲学是放之四海而皆准的真理，是由马克思主义哲学的科学性、实践性、阶级性、创新性所决定的。科学性、实践性、阶级性和创新性是马克思主义哲学区别于一切旧哲学的基本特征。

一是科学性。马克思主义哲学是科学的理论体系。马克思主义哲学建立在 19 世纪以来自然科学和社会科学突飞猛进发展的坚实基础之上。在 19 世纪，自然科学有三大发现：能量守恒与转化定律、进化论和细胞学说。这些科学的新发现使人们对自然、社会、思维发展规律及其本质特征看得更清楚了。马克思主义经典作家认为，自然科学三大发现以及一系列科学技术的发展，形成了近代自然科学发展的总体格局，"我们就能够依靠经验自然科学本身所提供的事实，以近乎系统的形式描绘出一幅自然界联系的清晰图画"[①]。社会科学在 19 世纪也有了很大进展，考古新发现，把人类社会经历的原始社会到奴隶社会、封建社会，再到资本主义社会的发展进程，以实证的方式呈现出来。摩尔根的《古代社会》以考证的方式再现了人类和人类社会产生和发展的事实。德国古典哲学、法国的空想社会主义和英国古典政治经济学三大哲学社会科学的问世，为马克思主义哲学产生提供了充分的理论准备。马克思主义哲学之所以是科学的，正是因为它建立在以往哲学、自然科学和社会科学一系列发展的基础之上。

二是实践性。马克思主义哲学是实践的哲学。马克思说，他的哲学不仅是为了认识世界，更重要的是为了改造世界。资本主义社会矛盾激化的现实条件和工人运动、社会主义运动的实践，是马克思主义哲学产生的深厚实践基础。马克思主义哲学创立时，资本主义的内在矛盾已经激化，社

[①]《马克思恩格斯选集》第 4 卷，人民出版社 1995 年版，第 246 页。

会历史发展已经以一幅清晰的历史规律的图画呈现在人们面前，资本主义世界爆发了一系列的工人运动实践，让马克思、恩格斯看到了代表先进生产力的工人阶级是改造旧社会的物质力量，看到了资本主义社会资产阶级和工人阶级两大阶级的矛盾，看到了资本主义的剩余价值的实际运行……这些都促成马克思、恩格斯写作《共产党宣言》《资本论》，发现剩余价值秘密，发现资本主义必然灭亡、社会主义必然胜利的客观规律，创建唯物史观，提出科学社会主义理论。马克思的父亲是为当时德意志国家利益服务的律师，恩格斯的父亲是资本家，但是他们都背叛了自己的家庭，投身到工人运动实践中。当时的资本主义社会条件，工人阶级与资产阶级的斗争实践，为马克思主义哲学的形成提供了原始材料，也正因为马克思、恩格斯参加了工人运动和社会主义运动实践，他们才创立了工人阶级的科学世界观和方法论。

马克思主义哲学之所以永不枯竭，永远具有蓬勃的生命力，恰恰在于它的实践性。马克思主义哲学的本质始终强调要把马克思主义与常新的实践相结合，要同各国的实际相结合。毛泽东讲过："理论、观念、概念、原理、原则，都是从实际中得来的，这叫做唯物论，这是马克思主义起码的一条。调查分析与研究了客观情况之后，所得出的结论、原理，那还不一定就是真理，要拿到实践中去，'实践是真理标准'。"[1]邓小平同志也讲过："一个新的科学理论的提出，都是总结、概括实践经验的结果。没有前人或今人、中国人或外国人的实践经验，怎么能概括、提出新的理论？"[2]马克思主义哲学特别强调实践性，强调一切从实际出发，把理论同各国的实际相结合。正是马克思主义哲学的实践特性，决定了我们党必须高度重视理论和实际相结合。如果离开实践，理论与实际相脱离，那么，就会把马克思主义哲学变成空洞的、毫无针对性的教条。只有坚持理论和具体实际相结合，马克思主义哲学才永葆蓬勃的生机和活力。

三是阶级性。马克思主义哲学是工人阶级的世界观，具有鲜明的阶级性。马克思说："科学越是毫无顾忌和大公无私，它就越符合工人的利益和

---

① 中共中央文献研究室编《毛泽东思想年编（一九二一——一九七五）》，中央文献出版社 2011 年版，第 300 页。

②《邓小平文选》第 2 卷，人民出版社 1994 年版，第 57—58 页。

愿望。"①资本主义的统治者及其政治家、思想家死不承认他们的理论与道德是有阶级性的，而是超阶级的、全民的、普世的，这是掩耳盗铃的骗人把戏，也是虚伪的表现，是剥削阶级统治的需要。阶级社会的任何理论与道德都是有阶级性的。毛泽东一针见血地指出："在阶级社会中，每一个人都在一定的阶级地位中生活，各种思想无不打上阶级的烙印。"②鲁迅形象地说道："贾府上的焦大，也不爱林妹妹的。"③他们都一语道破思想与道德的阶级性。资本主义的统治者及其政治家、思想家永远不承认国家的阶级性，自称是全民的国家，实际上资本主义国家根本不是全民的国家，而是少数资产阶级的国家，任何国家都是有阶级性的。

　　四是创新性。马克思主义哲学是开放发展的理论。马克思主义哲学之所以是真理，在于它永远不会停留在同一个水平上，永远向更高的水平发展。这种创新性，是由实践性带来的。马克思主义哲学要求人们实践、实践、再实践，同时也就需要对实践认识、认识、再认识，因而其本身必然随着实践的发展而发展。实践常新，理论也常新。恩格斯讲过："我们的理论是发展着的理论，而不是必须背得烂熟并机械地加以重复的教条。"④恩格斯还讲过："马克思的整个世界观不是教义，而是方法。它提供的不是现成的教条，而是进一步研究的出发点和供这种研究使用的方法。"⑤毛泽东1959年底至1960年初在读苏联《政治经济学教科书》的时候讲过："马克思这些老祖宗的书，必须读，他们的基本原理必须遵守，这是第一。但是，任何国家的共产党，任何国家的思想界，都要创造新的理论，写出新的著作，产生自己的理论家，来为当前的政治服务，单靠老祖宗是不行的。"⑥他还讲："我们在第二次国内战争末期和抗战初期写了《实践论》、《矛盾论》，这些都是适应于当时的需要而不能不写的。现在，我们已经进入社会主义时代，出现了一系列的新问题，如果单有《实践论》、《矛盾论》，不适应新的需要，写出新的著作，形成新的理论，也是不行的。"⑥孤立地、静止地研究马克思主义哲学，把它同现实生活中的生动发展割裂开来、对立起来，

①《马克思恩格斯选集》第4卷，人民出版社2012年版，第265页。

②《毛泽东选集》第1卷，人民出版社1991年版，第283页。

③《鲁迅全集》第4卷，人民文学出版社2005年版，第208页。

④《马克思恩格斯全集》第36卷，人民出版社1975年版，第584页。

⑤《马克思恩格斯选集》第4卷，人民出版社1995年版，第681页。

⑥⑥《毛泽东文集》第8卷，人民出版社1999年版，第109页。

是毫无出路的。马克思主义哲学是发展的、开放的，必须随着实践的发展而不断充实新的理论内容。

马克思主义哲学的创新性特点，首先体现在马克思、恩格斯身上。他们随着实践的发展不断地思考和研究新的问题，不断地充实、完善和创新自己的理论。列宁在帝国主义和无产阶级革命阶段，在俄国革命和社会主义新的探索实践中，充实和丰富了马克思主义哲学，形成了列宁主义哲学思想。毛泽东在中国革命和社会主义建设实践中，发展和丰富了列宁主义哲学思想，形成了毛泽东哲学思想。邓小平哲学思想是在马克思列宁主义哲学、毛泽东哲学思想基础上的创新。习近平总书记在新的历史条件下，又开拓了马克思主义哲学新境界。

毛泽东提出，要实现马克思主义和中国实际的第一次结合，实现马克思主义中国化，中国共产党才能领导中国人民取得革命的成功。第一次结合，实现了对马克思主义在中国的第一次创新发展，创立了毛泽东思想。在领导中国社会主义建设道路的探索进程中，毛泽东提出了马克思主义与中国建设实际第二次结合的时代任务。按照马克思老祖宗的具体结论，社会主义只能搞计划经济，不能搞市场经济，这是针对在高度发达的资本主义国家革命成功后所建立的社会主义国家的设想而提出的，可是现实中的社会主义却是在相对落后的国家革命成功创建的。苏联失败的教训，还有我国社会主义建设一度走弯路的教训深刻说明，如果按照老祖宗的具体结论，脱离各国实际，只搞计划经济是无法建成社会主义的。中国共产党人在实践中，把社会主义制度的优越性和市场经济的积极性结合在一起，通过改革开放，成功走出了一条中国特色社会主义发展道路，创建了中国特色社会主义理论体系，成功地实现了马克思主义与中国社会主义建设实际的第二次结合。马克思主义永远不会停留在一个水平上，马克思主义、列宁主义、毛泽东思想，包括邓小平理论、"三个代表"重要思想、科学发展观、习近平新时代中国特色社会主义思想在内的中国特色社会主义理论体系，都是不断充实、不断丰富、不断发展的。我们今天所做的一切，既来自马克思主义，又发展了马克思主义，这体现了中国共产党的政治勇气、理论勇气、实践勇气和创新勇气。

关于马克思主义哲学是放之四海而皆准的真理，我引用西方哲学家的话来评价，恐怕更有说服力。法国哲学家萨特，用毕生功力创作他的代表作《辩证理性批判》，试图用人类学辩证法代替唯物辩证法，但他到晚年却忠告他的学生，马克思是一座不可被超越的思想高峰。法国哲学家德里达是结构主义哲学家，力图用结构主义哲学代替马克思主义哲学，其结构主义与马克思主义大相径庭，但在苏联解体、东欧剧变的大背景下，他力排众议，向马克思致敬。1999 年英国剑桥大学文理学院教授们发起评选"千年第一思想家"，结果马克思位居第一；同年 9 月，英国广播公司又以同一命题在全球互联网上公开征询投票一个月，马克思仍位居第一；在英国的多次民意测试中，马克思始终名列榜首。

第三个问题，马克思主义哲学是最管用的思想方法和工作方法。

马克思主义哲学具有改造世界的实践功能，其实践特征决定了学习马克思主义哲学必须结合实际、用于改造世界，这就决定了学习马克思主义哲学的根本目的是使用、实践马克思主义哲学。毛泽东说，共产党人学哲学不是为了满足好奇心，而是为了改造世界。"无产阶级和革命人民改造世界的斗争，包括实现下述的任务：改造客观世界，也改造自己的主观世界——改造自己的认识能力，改造主观世界同客观世界的关系。"①这就一语道明马克思主义哲学伟大的实践改造作用。毛泽东在延安整风时说过："对于马克思主义的理论，要能够精通它、应用它，精通的目的全在于应用。"②"马克思列宁主义和中国革命的关系，就是箭和靶的关系。有些同志却在那里'无的放矢'，乱放一通，这样的人就容易把革命弄坏。有些同志则仅仅把箭拿在手里搓来搓去，连声赞曰：'好箭！好箭！'却老是不愿意放出去……马克思列宁主义之箭，必须用了去射中国革命之的。这个问题不讲明白，我们党的理论水平永远不会提高，中国革命也永远不会胜利。"③学习的目的全在应用，学习马克思主义最重要的是用于指导工作，要把马克思主义运用到实际工作中去。

马克思主义哲学是世界观和方法论的统一。用马克思主义哲学观察世界就是世界观，用来改造世界就是方法论，人们有什么样的世界观，就决定了人们使用什么样的方法论。用马克思主义世界观来认识实际问题就是思想方法，来解决实际问题就是工作方法，马克思主义思想方法和工作方

① 《毛泽东选集》第 1 卷，人民出版社 1991 年版，第 296 页。
② 《毛泽东选集》第 3 卷，人民出版社 1991 年版，第 815 页。
③ 同上书，第 819—820 页。

法就是马克思主义哲学世界观、方法论在实践中的具体运用。毛泽东说:"我们的任务是过河,但是没有桥或没有船就不能过。不解决桥或船的问题,过河就是一句空话。不解决方法问题,任务也只是瞎说一顿。"①马克思主义的思想方法和工作方法就是解决桥或船的问题。学习马克思主义哲学,就要把马克思主义哲学世界观、方法论当作最管用的思想和工作方法,用到工作实际中去。

习近平总书记高度概括了马克思主义哲学最基本的观点,创造性地把马克思主义哲学基本观点转化为指导实践的思想方法和工作方法,为我们结合今天新的实际,掌握马克思主义哲学,指导实际工作指明了方向和路径。他认为,结合我国实际和时代条件,必须学习和运用马克思主义哲学世界观、方法论并着重解决四个问题:一是掌握世界统一于物质,物质决定意识的原理,坚持从客观实际出发制定政策、推动工作;二是学习掌握事物矛盾运动的基本原理,不断强化问题意识,积极面对和化解前进中遇到的矛盾;三是学习掌握唯物辩证法的根本方法,不断增强辩证思维能力,提高驾驭复杂局面、处理复杂问题的本领;四是学习掌握认识和实践辩证关系的原理,坚持实践第一的观点,不断推进实践基础上的理论创新。②

今天,学习马克思主义哲学,重点要掌握好以下五个方面最基本的思想方法和工作方法。

第一,一切从实际出发。

坚持马克思主义哲学物质观,贯彻到社会历史观领域,就必须坚持社会存在决定社会意识;贯彻到认识论领域,就必须坚持实践决定认识。这就决定了一切从实际出发的最基本的原则。一切从实际出发,是马克思主义最根本的思想方法和工作方法。遵循唯物论物质观,遵循唯物主义历史观和认识论,在实际工作中必须遵循实事求是、一切从实际出发的思想路线。实事求是、一切从实际出发,是马克思主义的精髓,是我们党从事革命、建设和改革必须遵循的正确的思想方法和工作方法。正是基于实事求是、一切从实际出发的思想路线,中国共产党人把马克思主义与中国具体实践和时代条件相结合,一切从中国国情实际出发,制定了新民主主义和

---

① 《毛泽东选集》第 1 卷,人民出版社 1991 年版,第 139 页。
② 习近平:《辩证唯物主义是中国共产党人的世界观和方法论》,《求是》2019 年第 1 期。

社会主义革命的理论、路线、方针和政策，取得了中国革命的胜利，完成了使中国人民站起来的伟大历史任务。也正是靠实事求是、一切从实际出发，我们党把马克思主义与中国国情，与社会主义建设、改革、实践相结合，走出了一条具有中国特色的社会主义道路，实现了从站起来到富起来的伟大历史目标，正在向强起来进军。

一切从实际出发，对一个国家来讲要从本国国情出发，制定本国需要的路线、方针和政策；对一个省来讲要从本省实际出发；对一个市、一个县来讲要从本市、本县实际出发。我们督导组这次督导下沉到杨凌农业示范区。经过了解，督导组认为，杨凌区一共二十余万人口，有八九万是大学生和高级知识分子，一放假，杨凌区人口也就十余万了，这十余万人又处于高新农业产区，农民也很富裕。在杨凌区，不能说没有黑恶势力，但是比其他市县区要少。杨凌区扫黑除恶，可以从另一个角度来考虑怎么做得更好。从杨凌区实际出发，可以树立一个更高的目标，提出更高的要求。结合杨凌区实际，扫黑除恶应该按照更高、更有针对性的标准，争取创"无黑"示范区。

第二，一切以时间、地点、条件为转移。

宇宙间的一切都是运动变化发展的，是唯物辩证法的基本观点，运用到思想方法和工作方法上，就是一切以时间、地点、条件为转移。

一切以时间、地点、条件为转移，是马克思主义最重要的思想方法和工作方法。没有停滞不前的实践，没有永恒不变的认识，也没有亘古不改的理论。世界是变化的，实践是发展的，一切事物都因时间、地点、条件的变化而变化。人们的认识，人们所采取的指导思想、行动路线、方针政策要随着时间、地点、条件的变化而变化。俄国十月革命走的是率先在中心城市举行武装暴动取得政权，然后再向农村进军，以城市带动农村的革命道路。中国革命的具体情况与俄国不同，国情实际发生了根本变化，照搬俄国革命的具体道路就会遭受失败。中国共产党人从曲折和失败中找到了一条成功的道路，即农村包围城市的中国革命道路。理论创新，恰恰说明条件变化了，理论认识也会随之发生变化。一切以时间、地点、条件为转移，是实事求是、一切从实际出发思想路线的深化。

一切都是变化的，时间变了、地点变了、条件变了，那么政策、策略也要发生变化，不能老是走老路、用老办法，也不能新瓶装旧酒、穿着新鞋走老路。中国古代许多成语故事都讽刺没有随着实践、时间、地点、条件的变化而变化的照抄照搬的教条主义书呆子，如守株待兔、刻舟求剑、郑人买履等古代寓言。郑人买履讲的是人上街买鞋，去之前先用绳子量了脚，到市场后发现忘带绳子了，实际上试穿一下合适不合适，就可以买鞋了，只因没带绳子，鞋就没买成。

第三，具体问题具体分析。

世界统一于物质，又是多种多样、千变万化的，每类具体物质形态的运动既存在与其他一切物质形态共同的普遍规律和一般本质，又具有其特殊规律和特殊本质。世界上一切事物都是一般与特殊、抽象与具体、个别与普遍的有机统一，认识和对待具体事物，一定要具体问题具体分析。

具体问题具体分析是马克思主义最基本的思想方法和工作方法。宇宙间的一切事物都表现出个别与一般相结合的特性，共性与个性、一般与个别、普遍与特殊辩证关系的道理，是马克思主义哲学的真谛，不懂得这点，就等于背叛和抛弃了马克思主义哲学。这个道理在思想方法和工作方法上必然体现为对具体问题要做具体分析。个别就是指单个的、具体的事物，一般则是指不同事物之间在本质上的共同点。

个别是具体的、特殊的、活生生的，而一般则是抽象的、普遍的、干巴巴的。比如，人们所看到的人是一个一个具体的人，或是男人，或是女人，或是黄种人，或是白种人，或是黑种人，这些一个一个的具体的人就是个别的人。而人们所说的人则是一般概念，因为不管是男人还是女人，是黄种人、白种人还是黑种人，这个人还是那个人，都具有人的共同本质，都是人。人是概念的人而不是具体的人，具体的人就是个别人，个别人是具体的、生动的、实实在在的人；一切个别人的共同的、普遍的本质则是一般的人。一般的人是人们在长期的实践中对千千万万具体的、个别的、特殊的人的共同本质的抽象认识，是一般概念。

个别和一般并不是彼此孤立、互相排斥的，而是具有内在统一性的。一般只能在个别中存在，只能通过个别而存在。在个别事物中，蕴含着一般、普遍、共同的本质和规律；如果离开了个别的、具体的事物，一般就是空洞的、虚幻的、没有内容的东西。不能设想，离开了一个个具体的、个别的、特殊的人，还能存在什么抽象的、一般的、普遍的人。从这个意义上说，"个别就是一般"，"任何个别（不论怎样）都是一般"。①不能把一般作为脱离个别的独立存在，与个别、具体的东西相提并论。

　　人类的认识总是从认识个别到认识一般，从认识具体到认识抽象，从认识特殊到认识普遍，这是人类认识的一般规律。认识一般只能通过认识个别而实现，否则就会得出荒谬的认识结论。由于人的认识总是由个别到一般，也就是人的认识总是从认识个别事物开始的，进而认识到一般，然后再从一般认识到个别。没有对个别的认识就无法形成对一般的认识。因此，马克思主义哲学要求我们："在分析任何一个社会问题时，马克思主义理论的绝对要求，就是要把问题提到一定的历史范围之内。"②"马克思主义的精髓，马克思主义的活的灵魂，就是对具体情况作具体分析。"③具体问题具体分析是马克思主义哲学的精髓，是马克思主义思想方法和工作方法活的灵魂。

　　具体问题具体分析，具体问题具体对待。处理问题不能千篇一律，不能照一个模式、照一个路子、照一个办法。社会主义建设的普遍规律无论对哪一个国家都是适用的，但由于具体国情不同，苏联有苏联的特殊情况，中国有中国的特殊情况，朝鲜有朝鲜的特殊情况，越南有越南的特殊情况，古巴有古巴的特殊情况，不是完全一样的，各国走什么样的具体道路、采取什么样的措施，又不完全一样。因为强调"普遍性""一般性""共性"而否认"特殊性""个别性""具体性"就会犯教条主义错误。当然，强调"特殊性""个别性""具体性"，而拒绝马克思主义普遍真理也是错误的。马克思主义就是"一般"，中国革命和建设实际就是"特殊"，马克思主义中国化就是"一般"与"特殊"的高度结合，马克思主义中国化是马克思主义活的灵魂在中国的具体体现。

　　第四，矛盾分析是最根本的分析方法。

　　对立统一规律是世界最普遍、最根本的规律，社会、自然、思维等世界上的一切规律皆服从于它、根源于它。对立统一观点则是对立统一普遍规律的高度抽象，是马克思主义哲学的实质和核心观点。把马克思主义哲学的核心观点运用到实际工作中就必须坚持矛盾分析方法。

---

① 《列宁专题文集：论辩证唯物主义和历史唯物主义》，人民出版社 2009 年版，第 150 页。
② 《列宁选集》第 2 卷，人民出版社 1995 年版，第 375 页。
③ 《列宁专题文集：论马克思主义》，人民出版社 2009 年版，第 293 页。

矛盾分析是马克思主义最核心的思想方法和工作方法。马克思主义哲学认为自然、社会和人类思维有三大规律，即质量互变规律、否定之否定规律和对立统一规律，对立统一规律是其中最根本的规律。列宁认为，事物运动、变化和发展是"对立面的统一（统一物之分为两个互相排斥的对立面以及它们之间的相互关系）"①，这是马克思主义哲学关于对立统一规律的精辟概括，从根本上揭示了事物的存在状态和发展规律，说明了事物发展的根本原因。

毛泽东创造性地以中国化的表述方式，把对立统一规律形象地称为矛盾规律，把对立统一观点概括为矛盾观点，把对立面的斗争与统一概括为一分为二，把对事物对立统一状况的分析称为矛盾分析，把掌握矛盾观点和矛盾分析方法上升到马克思主义思想方法和工作方法的高度。毛泽东是论矛盾的大师。矛盾观点是对立统一观点的马克思主义哲学中国化的通俗表述。早在 1937 年，为克服党内存在的严重的教条主义思想，他撰写了《矛盾论》，系统阐述了事物的矛盾法则即唯物辩证法的最根本法则。1956 年12 月 26 日，为了指导中国社会主义建设，毛泽东发表了《论十大关系》。《论十大关系》是运用对立统一观点即矛盾观点分析认识中国社会主义建设规律的典型范例。他以矛盾观点和矛盾分析方法为武器，实事求是地分析了中国社会主义建设的十大关系，十大关系问题是关乎中国社会主义建设全局的十大矛盾。毛泽东同志说："这十种关系，都是矛盾。世界是由矛盾组成的。没有矛盾就没有世界。我们的任务，是要正确处理这些矛盾。"②1957 年 2 月 27 日，他发表了《关于正确处理人民内部矛盾的问题》，全面分析了我国社会主义的矛盾，提出了社会主义社会基本矛盾、主要矛盾、人民内部矛盾等学说，提出了要用对立统一观点正确认识和处理社会主义社会矛盾，正确处理人民内部矛盾是我国社会政治生活的主题，为我们树立了运用矛盾观点认识我国社会矛盾、分析我国社会矛盾、处理我国社会矛盾的典范。

世界是辩证的，辩证法是对世界辩证存在的科学概括。矛盾是世界辩证规律的核心，矛盾观点是辩证法的核心观点。认识世界，必须用辩证法

---

① 《列宁专题文集：论辩证唯物主义和历史唯物主义》，人民出版社 2009 年版，第 149 页。
② 《毛泽东文集》第 7 卷，人民出版社 1999 年版，第 44 页。

认识世界；用辩证法认识世界，必须用矛盾观点认识世界；用辩证法处理问题，必须用矛盾分析方法处理问题。矛盾概念形象地概括了万事万物既对立又统一、在对立统一中发展的最普遍的客观法则。毛泽东矛盾论的思想包含五个方面。一是世界充满矛盾，矛盾无时不有，矛盾无时不在，没有无矛盾的地方。二是矛盾是一切事物发展变化的根本原因和动力，矛盾是事物发展的动力。三是矛盾没有好坏之分，不能说这个矛盾是好的，那个矛盾是坏的，矛盾都是客观存在的，是不以人的意志为转移的，矛盾解决是好事，不解决是坏事。四是矛盾有主次之分，要善于抓住主要矛盾，解决主要矛盾；抓住矛盾的主要方面，解决矛盾的主要方面。庄长兴书记带领我们督导组参观了西安事变的发生地，接受红色教育。西安事变体现了当时中国国内诸多矛盾的激化。中华民族和日本帝国主义的矛盾上升为国内主要矛盾，人民大众同封建主义的矛盾、同官僚资本主义的矛盾降为次要矛盾。西安事变是各类矛盾纠结在一起的爆发点。要善于抓住主要矛盾的变化，就要团结一切抗日力量，包括团结国民党蒋介石实现全民族抗战。解决西安事变的关键，不能拘蒋杀蒋，只能放蒋，促蒋抗日。西安事变的和平解决促成中国共产党和国民党第二次合作，形成了抗日民族统一战线，中国共产党人抓住了主要矛盾的转变，实现了工作重心的转变。五是坚持两点论与重点论相结合。所谓两点论与重点论相结合，是灵活运用对立统一规律的思想方法和工作方法的简明表达。所谓两点论，就是任何事物都是由互相对立、互相联系的矛盾构成的，矛盾是两方面的，这就需要全面地看问题，既看到这一面，又看到另一面；所谓重点论，就是诸对矛盾必有一对矛盾是主要矛盾，一对矛盾必有一方处于主要方面、一方处于次要方面，要抓住主要矛盾和矛盾的主要方面。在实际工作中，要把两点论与重点论结合起来分析处理问题。

　　毛泽东教导我们，世界是由矛盾组成的，没有矛盾就没有世界，我们的任务是要正确认识和处理这些矛盾。矛盾观点是观察世界、认识世界、改造世界的世界观方法论，运用矛盾观点认识、说明世界，就是世界观；运用矛盾观点分析、改造世界，就是方法论，矛盾观点与矛盾分析法是一致的。正确认识世界、改造世界，一定要学习马克思主义的对立统一观点，学会运用矛盾分析方法具体分析任何事物的特殊矛盾，认清矛盾的性质、特点，对不同质的矛盾采用不同的解决办法，分析矛盾、解决矛盾，从而推动事物的转化和发展。

第五，实践是检验真理的唯一标准。

马克思、恩格斯认为他们所创建的新哲学是"实践的唯物主义"。列宁认为："生活、实践的观点，应该是认识论的首要的和基本的观点。"[①]实践的观点是马克思主义认识论的首要观点，把实践的观点运用到实际工作中，就要把实践是检验真理的唯一标准作为思想方法和工作方法。

实践是检验真理的唯一标准是最关键的马克思主义思想方法和工作方法。马克思主义哲学以前的旧唯物主义反对唯心主义，是应当肯定的，但它的根本缺陷是因为不了解实践的作用，把人看作感性的、被动的人，看不到人的实践能动性，看不到实践是认识的动力和源泉，是检验真理的唯一标准，结果自然又掉进唯心主义认识论的泥潭中。

从作为思想方法和工作方法的指导意义上来看，实践是检验真理的唯一标准的观点，对于马克思主义政党来说至关重要。马克思主义政党最重视理论对实践的指导作用。那么，怎样检验理论的正确与否？这对于马克思主义政党来说又是至关重要的。马克思在《关于费尔巴哈的提纲》中指出："人的思维是否具有客观的……真理性，这不是一个理论的问题，而是一个实践的问题。人应该在实践中证明自己思维的真理性，即自己思维的现实性和力量，自己思维的此岸性。关于离开实践的思维的现实性或非现实性的争论，是一个纯粹经院哲学的问题。"[②]只有人们的社会实践，才是人们对于外界认识的真理性的判断标准。判定认识或理论是否具有真理性，不是依主观上觉得如何而定，而是依客观上社会实践的结果如何而定。检验真理的标准只能是社会实践。

实践之所以是检验真理的唯一标准，是由真理的本性和实践的特性决定的。真理是人们的思想对于客观事物及其规律的正确反映，是主观与客观相符合的认识。判断一种认识是不是真理，在主观的范围内是不能解决的，客观事物本身也不能自动地把自己与人的认识相对照。作为检验真理的标准，既不能到主观领域中去寻找，也不能到纯粹客观的领域中去寻找，只能到能够把主客观联结起来的东西中去寻找。这只能是实践。

① 《列宁专题文集：论辩证唯物主义和历史唯物主义》，人民出版社 2009 年版，第 49 页。
② 《马克思恩格斯文集》第 1 卷，人民出版社 2009 年版，第 503—504 页。

毛泽东在《实践论》中特别强调实践标准的唯一性。所谓唯一性，即只有一个标准。一种理论、一种思想、一个观点、一个办法是否正确，只能由实践来说话、来判断、来裁定。无论谁的指示、谁的讲话、谁的本本，都必须服从实践标准，不唯上，不唯书，只唯实。改革开放之初展开的实践是检验真理的唯一标准的大讨论，是一场空前的马克思主义教育和思想解放运动，把人们从对马克思主义教条化的理解、对错误路线的无条件服从和执行、对个人的盲目崇拜迷信的思想禁锢中解放出来，开启了社会主义改革开放的新篇章。坚持实践是检验真理的唯一标准，是中国共产党人必须遵循的马克思主义思想方法和工作方法。实践作为在一定思想指导下的感性物质活动，能够把在实践中获得的认识经过感性阶段上升到理性阶段，形成理论、路线、方针、政策、计划、方案等，并将理论、路线、方针、政策、计划、方案付诸行动，产生改造客观世界和主观世界的结果。如果在实践中达到了预期的目的，就证明了人的认识的正确性。如果经过反复实践不能达到预期的目的，就是对于一种认识的证伪。判断一种理论、一个方案是否正确，要看它在实践中是不是行得通，看能不能取得预期的结果。我们共产党人在工作实践中必须坚持这一根本原则。

第四个问题，真学真懂真信真用马克思主义哲学。

毛泽东高度重视用马克思主义哲学武装全党、指导实践。早在井冈山斗争时期，他就写出《反对本本主义》这一坚持"一切从实际出发"根本观点的哲学名著，提倡马克思主义哲学，反对以教条主义、经验主义为主要特征的主观主义，反对形而上学，提倡实事求是、一切从实际出发，按照辩证法办事的马克思主义思想路线。在全面抗战最困难时期，也是重要转折时期，毛泽东同志发动了全党的马克思主义哲学教育运动，发表了《矛盾论》《实践论》《论持久战》等著名著作，教育全党，武装革命，统一全党的思想，为中国革命的伟大胜利奠定了马克思主义哲学世界观方法论的思想基础。在社会主义建设时期，毛泽东同志发表了《论十大关系》《关于正确处理人民内部矛盾的问题》《人的正确思想是从哪里来的？》《学习马克思主义的认识论和辩证法》等重要著作，为探索中国特色的社会主义建设道路提供了世界观和方法论的武器。无论在革命战争时期，还是社会主义建设时期，毛泽东反复强调全党要学哲学、用哲学，学会用马克思主义哲学指导工作。在改革开放时期，邓小平、江泽民、胡锦涛等同志也反复要求全党学会运用马克思主义哲学世界观方法论分析和处理问题。

中国特色社会主义进入新时代，习近平总书记指出："今天，我们党要团结带领人民实现'两个一百年'奋斗目标、实现中华民族伟大复兴的中国梦，必须不断接受马克思主义哲学智慧的滋养，更加自觉地坚持和运用辩证唯物主义世界观和方法论，更好在实际工作中把握现象和本质、形式和内容、原因和结果、偶然和必然、可能和现实、内因和外因、共性和个性的关系，增强辩证思维、战略思维能力，把各项工作做得更好。"①

我建议同志们学习一下《实践论》《矛盾论》《关于正确处理人民内部矛盾的问题》《人的正确思想是从哪里来的？》《学习马克思主义的认识论和辩证法》这五篇毛泽东的哲学著作，这五篇著作都很通俗，也很好读。马克思主义哲学是人类理论思维的最高峰，我们站在这个最高峰往前看、往后看、往远看、往近看、往深看、往细看，都能看清楚、看彻底一切问题。学习马克思主义哲学，要真正按照"四句真言"做，真学真懂真信真用马克思主义哲学。

第一，刻苦读书真学。

一个人的哲学素养和哲学运用能力不是天生的，而是后天勤奋刻苦学习获得的。学习有两个途径。一是向书本学习。认真读书，认真研读马克思主义经典哲学著作，研读中国哲学史、外国哲学史，研读历史、文学、科学等著述。有条件的同志要多读书，条件差些的同志也要少而精地读书，不读书是绝对掌握不了马克思主义哲学的。二是向社会学习。社会是所大学堂，是无字之书，人民群众是老师。向社会学习，就是要向人民群众学习，向实践学习，勤于实践，善于从实践中获取真知。

第二，深入思考真懂。

"学而不思则罔。"读书而不思考、接触实际而不研究，就等于吃东西而不认真咀嚼，囫囵吞枣，不会从书本上和实践中获得丰富的营养，即使读了书也是白读，接触了实际也是白接触。要做到真学而真懂，一要真正弄明白书中讲的道理，需要逐字逐句读、反复细致读，要弄清楚书中所包含的深刻道理。二要围绕书中所涉及的事例、典故、史实，多方面阅读相关的书籍，融会贯通多方面知识。三要结合思想实际和工作实际反复研究

---

① 习近平：《辩证唯物主义是中国共产党人的世界观和方法论》，《求是》2019 年第 1 期。

思考，多问几个为什么。

第三，坚定理想真信。

共产党人坚定的理想信念是基于对真理的信仰而建立起来的。马克思主义也是一种信仰，是以真理支撑的信仰。马克思主义哲学是支撑共产党人理想信念的哲学依据和真理基础。学习马克思主义哲学而不相信它的真理性，是无法坚定理想信念的。学习马克思主义哲学，必须把它作为对真理的信仰、对真理的追求，要更加坚定对它所揭示的人类社会发展客观规律和必然趋势的信心和信念。不能把学习马克思主义哲学仅仅当作对知识的追求，不能把马克思主义哲学当作追求功名利禄的梯子，当作解决温饱的饭碗，当作自己养家糊口的家伙，更不能把马克思主义哲学当作手电筒，只照别人、不照自己。

第四，联系实际真用。

学习马克思主义哲学的目的全在于运用，必须做到"学以致用""有的放矢"。"学以致用""有的放矢"就要解决好理论联系实际的学风问题，把马克思主义哲学运用到改造客观世界和改造主观世界的实际中去。毛泽东指出："学风问题是领导机关、全体干部、全体党员的思想方法问题，是我们对待马克思列宁主义的态度问题，是全党同志的工作态度问题。既然是这样，学风问题就是一个非常重要的问题，就是第一个重要的问题。"[①]学风问题是对待马克思主义哲学的根本态度问题。要学会运用马克思主义哲学研究和解决两个实际问题：一个是工作实际，一个是思想实际。马克思讲，无产阶级在改造客观世界的同时也要改造自己的主观世界，要联系和解决好客观世界和主观世界这两个实际。客观世界的实际，就是工作实际，包括国内外大局的实际、本地区本单位的实际、个人具体工作的实际。主观世界的实际，包括人们的思想实际，如个人的世界观、人生观、价值观，道德作风操行以及政治思想状况等；党内和社会上带有普遍性的思想实际，如社会风气，干部群众的思想状况等。联系客观世界的实际也好，联系主观世界的实际也好，都是运用马克思主义哲学来认识、分析和解决工作实际和思想实际两个方面的问题，在改造客观世界的同时改造主观世界。解决两个实际的问题，一个是解决能力问题，即提高运用马克思主义立场、

---

① 《毛泽东选集》第3卷，人民出版社1991年版，第813页。

观点和方法分析和解决工作实际的能力；另一个是解决品德问题，即提高思想政治素质、道德作风素质。解决两个实际，归到一点，就是要解决树立马克思主义哲学的世界观方法论问题，树立马克思主义思想方法和工作方法问题。

我谈的关于领导干部学好哲学、用好哲学的这些体会，仅供同志们参考。希望同志们刻苦读书真学马克思主义哲学，深入思考真懂马克思主义哲学，坚定理想信念真信马克思主义哲学，联系实际真用马克思主义哲学。

发扬光大中华优秀传统哲学和马克思主义哲学*

非常高兴与各位老朋友、老师和同事们相聚在萧山。临来时，赵剑英同志问我，要不要准备讲话稿，我回答不要稿子了。今天就打了个腹稿，谈些随感吧。

首先感谢萧山区委、区政府的大力支持，为我们提供了良好的开会条件。区委书记因事到外地，区长刚上任就代表区委、区政府出席了今天的会议，充分说明区委、区政府对这次会议的重视，更加体现了对哲学的重视，我提议请大家鼓掌表示感谢。

今天的会是哲人盛会，高朋满座。研究哲学的人，自称哲学家可能显得不自量，但可以自称爱哲学的人。古人言："山不在高，有仙则名；水不在深，有龙则灵。"萧山山不高、湖不深，我们的哲学论坛人不太多、会议规模也不太大，充其量也就是个小小的座谈会，但来的同事们皆为当代中国知名的哲学学者。可以说，人不在多，会不在大，会议成功与否关键在于在座各位能否碰撞出哲学思想的火花，倘若能闪烁出思想的火花，会议开得就有价值。

会议选址在萧山，萧山取名于其周边的萧然山，是历史厚重、人文荟萃的地方。据说8000年前这里就有了人类文明，为跨湖桥文化。至于8000年前跨湖桥文化能不能成立，尚待考古学家们论证。但据说越王勾践曾在此活动，在萧然山上遗有越王城。相传萧然山取名与越王勾践有关系。越王勾践为吴王夫差战败，败后神情萧然，即缺乏生气、寂寞冷落、若有所思的样子。越王驻跸此山故取名萧然山。越王勾践在萧然山卧薪尝胆，最后终于灭掉吴国，这是2500年前的事情了。唐代著名诗人贺知章大概也是

---

* 本文是作者2019年10月29日在浙江省杭州市萧山区第一届中国哲学家论坛上的讲话（根据录音整理）。发表于《中国道路的哲学形态——首届中国哲学家论坛文集》一书中，中国社会科学出版社2020年版。

萧山一带的人。"少小离家老大回，乡音无改鬓毛衰。儿童相见不相识，笑问客从何处来。"这是他《回乡偶书》的第一首。第二首："离别家乡岁月多，近来人事半销磨。唯有门前镜湖水，春风不改旧时波。"镜湖为古名，即为今鉴湖，萧山的湖水也应为鉴湖水系，说明诗人就是这一带的人。萧山距东晋著名书法家王羲之名震天下的"天下第一行书"《兰亭集序》挥笔成就的地方颇近。东晋穆帝永和九年，公元 353 年 3 月 3 日，阳光明媚、风和日丽，王羲之与谢安、孙绰等东晋名士在山阴兰亭，也就是当今绍兴兰亭饮酒赋诗唱歌，诸位一共做了 37 首诗汇编成集，请王羲之作序，王羲之畅意挥毫、一气呵成《兰亭集序》。看来萧山这一带乃为名人荟萃、文采聚生的地方。萧山给我们的哲学论坛增添了厚重的人文色彩，我们在这里热议哲学问题，也会受到浓厚的人文历史的熏染吧。

　　刚才赵剑英同志致辞时，谈到哲学的重要性。我就赵剑英同志的话题对哲学的功能问题再谈谈看法。我在北大读书时，十分崇拜讲授古希腊哲学的老师王太庆先生。他授课不用讲稿，手握一本古希腊哲学家的专著，如柏拉图的《理想国》，一边念原文，一边用中文翻译讲给学生听。下课铃声一响，他把书一合夹一书签留作标志，下堂课接着讲。我记得十分清楚，他讲了一段古希腊哲学家的故事，很能说明哲学的功能。

　　古希腊早期有个著名的哲学家泰勒斯（约前 624—约前 547），专门研究哲学、研究宇宙、研究星空。有一天他散步时仰望晴空，研究宇宙大学问，一不留神掉到坑里了，跟在他身边的女奴嘲笑他："你还是哲学家，还是聪明的人，是研究宇宙的，掉在坑里都不知道。"但是泰勒斯并不把这句话当回事，依然研究宇宙、研究哲学。他办了一件很了不起的大事。当年整个希腊种植很多橄榄树，他通过观察宇宙，发现橄榄要丰收，把希腊榨橄榄油的机器全部买断，果然当年橄榄大丰收，都要到他这儿榨油，他发了大财。另一位古希腊哲学家亚里士多德（前 384—前 322）为泰勒斯辩护说："学哲学的人可以一不小心掉进坑里，但不学哲学的人本来就在坑里，从来没有出过坑，也不知道坑外是什么样子。"中国有成语"井底之蛙""坐井观天"，如果不了解世界上的大道理，不懂得科学的世界观或宇宙观，就永远生活在坑里，只能坐井观天，不晓得天下的事情。看来哲学家由于懂哲学，研究宇宙大学问，不是不会办事，而是观大势、办大事。

　　哲学一词，除个别语言之外，全世界大多语言发音都是从英语

"philosophy"而来的。英语发音是从哪里来的？是从古希腊语发音来的，古希腊语"哲学"由两个词根组成，第一个词根是"爱"，第二个词根是"智慧"，两个词根结合在一起，是"爱智慧"的意思。古希腊大哲学家，同时也是大数学家毕达哥拉斯（前580至前570之间—约前500）说："我不是一个智者，我是一个爱智慧的人。"当然，这是一句自谦的话。严格来讲，在古希腊人看来，哲学家是智者，是充满智慧的人，哲学是专门研究智慧的学问。在中文里，哲学这两个字翻译得很贴切，哲就是哲理，就是使人变聪明的道理，哲学就是使人变聪明的学问，哲学家就是深谙哲理的人。正如习近平总书记所说的那样："哲学是人类的智慧之学。"①那么哲学有什么用呢？可以说，哲学不像其他各门学问，如物理、化学、生物、数学等等，有专门的用处，比如，学建筑的，可以设计房子、建筑房子；学医的，可以给人治病。学哲学的既不会盖房子，又不会看病，没有什么专门的用处。

哲学到底有什么用呢？从王太庆老师讲的故事可以看清楚哲学的功能。哲学没有专门的用处，却有大用处，这个大用处就是研究宇宙、研究自然、研究世界、研究社会、研究人的思维的最一般规律，从而得出对整个自然、整个人类社会、整个人类思维发展最一般规律的总看法。也就是说，哲学是研究世界观的大学问，如果懂得了关于整个世界的大学问，就可以办大事，也可以办成大事。

哲学是时代精神的精华。恩格斯说："一个民族想要站在科学的最高峰，就一刻也不能没有理论思维。"②一个民族如果缺乏哲学思维，是没有希望、没有前途的。中华文明之所以连绵不断发展到今天，再创世界辉煌，其中一个重要文化传承，就是中华民族拥有一脉相承的哲学思维的优秀传统。今天我们的会议共商"哲学之是"大有必要。

我们党一贯重视领导干部学哲学、用哲学。从毛泽东、邓小平、江泽民、胡锦涛到习近平都大力倡导领导干部学好哲学、用好哲学。习近平总书记高度重视领导干部学好哲学、用好哲学。他组织政治局两次集体学习辩证唯物主义和历史唯物主义。《求是》杂志2019年第1期发表的习近平

①李章军：《习近平中央党校春季学期第二批入学学员开学典礼上强调——认真学习马克思主义经典著作　不断推进中国特色社会主义事业》，《人民日报》2011年5月14日。

②《马克思恩格斯选集》第3卷，人民出版社1972年版，第467页。

总书记的文章《辩证唯物主义是中国共产党人的世界观和方法论》，就是他在政治局集体学习辩证唯物主义时的讲话。他反复强调："我们党自成立起就高度重视思想上建党，其中十分重要的一条就是坚持用马克思主义哲学教育和武装全党。学哲学、用哲学，是我们党的一个好传统。"①"学习党的基本理论，掌握马克思主义立场观点方法，以此作为政治上的望远镜和显微镜。"②"现在的领导干部不少人受过专业训练，不缺乏专门知识，但其中的很多人不懂哲学，不善于辩证思考，很需要在思想方法和工作方法上提高一步。"③"必须不断接受马克思主义哲学智慧的滋养，更加自觉地坚持和运用辩证唯物主义世界观和方法论。"④"党的各级领导干部特别是高级干部，要原原本本学习和研读经典著作，努力把马克思主义哲学作为自己的看家本领。"⑤陈云有一句话概括得既准确又通俗易懂："学习哲学可以使人开窍，学好哲学，终身受用。"⑥这些都说明学习掌握哲学思维、学习掌握马克思主义哲学的极端重要性。我们一定要发扬光大中华优秀传统哲学和马克思主义哲学，这是我们当代哲人的初心和使命。

刚才赵剑英同志说，我们在萧山召开了首届中国哲学家论坛，应该还有第二届、第三届，在座的各位老师都是发起人，以后每一年或两年都要聚一下，讨论重大哲学问题。我同赵剑英同志商量，其一，建议在萧山或其他地方创造条件建立一个中国哲学院或中国哲学学院、中国哲学书院，让当代中国哲学界的专家学者经常相聚；也可以搞一个中国哲学家纪念馆，纪念在中国哲学史上留下闪光的哲学家。如果建在萧山，也为萧山这座千年古城增添文化色彩。其二，建议继续举办中国哲学家论坛。多年前十几个中国哲学学会在海南省海口市共同发起了中国哲学论坛，为第一届。中国社科院哲学所与上海研究院准备联合十几个中国哲学学会，共同筹办第二届中国哲学论坛。上海研究院是中国社科院与上海市人民政府共同发起

---

①⑤《习近平在中共中央政治局第十一次集体学习时强调——推动全党学习和掌握历史唯物主义 更好认识规律更加能动地推进工作》，《人民日报》2013 年 12 月 5 日。

② 中共中央文献研究室编《十七大以来重要文献选编》（中），中央文献出版社 2011 年版，第674 页。

③ 习近平：《领导干部要爱读书读好书善读书——在中央党校 2009 年春季学期第二批进修班暨专题研讨班开学典礼上的讲话》，《学习时报》2009 年 5 月 18 日。

④ 习近平：《辩证唯物主义是中国共产党人的世界观和方法论》，《求是》2019 年第 1 期。

⑥《陈云文选》第 3 卷，人民出版社 1995 年版，第 362 页。

成立的研究机构,上海市人民政府每年支持经费 6000 万。可以考虑设立一个常设机构,譬如中国哲学论坛组委会,把中国哲学论坛长期办起来。中国社会科学院大学与南开大学合作,创办了 21 世纪马克思主义研究院,作为坚持和发展马克思主义中国化时代化大众化的重要研究机构,得到教育部和天津市人民政府的支持。我作为研究院的创办者之一在这里表个态,支持办好中国哲学院、中国哲学家论坛,办成中国哲人切磋哲学的知名学府和研究哲学的哲人盛会。

今天我就谈这些,仅供参考,谢谢大家。

深入研究和阐发贯穿习近平新时代中国特色社会主义思想的马克思主义哲学中国化的创新成果[*]

中国辩证唯物主义研究会（以下简称"学会"）第七届理事会是 2014 年 8 月 16 日在深圳召开的中国辩证唯物主义研究会第七次代表大会上选举产生的，至今已 6 年有余。今年 2 月和 6 月，两次拟召开换届会议，均因新冠肺炎疫情影响未能如期举行。经与民政部社会组织管理局沟通，换届可以视疫情防控情况相机进行。按照研究会章程规定，现在召开第八次代表大会，审议理事会过去 6 年的工作，并选举产生新一届理事会。受第七届常务理事会委托，现在我向大会做工作报告，请各位代表审议。

一、过去 6 年学会开展的主要工作

在第七届理事会产生后召开的第一次会长会议上，商定了 6 年的工作思路与计划，即坚持以马克思主义、马克思主义中国化最新成果为指导，密切关注、深入研究当代中国经济社会发展的重大理论问题和实践问题，充分发挥马克思主义哲学反思现实又引领现实的作用，努力推进马克思主义哲学创新与中国特色社会主义事业发展。第七届理事会承诺要办好五件事：（1）加强学会领导机构建设，使之成为政治强、业务精、作风硬的全体理事信得过的工作班子；（2）每年召开一次年会，使之成为学术交流的重要平台；（3）每年召开一次马克思主义哲学中国化深圳高层论坛，使之成为马克思主义哲学中国化的创新品牌；（4）继续办好《马克思主义哲学论丛》，使之成为展示马克思主义哲学研究创新成果的展示窗口；（5）出版、推广好《新大众哲学》，使之成为人们喜爱的哲学普及读本。6 年来，学会

* 本文是作者 2020 年 10 月 18 日在山东泰安召开的中国辩证唯物主义研究会第八次代表大会所做的第七届理事会工作报告，发表于《马克思主义哲学论丛》2020 年第 4 辑，总第 37 辑。

同仁继承发扬政治坚定、团结和谐、积极有为、关注现实、崇尚学术、淡泊名利的精神，在以往历届理事会奠定的良好基础之上，取得了新的进步、新的成绩，逐一落实当初确定的目标任务，有些工作远远超出预期。归结起来，学会主要开展了以下几个方面的工作。

（一）不断推进马克思主义哲学中国化时代化大众化

本届理事会以推进马克思主义哲学中国化时代化大众化为职志，明确提出推进马克思主义哲学中国化，要加强中国马克思主义哲学经典著作和基本原理研究，加强中国重大现实问题研究，加强中国马克思主义哲学创新体系研究；推进马克思主义哲学时代化，要适合时代发展，把握时代主题，回答时代问题，回应时代挑战，要有世界眼光，吸收世界先进哲学思想，使哲学真正成为时代精神的精华；推进马克思主义哲学大众化，要立足大众立场，代表大众利益，反映大众诉求，并以生动鲜活、通俗易懂的方式为大众所理解、接受和运用，真正成为人民群众认识世界和改造世界的锐利武器。

学会紧密结合党的重要会议和重要纪念活动，紧密结合重大理论问题和实践问题，深入开展哲学理论研讨。2015 年 8 月，学会与中央党校哲学部、中国社科院哲学所、吉林省委党校等单位联合发起召开"辩证唯物主义与'四个全面'战略布局"理论研讨会，对于辩证唯物主义基本理论和前沿问题，辩证思维、战略思维、系统思维、创新思维、底线思维，马克思主义哲学创新，"四个全面"战略布局的哲学基础与方法论，《习近平谈治国理政》的哲学思想，进行了深入研讨与交流。

2015 年 12 月，学会与中央党校哲学部、中国社科院哲学所、中共深圳市委党校联合发起召开第三届"马克思主义哲学中国化深圳高层论坛——'十三五'发展战略与马克思主义哲学中国化"理论研讨会，与会专家学者认为，党的十八届五中全会明确提出了"十三五"发展的指导思想、基本原则、目标要求、重大举措，是动员全党全国各族人民夺取全面建成小康社会伟大胜利的纲领性文件。全会提出的"五大发展理念"体现了我国对经济社会发展规律的新认知，指引了经济社会发展方式转变的路径与方向。

2016 年 8 月 6—7 日，学会与中央党校哲学部、中国社科院哲学所、中共广西区委党校联合发起召开"哲学思维与习近平总书记治国理政新理念新思想新战略"理论研讨会，与会专家学者围绕习近平治国理政思想的哲学基础与方法论、"四个全面"战略布局的哲学依据、"五大发展理念"的哲学基础、中国道路与中国话语权等问题进行了深入研讨和交流。

2016 年 11 月 26 日—27 日，学会与中央党校哲学部、中国社科院哲学所、中共深圳市委党校联合发起召开第四届"马克思主义哲学中国化深圳高层论坛——发展 21 世纪中国的马克思主义哲学"，对于马克思主义哲学中国化的理论创新与实践发展、21 世纪中国马克思主义哲学发展路径与理论体系、21 世纪中国马克思主义哲学与当代社会思潮、21 世纪中国马克思主义哲学基础理论、中国特色哲学社会科学话语体系等问题，进行了深入研讨和交流。

2017 年 8 月 4—6 日，学会与中央党校哲学部、中国社科院哲学所、中共甘肃省委党校、中共张掖市委联合发起召开"习近平治国理政新理念新思想新战略与马克思主义哲学创新"理论研讨会，深入学习交流习近平总书记治国理政新理念新思想新战略，深刻总结十八大以来党的理论创新和马克思主义哲学中国化的新成果新经验，并对马克思主义哲学创新、建构与发展的方法路径做了探讨。

2017 年 12 月 15 日—17 日，学会与中央党校哲学部、中国社科院哲学所、中共深圳市委党校联合发起召开第五届"马克思主义哲学中国化深圳高层论坛——习近平新时代中国特色社会主义思想与马克思主义哲学创新"，围绕习近平新时代中国特色社会主义思想与马克思主义哲学创新、中国特色社会主义新时代历史方位、中国特色社会主义新时代社会主要矛盾、中国特色社会主义新时代与马克思主义哲学基础理论、中国特色社会主义新时代马克思主义哲学创新的方法论等问题，进行了深入研讨。

2018 年 7 月 27 日—30 日，学会与中央党校哲学部、中国社科院哲学所、中共山东省委党校、中共日照市委联合召开"习近平新时代中国特色社会主义思想与哲学创新"理论研讨会。来自高校、党校、科研机构、军队系统的 170 余名专家学者出席此次研讨会。与会专家学者围绕会议主题进行了深入研讨交流，取得了丰硕成果。一是对于历史时代、中国特色社会主义新时代与习近平新时代中国特色社会主义思想做了深入研讨和交流。任何真正的哲学都是自己时代精神的精华，哲学不仅就其内容来说，而且就其表现形式来说，都要和自己时代的现实世界密切联系并相互作用。与会专家学者一致认为，哲学既来自时代，又引领时代。厘清大的历史时代与新时代的关系，把握新时代的内涵，对于深刻理解习近平新时代中国特色社会主义思想，具有基础性、前提性意义。与会专家学者指出，时代概念有广义与狭义之分。广义的历史时代是从历史观的角度、按照"经济的社会形态"对人类社会发展大的历史进程做出的判定；狭义的历史时代是从特定角度对社会发展某个阶段做出的判定。从大的历史时代来看，我们仍处在马克思所指的"大的历史时代"，即资本主义生产方式占统治地位的时代。该时代始终贯穿着社会主义与资本主义两种社会制度的斗争。从我国发展的新起点新阶段新矛盾新方位来看，我国已进入中国特色社会主义新时代，我们只有从大的历史时代的视野，才能准确定位中国特色社会主义新时代；我们只有准确定位中国特色社会主义新时代，才能准确把握大的历史时代在当代中国的新表现新内涵。我们今天仍处在资本主义在全球占统治地位，社会主义在与资本主义并存与竞争中，逐步战胜资本主义并向新的更高的社会形态过渡的时代。在这个时代，资本主义社会固有的矛盾不可克服，资本主义与社会主义两种制度、两种意识形态的斗争不可避免，资本主义最终被社会主义、共产主义所代替不可避免。中国特色社会主义新时代，是在大的历史时代背景下，在中国特色社会主义发展进程中的一个新的起点、新的方位、新的阶段。进入新时代，对于中华人民共和国的发展、中华民族的发展、中国特色社会主义的发展，具有极为重要的意义。适应大的历史时代中的中国特色社会主义新时代的需要，习近平新时代中国特色社会主义思想应运而生。习近平新时代中国特色社会主义思想不仅属于中国，而且属于世界，是当代中国的马克思主义，是21世纪的马克思主义，为坚持和发展中国特色社会主义，为世界社会主义的发展，为人类社会的发展，为马克思主义的发展，做出了历史性的贡献。二是对于习近平新时代中国特色社会主义思想做了总体性的深入研讨。坚持和发展中国特色社会主义，是改革开放以来我们党全部理论和实践的主题。习近平新时代中国特色社会主义思想系统回答了"新时代坚持和发展什么样的中国特色社会主义、怎样坚持和发展中国特色社会主义"这一重大理论和实践问题，深化了我们党对共产党执政规律、社会主义建设规律、人类社会发展规律的认识，继承和发展了马克思列宁主义、毛泽东思想、邓小平理论、"三个代表"重要思想、科学发展观，为坚持和发展中国特色社会主义、实现中华民族伟大复兴提供了行动指南。"八个明确""十四个坚持"构成了习近平新时代中国特色社会主义思想的基本内涵。与会专家学者对于习近平新时代中国特色社会主义思想的理论框架做了深入研讨，指出这一思想的根本主题是坚持和发展中国特色社会主义，核心理念是以人民为中心、为人民谋福祉，历史使命是实现中华民族伟大复兴。这一思想的内在逻辑是：确定历史方位——中国特色社会主义进入新时代；破解发展难题——解决中国特色社会主义实践中的矛盾和问题；高扬自信——增强"四个自信"；历史贡献——实现了马克思主义中国化的新飞跃，引领了中国特色社会主义新实践，提供了科学的思想方法与工作方法。与会学者一致认为，学习贯彻习近平新时代中国特色社会主义思想，就要统筹推进"五位一体"总体布局，协调推进"四个全面"战略布局，充分发挥"关键少数"和人民群众的积极性，激励广大干部想为、敢为、善为，带领人民群众不懈奋斗、干事创业。三是对于习近平新时代中国特色社会主义思想的哲学基础、立场观点、思维方式进行了深入研讨。习近平总书记反复强调要认真研读马克思主义经典著作，掌握马克思主义立场观点方法，把马克思主义哲学作为做好工作的看家本领，树立辩证思维、战略思维、创新思维、底线思维，提高工作能力。习近平新时代中国特色社会主义思想蕴含的哲学思想，是这一理论的重要组成部分，也是这一理论的哲学基础。与会学者深入研讨交流了习近平新时代中国特色社会主义思想蕴含的世界观、矛盾观、发展观、价值观、文化观、生态观、全球观、改革观、人民观，认为习近平新时代中国特色社会主义思想的总体价值目标是坚持和发展中国特色社会主义，建设富强、民主、文明、和谐、美丽的社会主义现代化强国，实现国家富强、民族复兴、人民幸福的中华民族伟大复兴的中国梦，这一总体价值目标体现和实现于经济、政治、文化、社会、生态等多维价值取向之中，并集中体现于国家利益至上、以人民为中心的最高价值的追求与实现之中；深入研讨交流了习近平新时代中国特色社会主义思想的求实思维、辩证思维、战略思维、价值思维、创新思维和底线思维，指出提高战略思维能力，具备战略定力、战略意识、战略眼光、战略意志对于党和人民事业发展的意义；深入研讨交流了习近平新时代中国特色社会主义思想的理论品格，并将其概括为坚持真理与追求价值的统一、立足现实与追求理想的统一、推进变革与坚守底线的统一、增强自信与防范风险的统一。四是对于当代中国改革与发展的重大理论与实践问题进行了深入研讨。与会专家学者指出，矛盾普遍存在，矛盾各有特点。我们不仅要承认矛盾，还要具体分析具体矛盾，正确解决各种矛盾。把握主要矛盾和矛盾的主要方面，确定根本任务和工作重点，是我们党的一个重要思想方法和工作方法。在社会主义建设时期，我们党对于我国社会主要矛盾的认识经历了一个曲折发展过程。在经过改革开放40多年来的发展之后，党的十九大对我国社会主要矛盾做出了新判断，指出我国社会主要矛盾已经转化为人民日益增长的美好生活需要和不平衡不充分的发展之间的矛盾。为了解决这个矛盾，就要着力解决不平衡不充分的发展问题，大力提升发展的质量和效益，在继续推动发展的基础上，不仅要满足人民对于物质文化的更高需要，而且要满足人民对于民主法治、公平正义、安全环境等方面日益增长的需要。在多种矛盾中抓主要矛盾，在主要矛盾中抓矛盾的主要方面，体现了我们党一以贯之的思想方法与领导方法。五是对于马克思主义哲学基本理论和马克思主义哲学创新发展路径做了深入研讨和交流。与会专家学者对于马克思主义的实践观念、意识形态理论、平等理论、需要理论、主体性理论、正义理论、国家理论做了深入研究，对于马克思主义哲学创新的源头、潮头、生长点、路径、方法、话语体系进行了深入研讨，指出要重新发掘马克思主义哲学观，创新诠释辩证唯物主义世界观，进一步坚持和发展唯物史观，着力阐明改革创新的时代精神，探索制度创新、哲学创新的关键问题，把价值观构建作为哲学创新的时代课题。有的专家学者指出要在理论创新和实践创新的良性互动中发展马克思主义哲学，构建中国特色的马克思主义哲学话语体系，赋予马克思主义哲学新的时代特点、中国特色。

　　2018年12月7日—10日，学会与中央党校哲学部、中国社科院哲学所、中共深圳市委党校联合发起召开第六届"马克思主义哲学中国化深圳高层论坛——习近平新时代中国特色社会主义思想与中国道路"理论研讨会，围绕习近平新时代中国特色社会主义思想的哲学基础、思维方式，改革开放的历史经验与哲学方法论等问题进行了深入研讨交流。

　　2019年7月26—28日，学会与中央党校哲学部、中国社科院哲学所、中共宁波市委党校（宁波行政学院）、宁波市哲学学会联合发起召开"新中国70年与马克思主义哲学中国化"理论研讨会，深刻总结新中国70年中国共产党领导人民进行社会主义建设、实行改革开放、开辟中国特色社会主义道路的历史经验，深刻总结马克思主义哲学中国化的成就与经验。与会专家学者指出，要坚持运用马克思主义世界观方法论，从历史时代的基本矛盾、主要矛盾以及时代特点来观察分析认识国际问题。对于习近平新时代中国特色社会主义思想的丰富内涵、哲学基础、观点方法，马克思主义哲学基本理论，新中国 70 年马克思主义哲学中国化的历程、经验、成就，当代中国改革发展的方法论，推进马克思主义哲学中国化的方法路径进行了深入研讨交流。

2019 年 12 月 13—15 日，学会与中央党校哲学部、中国社科院哲学所、中共深圳市委党校联合发起召开第七届"马克思主义哲学中国化深圳高层论坛——马克思主义哲学与国家治理现代化"理论研讨会，围绕国家治理体系和治理能力现代化的哲学基础、方法论、价值观以及推进国家治理体系和治理能力建设的现实问题，做了深入研讨和充分交流。

今年在新冠肺炎疫情暴发的严峻形势下，我们于 2020 年 10 月 16 日—18 日，由学会与中央党校哲学部、中国社会科学院哲学所、中共山东省委党校、山东省泰安市委联合发起，召开了"唯物史观与新时代中国特色社会主义"理论研讨会，也是第二届"泰山论坛"。同时召开了中国辩证唯物主义研究会第八次代表大会，会议圆满成功，取得了丰硕成果，受到了与会者全体的好评。

除了开好每年的年会和"深圳论坛"，学会还坚持每年初召开会长会议，总结上一年工作，规划、安排新一年工作。

（二）深入学习、研究、阐述中国特色社会主义理论体系最新成果，将习近平新时代中国特色社会主义思想的哲学论述研究不断推向深入

党的十八大以来，我们党顺应时代发展，从理论和实践结合上系统回答了"新时代坚持和发展什么样的中国特色社会主义、怎样坚持和发展中国特色社会主义"这个重大时代课题，创立了习近平新时代中国特色社会主义思想。习近平新时代中国特色社会主义思想是马克思主义中国化最新成果，是中国特色社会主义理论体系的重要组成部分，是全党全国人民为实现中华民族伟大复兴而奋斗的行动指南，是党和国家必须长期坚持的指导思想。认真学习、深入研究习近平新时代中国特色社会主义思想，特别是深入研究和阐发贯穿其中的哲学基础、科学世界观方法论，对于深化当代中国马克思主义哲学研究、推进当代中国马克思主义哲学发展,具有重要意义。学会同仁撰写、发表了大量研究习近平新时代中国特色社会主义思想的成果,对于深刻理解这一思想的哲学基础、贯穿这一思想的科学世界观方法论价值观,以及贯穿其中的辩证思维、战略思维、历史思维、创新思维、法治思维、底线思维,发挥了重要作用。学会不仅在历次年会中,将研究这一思想与研究中国特色社会主义新时代的重大理论与实践问题紧密结合起来,还多次举行中小型研讨会、座谈会做专题研讨。2015 年 1 月30 日上午,学会与国防大学联合召开学习习近平《坚持运用辩证唯物主义世界观方法论 提高解决我国改革发展基本问题本领》座谈会。2016 年 4月 8 日上午,学会与中国社科院哲学所、中央党校哲学部联合举办"习近平总书记治国理政新理念新思想新战略的哲学思考"理论座谈会。2019 年1 月 6 日上午,学会与中央党校哲学部、中国社科院哲学所、中国马克思主义研究基金会联合发起召开学习习近平《辩证唯物主义是中国共产党人的世界观和方法论》重要讲话座谈会以及我会名誉会长杨春贵教授主编的《中国共产党人战略思维》一书座谈会。2019 年 4 月 19—21 日,学会与中央党校哲学部、中国社科院哲学所、中共山东省委党校(山东行政学院)联合发起召开"辩证唯物主义世界观方法论与战略思维"理论研讨会,与会专家学者探讨了辩证唯物主义世界观方法论的丰富内涵;从历史与现实、理论与实践多个维度,深入探讨了中国共产党的战略思维的理论与方法;对战略思维、底线思维、辩证思维等问题,做了专题性的深化研究;对于价值观与战略思维的关系做了深入的研讨交流;探讨了战略思维与辩证思维的运用与实践问题;认真阅读了山东"整体发展格局"的材料,对山东发展战略的构想进行了深入讨论,认为山东省整体发展战略的制定和实施,是习近平新时代中国特色社会主义思想在山东的生动实践,是习近平总书记视察山东重要讲话的深化贯彻,是辩证唯物主义世界观方法论、辩证思维、战略思维、制度思维、法治思维在山东发展中的生动实践。

(三)在马克思主义哲学大众化和教育普及方面做了卓有成效的工作

高度重视马克思主义哲学研究、学习、宣传、教育、普及、运用,是我们党的好传统,也是中国马克思主义哲学工作者的历史使命。受中央有关部门委托,我主持编写了《新大众哲学》一书。2010 年 7 月正式启动,依托中国辩证唯物主义研究会,组成以中国社会科学院、中共中央党校等

单位的专家学者为主的课题组，从启动时召开课题组第一次会议，到 2014
年 8 月完成书稿清样审改，前后历时 4 年。课题组采取访谈、函询、座谈
等多种方式，广泛征求韩树英、邢贲思、杨春贵、汝信、赵凤岐、黄楠森、
袁贵仁、陶德麟、侯树栋、陈先达、陈晏清等专家对于编写《新大众哲学》
的意见建议，广泛征集、梳理、提炼、整合当代中国马克思主义哲学面临
的重大理论和实践问题 200 多个，确定了编写提纲、原则、体例，并采取
主编统筹协调、成员分工撰写、集体研究讨论、稳步推进实施的方法，使
编写工作有序、有效、有力推进。其间举行课题组讨论 80 多次，在北京或
外地进行集中统稿 3 次，并将书稿送 10 多位专家审阅。我作为该书主编，
在繁忙的公务之余，亲力亲为，修改每次、每份过程稿，主持五次书稿修
统改，最后改定书稿清样。该书共分 7 篇：总论篇、唯物论篇、辩证法篇、
认识论篇、历史观篇、价值论篇和人生观篇。每一篇都对应着相关的哲学
主题，从不同的角度和领域解答了在新的时代背景下，在中国特色社会主
义伟大实践中，人们在实际的生产和生活中面临的各种理论和现实问题。
该书以简明通俗的语言阐发马克思主义哲学基本原理，赓续了我们党重视
马克思主义哲学宣传、教育、普及的优良传统，联系中国实际、契合当今
时代、立足人民立场，推进了马克思主义哲学的中国化、时代化、大众化，
适应了新时代广大领导干部学习马克思主义哲学、提高思维能力和领导能
力的需要。在《新大众哲学》（七卷本）基础上，我又撰写、出版了《新大
众哲学》简明本。2020 年，我主持改编了《新大众哲学》教材版，作为中
国社会科学院大学、南开大学学生用书，同时提供给全国高校学生和广大
读者学习。经过一年的努力，《新大众哲学》少儿版也即将问世。《新大众
哲学》一书由人民出版社和中国社会科学出版社联合出版。2014 年 9 月 26
日，《新大众哲学》首发式暨出版座谈会在京召开，与会代表对《新大众哲
学》的内涵、特点、价值进行了研讨与座谈。2015 年 7 月 17—18 日，马
克思主义哲学中国化时代化大众化理论研讨会暨《新大众哲学》出版发布
会在云南昆明举行，与会的专家学者结合《新大众哲学》所做出的重要贡
献和积极探索，从不同角度、不同层面对新形势下推进马克思主义哲学中
国化时代化大众化所面临的问题及其对策等进行了研讨。2019 年 8 月，在
陕西延安学习书院举行了《新大众哲学》赠书仪式和座谈会，100 余人参
加活动，与会同志给予《新大众哲学》一致好评。2019 年 11 月 13 日，学

习《新大众哲学》座谈会在山东省委党校举办，与会专家学者认为《新大众哲学》凝聚了当代哲学家的集体智慧，是新时代马克思主义哲学大众化的一次新的重要探索。该书接续了艾思奇《大众哲学》的风格——紧扣时代脉搏，密切联系实际，将马克思主义哲学的基本原理以生动活泼的形式、深入浅出的笔法、贴近大众的语言，通俗而生动地表达出来，很好地将重大理论与现实问题提升到马克思主义哲学世界观方法论的高度加以分析与阐明，是推进马克思主义中国化、时代化、大众化的优秀哲学著作。2020年8月14日，在云南腾冲举办了向艾思奇纪念馆赠送《新大众哲学》多种版本的仪式。

在中国特色社会主义新时代，我们党要进行伟大斗争，建设伟大工程，推进伟大事业，实现伟大梦想，要领导人民坚持和发展中国特色社会主义，实现"两个一百年"奋斗目标和中国梦，必须全面加强党的建设，提高执政能力和执政水平，提高广大党员特别是领导干部的政治能力和领导水平。其中的一个重要路径和方法，就是学好用好马克思主义哲学，掌握好运用好马克思主义的科学世界观方法论。《新大众哲学》作为诞生于新时代、服务于新时代，亦将丰富发展完善于新时代的以学理为支撑、以问题为导向、以实践为旨归、以方法为优长的哲学著作，深入研究和阐发马克思主义哲学的基本理论与基本方法，坚持世界物质统一性，反对主观唯心主义；照辩证法办事，反对形而上学，坚持实践第一观点，反对教条主义和经验主义；坚持唯物史观和群众史观，反对唯心史观和英雄史观；坚持马克思主义价值论，进行正确价值判断、选择与创造；坚持马克思主义人生观，创造有价值的美好人生，成为领导干部、青年学生学习马克思主义哲学的有益的教材。《新大众哲学》出版以来，受到了社会各界的普遍好评，得到了广大读者的喜爱与肯定，对于领导干部、高校教师、青年学生学习、研究、宣传马克思主义哲学，发挥了很好的作用。该书多次被中央有关部门评选为读者喜爱的畅销书、精品教材、党员读物，并多次获得有关部门的奖励。相信该书将继续发挥其学习新时代中国化马克思主义哲学的教科书的作用，并有机会在总结、概括、吸取新时代新的实践经验和理论创新成果的基础上，不断得到丰富、深化、拓展、完善。

（四）加强马克思主义哲学研究阵地建设，办好《马克思主义哲学论丛》

为了推进马克思主义哲学研究、教学、宣传、普及，学会创办了会刊

《马克思主义哲学论丛》。从 2010 年到 2012 年，每年出版两期，2013 年出版 3 期，从 2014 年起，每年出版 4 期。到 2020 第二季度，已编辑出版 31 期。该刊编委会与编辑部的同志全部为业余兼职、无偿劳动，文章作者也没有稿酬，中国社会科学院、中央党校、北京大学、北京师范大学、中国人民大学、中国人民解放军国防大学的哲学教研机构的同志们为了编好这份刊物付出了大量辛勤劳动，学会同仁也对该刊提供了大力支持。该刊物已纳入中国社会科学院创新工程学术出版资助项目，并被中国社会科学院确定为中国人文社会科学核心期刊。去年已与有关部门沟通，拟将《马克思主义哲学论丛》创办为正式刊物，改为季刊，待条件成熟，再渐次改为双月刊和月刊。届时，我会会刊的影响力将大大增强。

（五）学会各研究分会开展了丰富多彩的学术活动

目前，我会还下设中国社会主义社会辩证法研究分会、认识论研究分会、价值论研究分会、社会认识论研究分会。中国社会主义社会辩证法研究分会是学会成立最早的分会，每年都举办多次活动。2015 年 11 月，该会与学会、中央党校哲学部、广东省社会科学界联合会、广东社会主义社会辩证法研究会、学术研究杂志社联合举办主题为"'四个全面'战略布局与中国特色社会主义发展动力"的第二十六次全国社会主义社会辩证法研讨会，80 多位专家学者参加了此次研讨会。价值论研究分会、认识论研究分会也开展了各具特色的学术活动。2019 年 11 月 30 日，社会认识论研究分会成立并召开"社会认识与中国道路"学术研讨会，与会专家学者围绕社会认识论的"元"命题研究、社会认识论视域下的中国道路研究、社会认识与国家治理现代化研究、社会认识与中国道路的跨学科研究等议题展开深入研讨。

二、6 年来学会工作的基本经验

回顾总结第七届理事会的工作，有以下几点经验。

（一）坚持正确的政治方向和学术导向，为党和国家工作大局服务

坚持正确的政治方向与坚持正确的学术导向是辩证统一的，正确的学术导向以正确的政治方向为统领，正确的政治方向以正确的学术导向为根底。我们在 6 年多的工作中，始终围绕坚持和发展中国特色社会主义这一改革开放以来我们党全部理论和实践的主题，始终遵循党的基本理论、基本路线、基本方略，始终服务于总体推进"五位一体"总体布局、协调推进"四个全面"战略布局，始终严守政治纪律和政治规矩，始终严守学术道德与学术规范，从马克思主义哲学的视野、高度深入研究、阐发、探讨中国特色社会主义的重大理论问题与实践问题，根据党和国家事业发展的需要确定研究的目标任务以及年会、论坛和座谈会的主题，努力将当代中国马克思主义哲学、21世纪马克思主义哲学的研究推向新高度，努力将中国特色社会主义实践的规律探索与经验总结推向新高度。

（二）大力弘扬马克思主义学风，坚持理论与实际相结合

理论与实际、真理与价值统一，是马克思主义的基本原则，是我们党领导革命、建设和改革的基本经验；把马克思主义与中国实际紧密联系起来，把追求真理与服务人民紧密结合起来，是马克思主义哲学工作者的基本要求。中国辩证唯物主义研究会的宗旨，是团结广大哲学工作者，以马列主义、毛泽东思想、中国特色社会主义理论体系为指导，遵循理论联系实际的原则，贯彻"百花齐放、百家争鸣"的方针，为加强马克思主义理论建设服务。我们在6年多的工作中，始终坚持马克思主义的基本立场观点方法，深入研究马克思主义基本理论问题；始终面向中国特色社会主义的现实问题，注重顺应时代要求、总结实践经验、反映人民愿望，努力创新发展马克思主义哲学，为繁荣和发展马克思主义哲学服务，为坚持和发展中国特色社会主义事业服务，有力凝聚、充分发挥了广大哲学工作者的积极性、能动性、创造性，取得了可喜的成就，得到了社会的广泛认可。

（三）加强工作的系统性、预见性和创造性

本届理事会产生后召开的第一次会长会议，即制定了科学的工作目标、规划与措施。每年年初召开的会长、副会长、秘书长联席会议，则根据总目标安排年度主要学术活动，分工负责，落实到人。同时，还根据党和国家工作大局，结合学会本身特点，对于学会工作计划做必要调整，使学会工作既保持稳定，又符合形势要求。

（四）充分依靠学会同仁开展工作

学会的事靠学会同仁办。我们学会具有优良的传统和作风，自创会以来，学会同仁关注国事、潜心学术、谦逊自处、淡泊名利、团结友爱、倾情奉献，学会风清气正、和谐向上，学会各位同仁和有关单位关心支持学会工作，积极出主意、想办法、挑重担，积极承担学会交给的任务。学会的各位名誉会长、顾问始终关心学会工作，提出了许多指导性意见、建议并积极参加学会有关活动，各位会长、副会长、秘书长、副秘书长等同志团结协作，积极奉献，都做了大量工作。在此，我代表第七届理事会对给予学会大力支持、为学会的建设和发展做出贡献的各个单位、各位同仁表示衷心的感谢。

（五）积极依靠地方党委、政府、党校、高校、军队院校开展工作

6 年多来，中央党校（国家行政学院）、中国社科院、北京大学、中国人民大学、北京师范大学、国防大学，以及吉林省委党校、广西区委党校、甘肃省委党校、宁波市委、张掖市委、山东省委党校、日照市委、泰安市委、宁波市委党校、深圳市委党校为学会开展活动提供了多个方面、多种方式的支持。在此，向这些单位的领导和同志们表示衷心感谢！

学会在过去 6 年多的工作中，也存在一些缺憾与不足：一是理事会的理事、常务理事比例结构有待调整，也需要吸收新生力量；二是个别理事、常务理事积极性不高，关心支持学会不够，参与学会活动较少；三是有条件成立的二级学会，虽经长期酝酿，但尚未进入申请成立的程序；四是对哲学基本理论的研究与创新尚待加强；五是学会活动的方式方法须进一步创新。希望即将产生的第八届理事会继续发扬学会的优良传统，不断总结经验，克服缺点和不足，把工作搞得更规范、更生动、更有效，深入学习研究习近平新时代中国特色社会主义思想，深入学习研究马克思主义哲学经典著作和基本理论，深入研究探索新时代中国特色社会主义的重大理论问题和实践问题，为繁荣发展我国马克思主义哲学、推进当代中国马克思主义哲学创新发展，做出新的更大的贡献。

努力推进当代中国马克思主义哲学的创新发展[*]

首先让我代表全体与会的同志向浙江省委、浙江省委宣传部、杭州市委、杭州市委宣传部、桐庐县委、县政府表示衷心的感谢，也向出席会议的各位专家学者表示衷心的感谢！刚才各位哲学同仁都做了精彩的发言。我今天谈的题目是：为推进当代中国马克思主义哲学创新发展而努力。谈三点认识。

一、对桐庐的认识

调查社会、认识社会是哲学工作者的必修课。既然在桐庐召开第二届中国哲学家论坛，那么我们就要了解桐庐、认识桐庐。认识桐庐，就要对桐庐的人文地理、历史现状、风土人情、经济社会有一个全面的了解。古人讲："读万卷书，行万里路。"认识桐庐，我们就能加深对国情的认识，对社会的认识，对中国哲学的认识，对当代中国马克思主义哲学创新的认识。认识桐庐，除了实地考察，向浙江领导与浙江同志们，向桐庐县委书记、县长和桐庐同志们请教外，读桐庐地方志和当地的文史资料，也是认识桐庐的重要渠道。我担任过中国地方志指导小组组长，组织过一届地方志的编撰工作。来桐庐之前我利用半天时间浏览了桐庐的县志和有关资料。首先，为什么县名取名桐庐？地名也是大有学问的。当地百姓相传黄帝时期有一位老人在此采药治病、悬壶济世，得到了百姓的拥戴。因为他在桐树下居住，老百姓称他为桐君，桐君在桐树下"结庐而居"，这就是桐庐二字的来历。桐庐县，始建于三国时期东吴黄武四年，公元225年。尽管桐

* 本文是作者于2020年10月25日在浙江杭州桐庐召开的第二届中国哲学家论坛上的主旨讲话（根据录音整理）。发表于《中国共产党治党治国的哲学智慧——第二届中国哲学家论坛文集》，中国社会科学院出版社2021年版。

庐建置一千来年几经变迁，但桐庐这个地名百姓始终持续使用到现在。我可以用四句话来概括桐庐：山水绝美，人文荟萃，诗乡画城，潇洒桐庐。今天晚上安排的活动是"桐庐夜话"，大家可以夜游富春江感受一下桐庐山水的绝美。范仲淹是北宋杰出的思想家、政治家、文学家，也是《岳阳楼记》名句"先天下之忧而忧，后天下之乐而乐"的作者，他在桐庐复置睦州时，任睦州知州。他游历桐庐写下了《潇洒桐庐郡十绝》的千古名篇，"潇洒桐庐"的名句来自范仲淹。我个人以为桐庐有六大文化。

第一是史前文化，大量的考古证明，在旧石器、新石器时代就已经有了人类文明。如印渚延村洞头盖骨化石，填补了浙江人类历史从五万年前的建德人到七千年前河姆渡人之间的历史空白。还有方家洲遗址、小青龙遗址、城堂岗遗址、大麦凸遗址、石家前山遗址、王同山-门前山遗址，等等。有的考古发现已经填补了某些历史记载的空白。

第二是中医文化。相传桐庐是华夏中医药的发源地。桐君老人尽管是传说中的人物，但是百姓把他看作中医药的鼻祖，几千年前就在这里结庐采药、治病救人。《本草纲目》《桐君采药录》《隋书》《旧唐书》均有记载。桐庐药业源远流长，明洪武十七年，公元1384年创建有"惠民药局"，据说最早的中医药著作《桐君采药录》就出在桐庐。

第三是隐逸文化。隐是归隐，逸是安逸。在中国古代社会，无论是奴隶社会还是封建社会常有战乱，境界很高的隐士为躲避乱世，纷纷避世于此追寻心灵的安逸、净化。传说帮助越王勾践打败吴王夫差的范蠡，灭了吴国之后带着西施，隐于分水，留下范蠡湖、西施墓等遗址。真正有文字记载的高士东汉的严子陵曾在桐庐隐居。汉光武帝刘秀得了天下后一直想请严子陵来当宰相，严子陵不允，汉光武帝遂把严子陵请来，夜间两人共睡在一张床上，严子陵呼呼大睡，把脚放在刘秀的肚子上，刘秀都不计较，还想留他当宰相。最后，严子陵还是走了，隐居在桐庐。今天下午我们可以去严子陵钓台钩沉凭吊。

第四是诗词文化。桐庐是中国山水诗的发源地。从山水诗的鼻祖谢灵运开始，历代山水诗的作品都有对桐庐绝美山水的实际描述。历代文人墨客歌颂桐庐的诗歌名篇数不胜数。据方书记和齐县长告诉我，目前已收集到有7000多首与桐庐山水有关的诗歌。南北朝文学家吴均在《与朱元思书》中盛赞桐庐"奇山异水、天下独绝"。唐代著名诗人几乎都有赞美桐庐的诗词华章。桐庐本地诗人也是人才辈出，仅唐代就有方干、施肩吾、徐凝、"三章"等卓然大家。昨天南开大学党委书记杨庆山说，南开大学的中国古典文学是国家重点学科，南开大学和桐庐可以合作，建立诗词研究基地，研究七千多首诗都是什么人、什么时间写的，描绘的何山何水，还可以搞现代诗的诗词大赛，这是一个很好的建议。

第五是书画文化。元代黄公望的《富春山居图》百分之八十的山水景色描绘的都是桐庐。2010 年温家宝总理在人大会议之后的新闻发布会答记者问时，专门提到了黄公望《富春山居图》一分为二，一部在台湾，一部在大陆的话题，认为两幅画一定会合在一起团圆的，意指两岸一家要统一。可见桐庐影响之大。现代画家叶浅予就是桐庐人。

第六是现代文化。和当代生活密切相关的快递业，发端于桐庐。"三通一达"快递企业的发源地就在桐庐，而且"三通"的民营企业家还都是一个村的，发展了快递业，造就了快递文化。也可以说，快递文化是现代文化的一部分。

二、推进当代中国马克思主义哲学创新发展

我们党成功经验最根本的一条就是，马克思主义与中国实际相结合。中国实际就是中国国情实际、中国传统文化实际。马克思主义正是与这"两个实际"相结合，才取得今天中国特色社会主义的伟大胜利。昨天习近平总书记在纪念中国人民志愿军抗美援朝出国作战 70 周年大会上的重要讲话，需要我们认真学习领会。中华民族自近代以来，除了抗日战争打败日本帝国主义之外，抗美援朝是第二次战胜了武装到牙齿的美帝国主义。这两次伟大胜利展现了中华民族伟大而英勇的民族精神。请同志们注意，久违多时的"帝国主义侵略者"这几个字在习近平总书记的讲话中多次出现，讲到抗美援朝挫败了美帝国主义的侵略野心，显示了中华民族的空前觉醒。同志们一定要认真学习这篇重要讲话，讲话渗透了当代中国马克思主义哲学的风采和精神。

毛泽东说："马克思主义有几门学问：马克思主义的哲学，马克思主义的经济学，马克思主义的社会主义——阶级斗争学说，但基础的东西是马

克思主义哲学。"①马克思主义哲学是中国共产党的思想基础和看家本领，马克思主义与中国实际相结合，最基础的思想前提是马克思主义哲学与中国实际相结合，成果就是中国化的马克思主义哲学。马克思主义同中国的实际相结合的思想条件，就是马克思主义哲学与中国国情和中华优秀传统文化实际相结合。中华优秀传统文化的精华是中国优秀传统哲学。毛泽东的"实事求是"、矛盾论等思想所包含的哲学道理，都是中国化的马克思主义哲学表达。"实事求是"思想路线是一切从实际出发的马克思主义哲学的中国表述，"一分为二"也是对立统一规律的马克思主义哲学的中国表述，我们中国哲学工作者负有推进当代中国马克思主义哲学创新发展的历史重任。马克思主义哲学与中国实际有两次伟大结合，第一次是与中国革命实际相结合，产生了毛泽东哲学思想；第二次是与中国社会主义建设和改革开放实际相结合，产生了邓小平理论、"三个代表"重要思想、科学发展观和习近平新时代中国特色社会主义思想等中国特色社会主义理论体系的思想基础，即当代中国马克思主义哲学。我们一定要高度重视习近平新时代中国特色社会主义思想这一当代中国马克思主义的哲学基础，积极推进当代中国马克思主义哲学创新发展，开拓当代中国马克思主义哲学新境界。

　　这里在座的各位专家学者都有一个共同的愿景，把中国哲学家论坛办成聚焦当代中国时代问题，具有中国特色的马克思主义哲学的学术高地。去年在浙江杭州萧山召开了第一届中国哲学家论坛，为了组织好第一届论坛，赵剑英同志立下了汗马功劳。大家达成共识，一致认为还要办第二届、第三届、第四届中国哲学家论坛，要一直办下去，办成中国哲学的高峰论坛和学术高地。大家一致同意，主办单位是中国辩证唯物主义研究会、南开大学·中国社会科学院大学21世纪马克思主义研究院和中国社会科学出版社，承办或者协办单位根据时间、地点、条件的变化选择。今年第二届论坛选在桐庐召开，由北京大学哲学系和桐庐县委、县政府具体承办。根据大家的意见，第三届论坛仍然选在浙江，选在台州市仙居县。"仙居"这个名字据说是李白取的，寓意神仙居住的地方，山川秀美。仙居的杨梅天下第一，要吃鲜美的杨梅还得到仙居来。中国哲学要形成"一马当先，万马奔腾"的发展态势。"一马当先，万马奔腾"，马克思主义哲学是当先的领

---

① 《毛泽东文集》第6卷，人民出版社1999年版，第396页。

头羊，中国哲学、外国哲学等，还有逻辑学、美学等，都要接受马克思主义哲学的指导，在马克思主义哲学指导下万马奔腾、繁荣发展。与会同志们一致同意还要举办中国哲学论坛，第一届中国哲学论坛是李景源当所长的时候，在海南海口召开的；第二届由张志强所长承办，明年在上海召开。大家在中国辩证唯物主义研究会换届大会上已经形成共识，要办中国哲学书院、中国哲学论坛、中国哲学培训班，最吸引人的是要办中国哲学家资料库、图书馆，把当代中国哲学家自愿捐出来的藏书、书稿、资料等收集起来，永久地留存下来。我在中国辩证唯物主义研究会换届大会上提出这个建议，大家都表示赞成，纷纷表态愿意把自己的图书资料捐出来，把中国哲学书院办成当代中国哲学家的图书、个人资料的收藏基地。这次会议有人建议筹建当代中国马克思主义研究院，可以放在浙江，我们愿意予以考虑。

三、当前疫情和国际时局

　　每当时局发生重大转折之际，我们党总是客观冷静地研判时局的变化，科学把握时局变化的特点、规律和趋势，从而提出正确的理论路线、战略策略、方针政策和工作任务，引导党的伟大斗争不断从胜利走向新的胜利。处在新冠肺炎疫情席卷全球与国际时局大变之势的当今，怎样认识国内外时局和疫情对时局的影响，关系到执政党能否实现既定目标，包括对中美关系怎么看、怎么处理，对台湾、对香港、对中印边界……怎么看、怎么处理。只有正确判断时局，才能清醒、正确地做出认识和处理重大问题的决策对策。

　　第一，疫情属外部自然灾害，制度是影响制约社会发展的内部原因。

　　今年春节暴发的新冠肺炎疫情犹如洪水猛兽，不分国别、年龄、肤色、性别，席卷五大洲，肆虐全世界，吞噬生命，糟蹋财富，危害人类生命和社会安全。这原本是天灾，却和人祸联系在一起，天灾人祸是孪生兄弟。比如美国，天灾和特朗普联系在一起。特朗普的背后，是美国金融资本垄断寡头。所谓天灾是自然灾害，比如水灾、火灾、地震、海啸、瘟疫等等。所谓人祸，是人类社会弊端及人类自身失误所造成的灾难，如剥削、压迫、战争、屠杀、动乱等等。新冠肺炎疫情是天灾，却与社会制度、执政者及其治理体系和治理能力联系在一起。

美国与中国是两个不同社会制度的典型国家，抗疫斗争中截然不同的表现，彰显了不同国家的不同社会制度，不同执政党及其社会治理体系、治理能力的差别。新冠肺炎疫情是自然灾害，制度是社会因素。当然人与人类社会也是自然的一部分，自然所具有的基本属性比如物质性，自然和人类社会都具有，人类社会历史是自然历史过程，人类的发展最终要服从于自然发展的一般规律，但自然与人类社会相对而言，自然是社会的外部环境，社会自身的内部矛盾是社会发展的内部原因。从这个意义上来说，虽然社会受自然因素的制约和影响，最终受自然规律制约，但决定社会历史发展变化的是其自身内部原因造成的，要从生产力与生产关系、经济基础与上层建筑的矛盾变化出发，观察社会变化的内部原因，这是马克思主义唯物史观的基本观点。

美国和中国同样受新冠病毒的侵害，但两国的处理过程和结果却反映了两种社会制度，不同执政者治理能力及其思想看法、价值取向和处理方法的不同。内因是变化的根据，外因是变化的条件，适当的温度可以使鸡蛋孵出小鸡，但适当的温度不能使石头孵出小鸡。一定要从唯物史观的科学角度来认识疫情与时局。对新冠肺炎疫情怕得要命，无所作为，听之任之，放任自流，这就是特朗普团队的现状。面对疫情的冲击和美国的打压冲击，有个别人怨天尤人，这除了缺乏马克思主义的勇气、胆略和定力之外，也缺乏对疫情和美国打压态势双重叠加的时局的马克思主义的认识。通过抗美援朝，我们可以看出当时老一辈党和国家领导人是怎样站在战略高度应对美国的打压的。

疫情可以使时局发生变化，但时局变化的根本问题在于制度之争。国际时局因疫情的大暴发风起云涌，波诡云谲，变化多端，扑朔迷离，令人眼花缭乱，难以看透。然而以社会主义、资本主义两种社会制度斗争为主线的国际时局本质却没有改变。万变不离其宗，疫情只是增添了国际时局的不确定性，增添了复杂的变数，增添了形形色色迷惑人眼的表象，并没有从根本上改变世界局势发展变化的内在逻辑和整体趋势。这就好比煮在火上上下翻滚的牛肉汤，增添了汤的作料，加点儿盐、加点儿味精，加点儿香料，只是改变了汤的颜色以及口味，牛肉汤的本质并未根本改变。

疫情只是改变了时局的某些方面，并没有从根本上改变时局的本质。

观察今天的时局，既要看到疫情给国际时局带来的变化，也要看到国际时局的本来面貌，才可以处变不惊，沉着应对。如何认识受疫情影响的当下国际时局，既不因突如其来的新冠肺炎疫情变化而看不清大时局，又不因看不到新冠肺炎疫情带来的新变化而识不清变数，既要看清时局的本质和总趋势，又要认清疫情带来的变化，才能做到"乱云飞渡仍从容"，从容地采取正确的应对之策。

第二，科学研判不变之中大变的国际时局，做到胸中自有雄兵百万。

认清疫情渗透影响制约下的国际时局，就必须掌握马克思主义的立场、观点和方法，也就是用马克思主义哲学的眼光认清受疫情影响的当下国际时局。习近平总书记最近有两句重要讲话，是站在马克思主义哲学的高度来认识时局的。第一句话，尽管我们所处的时代与马克思所处的时代相比发生了巨大而深刻的变化，但从世界社会主义五百年的大视野看，我们仍然处在马克思所指明的历史时代。习近平总书记的眼光一看就是五百年，这五百年虽然发生了巨大变化，但我们仍然处于马克思所讲到的时代。习近平总书记这句话告诉我们，马克思主义经典作家所判定的"大历史时代"没有改变。第二句话，当前中国处于近代以来最好的发展时期，世界处于百年未有之大变局。这句话告诉我们，在大的历史时代没有变的情况下，我们正处于百年未有之大变局。

习近平总书记这两句话深刻揭示了国际时局的"变与不变"的辩证关系，告诉我们怎样认识国家时局的大变。第一句话讲的是不变，第二句话讲的是大变。不变之中有大变，大变之中有不变。关于当下时局的变化，许多人只看到大变而没看到不变；只讲大变，没有讲到不变。只看到一个方面，而对另一个方面缺乏认识，总的判断就会有片面性。要善于运用马克思主义的辩证思维，从不变之中看到大变，从大变之中看到不变，才能真正认清今天国际时局的内在逻辑、发展局势和变化主线。如果只看到大变而看不到不变，就会认为马克思主义经典作家所指明的历史时代改变了，就会认为马克思主义"过时"了，马克思主义哲学"过时"了，看不清国际局势的主线、主流和本质；如果只看到不变而没有看到大变，就会陷入教条主义，无法说明今天国际时局的变化，同样也会犯重大错误。

如何理解习近平总书记关于时局本质没有改变的思想，我认为有五个"没变"。

　　第一个没变是马克思所指明的历史时代没有改变。关于"时代"这两个字的含义，有广义和狭义两种用法。广义的含义就是从唯物主义历史观角度，从马克思主义的时代观角度来看时代，这就是马克思所指明的"大的历史时代"。马克思判断历史时代以"经济的社会形态"作为标准，"经济的社会形态"主要看生产力，从生产力看生产关系，从生产关系看社会形态。马克思把人类社会分成五个社会形态：原始社会、奴隶社会、封建社会、资本主义社会，经过社会主义社会的过渡而到共产主义社会。五大社会形态也就是五个大的历史时代。狭义的时代含义就是指某个国家发展的具体的历史阶段，比如中国特色社会主义进入新时代，这是从我们国家的发展阶段的角度来讲的。什么铁器时代、铜器时代、蒸汽时代、电气时代、互联网时代、前工业时代、后工业时代……都是从具体的产业变化的角度来判断的。在改革开放之初，像我们这个年龄的人上大学的时候，经常传唱作曲家施光南的一首歌《我们走进新时代》，他这里讲的新时代指的是我国进入了改革开放新时期。"时代"概念并不是马克思主义唯物史观所专有的，马克思主义唯物史观的时代概念只是在定义历史时代时所特指的，是指"经济社会形态"发展的"大的历史时代"。马克思认为我们处在什么时代呢？马克思在《共产党宣言》中有一句关键的话："我们的时代，资产阶级时代……"①也就是说，从全世界范围来看，我们现在所处的时代仍然是资本主义生产方式占主导地位的时代，包括中国特色社会主义初级阶段，要允许民营经济、私营经济存在发展，我国初级阶段的所有制结构也并不是单一的公有制经济结构。关于"大的历史时代"的判断是我们党"两个毫不动摇"的理论依据。习近平总书记说，我们仍然处在马克思所指明的时代，就是资本主义生产方式占统治地位的时代，也就是资本主义时代，全世界就是处在这个历史时代。有资本主义就有社会主义，在这个时代，充满了社会主义与资本主义两种命运、两种力量、两种社会制度的博弈，这种博弈从根本上是生产力和生产关系的矛盾运动所决定的，是不以人的主观意志为转移的。无论如何，今天时代的主线、本质就是社会主义与资本主义两种制度之争。所以习近平总书记关于中国与美国两国之争的判断是制度之争，这个判断是基于对"大的历史时代"的判断而得出的正确结

---

　　① 《马克思恩格斯选集》第 1 卷，人民出版社 2012 年版，第 401 页。

论。我们和美国之间的斗争，是两种意识形态、两种社会制度的较量，这就一下子揭示了中美关系的本质，是我们认识处置中美关系的根本出发点。不从这一点出发认识问题，对中美关系就会得出错误的结论，认为中国和美国是"夫妻关系"。夫妻关系应该是经常不断闹小矛盾，最终还得睡在一个炕上，小矛盾不断，但根本利益还是一致的。我们和美国不是这么一个关系，从本质上说，这里说的美国是代表美国垄断资本利益的资本主义的美国，中国是代表中国人民的社会主义的中国，这里的中美关系与中国人民与美国人民不是一码事，而是社会主义与资本主义两种不同社会制度的矛盾，根本利益是对立的。

第二个没变是资本主义社会基本矛盾没有改变。时代没有改变，其基本矛盾仍然是资本主义的私有化和生产的社会化之间的矛盾，资本主义生产力越来越发展，高科技促进社会化大生产越来越发展，市场化、全球化、社会化不可遏制，大工业和全球化生产力的发展，使得社会化程度越来越高，使得共产主义和社会主义的社会因素同资本主义的生产关系的矛盾越来越尖锐。资本主义的占有是高度垄断的，越来越为少数资本家所垄断，社会化的发展与私人占有的发展，这一对矛盾越来越激化，决定了世界各类矛盾进一步发展激化。资本主义的基本矛盾表现为资本主义国家之间的矛盾越来越尖锐。美国和欧洲、美国和日本的矛盾就是如此，日本 20 世纪 70 年代强大起来的时候，美国一下子就把它打趴下了，搞了一个"广场协议"，这就是狗咬狗啊，即使都是垄断资本主义国家，美国也不会让你好过，这就是资本主义制度所决定的。资本主义国家和社会主义国家的矛盾越发尖锐。中国是代表人民利益的社会主义国家，美国不代表人民的利益，是代表少数资本家利益的资本主义国家。中美矛盾不是人民之间的矛盾，而是人民的利益与少数资本利益的矛盾。在这场疫情斗争中，我们国家以人民为中心，连 90 岁的老人都要治疗。特朗普政府却不是这样认识，许多穷人、有色人种、少数民族、上了年纪的老人得不到及时有效的救治而死亡。这次疫情中表现最好的是中国、古巴、越南、朝鲜，还有老挝这些社会主义国家。资本主义与新兴国家、发展中国家的矛盾也越发尖锐，像美国与俄罗斯的矛盾、与其他发展中国家的矛盾等等。这些矛盾却是愈演愈烈，包括资本主义国家内部，人民与统治集团的矛盾也在激化，像美国的内乱，实际上就是这对矛盾的阶级表现。

第三个没变是社会主义与资本主义国家制度斗争的矛盾主线没有改变。

第四个没变是资本主义强、社会主义弱的格局没有改变。社会主义总体上还是处于弱势，我国总体上还是处于弱势。

第五个没变是社会主义处于上升期、资本主义处于衰落期的总趋势没有改变。特别是 2008 年世界金融危机使美国为首的资本主义国家不可遏制地下降，社会主义战胜资本主义的上升趋势已经形成，历史总趋势没有改变。

这是国际时局五个"没变"，同时，国际时局还有五个"大变"。

第一个大变是科技创新日新月异，对人类生产生活方式带来了颠覆性的变化，促使国际竞争异常激烈。譬如，5G（第五代移动通信技术）彻底改变了人类的生活生产方式。过去看电视，是我们日常生活的一部分，现在看电视的除了老人以外，孩子们都不看了，人家有手机。我们老人看电视喜欢看七点钟的新闻联播，人家根本不看，说手机上早有了，这就是生活方式的大变化。我的外孙这一代和我们中间隔了一代，差距太大了。军事上，已经发展出一种不接触战争。高科技战争就是不接触战争，没有前方后方之分，一开战很快会分出胜负来。

第二个大变是全球化席卷全球，既推动社会进步，又加剧了两种社会制度之争，世界格局更加复杂多变。多边主义发展迅速，单边主义、霸权主义更加疯狂。美国必定要搞单边，必定要搞霸权主义。

第三个大变是世界历史时代发生了重大阶段性变化，资本主义历史时代已进入新的发展阶段。现在的资本主义与 500 年前、400 年前、300 年前、200 年前、100 年前大不相同了，甚至与 50 年前、30 年前都不一样了。30 年前、40 年前我到过美国，感觉美国好像比我们强。现在到美国一看，感觉不如我们。自由竞争资本主义是资本主义发展的第一个阶段；私人垄断资本主义，即帝国主义阶段是资本主义发展的第二个阶段；国家垄断资本主义是资本主义发展的第三个阶段，当然帝国主义本质没有改变，因为垄断的本质没有改变，只不过由私人垄断发展到国家垄断；当代资本主义已经发展到第四个阶段，由国家垄断发展到美国华尔街极少数国际化的金融寡头，即国际金融垄断利益集团的垄断。美国现在是"美元、美军加美霸"。掌握了美元，用印制美元来割全世界的羊毛，美国人花钱，全世界买单。

用美元支撑美军，美军支持美霸，谁不听话就打谁。现在的美国国际金融垄断财团和军工财团联系在一起，形成了国际金融军工寡头垄断集团，通过发动战争，大发军火财。

第四个大变是力量对比发生重大变化，越来越有利于社会主义。从2008年世界金融危机到今年的新冠肺炎疫情，加速了资本主义衰落的进度。中国有句话"屋漏偏逢连夜雨"，美国现在正处于这么个状态。力量对比越来越有利于我们。"美国之乱、西方之难、中国之治，中国特色社会主义之好。"力量对比天平向中国、向社会主义倾斜，这很明显。

第五个大变是中美战略关系发生根本改变，美国把中国作为最主要的战略对手的战略修补和调整已经到位。冷战时期美国把苏联作为主要战略对手，20世纪八九十年代苏东剧变之后，美国逐渐将俄罗斯往东方压制，把波罗的海三国控制在手里了，乌克兰也控制住了，在东南方向已经把俄罗斯压迫到乌克兰第聂伯河一线，在西北方向已把俄罗斯压制到白俄罗斯一线。希特勒当年攻打苏联的时候，首先从白俄罗斯打进去。现在美俄正在激烈争夺白俄罗斯，白俄罗斯发生"颜色革命"动乱，普京拼命保护白俄罗斯，也是保住俄罗斯的战略缓冲地带。我去过白俄罗斯，白俄罗斯地盘不小，但人员稀少，1000万人左右，二战组成的白俄罗斯方面军为苏联的反法西斯战争做出重要贡献，为保卫苏联献出了300多万人的生命，白俄罗斯的战略地位十分重要。俄罗斯必然要拼命地保住白俄罗斯，保住东乌克兰。不管世界上怎么骂，普京照样要把克里米亚拿下，战略目标就是不能倒退到彼得大帝出发的地方。俄罗斯目前总的来说是战略防御，不像过去斯大林时期咄咄逼人了，不像"两霸""两超"时期和美国争夺霸权了，实际上是战略防守。如果美国不发生"9·11"，早就把中国当作最主要的战略对手了。从奥巴马提出"重返亚太""亚太再平衡"的战略，到特朗普提出的"印太战略"，把印度、澳大利亚、日本连在一起，在海上对我们形成包围圈，美国不论谁当总统这个战略选择都不会改变的，改变的只是策略。现在美国把中国当成最主要战略对手，中国是它集中打击的第一战略对手，对于这点，我们必须清醒。

第三，疫情并没有改变国际时局的本质，但起到了加速大变的历史加速器的作用。

时局的本质特征就是我刚才讲的，"不变中有大变"，"大变中有不变"，五个"没变"，五个"大变"。从现在往回看，世界上发生了三件大事：第一件大事，20世纪八九十年代苏东剧变，社会主义跌入低谷；第二件大事，2008年爆发世界金融危机，中国特色社会主义成功发展，社会主义开始走出低谷，资本主义开始走下坡路；第三件大事，这次世界性新冠肺炎疫情的暴发，使得社会主义中国越发强大，美国为首的西方各国越发衰落。法国、英国、意大利这些资本主义国家，除了德国尚好一点儿，都下降得十分厉害。目前美国带头与中国叫板，美国总体实力要比西方其他诸国强。疫情起到了加速器的作用，使资本主义制度在这场疫情面前彻底暴露了自身弊端，迅速地下降，有人把美国出现的问题归结为特朗普，实际上不要说特朗普，换个人也是这个状态，好不到哪儿去。

　　疫情并没有改变世界发展的总趋势，但是它起到了历史加速器的作用，加速了社会主义中国崛起，也加速了资本主义美国和西方诸国的衰落，加大了制度之争的尖锐性，使之更加白热化。特朗普不停地造谣、甩锅于我们，是色厉内荏的表现。疫情本身与制度无关，但如何对待疫情，抗疫效果如何，体现了两种不同制度、不同价值观、不同社会治理体系和治理能力的差异。资本主义在疫情面前交了一份十分糟糕的不合格的答卷，以美国为首的西方资本主义各国统治阶级在疫情面前既暴露了资本主义的弊端，又显示出治理体系和治理能力的低劣。如何对待疫情，抗疫效果如何，是对当今时代两种不同制度及其执政者不同价值观和在不同社会制度下治理体系和治理能力高低的检验。毛泽东同志说："人间正道是沧桑。"只有社会主义制度才是战胜疫情的正道，只有正道的社会主义制度才能从根本上战胜疫情，这就是对疫情与时局的总结论。

　　最后，祝这届论坛开得成功，开得圆满，碰撞出更多的哲学火花。

历史唯物主义永远是我们党的理论指南，是马克思主义史学理论的灵魂和精髓*

——学习习近平总书记关于历史唯物主义的重要讲话精神

今天我们主办的第五届"唯物史观与马克思主义史学理论论坛"开幕了。本届论坛的主题是：中国社会历史形态与历史发展的规律性、阶段性。根据中国社会科学院中华思想通史编委会的决定，此次论坛与天津滨海新区中华思想研究院共同主办，还有十几家单位提供支持。在此，谨对各家支持单位、对各位与会代表，表示热烈的欢迎和衷心的感谢！

下面，我讲七点认识。

一、深刻理解习近平总书记关于历史唯物主义的重要讲话精神，学习掌握历史唯物主义

2013 年 12 月 3 日，习近平总书记主持第十八届中央政治局第十一次集体学习，学习历史唯物主义。习近平总书记发表了《坚持历史唯物主义不断开辟当代中国马克思主义发展新境界》的重要讲话。2020 年 1 月 16 日，《求是》杂志第 2 期全文刊登了习近平总书记关于历史唯物主义的重要讲话。深刻理解习近平总书记关于历史唯物主义的重要讲话精神，学习历史唯物主义的基本原理和精神实质，坚持和发展历史唯物主义，运用历史唯物主义的立场、观点和方法，指导中国特色社会主义伟大实践，是摆在

* 本文是作者 2020 年 9 月 26 日在天津滨海新区召开的第五届唯物史观和马克思主义史学论坛上的主题报告，发表于《世界社会主义研究动态》2021 年 1 月 20 日。

全党全国人民面前的一项重大的政治任务。

习近平总书记的重要讲话，首先，强调学习掌握马克思主义哲学的极端重要性。习近平总书记指出："马克思主义哲学包括辩证唯物主义和历史唯物主义，是马克思主义立场、观点、方法的集中体现，是马克思主义学说的思想基础。马克思主义哲学尽管诞生在一个半世纪之前，但由于它深刻揭示了客观实际，特别是人类社会发展一般规律，被历史和实践证明是科学的理论，当今仍然具有强大的生命力，依然是指导我们共产党人强大的思想武器。"①坚持用马克思主义哲学教育和武装全党，学好哲学、用好哲学是我们党加强思想理论建设的一个优良传统、根本经验和基本做法。陈云同志说："学习理论，最要紧的，是把思想方法搞对头。因此，首先要学哲学，学习正确观察问题的思想方法和工作方法。如果对辩证唯物主义一窍不通，就总是要犯错误。"②习近平总书记在担任中央党校校长期间，大力倡导全党学习马克思主义哲学基本著作，掌握科学世界观和方法论，不断增强工作的原则性、系统性、预见性和创造性。他担任总书记后又反复强调学哲学、用哲学的极端重要性，并且身体力行，带领全党学习运用马克思主义哲学的科学世界观和方法论，认识和解决工作中的实际问题，为全党树立了学习和运用马克思主义哲学的光辉典范。

其次，强调学习掌握历史唯物主义的现实意义、目的和方法。习近平总书记指出："历史唯物主义作为马克思主义哲学的重要组成部分，是关于人类社会发展一般规律的科学。在革命、建设、改革各个历史时期，我们党运用历史唯物主义，系统、具体、历史地分析中国社会运动及其发展规律，在认识世界和改造世界的过程中，不断把握规律，积极运用规律，推动党和人民事业取得了一个又一个胜利。"③中国共产党的缔造者们，正是首先学习和接受了马克思主义历史唯物主义，科学认识了中国社会和中国革命性质，选择了马克思列宁主义作为党的指导思想，选择了社会主义的中国必由之路，明白了创建中国共产党于中国革命的重要性、必要性和迫

---

① 习近平：《坚持历史唯物主义不断开辟当代中国马克思主义发展新境界》，《求是》2020 年第 2 期。

② 陈云：《坚持实事求是的革命作风——纪念伟大的领袖和导师毛主席逝世一周年》，《人民日报》1977 年 9 月 28 日。

③ 习近平：《坚持历史唯物主义不断开辟当代中国马克思主义发展新境界》，《求是》2020 年第 2 期。

切性，建立了中国共产党，从此中国人民的精神面貌和中国革命发生了根本性变化。

在新民主主义革命和社会主义革命时期，毛泽东同志带领我们党提出了新民主主义革命理论、路线、方针和政策，走出了一条以农村包围城市、武装夺取政权的道路，推翻了封建主义、帝国主义和官僚资本主义三座大山，建立了中华人民共和国。又不间断地把新民主主义革命转变为社会主义革命，提出社会主义过渡时期的总路线，完成生产资料的社会主义所有制改造，确立了社会主义制度。在社会主义建设时期，毛泽东同志又带领我们党科学分析我国社会主要矛盾，以发展社会主义生产力为根本任务，进行了艰辛的社会主义建设的探索，取得了社会主义建设的伟大成就，为中国特色社会主义提供了制度前提、物质基础和理论准备。在新的历史时期，邓小平同志带领我们党科学分析我国社会主要矛盾，果断决定把党和国家工作重心转到经济建设上来，实行改革开放，走出了一条中国特色社会主义道路。进入中国特色社会主义新时代，习近平总书记带领我们党做出我国社会主要矛盾发生新的转变的判断，坚持并进一步提出中国特色社会主义建设的基本理论、基本路线和基本方略，带领中国人民取得了中国特色社会主义的历史性伟大变化……所有这一切都是正确运用历史唯物主义的结果。

建党百年，我们党在实践中不断回答"什么是社会主义？怎样建设社会主义？""建设什么样的党？怎么样建设党？""实行什么样的发展？怎么样发展？""在新时代建设什么样的中国特色社会主义？怎么建设中国特色社会主义？"这些重大历史性课题，也都是正确运用历史唯物主义的结果。习近平总书记强调："历史和现实表明，只有坚持历史唯物主义，我们才能不断把中国特色社会主义规律的认识提高到新水平，不断开辟当代中国马克思主义发展的新境界。"[①]一定要学习历史唯物主义科学世界观和方法论，坚持理论联系实际的方法，更好地认识国情、认识党和国家事业发展大势、认识历史发展规律，更加能动地推进中国特色社会主义伟大事业。

最后，强调结合当前实际，重点学习和把握历史唯物主义的几个重要

[①] 习近平：《坚持历史唯物主义不断开辟当代中国马克思主义发展新境界》，《求是》2020年第2期。

观点。一是学习和掌握社会存在决定社会意识的观点，始终坚持一切从实际出发，实事求是。我们党之所以从革命、改革到建设一路走下来，不断地取得成功，特别是我们党在现阶段提出和实施的理论、路线、方针和政策之所以正确，之所以取得改革开放 40 余年的伟大成就，都是因为以我国的社会存在为基础，一切从我国的实际国情出发来认识问题、解决问题。党的十八大以来，我们之所以取得历史性的重大成就，也是因为在习近平总书记领导下，我们党所采取的一系列战略举措，都是从我国现在的社会存在实际出发，从我国现在的社会物质条件的总和出发，从我国的基本国情和发展要求出发而提出并付诸实践的。坚持社会存在决定社会意识，一切从我国国情实际出发，实事求是，这是必须学习和掌握的首要的基本观点。

二是学习和掌握社会基本矛盾的观点，始终坚持全面深化改革。生产力和生产关系、经济基础和上层建筑之间相互作用的社会基本矛盾，支配着整个社会发展的进程，生产关系一定要适合生产力的状况，上层建筑一定要适合经济基础状况，这是社会发展的普遍规律。只有从基本矛盾和普遍规律出发，才能全面把握整个社会的基本面貌和发展方向，才能清醒地认识到坚持和发展中国特色社会主义，就必须不断地推进全面的改革。我国的社会主义制度决定了现存的生产关系和上层建筑，从根本上、总体上是适应生产力和经济基础的，但同时存在不适应生产力和经济基础的某些方面和环节。只有根据社会基本矛盾的要求、遵从并利用社会发展普遍规律，不断进行全面深入的改革，改掉生产关系和上层建筑不适应的方面和环节，才能推动中国特色社会主义不断发展。改革是中国特色社会主义不断取得胜利的关键一招。我们现在正在进行的经济体制、政治体制、文化体制、社会体制、生态文明和党的建设制度的改革，根本目的就是推进和发展中国特色社会主义。

三是学习掌握物质生产是社会生活的基础的观点，始终坚持发展生产力这个根本任务。生产力是全部社会生活的物质前提，生产力是推动社会进步的最活跃最革命的因素，生产力是衡量社会发展的根本标准，社会主义的根本任务就是解放和发展生产力。对历史唯物主义这一观点是丝毫不能动摇的。邓小平在回答"什么是社会主义？怎样建设社会主义？"这一根本的首要问题时，首先并主要回答了社会主义的根本任务。今天要发展中国特色社会主义，必须坚持发展是解决我国所有问题关键的重大战略选择，大力推进社会主义市场经济发展，推进市场在资源配置中起决定作用和更好地发挥政府作用，推动我国社会生产力健康向前发展，不断实现物质生产的丰富和人的全面发展的统一。

四是学习和掌握人民群众是历史创造者的观点，始终坚持一切以人民为中心。历史唯物主义认为，人民群众是历史的伟大创造者，这是历史观的重大问题。遵循人民是历史的创造者这一重要观点，我们党提出了"一切为了群众，一切依靠群众，从群众中来，到群众中去"的群众路线，把它作为党的生命线和出发点、落脚点。只有一切为了人民，一切依靠人民，以人民为主体，以人民为中心，充分尊重和调动人民的首创精神和积极性，才能取得中国特色社会主义一个又一个伟大胜利。

我们一定要按照习近平总书记的要求，坚定不移地把历史唯物主义作为我们党战胜一切困难的思想武器，加强对历史唯物主义的学习运用，提高运用历史唯物主义的立场、观点、方法分析和解决实际问题的能力，以全面指导中国特色社会主义的伟大实践。

二、马克思发现唯物史观是人类思想史上的第一次灿烂日出，是人类思想史上最伟大的革命

众所周知，恩格斯《在马克思墓前的讲话》高度评价了马克思对整个人类思想发展来说的两个最伟大的发现：一是唯物史观，一是剩余价值理论。在马克思"两大发现"之前，在历史观领域是历史唯心主义占据统治地位，对历史规律的认识，即使有个别的思想火花闪现，但总体上一直长期处于迷离混沌的状态，人们在社会历史领域的一切探究和认识都是在黑暗中摸索。正是由于这"两大发现"，才使人们彻底冲破了唯心主义在社会历史领域的统治防线，突破了先前资产阶级经济学家或者社会主义批评家对资本主义所做的一切研究。正是这"两大发现"，揭示了人类历史发展的规律，发现了资本主义的秘密，认识到了社会主义前途，找到了工人阶级这一实现社会变革的物质力量，使社会主义由空想变成科学。在这"两大发现"的基础上，马克思、恩格斯毕生努力，不断丰富，形成了马克思主义哲学、马克思主义政治经济学和科学社会主义学说的理论体系，赋予工人阶级及其政党最锐利的理论武器。在这"两大发现"中，恩格斯把唯物

史观排在前面，将其看作马克思的"第一个伟大发现"。

历史唯物主义的创立，最终克服了旧哲学的两大根本缺陷，正如列宁所说："第一，以往的历史理论，至多是考察了人们历史活动的思想动机，而没有考究产生这些动机的原因，没有摸到社会关系体系发展的客观规律性，没有看出物质生产发展程度是这种关系的根源；第二，过去的历史理论恰恰没有说明人民群众的活动，只有历史唯物主义才第一次使我们能以自然史的精确性去考察群众生活的社会条件以及这些条件的变更。"①历史唯物主义彻底揭开了人类社会历史的秘密，正确概括了人类社会的发展规律，实现了人类思想史上的一次伟大革命，如同拨云见日，使在黑暗中探索历史之谜的人们思窍洞开、豁然开朗，是人类思想史上的一次灿烂的日出。唯物史观的创立是马克思对人类思想的划时代的伟大贡献，列宁把唯物史观看作是马克思"科学思想中的最大成果"②。

历史唯物主义的精神实质和基本原理是什么呢？可以从两段马克思和恩格斯的原文中深刻体会到历史唯物主义的精粹。

第一段是恩格斯 1883 年《在马克思墓前的讲话》中指出的："正像达尔文发现有机界的发展规律一样，马克思发现了人类历史的发展规律，即历来为繁芜丛杂的意识形态所掩盖着的一个简单事实：人们首先必须吃、喝、住、穿，然后才能从事政治、科学、艺术、宗教等等；所以，直接的物质的生活资料的生产，从而一个民族或一个时代的一定的经济发展阶段，便构成基础，人们的国家设施、法的观点、艺术以至宗教观念，就是从这个基础上发展起来的，因而，也必须由这个基础来解释，而不是像过去那样做得相反。"③

第二段是马克思在 1859 年《〈政治经济学批判〉序言》中指出的："人们在自己生活的社会生产中发生一定的、必然的、不以他们的意志为转移的关系，即同他们的物质生产力的一定发展阶段相适合的生产关系。这些生产关系的总和构成社会的经济结构，即有法律的和政治的上层建筑竖立其上并有一定的社会意识形式与之相适应的现实基础。物质生活的生产方式制约着整个社会生活、政治生活和精神生活的过程。不是人们的意识决

---

① 《列宁选集》第 2 卷，人民出版社 1972 年版，第 586 页。
② 《列宁全集》第 23 卷，人民出版社 1990 年版，第 45 页。
③ 《马克思恩格斯选集》第 3 卷，人民出版社 1995 年版，第 776 页。

定人们的存在，相反，是人们的社会存在决定人们的意识。社会的物质生产力发展到一定阶段，便同它们一直在其中运动的现存生产关系或财产关系（这只是生产关系的法律用语）发生矛盾。于是这些关系便由生产力的发展形式变成生产力的桎梏。那时社会革命的时代就到来了。随着经济基础的变更，全部庞大的上层建筑也或慢或快地发生变革。在考察这些变革时，必须时刻把下面两者区别开来：一种是生产的经济条件方面所发生的物质的、可以用自然科学的精确性指明的变革，一种是人们借以意识到这个冲突并力求把它克服的那些法律的、政治的、宗教的、艺术的或哲学的，简言之，意识形态的形式。我们判断一个人不能以他对自己的看法为根据，同样，我们判断这样一个变革时代也不能以它的意识为根据；相反，这个意识必须从物质生活的矛盾中，从社会生产力和生产关系之间的现存冲突中去解释。无论哪一个社会形态，在它所能容纳的全部生产力发挥出来以前，是决不会灭亡的；而新的更高的生产关系，在它的物质存在条件在旧社会的胎胞里成熟以前，是决不会出现的。所以人类始终只提出自己能够解决的任务，因为只要仔细考察就可以发现，任务本身，只有在解决它的物质条件已经存在或者至少是在生成过程中的时候，才会产生。大体说来，亚细亚的、古代的、封建的和现代资产阶级的生产方式可以看作是经济的社会形态演进的几个时代。资产阶级的生产关系是社会生产过程的最后一个对抗形式，这里所说的对抗，不是指个人的对抗，而是指从个人的社会生活条件中生长出来的对抗；但是，在资产阶级社会的胎胞里发展的生产力，同时又创造着解决这种对抗的物质条件。因此，人类社会的史前时期就以这种社会形态而告终。"①

马克思和恩格斯的这两段讲话既明白准确地说明了马克思创立唯物史观是人类思想史上的"第一个伟大发现"，又高度浓缩地概括了唯物史观的基本思想和精神实质。

弄懂了这两段话，就可以深刻地理解和把握马克思主义唯物史观的基本立场、观点和方法。唯物史观的立场就是工人阶级及其广大劳动人民的立场，具有鲜明的工人阶级的阶级性，是工人阶级的世界观和方法论。

唯物史观的基本观点包括以下几个方面：第一，关于社会存在决定社

---

① 《马克思恩格斯选集》第 2 卷，人民出版社 1995 年版，第 32—33 页。

会意识的观点。不是社会意识决定社会存在，而是社会存在决定社会意识，社会意识具有相对独立性。可以反作用于社会存在。第二，关于物质生活资料的生产是人类社会历史的全部基础和前提的观点。人们在生产中与自然发生关系构成生产力，人与人发生关系构成生产关系，生产力决定生产关系，生产力与生产关系构成人类社会的生产方式，物质生产资料的生产方式是决定社会历史存在、发展、变化的全部基础，生产力是社会历史发展的决定性力量。生产关系的总和构成人类社会的经济基础，在经济基础之上构成人类社会的政治的、意识形态的上层建筑，不是上层建筑决定经济基础，而是经济基础决定上层建筑，上层建筑具有相对独立性，对经济基础具有反作用。第三，关于社会基本矛盾的观点。生产力与生产关系、经济基础与上层建筑的矛盾运动决定了社会历史的发展，生产关系一定要适合生产力，上层建筑一定要适合经济基础，这是社会历史发展的基本规律。当生产关系不适合生产力、阻碍生产力发展，上层建筑不适合经济基础、阻碍经济基础发展，社会革命或早或迟总会发生。第四，关于阶级、阶级矛盾和阶级斗争的观点。当社会生产力发展到一定阶段，便产生了私有制、产生了国家、产生了阶级和阶级对立，自原始公社所有制解体以来的一切历史都是阶级斗争的历史，社会基本矛盾在阶级社会中表现为阶级矛盾，阶级斗争是阶级社会发展的直接动力。第五，关于国家、民主和无产阶级专政的观点。自从私有制产生，人类社会分裂为阶级对抗、阶级剥削的阶级社会，国家是阶级斗争的工具，无产阶级夺取政权，取得无产阶级的政治统治，必须实现无产阶级专政和社会主义新型民主，才能最后消灭阶级，通向无阶级的共产主义社会。第六，关于人类社会形态演变一般规律的观点。人类社会从无阶级社会进入阶级社会，将来必将为无阶级社会所替代，人类社会已经依次经历了原始、奴隶、封建、资本主义四个"经济的社会形态"，共产主义社会形态必将经过其第一阶段社会主义社会形态的过渡，最终代替资本主义社会形态，"五种社会形态"是人类社会历史发展的一般规律和必然趋势。第七，关于人类社会生活在本质上是实践的观点。实践是历史唯物主义的基本范畴，是马克思主义基本的首要的观点，劳动实践创造了人和人类社会，人的本质就是社会关系的总和，实践决定人的认识，实践是认识的来源、动力和检验标准，实践、认识、再实践、再认识……构成了马克思主义革命的、能动的反映论。第八，关于人民群众是社会历史的真正创造者的观点。以人民为中心、为主体，人民是社会物质财富和精神财富的创造者，不是英雄创造了历史，而是人民创造了历史……这些构成了唯物史观基本的观点。其中，生产的观点、阶级的观点、群众的观点是历史唯物主义最基本的观点。

为什么说马克思的唯物主义历史观是"第一个伟大发现"呢？

一是因为，马克思主义哲学经典作家一大功绩是把唯物主义与辩证法结合在一起，创立了唯物论的辩证法、辩证法的唯物论，形成了辩证唯物主义。在马克思主义哲学产生之前的旧唯物主义哲学，如17世纪英国的经验论唯物主义，18世纪法国的机械论唯物主义或形而上学唯物主义，19世纪德国的人本唯物主义都已经把唯物主义发展到了当时旧哲学所能达到的高峰。旧唯物主义哲学家们在唯物论领域探索的基本概念、范畴、规律等哲学认识都提了出来并已形成。辩证法在马克思主义哲学诞生之前，已经达到了黑格尔唯心主义辩证法的高峰。德国古典哲学从康德哲学发展到黑格尔，在唯心主义框架中把人类思想的辩证法发展到了无与伦比的高峰。旧哲学家们在辩证法领域探索的基本概念、范畴和规律等哲学认识都已提出并形成。然而，这些旧哲学存在两个根本的缺陷。第一个缺陷是，唯物主义与辩证法相分离，讲唯物论的往往不讲辩证法，讲辩证法的往往不讲唯物论。（这里说的不是完全不讲，而是只讲一些，并没有根本地、彻底地、全部地讲。）旧哲学的唯物论总体上是朴素的、机械的、形而上学的，乃至直观的。旧哲学的辩证法又是唯心主义的，其真理性发现几乎被唯心主义体系所闷死。旧哲学发展到19世纪中叶马克思主义哲学产生之前，一派是形而上学唯物主义，一派是唯心主义辩证法，马克思主义哲学经典作家克服了这两派的一切弊端。在唯物论和辩证法领域，马克思所做的创造性工作是把唯物论与辩证法统一起来，把唯物论辩证法的自然观和历史观统一起来，既克服了形而上学唯物主义，又克服了唯心主义辩证法的不彻底性，创立了最彻底、最完备的唯物论和辩证法，即辩证唯物论，又称辩证唯物主义，是马克思主义哲学的独创。因为宇宙间一切事物既是唯物的，又是辩证的，唯物的、辩证的存在是宇宙间一切事物的根本存在状况和最一般规律。马克思的辩证唯物主义还原了宇宙间一切事物存在、变化的本来面貌，揭示了宇宙间一切事物的一般本质与规律。第二个缺陷是，一切旧哲学无论是讲辩证法的，还是讲唯物论的，在历史观领域都是唯心主义。人们对历史一般规律的认识几乎是空白，人们对社会历史现象的认识是盲人摸象，仅仅是猜测而已，并没有对社会历史的真实存在、客观本质和一般规律形成科学认识，顶多只是零零散散的认识。如果没有马克思创立唯物史观，人们在历史观领域，仍然是在黑暗中摸索。马克思主义经典作家把唯物论和辩证法结合在一起，贯彻到一切科学领域，特别是社会历史领域，克服了旧唯物主义和唯心主义的唯心史观的根本缺陷，创立了科学的历史观，解开了人类历史之谜，彻底填补了人类思想史上对社会历史科学认识的空白。

二是因为，从马克思主义哲学形成的过程来看，不完成对人类历史一般规律的认识，也就不可能创立彻底、完备的马克思主义哲学体系。没有对历史及其人类思维一般规律的认识，唯物论也好，辩证法也好都是不完全、不彻底的，没有完成对社会、人类思维最一般规律的认识，也就不能完成对自然的全部、彻底的认识；没有完成对社会及人类思维的科学认识，则既不唯物，又不辩证。没有历史唯物主义，就不可能创立辩证唯物主义。人类社会是自然的一部分，人类社会历史就是自然历史过程，没有对人类社会一般规律的科学认识，对自然一般规律的认识就是不完全、不彻底的。思维是人类特有的精神现象，但人类思维也是自然的一部分。人类思维的器官就是自然物质的人脑，意识和思维不过是人脑的机能，是自然存在包括社会存在的反映而已，没有对人类思维一般规律的科学认识，对自然一般规律的认识也是不完全、不彻底的。人类社会生活在本质上是实践的，实践既是人作为物质的、客观存在的物质运动，又是人所特有的能动的、主体的、有意识、有目的的活动。马克思发现了实践的伟大功能，彻底地告别了旧历史观，完成了人类思想史上的伟大变革。没有对人类社会实践的科学认识，也就没有对人的认识来源、动力、检验标准和认识的辩证运动的科学认识，就不可能产生辩证唯物主义的能动的、革命的反映论，就不可能形成对人类思维一般规律的认识；没有对人类思维一般规律的认识，也就不能建立健全对社会一般规律的认识，以至对自然最一般规律的认识。正是在这个意义上说，不完成新的历史观的创立，就不可能完成辩证唯物主义的创立。正因为马克思完成了对社会历史和对人类思维的科学认识，马克思主义哲学，即辩证唯物主义才完成了关于自然、社会、人类思维最一般规律的认识，才创立了最彻底、最完备的辩证唯物主义。

　　三是因为，马克思主义哲学不仅仅在于认识世界，更重要的是改造世界。马克思在《费尔巴哈的提纲》一言以蔽之地揭露了旧哲学的致命缺陷："哲学家们只是用不同的方式解释世界，而问题在于改变世界。"①旗帜鲜明地表达了马克思的以实践为改造旧哲学关键转折性范畴的新哲学不同于一切旧哲学的显著特点，明确宣称马克思主义哲学认识世界的目的在于改造世界。在马克思的哲学视野里，改造世界不仅包括改造自然，还包括改造社会；不仅包括改造客观世界，还包括改造主观世界，在改造客观世界（自然、社会）的同时，改造自己的主观世界。马克思主义哲学揭示自然、人类社会和人类思维最一般规律的目的，在于改造自然、改造社会、改造人及人的认识。改造世界是马克思主义哲学的历史使命，旧哲学不可能承担这个任务。改造自然、社会、人类及其主观认识，首先是正确认识社会、人及其主观世界，唯物史观恰恰解决了对社会、人及其主观世界的认识。有了唯物史观，人们才有了对社会、人及其主观世界最一般规律的认识，才有了改造社会、改造人及其主观认识的理论武器。

　　四是因为，马克思主义哲学是无产阶级开展伟大斗争求解放、谋幸福的思想武器。马克思主义经典作家告诉我们，无产阶级只有实现解放全人类，才能最后解放自己，最终实现共产主义的远大理想和历史任务。为了实现无产阶级的历史使命，必须与自己的对立面资产阶级开展阶级斗争，通过阶级斗争夺取政权，建立无产阶级的政治统治，即无产阶级专政，再通过无产阶级专政过渡到社会主义，乃至共产主义。在这一过程中，既要同反动势力斗争，还要同大自然斗争，无产阶级必须开展包括阶级斗争、自然斗争在内的伟大斗争，无产阶级开展伟大斗争的历史使命决定了唯物史观的伟大历史作用。

三、恩格斯赋予马克思新的历史观以"历史唯物主义"的明确称谓和科学定义，为唯物史观更系统、更全面、更完备做出独特的贡献

　　历史唯物主义，又称唯物主义历史观、唯物史观、历史唯物论，它首

---

①《马克思恩格斯选集》第 1 卷，人民出版社 1995 年版，第 61 页。

先是马克思的伟大发现。在创立唯物史观的过程中，马克思做出了卓越贡献，是马克思第一个发现了，并在 1859 年《〈政治经济学批判〉序言》中对这一科学历史观的基本原理做了经典性的阐述。正因如此，恩格斯把这一历史功绩主要归之于马克思，把马克思称作"第一小提琴手"①。但是，绝不能忽视恩格斯在创立和发展唯物史观过程中起到的极其重要的作用。恩格斯自谦地称自己"就是拉第二小提琴，而且我想我做得还不错"②。从一定意义上说，唯物史观又是马克思与恩格斯共同创造的。

一是马克思在《〈政治经济学批判〉序言》中说："自从弗里德里希·恩格斯批判经济学范畴的天才大纲（在《德法年鉴》上）发表以后，我同他不断通信交换意见，他从另一条道路（参看他的《英国工人阶级状况》）得出同我一样的结果。"③这就是说，恩格斯也是独立地发现了唯物史观的。恩格斯在《路德维希·费尔巴哈和德国古典哲学的终结》中指出："我和马克思共同工作 40 年……我在一定程度上独立地参加了这一理论的创立，特别是对这一理论的阐发。但是，绝大部分基本指导思想（特别是在经济和历史领域内），尤其是对这些指导思想的最后的明确的表述，都是属于马克思的。"④恩格斯在《反杜林论》三个版本的序言中指出："本书所阐述的世界观，绝大部分是由马克思确立和阐发的，而只有极小的部分是属于我的。"⑤恩格斯既把发现唯物史观的头功归于马克思，同时也承认自己也是独立地发现了这一新的历史观。

二是在马克思恩格斯合作的一系列著作中，如《神圣家族》《德意志意识形态》《共产党宣言》等，他们共同阐发了唯物史观的基本思想。

三是恩格斯对这一理论的充分论证，使之更加完善和系统化，有着不可磨灭的特殊贡献。恩格斯对历史唯物主义发展所做的贡献，主要反映在他的《反杜林论》《家庭私有制和国家起源》《路德维希·费尔巴哈和德国古典哲学的终结》等一系列重要著作中。他明确提出了历史观的基本问题，即社会存在和社会意识关系问题，指出：新的历史观对这一问题的科学解决，使"唯心主义从它的最后的避难所即历史观中被驱逐出去了，一种唯

---

①②《马克思恩格斯文集》第 10 卷，人民出版社 2009 年版，第 525 页。
③《马克思恩格斯选集》第 2 卷，人民出版社 1995 年版，第 33 页。
④《马克思恩格斯文集》第 4 卷，人民出版社 2009 年版，第 296—297 页。
⑤《马克思恩格斯选集》第 3 卷，人民出版社 1995 年版，第 347 页。

物主义的历史观被提出来了"①。唯物史观的产生，使社会历史成为真正的科学研究对象。

四是恩格斯赋予这一新的历史观以科学的称谓和严格的定义。恩格斯第一个把他们共同发现的新历史观称为"历史唯物主义"，并赋予它以科学的内涵和定义。

马克思发现了唯物史观，但当时马克思对这一新的历史观还没有给出一个专门的名称和严格的定义。在马克思单独阐述唯物史观的著作中，如《关于费尔巴哈的提纲》《马克思致帕·瓦·安年科夫》《路易·波拿巴的雾月十八日》《资本论》，以及在他与恩格斯共同合作的一系列著作中都没有明确提出过"历史唯物主义、唯物主义历史观、唯物史观、历史唯物论"等字眼，这些著作中也只是以"新唯物主义"②"现代唯物主义"③"实践的唯物主义"④的称呼来论述新的历史观或新的世界观。赋予这一科学思想明确的称谓和定义的工作是恩格斯最后完成的。

作为马克思的亲密战友，恩格斯在马克思逝世后担负起整理马克思遗稿、阐述和传播马克思思想、同形形色色的歪曲乃至攻击马克思主义的资产阶级思潮做斗争的重任。在完成历史重任的过程中，他把马克思创立的新历史观或新世界观称作"彻底的唯物主义"⑤。在恩格斯提出"历史唯物主义"这一最明确的称谓之前，恩格斯已经使用了"唯物主义历史观""唯物史观"等术语。如，1859 年 6 月，恩格斯在《卡尔·马克思〈政治经济学批判〉（第一分册）》中指出，唯物主义历史观是德国无产阶级政党的全部理论——当然包括其政治经济学理论的基础，"德国的经济学本质上是建立在唯物主义历史观的基础上的"⑥。在 1870 年出版的《德国农民战争》第二版序言中，恩格斯说道："这个唯一唯物主义的历史观不是由我，而是由马克思发现的。"⑦在 1872 年 5 月到 1873 年 1 月撰写的《论住宅问题》中，恩格斯把"唯物主义历史观"简称为"唯物史观"，指出"德国的

①《马克思恩格斯选集》第 3 卷，人民出版社 1995 年版，第 365 页。
②《马克思恩格斯选集》第 1 卷，人民出版社 1995 年版，第 57 页。
③《马克思恩格斯选集》第 3 卷，人民出版社 1995 年版，第 364 页。
④《马克思恩格斯选集》第 1 卷，人民出版社 1995 年版，第 75 页。
⑤《列宁选集》第 2 卷，人民出版社 1995 年版，第 230 页。
⑥《马克思恩格斯选集》第 2 卷，人民出版社 1995 年版，第 37—38 页。
⑦ 同上书，第 623 页。

唯物史观是以一定历史时期的物质经济生活条件来说明一切历史事变和观念、一切政治、哲学和宗教的"①。1887 年，恩格斯在《反杜林论》中从历史唯物主义基本原理出发对"唯物主义历史观"这一称谓做了全面表述："唯物主义历史观从下述原理出发：生产以及随生产而来的产品交换是一切社会制度的基础。"②

恩格斯在 1890 年 8 月 5 日与康·施密特的一封通信中最早使用"历史唯物主义"这一科学用语。在这封通信中，恩格斯严肃批评了自称"马克思主义者"的德国社会民主党的"青年派"把唯物史观歪曲为"经济唯物主义""经济决定论"，批评他们不是把马克思主义的唯物史观当作行动指南，而是当作死板的公式任意剪裁历史，是把经济因素的决定作用看作唯一因素，而简单运用于社会发展的复杂过程的经济唯物主义。他指出："他们只是用历史唯物主义的套语（一切都可能被变成套语）来把自己的相当贫乏的历史知识（经济史还处在襁褓之中呢！）尽速构成体系，于是就自以为非常了不起了。"③

1890 年 9 月 21—22 日，在致约·布洛赫的书信中，恩格斯再次使用了"历史唯物主义"的用语。他是在阐述唯物史观的基本观点，对历史唯物主义和历史辩证法做了详尽的说明，提出了"历史合力论"，指出阐述历史唯物主义原理的代表性著作不仅有马克思的《路易·波拿巴的雾月十八日》和《资本论》，还有他自己的《反杜林论》和《路德维希·费尔巴哈和德国古典哲学的终结》，"我在这两部书里对历史唯物主义作了就我所知是目前最为详尽的阐述"④。

1890 年 10 月 27 日，恩格斯在致康·施密特的书信中又进一步对"历史唯物主义"这一术语的科学内涵做了更为详尽的、具体增补性的说明，他对施密特说："我基本上也已经回答了您关于历史唯物主义本身的问题。"⑤

---

①《马克思恩格斯选集》第 3 卷，人民出版社 1995 年版，第 209 页。
② 同上书，第 617 页。
③《马克思恩格斯选集》第 4 卷，人民出版社 1995 年版，第 692 页。
④ 同上书，第 698 页。
⑤ 同上书，第 700 页。

　　后来在《社会主义从空想到科学的发展》一书的英文版导言中，恩格斯在两处更为明确地使用了"历史唯物主义"这一术语。第一处，恩格斯说明写作《社会主义从空想到科学的发展》的目的："本书所捍卫的是我们称之为'历史唯物主义的东西'。"①第二处，他阐明了把这一新历史观定义为"历史唯物主义"的科学内涵，他提出，"我在英语中如果也像在其他许多语言中那样用'历史唯物主义'这个名词来表达一种关于历史过程的观点"②，"这种观点认为一切重要历史事件的终极原因和伟大动力是社会的经济发展，是生产方式和交换方式的改变，是由此产生的社会之划分为不同的阶级，是这些阶级彼此之间的斗争"③。

　　恩格斯在1892年6月将英文版导言翻译成德文，直接以《论历史唯物主义》为标题，结合欧洲阶级斗争具体状况论述了历史唯物主义与旧唯物主义的根本区别和伟大意义，发表在1892年第1、2期的《新时代》杂志上。在《论历史唯物主义》出版六个月后，1893年2月7日，恩格斯在致弗·雅·施穆伊洛夫的书信中再次明确指出："关于历史唯物主义的起源，在我看来，您在我的《费尔巴哈》(《路德维希·费尔巴哈和德国古典哲学的终结》)中就可以找到足够的东西——马克思的附录其实就是它的起源！其次，在《宣言》(1892年柏林新版)的序言和《揭露共产党人案件》的序言中也可以找到。"④恩格斯坚持、捍卫和完善了历史唯物主义基本原理，对"历史唯物主义"进行了科学命名和定义，从根本上与历史唯心主义、与"经济决定论""唯生产力论"等形而上学机械论历史观彻底划清了界限，也为今天战胜否定和歪曲历史唯物主义，取消和否定阶级和阶级斗争，告别革命、反对无产阶级专政的所谓"人道的""人性的""马克思主义"、民主社会主义和历史虚无主义提供了无往而不胜的思想武器。历史唯物主义正是在马克思恩格斯与各种非马克思主义、反马克思主义的斗争中不断完善、丰富和充实起来的。

---

① 《马克思恩格斯选集》第3卷，人民出版社1995年版，第698页。
② 同上书，第704页。
③ 同上书，第704—705页。
④ 《马克思恩格斯选集》第4卷，人民出版社1995年版，第721—722页。

四、辩证唯物主义和历史唯物主义是一块整钢铸成的完整、系统、科学的哲学体系，绝不可去掉任何一个重要部分

综上所述，我们可以准确无误地认为，唯物史观是马克思主义的"第一个伟大发现"，同时也是马克思和恩格斯共同创造的。恩格斯也独立地发现了这一新历史观，特别是 19 世纪中后期，恩格斯对马克思首创，也是与他共同合作创造的唯物史观做了更为完备的、系统的、彻底的阐发，并把这一新历史观科学界定并命名为"历史唯物主义"，对后人关于历史唯物主义的曲解，也做了彻底的澄清，为唯物史观的阐述、丰富和发展做出了自己独特的贡献。

马克思主义哲学就是辩证唯物主义和历史唯物主义，是辩证唯物主义与历史唯物主义的高度统一，是完整系统的哲学体系。恩格斯已经开始形成马克思主义哲学是辩证唯物主义和历史唯物主义的科学提法，列宁则明确把马克思主义哲学称为辩证唯物主义与历史唯物主义，并把它们看作马克思主义哲学的完整体系。然而，马克思主义哲学的对手们却罔顾以上本文所列举的一切事实，竭尽所能歪曲并否定历史唯物主义的科学历史观和世界观，否定马克思主义哲学就是辩证唯物主义和历史唯物主义这一科学提法，割裂辩证唯物主义与历史唯物主义的不可分割的内在联系，从而达到否定马克思主义哲学的目的。

其手法是：不承认历史唯物主义是新的历史观，也是新的世界观，是马克思第一个伟大发现，是人类认识史的一场革命；人为地把辩证唯物主义和历史唯物主义割裂开来，不承认辩证唯物主义和历史唯物主义是紧密结合在一起的马克思主义哲学的完整体系；抽掉历史唯物主义最核心的观点，如生产的观点、阶级的观点和群众的观点，阉割历史唯物主义；以批判反思所谓"传统的历史唯物主义"为名，以人道主义和异化理论来诠释历史唯物主义，把马克思主义以唯物史观和剩余价值理论为理论武器并诉诸无产阶级革命实践的科学社会主义庸俗化为抽象的"意识形态批判""文化批判""普世价值""抽象人性""人道主义""民主社会主义"，等等。

当然，也有人对马克思主义哲学的科学体系缺乏深刻理解与正确认识，对马克思主义哲学是"辩证唯物主义和历史唯物主义"的提法产生种种误

解。譬如，把历史唯物主义当作教条，而不是当作指南、当作世界观和方法论；误认为先有辩证唯物主义，后有历史唯物主义；简单地把辩证唯物主义等同于不包括社会历史在内的狭窄的自然观，把辩证唯物主义与历史唯物主义割裂开来，认为历史唯物主义只不过是辩证唯物主义在社会历史领域的具体推广，把历史唯物主义仅看作马克思主义哲学的具体理论，割裂了马克思主义哲学的系统整体性和逻辑严密性；甚至有人把辩证唯物主义和历史唯物主义误说成是列宁与斯大林硬加在马克思主义哲学经典作家身上的，不是他们本意的提法，是苏联意识形态制度制造出来的马克思主义哲学体系的片面提法……这些错误说法既损害了关于马克思主义哲学是辩证唯物主义和历史唯物主义完整体系的正确认识，又贬低了恩格斯关于唯物史观是马克思对人类思想"第一个伟大发现"的科学评价，严重误读并大大降低了历史唯物主义在马克思主义哲学中的重要地位，更误解了对马克思主义哲学科学体系的真理性、系统性、完整性和科学性的认识。

在哲学史上，某种哲学的名称往往都是后人来命名，而不是本人提出来的，把马克思主义哲学概括为"辩证唯物主义和历史唯物主义"，最恰当不过地概括了马克思主义哲学的本质和特征。从极其严格的文本学的意义上来讲，马克思、恩格斯本人没有把自己的哲学直接明确地称为"辩证唯物主义和历史唯物主义"，但这不能成为否定"辩证唯物主义和历史唯物主义"科学提法的依据。在他们的著作中，特别是恩格斯的著作中，这个科学的提法已经跃然纸上了。恩格斯明确给出了"历史唯物主义"的科学命名，"辩证唯物主义和历史唯物主义"提法的意思已经在恩格斯的著作中明显地表现出来了。

在马克思、恩格斯创立历史唯物主义新的历史观或世界观的进程中，马克思、恩格斯同时也创立了辩证唯物主义，他们共同把马克思主义哲学构筑成辩证唯物主义和历史唯物主义的完整体系。但是由于当时创立新历史观或新世界观的艰巨复杂情况，况且这种创立是在同形形色色的非马克思主义、反马克思主义思潮斗争中进行的，所以，马克思在其经典文本中并未明确地把自己的新历史观称为"历史唯物主义"，把自己的哲学世界观称为"辩证唯物主义和历史唯物主义"。马克思逝世以后，恩格斯明确提出"历史唯物主义"的称谓，关于马克思主义哲学是辩证唯物主义和历史唯物主义，在恩格斯的著述中也已显见端倪。恩格斯认为："马克思和我，可以说是把自觉的辩证法从德国唯心主义哲学中拯救出来并用于唯物主义的自然观和历史观的唯一的人。可是要确立辩证的同时又是唯物主义的自然观，需要具备数学和自然科学的知识。"①被恩格斯称为"自觉的辩证法""唯物主义的自然观和历史观""辩证的同时又是唯物主义的自然观"，在这里其本意显而易见说的是辩证唯物主义和历史唯物主义。

列宁第一个把马克思主义哲学明确称为"辩证唯物主义和历史唯物主义"。他把辩证唯物主义和历史唯物主义有机地连接在一起，称之为马克思主义哲学，认为"辩证唯物主义和历史唯物主义"是对马克思主义哲学的科学称谓。在《论工人政党对宗教的态度》一书中，他指出，"马克思主义的哲学基础是辩证唯物主义"②，"辩证唯物主义的原理即马克思和恩格斯哲学的原理"③，"马克思和恩格斯的辩证唯物主义比百科全书派和费尔巴哈更进一步，它把唯物主义哲学应用到历史领域，应用到社会科学领域"④。在《拉萨尔〈爱菲斯的晦涩哲人赫拉克利特的哲学〉一书摘要》中，列宁指出："马克思在 1844 年到 1847 年离开黑格尔走向费尔巴哈，又进一步从费尔巴哈走向历史（和辩证）唯物主义。"⑤在《唯物主义和经验批判主义》一书中，列宁指出："马克思和恩格斯在他们的著作中特别强调的是辩证唯物主义，而不是辩证唯物主义，特别坚持的是历史唯物主义，而不是历史唯物主义。"⑥后来的斯大林和苏联共产党人都把马克思主义哲学称为"辩证唯物主义和历史唯物主义"。20 世纪 20 年代，苏联的马克思主义哲学教科书大多以历史唯物主义命名。20 世纪 30 年代，苏联马克思主义理论界以 1938 年斯大林的《论辩证唯物主义和历史唯物主义》为标志，强调了以"辩证唯物主义和历史唯物主义"提法命名的马克思主义哲学理论体系。中国共产党从接受马克思主义哲学，运用马克思主义哲学认识、指导中国革命一开始，就始终坚持马克思主义哲学就是"辩证唯物主义和历史唯物主义"的科学提法。毛泽东强调马克思、恩格斯创立的辩证唯物主义和历史

---

① 《马克思恩格斯选集》第 3 卷，人民出版社 1995 年版，第 349 页。
② 《列宁选集》第 2 卷，人民出版社 1972 年版，第 375 页。
③ 同上书，第 379 页。
④ 同上书，第 378 页。
⑤ 《列宁全集》第 55 卷，人民出版社 1990 年版，第 293 页。
⑥ 《列宁选集》第 2 卷，人民出版社 1972 年版，第 336 页。

唯物主义是一次伟大的革命，指出：马克思和恩格斯"创造了辩证唯物论和历史唯物论这个伟大的理论，才在认识史上起了一个伟大的革命" ①。

自从艾思奇同志按照中央决定在 1962 年主持编写出版了《辩证唯物主义历史唯物主义》教材，一直到"文化大革命"后恢复高考以来的多届高校学生和广大读者都受到这本书的教育而接受了马克思主义哲学。然而，随着历史进程的推进，辩证唯物主义和历史唯物主义的提法却悄悄地逐渐淡出人们的哲学视野。在 1981 年肖前同志主持编写的《辩证唯物主义原理》，1982 年李秀林同志主持编写的《辩证唯物主义与历史唯物主义原理》之后，在书名上冠以"辩证唯物主义和历史唯物主义"的马克思主义教材极为罕见。

习近平总书记从十八大担任总书记以来，主持政治局集体学习，两次学习马克思主义哲学。一次是 2013 年 12 月 3 日，学习历史唯物主义；一次是 2015 年 1 月 23 日，学习辩证唯物主义。在两次集体学习时，他发表了关于辩证唯物主义和历史唯物主义的重要讲话，指出："马克思主义哲学包括辩证唯物主义和历史唯物主义，是马克思主义立场、观点、方法的集中体现，是马克思主义学说的思想基础。"②坚持并强调了马克思主义哲学是辩证唯物主义和历史唯物主义的科学提法。

严格地讲，无论是从马克思主义哲学科学体系的内在逻辑来看，还是从马克思主义哲学的形成发展历史过程来看，辩证唯物主义和历史唯物主义都是不可分割地紧密结合在一起的一块整钢，是马克思主义哲学完整的科学体系。列宁认为："一般唯物主义认为客观真实的存在（物质）不依赖于人类的意识、感觉、经验等等。历史唯物主义认为社会存在不依赖于人类的社会意识。在这两种场合下，意识都不过是存在的反映，至多也只是存在的近似正确的（恰当的、十分确切的）反映。在这个由一整块钢铁铸成的马克思主义哲学中，决不可去掉任何一个基本前提、任何一个重要部分，不然就会离开客观真理，就会落入资产阶级反动谬论的怀抱。"③

辩证唯物主义和历史唯物主义不是两个主义，也不是两个分开的部分，

---

① 《毛泽东选集》第 1 卷，人民出版社 1964 年版，第 278—279 页。

② 习近平：《坚持历史唯物主义不断开辟当代中国马克思主义发展新境界》，《求是》2020 年第 2 期。

③ 《列宁选集》第 2 卷，人民出版社 1972 年版，第 332—333 页。

而是一个不可分离的完整的主义，即马克思主义哲学，是对世界一般规律的总体看法。自然、社会、人类思维是有机联系在一起的世界的三个现象，自然、社会、思维既为一个自然整体，同时又有区别。人类社会说到底是自然的一部分，社会发展过程是一个自然历史过程，但又是自然的特殊部分，是自然界中由有意识的人有意识地利用自然、改造自然、对象化自然的自然历史的特殊过程。思维是人的思维，说到底也是自然的一部分，是自然更为特殊的部分，是人在社会实践中对外部世界的反映。自然、社会、人类思维都是归于整体的自然。人对整个自然的科学认识，如果不包括对人类社会发展一般规律、对人的思维一般规律的认识，就不可能完成。只有完成对人类社会历史、人类思维一般规律的科学认识，才能完成对整个自然一般规律的全部科学认识，才能完成对旧哲学的彻底改造，实现哲学革命，形成最为彻底的马克思主义哲学。

没有对社会历史和人类思维一般规律的科学认识，唯物论和辩证法都是不完整的。马克思主义经典作家只有将唯物主义和辩证法结合在一起，创立了科学的历史观，即历史唯物主义，又称唯物史观，才真正地创造了最彻底、最完备的辩证唯物主义。没有对社会历史的科学揭示，只有从唯物论视角认识到物质决定精神，并没有从历史观角度认识到实践决定认识，那么对人类思维一般规律的认识也是不彻底的。只有完成对社会、人类思维一般规律的科学认识，才彻底完成了对全部自然一般规律的科学认识，才创立了辩证唯物主义。当马克思主义完成了对自然，同时完成了对社会历史和人类思维的认识，创造了历史唯物主义和唯物主义认识论，才彻底创造了辩证唯物主义，创造了马克思主义哲学。没有辩证唯物主义，也就没有历史唯物主义；没有历史唯物主义，也就没有辩证唯物主义。辩证唯物主义与历史唯物主义没有先后形成之分，是不可分离的，它们同时形成，又是不可分割地联系在一起的一个马克思主义哲学的整体体系。

那么有人就要问，既然辩证唯物主义与历史唯物主义是不可分割的，形成又不分先后，那么为什么不把马克思主义哲学就称为辩证唯物主义，为什么还要加一个历史唯物主义呢？不错，马克思主义哲学就是辩证唯物主义，但增加了历史唯物主义，就更加突出马克思主义哲学"第一个伟大发现"的鲜明的独创特征了。我们强调历史唯物主义的重要性，并不是否定辩证唯物主义。马克思主义哲学是辩证唯物主义与历史唯物主义结合在一起的、不可分割的、完整的科学理论体系，历史唯物主义又是其不可缺少的必要组成部分。

五、中国共产党人接受马克思主义，首先接受的是历史唯物主义

从马克思主义在中国的传播史来看，先是创建中国共产党的先进知识分子，后是建党后的中国共产党人接受马克思主义，首先接受的是历史唯物主义。当然在首先接受历史唯物主义的思想转变过程中，也同时接受了辩证唯物主义的立场、观点和方法。

最早可以追溯到19世纪末20世纪初，即1899年至1917年，马克思主义传播到中国，首先传入的是历史唯物主义，当时普遍称之为唯物史观。1899年中国人第一次提到马克思，马克思主义第一次传播到中国，主要是通过宣传马克思的社会主义思想联结到唯物史观，而传播到中国的。当然那时马克思主义只是涌入中国的西方思潮之一，对中国的思想政治影响并不大。1899年英国人李提摩太出版的《大同学》，最早提到了马克思和恩格斯，把他们介绍到中国，介绍的主要内容就是马克思的社会主义思想和唯物史观。梁启超是最早提到马克思主义的中国人。1902年到1906年，他作为资产阶级民主主义者，出于介绍西方社会改革以推进中国社会改良的目的，介绍了马克思的社会主义思想，同时介绍了唯物史观，当时他把马克思翻译成"麦喀士"。1903年马君武在《社会主义与进化论比较》一文提到"马克司者，以唯物论解历史学之人也。马氏常谓阶级竞争为历史之钥"，对马克思的社会主义和唯物史观做了简略的宣介。同年，赵必振翻译出版日本学者福井准造的《近世社会主义》，辟章推介了马克思的学说，这是近代中国比较系统地介绍社会主义学说和唯物史观的第一本译作。被毛泽东称为马克思在中国传播的"拓荒者"的朱执信，在1905年和1906年发表的《论社会革命与政治革命的并行》，讲到马克思的科学社会主义思想，并以此为依据探讨中国社会的变革，论及唯物史观。

辛亥革命后，社会主义学说在中国迅速传播，唯物史观也随之迅速传播。孙中山在1912年发表的《社会革命谈》的演说中认为："今之吾国之革命，乃为国利民福革命；拥护国利民福者，实社会主义。"在《社会主义派别及批评》的演说中，他赞扬马克思的科学社会主义，也某种程度上赞

同唯物史观。

十月革命一声炮响，送来了马克思列宁主义。俄国社会主义革命的成功极大地震撼、影响和教育了中国先进知识分子，使得他们认识到只有马克思主义才是救中国的唯一思想武器。从 1917 年十月革命爆发到 1921 年中国共产党成立，是创建中国共产党的重要准备阶段。以李大钊、陈独秀为代表的中国先进知识分子集中地、大量地传播、研究、宣传马克思主义，他们在接受马克思主义的过程中，首先接受的是唯物史观。

马克思主义在中国得到了空前的传播、研究和发展，其中一个最鲜明的特点就是唯物史观成为马克思主义在中国研究传播的主要内容。李大钊是第一个认识到马克思主义的真理性及其改造社会巨大威力的革命者，也是第一个系统阐述唯物史观的马克思主义理论家，他发表的《我的马克思主义观》，系统地介绍了唯物史观。陈独秀在五四运动中实现了从激进民族主义向马克思主义的转变，转变的关键是对唯物史观的认识和掌握。1920年夏，他参与组织成立"马克思主义研究会"，于 8 月在《新青年》第 8卷第 1 号发表《谈政治》一文，批判无政府主义，运用唯物史观分析中国革命问题。

在中国共产党创建时期，《新青年》《每周评论》《向导》《先驱》《共产党》以及北京《晨报》副刊、《民国日报》副刊、上海《星期评论》等报刊登载了大量马克思主义文章，论涉的主要内容是唯物史观。

马克思、恩格斯的著作被大量翻译成中文，由于当时中国革命的需要，这些译著主要集中在科学社会主义和唯物史观问题上。中国共产党建立之初，在上海成立的第一个党的出版机构——人民出版社，1923 年 11 月成立的党的第二个出版机构——上海书店，专门从事马克思主义书籍的出版。从当年出版马克思主义原著的中译本看，印刷发行版本和次数最多的是《共产党宣言》《社会主义从空想到科学的发展》《家庭私有制和国家的起源》等全译本，还有《资本论》第一卷、《哥达纲领批判》《反杜林论》《〈政治经济学批判〉序言》等节译本，多是科学社会主义思想和唯物史观论著。

为什么唯物史观成为中国共产党创建者和中国共产党人在中国传播马克思主义的主要内容，成为他们最先接受的马克思主义？

首先因为，在 20 世纪 20 年代之前，唯物史观往往成为马克思主义的代名词。这个说法不仅符合马克思、恩格斯自己的文本表述，譬如在 1859

年《〈政治经济学批判〉序言》、恩格斯晚年历史唯物主义书信中，都可以看到唯物史观是马克思、恩格斯本人对他们共同思想的指认。唯物史观的提法得到了第二国际以来马克思主义者的普遍认同。日本马克思主义学者，如河上肇等关于阶级斗争与唯物史观关系的解说，俄国马克思主义者普列汉诺夫等，突出地强调了马克思主义的唯物史观特征，都是例证。

其次，是由于中国共产党人的注意力集中于中国的实际社会问题。要集中解决对中国社会性质、中国革命的战略和策略问题的认识和把握，决定了对马克思主义的学习、宣传、研究往往集中在唯物史观上。中国共产党人对于马克思主义，不是把它作为一个纯粹的学术流派，作为一个学术问题来接受，而是为了寻找解决中国最急迫的现实社会问题，为了摆脱中国的落后状况，而寻找最直接、最现实、最管用的解决方案和思想武器的，这就自然而然地寻求并运用了唯物史观。十月革命的成功，苏联走上社会主义道路，这使得中国共产党人自然而然地把注意力集中到唯物史观。从最先接受资产阶级民主主义思想到接受科学社会主义和唯物史观，这是中国先进知识分子转变成共产主义者的一个共同特点。在这一转变过程中，我们会发现有一条贯彻始终的红线，这就是对中国社会性质、对中国革命、对中国革命道路的探索，是运用唯物史观在寻求一条既不同于资本主义道路，也不同于改良主义道路的新的中国革命道路。唯物史观是能动、革命的新哲学，不是具体科学，也不是某个学科，而是意识形态，是作为未来社会的理想和信仰，是最直接地用于改造社会的认识工具，也是同社会革命、社会改造紧紧结合在一起的思想武器。这就不难理解中国共产党人为什么首先接受唯物史观。李大钊明确提出要以社会主义改造经济组织，就是在唯物史观指导下形成的正确认识。

最后因为，五四运动关于中国文化、中国社会、中国革命等一系列相关问题的争论，推动了中国先进知识分子和中国共产党人对唯物史观的研究和宣传。新文化运动打着"民主、科学"的大旗，批判传统的儒家思想体系，提出要关注劳工阶级和实际的经济科学，必须彻底地与旧传统文化决裂、与旧制度决裂，这与唯物史观有着内在的契合。唯物史观使得中国先进知识分子找到了解释中国社会性质、解释中国革命性质、寻找中国革命道路的正确答案。譬如在"问题与主义"的论战中，在对基尔特社会主义、无政府主义等形形色色的反马克思主义思潮的批判比较中，中国先进知识分子学习和研究马克思主义，学习和研究了唯物史观，澄清了对一些重大问题的认识，扩大了唯物史观的影响。李大钊驳斥了胡适反对根本解决问题的改良主义主张，强调要实行经济革命，注重唯物史观的阶级斗争学说。从新文化运动出发，到批判"孔家店"，再到探讨中国社会未来发展道路，以李大钊、陈独秀为代表的中国先进分子，进一步宣传研究了唯物史观，为中国共产党的诞生，也为马克思主义中国化的第一个理论成果——毛泽东思想提供了思想准备，为中国新民主主义革命和社会主义革命、社会主义建设提供了理论前提。

马克思主义中国化的第一个理论成果——毛泽东思想的形成和确立也得益于唯物史观。毛泽东本人完成由唯心主义历史观向唯物主义历史观的转变，完成由资产阶级民主主义者向共产主义者的过渡，接受唯物史观是一个重要转折点，毛泽东也是首先接受了唯物史观，成为坚定的马克思主义者的。

毛泽东是为了探求救国救民的真理而走上革命道路的。到 1920 年底，由于先进理论的武装和社会实践经验的积累，毛泽东同各种资产阶级改良主义思想、资产阶级民主主义思想实行了彻底的决裂，从而把唯物史观视为改造中国的唯一思想武器，使自己开始转变成为一个彻底的马克思主义者。1921 年 1 月 21 日，毛泽东在致蔡和森的信中写道："唯物史观是吾党哲学的根据，这是事实，不象唯理观之不能证实而容易被人摇动。我固无研究，但我现在不承认无政府的原理是可以证实的原理，有很强固的理由。"[①]这表明毛泽东之所以能够通过接受唯物史观而成为一名坚定的马克思列宁主义者，是因为他认为这一学说是"对历史的正确解释"，能够成为无产阶级政党的哲学基础。实际上，从接受唯物史观的第一天开始，他就极其注意把这一崭新的历史观当作武器，用来分析和解决中国革命的实际问题。他曾经说："记得我在一九二〇年，第一次看到了考茨基著的《阶级斗争》、陈望道翻译的《共产党宣言》，和一个英国人作的《社会主义史》，我才知道人类自有史以来就有阶级斗争，阶级斗争是社会发展的原动力，初步地得到认识问题的方法论。可是这些书上，并没有中国的湖南、湖北，也没有中国的蒋介石和陈独秀。我只取了它四个字：'阶级斗争'，老老实实地

---

①《毛泽东书信选集》，人民出版社 1983 年版，第 15 页。

来开始研究实际的阶级斗争。"①

　　毛泽东还认为，唯物史观虽然是科学的世界观，但它只指出了解决问题的方向，提供了解决问题的一般方法，并没有提供解决中国问题的具体方案，因此有关中国革命的一切问题都必须以唯物史观为指导结合中国实际加以深入的研究。毛泽东学习唯物史观从一开始就注重结合实际、抓住问题的实质，并着手把它当作认识问题的方法论，去观察和认识中国社会的现实，终其一生。可以说，毛泽东学习、研究唯物史观的过程，也就是马克思主义普遍真理与中国革命的具体实践相结合的过程。《中国共产党中央委员会关于建国以来党的若干历史问题的决议》指出："以毛泽东同志为主要代表的中国共产党人，根据马克思列宁主义的基本原理，把中国长期革命实践中的一系列独创性经验作了理论概括，形成了适合中国情况的科学的指导思想，这就是马克思列宁主义普遍原理和中国革命具体实践相结合的产物——毛泽东思想。"②毛泽东思想是马克思列宁主义在中国革命中的运用和发展，当然包括对唯物史观的运用和发展。

六、坚持和发展历史唯物主义，反对历史虚无主义是我们 当前重要的战斗任务

　　正当我们凯歌行进在中国特色社会主义康庄大道之时，有人乘我们实行解放思想、改革开放之机，掀起了一股历史虚无主义思潮，干扰发展，居心叵测，对此我们必须保持高度警醒，认清其本质与真实意图，及时扫除思想垃圾和理论障碍，坚定道路自信、理论自信、制度自信、文化自信，坚定不移地走我们该走的路。

　　历史虚无主义，说到底就是历史唯心主义的当代变种，是资产阶级自由化思潮的典型表现，极具欺骗性、迷惑性和杀伤性。历史虚无主义的实质就是历史唯心主义，它是以所谓"反思历史""还原历史""重新评价"为名，歪曲"解放思想"的真意，行歪曲中国历史、世界历史、中国近代革命史、社会主义发展史、国际共产主义运动史、中国共产党党史、中华

---

①《毛泽东文集》第 2 卷，人民出版社 1993 年版，第 378—379 页。
②《中国共产党中央委员会关于建国以来党的若干历史问题的决议》，人民出版社 1981 年版，第 39 页。

人民共和国国史、中国人民解放军军史，抹黑无产阶级革命领袖、当今一切英雄模范、历史上一切进步人物和民族英雄，否定中国革命、否定世界革命、否定历史上一切具有进步意义的革命之实，以达到反对马克思主义、反对人民民主专政、反对中国共产党、反对社会主义、颠覆中国特色社会主义制度、复辟资本主义的目的。

历史虚无主义在我国演绎出一场又一场资产阶级意识形态丑剧：在纠正"文化大革命""左"的错误的思想认识进程中，有极少数人一路向右，发展到"纠正"社会主义，认为我国不该过早地搞社会主义，而应该让资本主义充分地发展，否定马克思列宁主义，否定唯物史观和科学社会主义。

在总结中国革命的经验教训的思想认识进程中，有极少数人一路向右，发展到妖魔化中国共产党，诋毁新中国的伟大成就；全盘否定毛泽东的历史地位和毛泽东思想；丑化中国共产党领导的革命和建设的历史，贬损和否定近现代中国一切进步的、革命的运动；全盘否定中华优秀传统文化的来源、内涵及其现实价值，否定中华民族自强不息的民族精神，刻意渲染极少数中国人的不文明、不道德的言行，否定五千年中华文明。

在总结苏东社会主义失败经验教训的思想认识进程中，有极少数人一路向右，发展到否定马克思、恩格斯、列宁、斯大林，否定十月社会主义革命，否定无产阶级专政和社会主义道路，否定共产主义的远大理想和信念，否定马克思列宁主义，否定唯物史观的指导地位……

历史虚无主义思潮可以概括为以下十大表现。

一是丑化英雄。丑化黄继光、狼牙山五壮士、刘胡兰、董存瑞、雷锋等近现代中国革命历史所涌现出的一些英雄人物；丑化岳飞、李自成、林则徐等中国古代的民族英雄、农民革命领袖和进步历史人物。

二是诋毁领袖。对毛泽东等我国一些无产阶级革命家，对马克思、恩格斯、列宁、斯大林等世界无产阶级革命领袖进行全方位抹黑。

三是否定革命。反对人类社会历史上一切革命运动和反抗斗争，从奴隶阶级反对奴隶主阶级的斗争，到农民阶级反对封建地主阶级的起义，到资产阶级反对封建阶级的变革，到无产阶级反对资产阶级的革命，反对一切奴隶造反、农民起义和工人阶级解放斗争，譬如抹杀、贬损李自成农民起义、太平天国运动、辛亥革命、新民主主义革命和社会主义革命。

四是策划翻案。不是为冤假错案翻案，也不是为历史上的正面人物翻案，而是为历史上一切反动的人物，为已有公论的叛徒、卖国贼、汉奸、特务、刽子手翻案。

五是美化侵略。篡改侵略战争史，称颂殖民统治、侵略战争。把西方帝国主义对殖民地半殖民地国家和民族的侵略掠夺说成是对落后国家和地区民族的帮扶和救助，谎称殖民有功、侵略有理。

六是歪曲事实。用假设否定历史事实，以建立在假设基础上的主观推演，来否定历史的必然规律，否定社会主义、共产主义的必然趋势，否定中国特色社会主义道路选择的合理性。

七是掩盖真相。剪裁事实，曲解真相，以他们寻找、挖掘的所谓"真相"歪曲历史真相，以引起民众对历史真实的全面质疑，进而否定马克思主义的真理性和社会主义的前途命运。

八是贬损文明。把东方民族说成是落后民族，把东方文明说成是落后文明，贬损"黄土文明"，颂扬西方文明，专门挖掘我国历史文化中的落后面，甚至抹杀以爱国主义为核心的民族精神和中华民族灿烂文化，渲染民族自卑情绪。

九是贬低人民。把劳动人民说成是"群氓""小人""无知之人"，把一些反面人物无限放大，夸大为英雄、典范、令人敬仰的"高大上"。

十是伪造历史。恩格斯指出："资产阶级把一切都变成商品，对历史学也是如此。资产阶级的本性，它生存的条件，就是要伪造一切商品，因而也要伪造历史。伪造得最符合资产阶级利益的历史著作，所获得的报酬也最多。"①为了达到不可告人的目的，甚至卑鄙到说假话、扯谎，编造、伪造历史。譬如，夸大国民政府在全面抗战中正面战场的功劳，贬低共产党领导的敌后战场的作用，抹杀中国共产党中流砥柱的功绩，否定中国共产党领导的正确性。把伟大的抗美援朝污蔑为错误的决策，美化帝国主义侵略者，丑化中朝两国军队和两国人民，抹黑志愿军英雄人物和英雄事迹，否定抗美援朝的伟大历史意义。歪曲和丑化新中国建设的伟大实践，夸大探索中的失误，抹杀新中国的伟大成就，否定社会主义制度的优越性，涣散人民建设中国特色社会主义的信心，打掉人民心中的理想信念。

历史虚无主义思潮不仅仅表现在史学领域，还像大水漫灌似的蔓延到

---

① 《马克思恩格斯全集》第 16 卷，人民出版社 1964 年版，第 573 页。

文学、艺术和影视作品中，潜入文化、教育、哲学社会科学、道德风俗，乃至人们的日常生活等领域，兴风作浪、推波助澜，唯恐天下不乱。这股历史虚无主义的逆潮几乎是无孔不入、无缝不钻。在教育课本上、在影视节目上、在讲坛论坛上、在文学作品中、在少儿读物上、在学校课堂上、在各类展陈上、在互联网上，在一切可以影响的地方，它们都拼命地贩卖私货，打击正确、向上、积极的马克思主义的东西，在思想文化领域大打出手，涌现出了一批"无良公知""网络大咖""砖家名人"罔顾事实、胡说八道、毒害人民。历史虚无主义一个共同的表现，就是贬损和否定中国现代以来的革命，诋毁和嘲弄中国人民争取民族独立和人民解放而进行的反帝反封建斗争，抬高洋务运动，贬低戊戌变法，抬高清廷的"新政"，贬抑辛亥革命和五四运动，否定和诋毁中国共产党的领导和新民主主义革命、社会主义革命、社会主义建设、社会主义改革开放和中国特色社会主义道路。以"重新评价"和历史假设达到否定革命，进而否定中国共产党、否定人民战争和社会主义道路的目的。

历史虚无主义思潮打着学术公正、不偏不倚、不左不右、尊重史实的招牌，以"学术研究"的面目出现，在"重写历史"的名义下，做翻案文章，设置"理论陷阱"。他们在歪曲历史的同时，声称是在进行"理性的思考"，实现"研究范式"的转换。而他们提出的"范式转换"，不是真正的解放思想、理论创新，而是违背历史事实的主观臆断。他们主张用"现代化史观"取代"革命史观"，把革命同现代化对立起来，借以否定革命斗争。然而，革命并不是同现代化相对立的，而是实现现代化最重要、最强劲的推动力量。如果没有革命为现代化创造民族独立、人民解放的前提条件，中国的现代化就永无实现之日。毛泽东指出："在一个半殖民地的、半封建的、分裂的中国里，要想发展工业，建设国防，福利人民，求得国家的富强，多少年来多少人做过这种梦，但是一概幻灭了。正是帝国主义和封建主义束缚了中国人民的生产力，不破坏它们，中国就不能发展和进步，中国就有灭亡的危险。……革命是干什么呢？就是要冲破这个压力，解放中国人民的生产力，解放中国人民，使他们得到自由。"①这是近代中国历史证明了的真理。

---

① 《毛泽东选集》第 3 卷，人民出版社 1991 年版，第 1080 页。

在我国改革开放以来出现的这股历史虚无主义妖风有着明确的政治诉求，那就是反对坚持四项基本原则这一立国之本，力图扭转社会主义现代化建设和改革开放的发展方向，把中国纳入西方资本主义体系中去。其根本目的就是取消马克思主义的指导地位，否定中国共产党的领导，反对人民民主专政，颠覆社会主义，以达到西化、私有化和资本主义化的目的。

历史虚无主义是历史唯物主义的死敌。为了达到虚无历史、虚无革命、虚无英雄、虚无领袖、虚无共产党、虚无社会主义、虚无马克思主义的目的，它从根本上推翻历史唯物主义的正确观点，全面地否定历史唯物主义。

在立场上，它不是站在人民的立场上，而是站在反人民的立场上，彻底地反对历史唯物主义所坚持的人民立场。在阶级社会，人民的立场不是空的，不是虚的，不是无阶级的，而是无产阶级的阶级立场。是站在被压迫、被剥削阶级及广大人民的立场上，还是站在压迫剥削阶级少数人的立场上，为谁发声，代表谁的利益，这是个根本问题。中国共产党是工人阶级政党，代表工人阶级和最广大劳动人民的利益，反对中国共产党就是反对人民，反对工人阶级。历史虚无主义攻击的矛头始终对准代表工人阶级和广大劳动人民利益的共产党，立场完全站错了。反对中国共产党，必定反对工人阶级的世界观和方法论——马克思主义，反对主张共同富裕的社会主义，反对对敌人实行专政、对人民实行最广泛民主的人民民主专政。历史虚无主义不代表人民，是代表站在人民的对立面的人民公敌。凡是历史上的一切奴隶们的起义、农民们的造反、工人们的革命他们一概反对，对正面人物一概否定，对反面人物一概肯定，这是它们所持的立场所决定的。

在科学历史观的真理上，它不是站在历史唯物主义真理一边，而是站在真理的对立面，凡是历史唯物主义的真理它都反对。历史虚无主义之所以向我们疯狂地进攻，是因为它釜底抽薪，把历史唯物主义的基本观点，一点点地就像抽丝剥茧似的，剥得干干净净，把唯物史观最重要的观点彻底阉割、完全抽净。历史虚无主义攻击历史唯物主义的一个集中表现，就是否定唯物史观的关键性核心观点，如果把这些核心观点阉割了，唯物史观就不成其为唯物史观了。习近平总书记在纪念马克思诞辰二百周年讲话中强调："坚持和运用马克思主义的实践观、群众观、阶级观、发展观、矛盾观，真正把马克思主义这个看家本领学精悟透用好。"①譬如，否定唯物史观关于社会形态演变的一般规律的原理，反对原始社会、奴隶社会、封建社会、资本主义社会、经社会主义社会过渡到共产主义社会的"五种社会形态"学说，用皇权更替史、个人奋斗史代替社会形态演变史，达到消解唯物史观的目的，从而抽掉社会主义必然战胜资本主义、共产主义一定要实现的共产党人的理念与信念；否定阶级、阶级斗争原理，反对社会革命的学说，用"文明冲突""文化冲突""种族对立""宗教分歧"代替阶级分野，不讲阶级分析，以阶层划分代替阶级划分、阶级差别和阶级矛盾，从而达到抵消无产阶级战胜资产阶级、社会主义战胜资本主义的伟大斗争的目的；否定国家、民主的阶级性原理，反对无产阶级革命和无产阶级专政学说，用"普世价值论""宪政民主""民主社会主义""西式民主"代替社会主义革命和人民民主专政；否定社会矛盾和社会基本矛盾原理，只讲和谐、不讲矛盾，只讲中庸、不讲斗争，既看不到生产力的根本作用、经济基础是社会存在的前提，又看不到生产关系对生产力、上层建筑对经济基础的反作用；否定意识形态的阶级性和斗争性，一味"去政治化""淡化意识形态"，以达到"和平演变"社会主义的狼子野心；否定人民是历史真正创造者的观点，无视人民的伟大历史作用，无限夸大历史人物在历史上的作用，把帝王将相、才子佳人作为历史的中心人物，甚至把历史上一些反面人物打扮成改变历史的英雄，从而达到否定人民的历史地位，反对党的群众路线，反对以人民利益为根本利益、以为人民服务为宗旨的我们党的根本方针的目的。

历史虚无主义是当前巩固马克思主义在意识形态领域指导地位面临的最重大的挑战。历史虚无主义思潮出现和蔓延的理论根源，就在于放弃唯物史观的指导，陷入唯心史观的陷阱。历史虚无主义抽去唯物史观的核心观点，特别是生产的观点、阶级的观点和群众的观点，站在反人民的立场上，用错误世界观去观察历史，用唯心史观去解释历史，完全把历史头脚倒立起来，颠倒黑白、不分是非。

历史虚无主义在分析方法上，完全采用历史唯心主义的分析方法，违背唯物、全面、客观、一切从历史事实出发的历史研究方法。从主观臆想、

---

① 习近平：《在纪念马克思诞辰 200 周年大会上的讲话》，《人民日报》2018 年 5 月 5 日。

假设、猜测出发，以偏概全，用一些片面、个别、零散、枝节的，也可能是真实的材料，轻易地推翻普遍的历史规律和已有的定论，大做翻案文章，并当作"创新成果"向人们兜售。翻案文章历来有人做，翻案并不一定就是坏事，关键是看是否合乎历史的整体的真实。西子湖畔岳飞墓前有一副名联："忠奸自古同冰炭，毁誉于今辨伪真。"做的也是翻案文章，扶正压邪，涤浊扬清，是正直的史学工作者的史德良知。然而，今天却有人热衷于美化、拔高像慈禧、琦善、汪精卫这样一些反面人物，而对林则徐、谭嗣同、孙中山等则加以非难、贬低。这样的翻案，唯物史观断难接受。历史虚无主义用错误的方法分析认识历史事件和历史人物，离开社会形态发展一般规律、离开阶级和阶级斗争的总线索分析历史。在历史虚无主义错误的世界观和方法论的笔下，"历史成为任人随意打扮的小姑娘"。

反对历史虚无主义，是意识形态领域的一场殊死搏斗。党的十八大以来，习近平总书记旗帜鲜明地带领全党、全国人民开展了反对历史虚无主义的伟大斗争，取得了决定性的阶段性胜利，形势大为好转。但这并不意味着历史虚无主义就偃旗息鼓、挂免战牌，宣布投降了。反对历史虚无主义的战斗远未结束，伟大斗争必须继续。反对历史虚无主义的斗争是一场长期的、艰巨的，也会出现反复的斗争。"凡是反动的东西，你不打，他就不倒。这也和扫地一样，扫帚不到，灰尘照例不会自己跑掉。"[1]我们必须做好充分的准备，开展伟大斗争，拿起历史唯物主义的武器，把历史虚无主义彻底打扫干净。

彻底战胜历史虚无主义，只有拿起唯物主义历史观这把利器，站在历史唯物主义的基本立场上，运用历史唯物主义的观点和方法，剖析、揭露、批判历史虚无主义，才能把历史虚无主义彻底地击败。当病毒、细菌侵入人的肌体，毒害人的器官、吞噬人的生命时，最有效的战胜病毒的方法，就是增强人自身的免疫力，让身体内部产生对抗病毒的抗体。而战胜历史虚无主义的抗体就是历史唯物主义，免疫力来自唯物史观。为什么多年来历史虚无主义乘虚而入、大肆进攻，正因为有些人失去了抗体，丢掉了唯物史观这一最有力的武器。

要彻底战胜历史虚无主义，必须坚持唯物史观，拨乱反正，把被抛到

---

[1]《毛泽东选集》第4卷，人民出版社1991年版，第1131页。

一边的唯物史观的正确观点恢复起来、坚持下去。当然这项工作做起来难度比较大。一些历史唯物主义重要观点，如"五种社会形态"的观点、阶级的观点、无产阶级专政的观点、意识形态的观点、社会矛盾的观点、社会革命的观点、伟大斗争的观点，在有的宣传媒体、出版物、展陈馆、互联网，甚至教科书上都销声匿迹了。譬如阶级和阶级分析的观点，国家、意识形态阶级性的观点，甚至在一些马克思主义理论教材中都不见了。可见坚持和恢复正确的东西是需要斗争的。然而如果不坚持和发展唯物史观，就不能彻底战胜历史虚无主义。这正向列宁所说："只有承认阶级斗争、同时也承认无产阶级专政的人，才是马克思主义者。马克思主义者同平庸的小资产者（以及大资产者）之间的最大区别就在这里。必须用这块试金石来检验是否真正理解和承认马克思主义。"①拨乱反正，恢复唯物史观的真正面貌，让我们干部、群众掌握唯物史观，这是一场战胜历史虚无主义的艰巨战斗。如果不从理论上战胜历史虚无主义，让历史虚无主义长驱直入，占领一切思想舆论阵地，那么亡党亡国就是必然的了。

我们马克思主义理论工作者和党的史学工作者，对历史虚无主义思潮，决不能放任自流，要积极响应习近平总书记的号召，与之开展斗争，消除恶劣影响。反对历史虚无主义思潮，是我们当前重要的战斗任务，也是我们理论和史学工作者义不容辞的历史责任。

七、坚持唯物史观，构建当代中国中华思想史马克思主义学派

马克思主义中国化的一个重要方面就是马克思主义同中华民族优秀传统思想的有机结合。1938 年 10 月，毛泽东在党的六届六中全会上提出马克思主义中国化概念时，就特别强调要学习和继承中华民族优秀传统思想。1943 年 5 月，《中国共产党中央委员会关于共产国际执委主席团提议解散共产国际的决定》明确指出：中国共产党人"就是要使马克思列宁主义这一科学更进一步地和中国革命实践、中国历史、中国文化相结合起来"。正是有了这样的思想自觉，中国共产党人不仅把马克思主义同中国革命的具体实践结合起来，领导伟大的社会革命，而且把马克思主义同中华优秀传

---

① 《列宁选集》第 3 卷，人民出版社 1995 年版，第 139 页。

统思想创造性地结合起来，让马克思主义深植于中华优秀传统思想的土壤之中，指导中国传统思想的创造性转化和创新性发展，创造了中国化马克思主义这一中华思想发展的新形态，即毛泽东思想、中国特色社会主义理论体系、习近平新时代中国特色社会主义思想等，形成了理论上的最新科学概括，把我国人民的思想水平提到了新的科学高度，使中华民族的智慧跃升到了新的高峰。

在中国特色社会主义新时代，以习近平为杰出代表的当代中国共产党人，从理论和实践结合上系统回答了"新时代坚持和发展什么样的中国特色社会主义、怎样坚持和发展中国特色社会主义"这个重大时代课题，以全新的视野深化对共产党执政规律、社会主义建设规律、人类社会发展规律的认识，创立了习近平新时代中国特色社会主义思想这一马克思主义中国化的最新成果，同时也形成了中华优秀思想的最新内容，提供了全党全国人民为实现中华民族伟大复兴而奋斗的行动指南。

在对待历史遗产和中华传统思想方面，中国共产党人一直坚持决不能割断历史、割断思想，决不能成为历史虚无主义者、文化虚无主义者；既不能像全盘西化论者那样照搬照抄西方思想，也不能像文化复古论者那样不加分析地全盘继承传统思想，而是在马克思主义指导下，既要回首过去、追溯历史，又要超越陈规、创新发展。

进入新时代，习近平总书记强调："我们从来认为，马克思主义基本原理必须同中国具体实际紧密结合起来，应该科学对待民族传统文化，科学对待世界各国文化，用人类创造的一切优秀思想文化成果武装自己。在带领中国人民进行革命、建设、改革的长期历史实践中，中国共产党人始终是中国优秀传统文化的忠实继承者和弘扬者，从孔夫子到孙中山，我们都注意汲取其中积极的养分。"①这就是说，要坚持从当代中国的实践和未来中国的发展这两个角度去观察和审视中华传统思想，创造性地传承和发展中华民族传统思想的优秀成果，弘扬其优良传统，为我所用、为今所用、为将来所用，实现历史思想、当代实践和未来发展的良好贯通。

为了贯彻落实习近平总书记关于继承和弘扬中华优秀传统思想、关于繁荣发展哲学社会科学的重要论述精神，中国社科院设立了中华思想通史

---

① 习近平：《在纪念孔子诞辰 2565 周年国际学术研讨会暨国际儒学联合会第五届会员大会开幕会上的讲话》，人民出版社 2014 年版，第 13 页。

重大科研课题，上起远古时代奴隶社会，下至党的十九大以后，计划完成多卷本《中华思想通史》，现已完成《中华思想通史绪论》《中国社会形态史纲》等著作。我们要出成果，出精品，出人才，出智慧，建学派，继承和发展唯物史观，构建当代中国中华思想史马克思主义学派，发展思想史学科，掌握话语权，助力开辟当代中国马克思主义发展新境界，为实现中华民族伟大复兴做出我们的贡献！

关于世界性新冠肺炎疫情与国际时局的哲学研判[*]

每当国内外时局发生重大转折的关键时刻，我们党总是客观、冷静地研判时局的变化，科学、认真地把握时局变化的特点、规律和趋势，从而提出正确的理论路线、战略策略、方针政策和工作任务，引导斗争不断从胜利走向胜利。处在新冠肺炎疫情席卷全球与国际时局大变之势的当今，怎样认识国内外时局和疫情对时局的影响，是关系执政党的既定目标能否实现的重大问题。

一、疫情属外部自然灾害，制度是影响制约社会发展的内部原因

2020 年春天暴发的新冠肺炎疫情犹如洪水猛兽，不分国别、民族、肤色、性别、年龄……横卷五大洲，肆虐全世界，吞噬生命，糟蹋财富，危害人类生存与社会安全。这原本是天灾，却和人祸紧紧连在一起。自从有了人类和人类社会，天灾、人祸几乎成为孪生兄弟。所谓天灾是自然灾害，如水灾、火灾、地震、海啸、瘟疫等等。所谓人祸，是人类社会弊端及人类自身失误所造成的灾难，如剥削、压迫、战争、屠杀、动乱等等。疫情可谓天灾，却与社会制度、执政者及其治理体系和治理能力紧密联系在一起。美国与中国是两个不同社会制度的典型国家，抗疫斗争中截然不同的表现，彰显了两种不同社会制度、不同执政党及其治理体系和治理能力的质的差别。

疫情是自然因素，制度是社会因素。当然人与人类社会是自然的一部分，自然所具有的基本属性，比如物质性，自然和人类社会都具有。人类社会历史是自然历史过程，人类社会发展最终要遵从自然发展的一般规律。自然与人类社会相对而言，自然又是社会的环境条件，社会自身的内在矛

---

* 本文发表于《哲学研究》2020 年第 11 期，《世界社会主义研究动态》2020 年 10 月 14 日。

盾是社会发展的内部原因。从这个意义上来说，社会虽然受自然因素的制约和影响，最终要受自然规律支配，但决定社会历史发展变化的是其自身内部原因，社会生产力和生产关系、经济基础与上层建筑的基本矛盾决定了社会历史发展的趋势和动向。自然因素可能会对社会历史产生重大影响，但必须通过社会内部自身原因而发生作用。内因是变化的根据，外因是变化的条件。适当的温度可以使鸡蛋孵出小鸡，但适当的温度却不会使石头孵出小鸡。有人面对汹汹而来的新冠肺炎病毒怕得要命，谈虎色变而无所作为，听之任之或放任自流；有人面对不断加剧的美国对我打压的力度和强度，怨这怨那，认为是自我宣传过度，太过于强硬，引起美国反弹，把美国的打压归结于我们的政策，甚至言论过激……面对疫情的巨大冲击和美国对我持续打压的双重加压态势，有人怨天尤人，这除了缺乏勇气、胆略和定力之外，也缺乏对待疫情和美国打压双重叠加态势的马克思主义正确认识。疫情可以使时局发生变化，但时局变化的根本还是社会制度之争。

国际局势因疫情的大暴发而更显风起云涌、波诡云谲、变化多端、扑朔迷离，令人眼花缭乱，难以揣摩。然而以社会主义与资本主义两种社会制度的斗争为主线的国际时局本质却始终没有改变。疫情只是增添了国际时局的不确定性，增添了复杂的变数，增添了形形色色的迷惑人眼的表象，并没有从根本上改变世界局势发展变化的内在逻辑和总的趋势。这就好比是煮在热锅里上下翻滚的牛肉汤，增添了汤的作料，只是改变了汤的颜色以至口味，牛肉汤的本质并无改变。我们观察今天的国际时局，既要看到疫情给国际时局带来的新变化，又要看到国际时局的本来面貌和实质，既不因突如其来的疫情而看不清大势，又不因看不到疫情带来的新变化而识不清变数。既要看清时局的本质和总趋势，又要认清疫情带来的变化，才能处变不惊，"乱云飞渡仍从容"①，从容地采取正确的应对之策。

---

① 中共中央文献研究室编《毛泽东年谱（一九四九——一九七六）》第 5 卷，中央文献出版社 2013 年版，第 18 页。

二、科学判断不变之中大变的国际时局，做到胸中自有雄兵百万

如何认识受疫情影响和制约的当下国际时局呢？观察、分析、认清当前国际时局，看不到疫情给国际时局所带来的重大冲击，肯定是片面的，但要认清疫情渗透影响制约下的国际时局，就必须灵活掌握马克思在《资本论》中所运用的分析方法，即从具体到抽象，再从抽象到具体的方法。

马克思在《资本论》中彻底揭示资本主义内在矛盾及资本主义剥削的实质，科学地指出资本主义必然灭亡的历史趋势，首先从资本主义活生生的经济现实中抽取最基本的细胞——商品，从资本主义商品二重性矛盾的抽象分析入手，进入劳动二重性矛盾的抽象分析，从而揭示出资本主义社会不可克服的基本矛盾及其运行规律的全部秘密。这就是从具体到抽象，再从抽象到具体的分析方法。也就是说，认识事物必须从具体开始，但分析事物，认识事物本质，必须进行抽象分析。人类认识事物总是从具体事物开始，进入抽象分析，然后找出事物的一般规律，再用一般规律的概括去认识具体事物，这是人类的一般认识逻辑。也就是说，从具体的、活生生的疫情搅局的社会现实中抽取出世界局势的本质、逻辑、趋势，即抽去疫情给当今社会带来的表面现象，找出世界局势的本质、逻辑和趋势，然后再从国际局势的本质、逻辑、趋势的一般规律，去认知疫情所带来的时局变化。

如何理解我们当前所面临的国际时局呢？最重要的是深刻理解习近平总书记的两句话，这两句话极其重要。第一句话："尽管我们所处的时代同马克思所处的时代相比发生了巨大而深刻的变化，但从世界社会主义五百年的大视野来看，我们仍然处在马克思所指明的历史时代。"①这句话告诉我们，马克思主义经典作家所判定的"大的历史时代"没有改变。第二句话："当前中国处于近代以来最好的发展时期，世界处于百年未有之大变局。"②这句话告诉我们，在"大的历史时代"没有变的前提下，我们正处于百年未有之大变局。习近平总书记这两句话深刻揭示了国际时局的辩证

---

① 《习近平谈治国理政》第 2 卷，外文出版社 2017 年版，第 66 页。
② 习近平：《论坚持推动构建人类命运共同体》，中央文献出版社 2018 年版，第 539 页。

法。第一句话讲的是不变，第二句话讲的是大变，不变中有大变，大变中有不变。要学会善于用马克思主义的辩证思维来分析国际形势，从不变中看到大变，从大变中看到不变，才能真正认清今天的国际时局的内在逻辑、发展趋势和变化主线。如果只看到了大变，没看到不变，就会错误地认为马克思主义经典作家所指明的历史时代根本改变了，就会产生认为马克思主义经典作家关于"大的历史时代"的性质、矛盾、战略、策略的判断不管用了，就会得出马克思主义"过时了"的错误结论，就会从根本上否定马克思主义的指导地位，看不清今天国际时局的主线、主流和本质；如果只看到了不变，没看到大变，就会陷入教条主义泥坑，无法说明和应对今天国际局势的大变，同样也会犯重大错误。

那么如何理解关于国际时局"不变"的一面呢？

第一，马克思所指明的历史时代没有改变。

马克思指明的历史时代是什么呢？马克思、恩格斯在《共产党宣言》中讲了一句话："我们的时代，资产阶级时代……"①我们今天的历史时代仍然是资本主义的生产方式占主体的历史时代，资本主义的历史时代并没有结束。从资本主义确立一直到现在，就全世界来说，资本主义的生产方式仍然是占主体、起主导作用的，资本主义"大的历史时代"根本性质没有改变。"时代"这个概念，有广义和狭义两个用法。狭义的用法，比如我国进入中国特色社会主义新时代，是从中国特色社会主义发展角度所提出的用法。广义的用法，就是马克思所判定的"历史时代"的用法。马克思所判定的"历史时代"概念就是指，运用唯物史观以生产方式作为判定标准所形成的马克思主义时代观。马克思主义经典作家认为，以社会生产方式为标准来判断，人类历史发展经过了原始社会、奴隶社会、封建社会、资本主义社会生产方式，经过社会主义生产方式过渡，最后到达共产主义社会生产方式（社会主义生产方式是共产主义生产方式的第一阶段）。这五种社会生产方式，构成了人类历史的"五种社会形态"，也就是五个"大的历史时代"：原始社会、奴隶社会、封建社会、资本主义社会、共产主义社会历史时代，社会主义社会是共产主义社会第一阶段。"五个历史时代"的时代观也就是马克思主义唯物史观所讲的"五种社会形态说"，人类历史的

---

① 《马克思恩格斯选集》第 1 卷，人民出版社 2012 年版，第 401 页。

一般规律都是经过五种社会形态或五个历史时代。当然，个别国家、地区、民族也会有特例，发生跨越式发展，但一般规律是客观的历史趋势，不能否定。否定了"五种社会形态说"或"五个历史时代观"，也就否定了唯物史观，否定了人类历史发展的事实。历史虚无主义错误之一，就是否定人类社会形态发展历史，不承认人类社会经过原始社会、奴隶社会、封建社会、资本主义社会，最后经过社会主义社会过渡到共产主义社会，从而否定人类历史经过阶级社会，存在阶级斗争，否定一种社会形态代替另一种社会形态的社会革命。关于"五种社会形态"或"五个历史时代"的观点，是马克思主义唯物史观最基本的原理之一。否定了五种社会形态发展一般规律，否定了马克思主义时代观，就会出现否定革命、"告别革命"、抹黑"革命历史人物"的严重错误。历史虚无主义错误思潮泛滥的根子，就是否定历史唯物主义的"五种社会形态"演变一般规律理论，否定马克思主义时代观。"五种社会形态"发展的历史时代不讲了，根本的东西、基础的东西就被抽掉了。任何一个旧的历史时代被新的历史时代所替代都是一场社会革命。奴隶社会代替原始社会是一场革命，封建社会代替奴隶社会也是一场革命，资本主义社会代替封建社会，同样是一场革命。今天社会主义社会代替资本主义社会，要消灭剥削制度，最终消灭阶级，更是一场深刻的社会革命。历史虚无主义从根本上否定了唯物史观"五种社会形态"发展史，否定了唯物史观的时代观，就否定了历史上的一切社会革命。历史就变成了皇权更替史、王权更替史了。正如毛泽东同志批评的那样，奴隶们创造历史的唯物史观，被英雄创造历史的唯心史观替代了，不是人民创造历史，而是少数人创造历史，这是根本问题。

我们今天所处的时代，正如习近平总书记所讲的"仍然处在马克思所指明的历史时代"，也就是资本主义生产方式占主导地位的时代。在这个历史时代，始终贯穿着两种社会制度的斗争，世界资本主义发展历史也正是世界社会主义发展历史，资本主义历史时代始终贯穿了工人阶级和资产阶级的斗争，贯穿着两种社会制度的斗争。

第二，资本主义社会基本矛盾没有改变。

资本主义社会基本矛盾是社会化的大生产与资本主义生产资料私有制的矛盾，这对矛盾是不可调和的，越来越激烈，最终矛盾激化、白热化，导致资本主义灭亡。这就是马克思的《资本论》、列宁的《帝国主义论》深刻揭示资本主义的内在矛盾运动规律所得出的科学结论。马克思在《资本论》中指出，资本主义社会基本矛盾具体表现为资本主义各个企业内部生产的有组织与整个社会生产的无政府状态的矛盾，资本主义生产的无限扩大的趋势和劳动人民有支付能力的需求相对缩小的矛盾，资本主义财富的无限积累和劳动人民的相对贫困的矛盾。这些矛盾的激化表现为周期性的经济危机，危机、缓解、再危机、再缓解……资本主义世界几乎是十年左右出现一次大的经济危机，一直到 2008 年的世界金融危机，这场疫情可能又会带来新一轮危机。资本主义的发展进程就是不断在危机中演变的历史，就是在周期性危机中一步一步走向灭亡的进程。美国所发生的国内暴乱，就是马克思在《资本论》中所判定的资本主义基本矛盾没有改变的活生生的体现。资本主义社会基本矛盾在全球的现实生活中，表现为社会主义国家与资本主义国家之间的矛盾，资本主义国家之间的矛盾，垄断资本主义国家同广大新兴国家和发展中国家的矛盾，资本主义国家内部工人阶级及广大人民群众与少数垄断资本统治集团的矛盾。世界上一切时局的变化，都是这些矛盾错综复杂的表现，与这些矛盾的变化密切关联，并由这些变化的矛盾所致。

第三，社会主义与资本主义两种制度的国际斗争主线没有改变。

社会主义必然代替资本主义，资本主义必然拼命反对，这就产生了两种社会制度你死我活的斗争。有人说中国和美国的斗争是老大和老二的利益之争，老二强大了，老大要把老二打下去。有这样一个问题，但更根本的是制度之争。为什么美国历届总统从来都没有放弃颠覆社会主义中国？是因为中国是社会主义国家，是共产党领导的国家，是人民的国家。不管美国总统是民主党人，还是共和党人，在反华这个问题上尽管在策略上有所不同，但在根本目的上是完全一致的，因为它们反对中国的社会主义制度，反对中国共产党的领导。社会主义制度代替资本主义制度是制度之争，也是人民的利益与资本的利益的根本利益之争，这是贯穿整个资产阶级历史时代的历史主线。按照矛盾辩证法的法则，在任一事物中都存在一对起主导作用的主要矛盾，它的存在、发展和变化决定其他矛盾，决定该事物存在、发展、变化的本质、规律和趋势，社会历史也不例外。资本主义社会形态的生产社会化与私人占有之间的基本矛盾，其一方面表现为工人阶级作为先进生产力的代表所要求的社会主义制度，代表了社会化的大生产，代表了新生的社会形态；另一方面则表现为资产阶级作为落后生产关系的代表所要求的资本主义制度，代表了落后的资本主义私有制，代表了落后的社会形态。这就是资本主义历史时代的矛盾主线，即体现为社会主义制度作为新的生产关系发展新的生产力与资本主义制度作为旧的生产关系阻碍生产力发展的斗争。这对主要矛盾可能在某个国家、某个地点、某个时间有暂时的地位变化，但不可能改变其总的主导地位。比如，第二次世界大战中世界反法西斯统一战线的形成，使世界社会主义与资本主义的主要矛盾暂时降为次要矛盾。

第四，资本主义强、社会主义弱的总格局没有改变。

资本主义强、社会主义弱的总格局至今还没有改变。十月革命开创了人类历史的新纪元，标志社会主义社会形态第一次走上人类历史的舞台。何为新纪元？就是指在资本主义社会形态发展的历程中，产生了新的社会主义的社会形态。也就是说，在资本主义的母体中，产生了新社会制度的新生儿。从哲学上来讲，母亲是旧事物，儿子是新事物。资本主义是旧事物，社会主义是新事物。任何新事物都是在旧事物之中孕育产生的，新生儿是在母体之中孕育产生的。新生儿出生后，因为太脆弱了，有可能夭折。1917年第一个社会主义国家诞生，七十多年后失败了，社会主义阵营多数国家也失败了，这说明新生事物的生长并不是一帆风顺的。然而新生事物作为整体是不可战胜的，社会主义作为新生事物，会有夭折，但总体却是不可战胜的，是一定要取代旧事物的。占全球四分之一人口的中国特色社会主义成功了，这是在新的历史条件下，开创了社会主义制度的又一个新的纪元，这是一件历史大事变。资本主义的美国和西方诸国怎么会甘心呢？必然拼死抵抗，痴心妄想企图改变历史发展的总趋势。中国特色社会主义强大了，但是在总的实力方面还是不如西方资本主义，这是客观事实，这也决定了社会主义与资本主义两种制度斗争的残酷性、艰巨性、长期性和反复性。

第五，社会主义进入上升期、资本主义进入衰落期的总趋势，社会主义战胜资本主义的总规律没有改变。

资本主义已经一步一步从少年，到青年，到壮年，已经走过了最高的时期，现在开始衰落下来了。社会主义已经顽强地成长起来了，特别是中国特色社会主义，标志社会主义发展进入了上升期。历史发展总趋势就是新的东西一定战胜旧的东西，共产主义一定要实现，社会主义一定能胜利，不管出现多少曲折，不管各种各样的"特朗普"使尽招数想来搞垮我们，只会增加我们前进中的困难，但永远不能改变历史的发展趋势，只是"螳臂当车，自不量力"。从中华人民共和国成立以来，从杜鲁门、艾森豪威尔一直到现在的特朗普，不论哪届总统，都是"江山易改，本性难移"，帝国主义的贪婪、侵略、战争本性丝毫没有改变。列宁的《帝国主义论》对帝国主义的垄断性、腐朽性（寄生性）、垂死性的本性揭示入木三分。毛泽东同志教导我们说："帝国主义的策略是可以灵活运用的，它的本性是不能改变的。"①帝国主义本性不变，帝国主义亡我之心不死。毛泽东的这些政治结论是通过把握历史大趋势得出来的。毛泽东同志指出，帝国主义的逻辑就是捣乱、失败、再捣乱、再失败，直至灭亡。社会主义的逻辑就是斗争、失败、再斗争，直到胜利。我们只要清醒地认识总的历史必然和历史趋势，坚信"英特纳雄耐尔"一定要实现，充满社会主义必胜的信心，就不会被暂时的困难吓倒，也不会因对手暂时的强大凶狠而失去信心。

　　资本主义发展至今，总体上已进入衰退期，社会主义进入了上升期，这个判断是就历史发展总体规律而言的。但任何社会形态在演进过程中，不是总保持一种发展趋势，在一个历史阶段的总体发展进程中，会有特殊情况发生，在上升期也会有倒退、衰落，在下降期也会有前进、上升。比如，在资本主义发展的上升期，也不会总是上升，也有个别、部分、局部、暂时的衰退，在爆发经济危机时，资本主义就有可能在上升进程中出现倒退和衰败，但相对总体上升来说，这又是暂时、局部的。同理，在资本主义衰退期，也会有暂时、局部或个别的上升，甚至一时繁荣，但这不会持久，不过是回光返照。历史的辩证法同样适用于幼稚期和上升期的社会主义。这同人类个体在青春期也会生病，甚至会出现个体夭折的特例一样。社会主义进入上升期，资本主义进入下降期，只是讲总趋势和一般规律，并不排除个别、特殊情况。因此，即使在今天社会主义上升了，中国特色社会主义成功了，也不能忽视还会出现新的困难，面临新的困境。

　　又如何理解关于国际时局"大变"的一面呢？

---

　　① 中共中央文献研究室编《毛泽东年谱（一九四九——一九七六）》第4卷，中央文献出版社2013年版，第310页。

第一，科技创新日新月异，给人类生产和生活方式带来了颠覆性的变化，促使国际竞争异常激烈。

邓小平同志指出："科学技术是第一生产力。"①科技大发展，造成生产更加社会化。就拿手机来说，1G、2G、3G、4G、5G，变化飞快。5G将彻底改变人们的生产和生活方式。社会主义如果不抓住科技创新就没有出路。和西方资本主义的竞争，无论是制度竞争，还是军事竞争、政治竞争、经济竞争、意识形态竞争，都要拿科技来说话。科技竞争，加剧了制度竞争，引起世界性竞争，造成世界局势瞬息万变，不确定性因素很多。科技创新一方面促进了社会化大生产的发展，另一方面社会化大生产同资本主义生产资料私有制的矛盾也更为激化、尖锐，科技创新不仅没有改变资本主义的基本矛盾，反而进一步加剧了这一矛盾。

第二，全球化席卷世界，加剧了两种制度之争，世界格局更为复杂多变。

马克思在研究资本主义给世界带来的巨大变化时，提出了世界化和世界历史理论的著名命题。马克思、恩格斯在《共产党宣言》中指出："资产阶级，由于开拓了世界市场，使一切国家的生产和消费都成为世界性的了。"②肯定了资本主义在开拓世界市场方面的历史贡献，提出"世界性"的重要概念。同时，马克思、恩格斯在《共产党宣言》中分析了世界性的两重性：一方面，促进了世界性的生产和生活交往，使世界生产和消费发生巨大变化；另一方面，推动了资本主义世界性的掠夺、压迫和剥削，促进了世界性两极分化。一方面发展了资本主义生产、市场和消费方式；另一方面加剧了资本主义内在矛盾，产生了埋葬资本主义的物质力量和取代资本主义新的社会因素。1879—1882年，晚年的马克思通过对东方社会变革的研究，又提出了著名的世界历史理论，他指出，资本主义大工业和市场经济首次开创了世界历史，消灭了各国已自然形成的闭关自守状态，推动"生产力的普遍发展和与此相联系的世界交往"③。世界已经连成一片，谁也离不开谁。马克思主义经典作家关于世界性和世界历史理论的阐释，已经预测到当今全球化发展趋势，全球化就是世界性和世界历史理论所指

①《邓小平文选》第3卷，人民出版社1994年版，第274页。
②《马克思恩格斯选集》第1卷，人民出版社1995年版，第276页。
③《马克思恩格斯选集》第1卷，人民出版社1995年版，第86页。

出的状况与趋势。现代资本主义高新技术产业、互联网、人工智能、现代金融业……使全球化进一步突飞猛进地狂扫全世界。全球化一方面促进了世界生产和生活方式的变革和发展，另一方面进一步激化了资本主义固有矛盾，加重了两极分化，使矛盾更加激化。

全球化说到底就是资本主义世界市场化。全球化具有两重性：一方面促进了社会生产力的发展，造成更大广度和深度的生产社会化；一方面使资本财富更加集中在少数资本垄断寡头手里，加剧世界范围内资本主义基本矛盾的激化和两极分化。以中国特色社会主义为代表的社会主义国家与以美国为代表的垄断资本主义国家的矛盾激化，表现为中美全方位之争。垄断资本主义国家之间的矛盾也在激化，西欧诸国也好，日本也好，跟美国不全是一条心，德国总理默克尔最近的所作所为就是例证。垄断资本主义与新兴国家和发展中国家的矛盾也在激化，美俄的矛盾、欧俄的矛盾、美国和一系列发展中国家的矛盾难以调和。贸易保护主义、保守主义、种族主义，甚至法西斯主义……各种反动的社会思潮沉渣泛起，国际斗争更为世界性，更为复杂化，更为尖锐、多变，我们将面对世界性的严峻挑战和考验。

第三，世界历史时代发生了重大的阶段性变化，资本主义历史时代进入了一个新的发展阶段。

马克思所讲的资本主义历史时代没有改变，但是发生了巨大变化，至今已经经过了三个发展阶段，进入第四个发展阶段。现在的资本主义同500年前、400年前、300年前、200年前、100年前都大不一样了。资本主义的第一个发展阶段是自由竞争资本主义阶段，这就是《资本论》产生的年代。第二个发展阶段是私人垄断资本主义阶段，这就是列宁《帝国主义论》所分析的时期。第三个发展阶段是国家垄断资本主义阶段，这就是一战至二战前后，直至冷战结束的时期。今天已经发展到了国际金融垄断资本主义发展阶段了，这也可以看作是资本主义的第四个发展阶段。垄断从私人垄断，到国家垄断，现在发展到美国华尔街极少数金融寡头所控制的国际金融垄断资本利益集团的垄断。列宁在《帝国主义论》中指出："资本主义已经发展到这样的程度，商品生产虽然依旧'占统治地位'，依旧被看作全部经济的基础，但实际上已经被破坏了，大部分利润都被那些干金融勾当的'天才'拿去了。这种金融勾当和欺骗行为的基础是生产社会化，人类历尽艰辛所达到的生产社会化这一巨大进步，却造福于……投机者。"①列宁在分析资本主义由自由竞争走向垄断时已经指出，垄断越发向高度集中的、极少数金融寡头的控制垄断发展，现在已经发展到国际金融垄断资本主义了。尽管垄断的方式、形式发生了极大变化，但垄断的、寄生或腐朽的、垂死的资本主义特性没有改变，只不过是更为垄断，更为寄生或腐朽，更濒临垂死。当然，概括为国际金融垄断资本主义，也有不同意见，可以讨论。国际金融垄断资本主义还是帝国主义，只不过是更残忍、更阴险、更狠毒、更狡猾、更腐朽、更反动、更垂死的帝国主义，有人称之为新帝国主义。现在国际性金融垄断资本主义表现为美国一超独霸世界，支持它独霸世界的经济基础就是国际金融寡头垄断经济。今天的美国是靠"两美"撑"一美"。"一美"是美元，"一美"是美军，再"一美"是美霸，美元加美军支持美霸。现在美国国内连口罩生产都满足不了需要，它的实业产业大量外移，主要靠金融服务业，这也是国际金融垄断资本主义越发食利化、寄生化、腐朽化的重要表现。美国靠美元的垄断，不断地印美元，不断地剪全世界的羊毛。特朗普所谓的"救市"举措，无非是让美联储多印票子，没有"任何上限的量化"，用金融语言来讲，就是不受任何限制地印发美元，大量地印票子，把金融风险转移到全世界。这叫作"美国消费，全世界买单；美国闯祸，全世界出钱"。印一批美元，剪一层羊毛，通过金融垄断，掠夺全世界的财富。美国通过大印美元掠夺世界财富，用其中相当部分扩军备战，搞现代化军事，长期保持十一个航母战斗群，谁不听美国指挥，就用军事手段打压谁。用"两美"来维持美国制度，维持美霸。可以说，美帝国主义是全世界的敌人，美帝国主义就是战争，就是掠夺，它不会放弃与世界人民为敌的。

第四，世界力量对比发生了根本变化，越来越有利于社会主义。

任何一种社会形态都经历由出生、兴盛、衰落到死亡阶段，资本主义也不例外，现在不可避免地进入衰落阶段，这是不以任何一个资产阶级政治家的意志为转移的。社会主义由新生儿的初生脆弱阶段，已经进入以中国特色社会主义成功为重要体现的发展上升阶段。当然，也不完全排除出现受挫的可能。力量对比的变化，使热爱社会主义的人们看到希望，看到

①《列宁全集》第27卷，人民出版社1990年版，第342页。

未来。特别是 2008 年的世界金融危机和今年爆发的疫情，加速了资本主义衰落的进度。以美国为代表的西方现代资本主义还没有完全从 2008 年世界金融危机的阴影中走出来，又陷入了疫情带来的经济、政治、社会窘境，天灾加人祸所造成的美国之乱，使其固有的资本主义内在矛盾更加激化，更加白热化，更加尖锐化。美国之乱，西方之难，中国之治，中国特色社会主义之好，力量对比天平开始向社会主义一方倾斜。

第五，中美战略关系发生了根本变化，美国把中国作为主要战略对手的战略调整已经到位。

以苏东剧变为转折点，美国从把苏联作为主要战略对手逐步转移到把中国作为主要战略对手。经过苏东社会主义解体，至今三十年的调整，美国的战略修补已经完成。冷战结束前，美国把苏联作为第一战略对手，集中主要精力打压苏联，妄图实现搞垮苏联的战略意图。这才使得当年我们有可能争取美国总统尼克松访华，利用中美俄国际三角关系，打美国牌，改善中美关系，为我争取和平发展的外部环境。20 世纪 80 年代末、90 年代初苏东剧变，冷战结束，国际关系根本逆转，两超变一超，两霸变一霸，两极变一极，反对单边主义，反对霸权主义，成为世界主流。两个超级大国变成一个超级大国，美国大肆推行霸权主义、单边主义。一方面，美国继续打压俄罗斯，最大限度地压缩俄罗斯的战略空间，现在已把俄罗斯完全压逼到了乌克兰第聂伯河、白俄罗斯以东，以美国为首的西方势力已经基本形成了对俄罗斯的战略合围之势。现在除了白俄罗斯与俄罗斯联盟，其他中东欧诸国都已经脱离了俄罗斯势力范围，俄罗斯已经丧失了中东欧的战略缓冲地带。从美国轰炸我驻南斯拉夫使馆，到南海撞机事件，到支持"台独""藏独""疆独""港独"等敌对和分裂势力……它一直在做战略重点转移。从奥巴马"亚太战略"到特朗普"印太战略"，现在已经完成了把中国作为主要战略对手的战略调整，中美敌对战略关系的转变已经形成。如果没有发生"9·11"事件，美国需要在反恐问题上寻求与我暂时局部的合作，美对华战略转变可能会更快地完成。特朗普上台以后"反华"举动频频，特别是 2020 年 7 月 22 日美国宣布关闭我驻休斯敦总领馆，7 月 23日美国国务卿蓬佩奥在具有世界影响的尼克松总统图书馆暨博物馆发表"共产主义中国和自由世界的未来"的反华演讲，已把美国视中国为主要战略对手，亡我之心不死的战略企图暴露得一览无余，真是"司马昭之心，路人皆知"。

第六，两种制度之斗从局部发展到全局越发激烈，以美国为首的国内外敌对势力连成一气对我形成总体打压战略态势。

当前，社会主义与资本主义的矛盾在激化，集中表现在中美关系上。从根本上说，中美关系（这里所说的是社会主义中国与资本主义美国的两种不同制度国家的关系）不可能最终和解，只能是谈谈打打，打打谈谈，美国是捣乱、失败、再捣乱、再失败……美国把境内外"港独"、"台独""藏独"、"疆独"、民族分裂势力和宗教极端势力全部连在一起，把香港问题与台湾问题、南海问题、西藏问题、新疆问题、西南边疆问题搅在一起，把"反修例"与蔡英文选举连在一起，把反《香港国安法》与联手西方敌对势力、整合国内外反华力量连在一起，把政治战、经济战、文化战、军事战、科技战、意识形态战、民族宗教战协调起来，下联手棋，打组合拳、协调战，妄图实现对我全面西化、分化、私有化和资本主义化。"奇文共欣赏，疑义相与析。"2020年7月16日美国司法部部长在密歇根州福特总统博物馆的反华演讲，把打压、围剿、颠覆、搞垮中国的美国最高战略意图暴露无遗，讲话内容并无新意，无非是特朗普上台以后美国反华战略的系统总结与梳理，但从中可以透视美国把中国作为主要战略对手加以打压的狼子野心。

三、疫情并没有改变国际时局的本质与趋势，但起到加速大变的历史加速器作用

世界历史进入资本主义历史时代，是一个漫长而曲折、充满血与火的生死博弈的历史进程。在这个历史进程的资产阶级革命运动阶段，一方面贯穿了新兴资产阶级与封建统治阶级的殊死搏斗；另一方面又贯穿了资产阶级对农民阶级和无产阶级的剥削和压迫，贯穿了剥削阶级与被剥削阶级的压迫与反压迫、剥削与反剥削的斗争。也就是说，在资产阶级形成发展壮大的过程中，同时孕育了它的对立面——无产阶级的形成和壮大，贯穿着资本主义与社会主义两种意识形态、两种力量、两种社会因素的反复较量。资本主义社会和世界上一切事物一样，同人类社会以往历史时代一样，都有一个孕育、产生、确立、发展、兴盛、衰落，直至灭亡的历史过程。

从世界近代以来的历史来看，资本主义经历了孕育、成长、发展的革命上升阶段，到了发展高峰期，开始下降，逐步走向它的反面，驶入下降衰落阶段，直至走向灭亡。

一是资本主义的孕育形成阶段（14世纪到16世纪初期）。在欧洲和全世界普遍处于封建制度统治的历史时代，资本主义在封建社会母体中经过了二三百年的孕育阶段，即走向资本主义的准备阶段。资本主义生产方式的孕育出生是在封建社会母体内不断生长，最后破壳而出的过程。14世纪到15世纪，欧洲已经开始零星而稀疏地出现了资本主义生产方式的萌芽，资本主义率先在欧洲开始萌发。原始积累、舆论铺路、宗教斗争是资产阶级革命准备阶段的"三板斧"。原始积累是资产阶级资本积累的最初方式，是建立资本主义经济基础的最野蛮的经济掠夺，是资本主义经济实力的准备，是资产阶级的经济斗争。"凡是要推翻一个政权，总要先造成舆论，总要先搞意识形态方面的工作。无论革命也好，反革命也好。"①文艺复兴运动是资产阶级的舆论准备，是资产阶级的意识形态斗争。宗教是资产阶级政治斗争的工具，宗教斗争是资产阶级政治斗争，欧洲宗教改革拉开了资产阶级革命的序幕。经过14世纪新生的资产阶级对农民阶级土地的剥夺、15世纪的"地理大发现"和殖民掠夺的原始积累，同时经过14世纪到15世纪资产阶级的文艺复兴运动和16世纪的宗教改革，到16世纪中期，荷兰爆发了第一次资产阶级革命，史称"尼德兰革命"，意味着欧洲资产阶级已经带着夺取政权的要求，走上了政治舞台，资产阶级革命即将到来。

二是资本主义的产生确立阶段（16世纪中期到19世纪末）。人类历史上任何社会革命都经历了腥风血雨的反复争夺，没有一场社会革命是顺顺利利、一蹴而就的。1640年爆发了英国资产阶级革命，到1688年资产阶级政变成功，经过半个世纪的反复争夺，到17世纪末，资产阶级终于确立了资产阶级专政的统治。17世纪英国革命推翻了封建制度，确立了资本主义生产关系在英国的统治地位，为英国的18世纪工业革命提供了重要的政治前提。英国17世纪的资产阶级革命，是一种剥削制度代替另一种剥削制度的革命，是资本主义历史时代的开端，是人类社会由封建历史时代向资

---

① 中共中央文献研究室编《毛泽东年谱（一九四九——九七六）》第5卷，中央文献出版社2013年版，第153页。

本主义历史时代转型的标志性历史事件。马克思把英国革命看作"欧洲范围的革命"，认为它"宣告了欧洲新社会的政治制度"，"意味着资产阶级的所有制对封建所有制的胜利"。①

从 17 世纪英国革命开始，经过 18 世纪英国工业革命，资本主义从手工工场阶段向大机器工业生产阶段过渡。到 18 世纪法国大革命，1848 年欧洲革命，1861 年俄国农奴制改革，欧洲大陆资本主义生产方式和政治制度占据了统治地位。美国 19 世纪 60 年代爆发了美国历史上"第二次革命"南北战争，南北战争本质上是资产阶级民主革命。日本 19 世纪的明治维新是不彻底的资产阶级革命，完成了从封建社会向资本主义社会的转变。中国 1911 年爆发了辛亥革命，18 世纪末到 19 世纪初拉美殖民地爆发了独立解放战争，19 世纪中叶亚洲掀起了反对封建主义和殖民主义高潮，非洲 19 世纪中叶以来展开了反殖民主义斗争，资产阶级革命向全世界蔓延，资本主义生产方式和政治制度向全球进军。经过一百五十多年的资产阶级革命，资本主义从欧洲扩展到全世界，确立了资本主义生产方式和政治制度在全世界的统治，资本主义完成了进入世界历史时代的历史使命。

三是资本主义发展最高阶段（19 世纪 20 世纪之交到 20 世纪末）。19 世纪三四十年代，西欧资产阶级在反封建斗争中获得了重大胜利。19 世纪五六十年代北美资产阶级民族民主运动全面扫清了资本主义发展道路。俄国和日本经历了"农奴制改革"和"明治维新"以后，迅速走上了资本主义发展道路。资本主义生产方式在世界上的统治地位得以巩固，资本主义逐步进入了发展最高阶段。在 19 世纪最后三十年，资本主义由自由竞争阶段开始向垄断阶段发展，到 19 世纪末 20 世纪初，资本主义进入了垄断阶段，即帝国主义阶段，已经发展到了它的最高阶段。经过第一次世界大战、第二次世界大战，资本主义呈现衰退，二战后，资本主义又呈现改革和相对缓和的发展。从美苏为首的两大阵营对峙冷战，到 20 世纪八九十年代社会主义苏联、东欧解体剧变，社会主义陷入低潮，当代资本主义则进入了最高阶段的高速发展期。

列宁指出："帝国主义作为资本主义的最高阶段，到 1898—1914 年间先在欧美然后在亚洲最终形成了。美西战争（1898 年），英布战争（1809—

---

① 《马克思恩格斯选集》第 1 卷，人民出版社 1972 年版，第 321 页。

1902 年），日俄战争（1904—1905 年）以及欧洲 1900 年的经济危机，这就是世界历史新时代的主要历史标志。"①在这个阶段，一方面，资本主义有了更加迅速、长足的发展，比 20 世纪资本主义的发展更为迅猛，科技创新带动了生产力的发展，资本主义大工业生产从"棉纺时代"依次进入了"钢铁时代""电器时代""信息时代""智能时代"，社会化大农业生产方式已经形成，国际贸易、资本输出、金融垄断有了极大发展，整个世界全部卷入资本主义体系的漩涡，进入了资本主义全球化阶段。另一方面，资本主义基本矛盾越来越激化，越来越尖锐，第一次世界大战、第二次世界大战是资本主义基本矛盾白热化的最集中表现。

由于资本主义生产方式从私人垄断、国家垄断，到国际垄断，从工业资本垄断、商业资本垄断，到金融资本垄断，资本主义私有制条件下生产资料和财富越来越集中到少数人和少数利益集团手中；高新技术发展和全球化带来更大规模的生产社会化与资本主义更加集中的私人占有的矛盾越发激化，表现为一系列危机与战争的爆发。经济危机十年左右一轮，愈演愈烈，规模越来越大，从没有间断过。二战后，局部战争也从未间断，表现为无产阶级与资产阶级矛盾、社会主义与资本主义斗争越发激化。社会主义阵营在 20 世纪八九十年代解体，社会主义跌入低谷，资本主义发展到了高峰，少数资本主义预言家的社会主义"终结论"和资本主义"千年王国论"就是其理论再现。

四是资本主义下降衰落阶段（21 世纪初至今）。2008 年爆发的世界金融危机是人类进入 21 世纪的一件带有转折性的历史事变。以 2008 年爆发的美国次贷危机所引发的世界金融危机乃至经济危机为转折点，现代资本主义不可避免地跨进下降衰退期，美国的衰落就是典型。

苏东剧变，社会主义阵营不复存在，美国一超独霸，大打"单边主义""霸权主义"牌，意味着资本主义发展到了其生命的壮年高峰期。发展至高至极，恰恰是开始衰落走向反面的起始，资本主义发展高峰的到来就是资本主义衰落的开始。苏东剧变以来，独霸全球、控制全世界财富的欲望推动美国接连发动了一系列世界性的局部战争，消耗了它的力量，踏上了衰落下降的不归之路。不可一世的美国，从支持北约东扩，打压俄罗斯，到

<hr />

① 《列宁选集》第 2 卷，人民出版社 1972 年版，第 884 页。

打着反恐旗号，接连发动海湾战争、阿富汗战争、南斯拉夫战争、利比亚战争、叙利亚战争……从美苏对立到美俄对抗、美朝对峙、美委对斗、美伊对打……美国虽然穷凶极恶，不可一世，但色厉内荏，力不从心。2008年世界金融危机对美国是重拳一击，2020年新冠肺炎疫情暴发，更是雪上加霜，加速其衰落的进程。与此形成鲜明对照，中国特色社会主义成功战胜了2008年的世界金融危机，又在2020年抗疫斗争中取得了阶段性胜利，彰显了社会主义制度的优越性，意味着社会主义从低谷驶出，向上向前发展，高歌猛进。

如果从资本主义萌生孕育开始算起，迄今资本主义已经走过了六七百年的历史了，如果从它形成确立算起，也已经走过了四五百年的历史了。回顾资本主义，孕育、出生、确立、成长、发展，直至从顶峰开始下降的历史进程，观潮起潮落，可以得出这样几个结论性的判断。

一是资本主义及其代表性阶级——资产阶级在上升期曾是进步的、革命的。"资产阶级在历史上曾经起过非常革命的作用。"①资本主义社会代替封建主义社会，是人类社会生产方式的一次伟大革命，是人类历史的伟大进步。资本主义在形成发展进程中，以极大的创造力和极迅猛的速度，创造了超过封建社会几千年创造出来的经济政治文明，创造了强大的社会生产力和巨大的物质财富、精神财富和制度财富，对人类社会做出了重大的历史性贡献。资本主义在全世界夺取生产方式的统治地位、夺取政治统治权的进程中，经过了前赴后继、曲折反复的革命过程，显示出资产阶级的历史进步性和革命性，显示出资本主义社会相比封建社会的制度优越性。

二是资本主义及其统治阶级——资产阶级步入衰落期，成为落后、反动的阶级。当资产阶级建立并巩固了自己的政治经济统治，并作为统治阶级把资本主义经济政治制度推向了发展顶峰，主导了全世界，也就开始了资本主义及其统治阶级——资产阶级的下降衰落，资产阶级堕落为落后的、反动的阶级，这是资本主义作为剥削社会其不可克服的内在矛盾运动所决定的，也是资产阶级的剥削阶级本性所决定的，是改变不了的。

三是资本主义无论是在上升革命时期还是在下降落后时期，其剥削的本性都是一如既往不可改变的。马克思说："资本来到世间，从头到脚，每

---

① 《马克思恩格斯选集》第 1 卷，人民出版社 1995 年版，第 274 页。

个毛孔都滴着血和肮脏的东西。"①在封建社会母体中，资本主义一产生就暴露出嗜血的本性。新兴的资产阶级是靠剥夺农民阶级、剥削工人阶级，靠强盗般的殖民掠夺、屠杀，而完成资本主义原始积累的，不论是在上升期还是下降期，其本性都是不可改变的。尤其进入了下降衰落期，寄生性、腐朽性和垂死性更加强了其残酷、狡猾地压迫剥削世界人民的本性。当人民奋起反抗，建立新的社会制度时，它就会拼命地反对，甚至不惜血本，用战争和屠杀保证资本主义制度的存在，保障资产阶级政治的稳固。

四是资本主义历史时代始终贯穿社会主义对资本主义、无产阶级对资产阶级的矛盾斗争。资本主义在其萌芽期就产生了社会主义思想和运动，资产阶级一出现就锻造了它的对立面和掘墓人——无产阶级。"资产阶级不仅锻造了置自身于死地的武器；它还产生了将要运用这种武器的人——现代的工人，即无产者。"②当资产阶级处于革命期，资本主义与封建主义、资产阶级与封建阶级是社会的主要矛盾，资产阶级与工人阶级、社会主义与资本主义的矛盾会暂时让位。当封建制度被消灭，资本主义社会替代了封建社会以后，无产阶级和资产阶级、社会主义与资本主义之间的矛盾就会上升为社会的主要矛盾。尽管如此，在资本主义从萌生、发展，到衰落，直至灭亡的整个历史进程中，始终贯穿着资产阶级和工人阶级两大社会力量、资本主义与社会主义两种社会制度的矛盾斗争，只不过经过了从非主要矛盾到主要矛盾的转化。历史越前进，社会主义越发展，无产阶级越强大，资本主义越下降，资产阶级越落后退步，这种斗争就越激烈，这不是以人们的意志为转移的。

综上所述，运用历史唯物主义的立场、观点和方法，把历史事实的大逻辑、大趋势、大变化抽取梳理出来，清晰地呈现出一条历史发展的必然逻辑，体现了历史的必然性。所谓历史必然性，就是说历史只能按照如此的逻辑发展，不以任何人的主观意志为转移。

马克思主义辩证法告诉我们，必然性和偶然性是反映事物发展过程中确定性和非确定性关系的一对范畴。必然性是事物发展过程中不可避免的、一定要如此的规律和趋势,这种确定不移性由事物内部的根本矛盾所决定。

---

①《马克思恩格斯选集》第 2 卷，人民出版社 1995 年版，第 266 页。
②《马克思恩格斯选集》第 1 卷，人民出版社 1995 年版，第 278 页。

人们是不能通过自己的感官直接感受到必然性的，必然性是隐藏在事物表象内部的必然逻辑，是必然存在的、起决定性作用的，但不是活生生的具体东西，人们只能通过对表象的、活生生的东西进行抽象，通过理性才能认识到。偶然性是事物发展过程中不确定的因素和联系，可能出现，也可能不出现，可能此时出现，也可能彼时出现，可能这样出现，也可能那样出现。它虽然最终由事物内部矛盾所决定，但怎样出现是由外部条件和外部联系所直接决定的。它是活生生的、具体的，是人的感官所直接感受到的，比如糖是甜的，人通过味觉是可以感受到的，但为什么是甜的，则需要通过理性的抽象才能认识到。必然性与偶然性是事物发展过程中不可分割的两个方面，互为前提，辩证统一。必然性不直接表现出来，它寓于偶然性之中，必然性是通过无数的偶然性表现出来的，偶然性背后总是隐藏着必然性，最终受必然性的约束和支配，是必然性的表现和补充。这就好比一个人总归是要死亡的，但什么时候死，是早死还是晚死，是病死还是老死，是正常死还是非正常死，受各种复杂的外部不可确定的因素影响，某个人的具体死法、死期是偶然的，但人总是要死的，这又是必然的。社会形态也是如此，总有一个形成、发展、灭亡的过程，但何时形成，何时发展，何时灭亡，又受不同国家、地区、民族及其各种复杂的外部因素和关系所影响，有哪些历史人物登上历史舞台，哪些历史事件发生，甚至成为历史变故导火索又是偶然的、不确定的，是由各种外部条件和外部联系所造成的。譬如，墨西哥玛雅文明是非常灿烂、非常伟大的，但考古考证，它莫名其妙地中断了，无影无踪了，到底为什么突然消失了呢？人们还没有找到原因，看来其灭亡是由某种偶然原因决定的。当然，玛雅文化所代表的社会形态随着历史的发展，肯定是要灭亡的，然而它为什么突然灭亡了，是有具体偶然原因的。

历史的必然性总是通过偶然性体现出来的，历史必然性的外部偶然表现是大量的、不确定性的、偶发性的历史人物与历史事件。上文所梳理的资本主义发展线索，只是运用理性的抽象把偶然性的人物和事件过滤去、屏蔽去，只留下干巴巴的历史必然规律。历史唯物主义是对历史发展的一般规律、一般逻辑、一般趋势的抽象理论概括。资本主义的发展历史总是由一个个活生生的人物活动、事件、变故而构成的，每一个历史人物、每一个历史事件、每一项历史变故都具有一定的偶发性、不确定性，或者是这样，或者是那样。比如，美国如果没有特朗普，也会有其他人跳出来。总之，每一个历史人物、每一个历史事件、每一项历史变故背后总是隐藏着必然规律，这就好比木偶剧舞台上的木偶是受背后力量所支配的一样。

前文关于资本主义历史时代的四个发展阶段、四个必然逻辑的概括，是对资本主义历史规律必然性的理论抽象，这种抽象已经把活生生的历史变得干巴巴的、抽象的，却又体现了不可抗拒的历史发展规律，然而资本主义的历史发展又是活生生的、惊心动魄的，甚至是戏剧性的，充斥了偶发性和不确定性。

从资本主义发展线索来看，17 世纪英国资产阶级革命与妥协反反复复的五十年，18 世纪法国资产阶级大革命的复辟与反复辟的拉锯战，1848 年欧洲大陆资产阶级革命和封建阶级的拼死抵抗，俄、日、美 19 世纪的资本主义变革与反变革，第一次世界大战和第二次世界大战，美苏冷战争霸、苏联解体、美国独霸世界的复杂争斗，等等，多少历史人物，在历史舞台上拼命地表演，无数英雄豪杰上演了一波又一波人间活剧，发生了多少惊心动魄的历史事变……

从社会主义发展线索来看，圣西门、傅立叶、欧文的三大空想社会主义的风生水起和无产阶级的早期自发运动，再到马克思、恩格斯的《共产党宣言》和科学社会主义的诞生，风起云涌的 19 世纪欧洲三大工人运动、巴黎公社起义和国际共产主义运动，俄国十月社会主义革命和苏维埃政权的建立，中国革命和东方殖民地半殖民地人民解放和民族独立运动，社会主义阵营出现和东西方对垒冷战，社会主义阵营解体，中华人民共和国成立到中国特色社会主义成功，又有多少历史人物和历史事件在世界舞台上展现。

资本主义和社会主义两大历史线索的演进，展示了一幅新事物与旧事物、进步与落后、革命与反革命搏斗的历史画卷，如果过滤去历史演义中具体的事件和人物，可以看出，这段历史进程遵循着人类社会内部的必然发展规律而演变发展，展现了资本主义从新生走向衰落、从革命走向反动的进程，以及社会主义从弱小走向逐步发展，不断斗争、失败、再斗争的进程。总而言之，无数的历史偶然性背后总有一个必然的规律在起作用。任何历史人物、历史事件都无法违背这个规律，都受该规律的支配和制约，都是该规律的具体表现。

从苏东剧变、社会主义跌入低谷、美国独霸世界、资本主义发展到高峰、福山提出社会主义"终结论"的历史结论至今，世界发生了三大历史事件，在整个历史发展必然线索中起到了转折点的历史催化剂作用：一是苏东剧变，社会主义阵营解体；二是2008年的美国金融危机，演变成世界金融危机乃至资本主义制度危机；三是今年暴发的疫情。这三件大事件，前两件是资本主义基本矛盾演变的必然结果，当时不发生，早晚会发生。而第三件疫情，与人类社会发展的总矛盾、总规律、总趋势相纠结，与社会主义与资本主义的历史斗争主线相互影响。疫情本身是自然灾害，属天灾，但在什么制度下发生的，什么利益集团、什么人物去看待处置它，又是人的问题、社会的问题，处理不妥，引发天灾加重，就变成人祸。疫情本身没有制度之分、意识形态之争，但有关疫情的对待和处置，又与人、与社会制度和治理体系相联系，受人类社会总矛盾、总规律、总趋势支配制约。今日之时局是由社会主义与资本主义两大社会阶级力量、两种社会制度、两大历史命运所决定的。疫情是影响历史总趋势的重要因素，为不同社会制度和不同国家执政者提供了表现的历史条件和机遇，抗击疫情因不同的社会制度、不同的国家执政者而呈现截然不同的表现。如何对待疫情，认识处理疫情的不同态度和举措，体现了不同的制度，不同的世界观、价值观和生命观。

四、两种制度两样成效，社会主义制度是战胜疫情的正道

人类历史上每每发生的重大疫情，作为一种突发性的自然灾害，对人类社会造成了巨大伤害，可能会对人类历史进程造成某些制约和影响，但它并不是改变人类历史进程唯一的或决定性的因素，并不能根本改变人类历史进程。

据学者不完全统计，公元2世纪左右暴发的"安东尼瘟疫"对罗马帝国造成重大伤害；流行于公元6世纪的鼠疫，在14世纪发生了第二次大流行，19世纪末发生了第三次大流行，20世纪初达到了高峰，波及60多个国家，死亡逾千万人；14世纪欧洲暴发的黑死病造成欧洲大批人口死亡；1580年流感大流行，一夜之间罗马死亡9000人，马德里变为一座空城，意大利、西班牙增加了几十万座新坟，当时人们把这种流感称作"闪电般

的瘟神"；1658 年意大利威尼斯城流感导致 6 万人死亡，惊慌的人们认为这是来自上帝的惩罚，称疫病为"魔鬼"；1818 年至 1920 年，西班牙流感波及全球，死亡人数逾千万；1837 年欧洲暴发的大流感，在柏林造成的死亡人数超过出生人数；1889 年到 1894 年流感席卷西欧，死亡率极高；天花、结核病、口蹄疫等疫病时有发生，严重危害人的生命；1957 年到 1958 年亚洲流感，200 万人遭遇厄运；1968 年"香港流感"导致近百万人死亡；1976 年美国暴发猪流感；1977 年到 1978 年暴发"俄罗斯流感"；1997 年暴发禽流感，至 2003 年全球有 400 多例禽流感病例；2003 年发生非典疫情；2009 年墨西哥出现猪流感病毒；2009 年 H1N1 流感，造成 163 万人感染，28 万人死亡；2010 年暴发海地霍乱延续至今，截至 2017 年统计，死亡人数达 9985 人；2013 年西非埃博拉病毒导致 11300 人死亡；2015 年印度猪流感暴发，死亡人数超过 2000 人；20 世纪末，美国艾滋病在全球流行，至今全球数千万人感染……全球暴发的大规模疫情严重残害人类的生命和财产，严重影响社会经济政治生活，人类社会付出了沉重的代价。

　　经过历史学家的考证研究，还没有发现因疫情彻底改变人类社会历史进程的例证。严重的疫情可能会给一个民族、一个地区、一个国家、一个社会带来毁灭性打击，甚至使一个民族毁灭、国家政权更迭，但疫情只会对人类历史总进程起到某种影响，也可能是重大的影响，但并不能中断历史总进程，造成社会形态演变总规律的改变。个别历史学家认为，公元 2 世纪左右的"安东尼瘟疫"对罗马帝国的政治文化产生重大影响，14 世纪的欧洲黑死病影响了文艺复兴运动的进展。近代以来，特别是进入资本主义历史时代，历史上多次发生疫情，但并没有对资本主义历史进程发生根本扭转的影响。随着现代医学科学和医疗技术的推进，人类战胜疫情的能力越来越强，人类和人类社会受疫情影响相对越来越小，疫情对社会历史进程的影响作用也比以往逐渐缩小。不能做出疫情起到根本改变人类历史进程、改变人类历史发展必然规律作用的判断，因为社会发生重大历史变故，必定还涉及其他诸多因素，比如经济、政治、文化、宗教等等。

　　在古代，由于科学不发达，人们对疫情缺乏科学的认识，或者是从宗教角度来认知，把疫情看作不可抗拒的自然威力，或者是从人性善恶的角度来解释，认为疫情是由于人的"邪恶"和"罪恶"所造成的，是对人的惩罚。当然值得我们认同的是对待疫情的现实主义和乐观主义态度和做法，主张积极抗击疫情。疫情虽然对人类社会造成无法比拟的危害，但也使人类获得对疫情的新认知，不断发现对付疫情的新办法和新药，人类的生命观、价值观、世界观也会随着疫情的变化和抗疫的深入而发生变化。与疫情抗争，人类逐渐学会如何与自然界和动物和平相处，深入探究疫情原因，催生新型的医学学科，比如病毒学、细菌学、流行病学……建立和健全维护生命和健康的新的机制。疫情在人类历史上起什么作用，也越来越受到史学家、社会学家和人类学家的关注，拓展了哲学社会科学多学科的研究领域。

2020 年暴发的疫情，跨海越洋，波及全球，蔓延肆虐全世界，给全人类带来了巨大的伤害。各国人民生命受到严重摧残，世界人民财富蒙受惨重损失。世界经济陷入全面衰退，国际合作遭到强劲反弹，单边霸权越发疯狂，全球秩序被肆意践踏。世界各国不论何种制度的国家，都不同程度地面临疫情所带来的特级风险，疫情是大自然对人类的报复，病毒本身是无情的。"天若有情天亦老，人间正道是沧桑"，病毒无国别、无制度之分，不分制度、不分国别、不分地区、不分民族、不分种族、不分肤色、不分阶级、不分阶层，谁不防范、不治疗，谁就受伤害。但如何对待疫情，抗疫效果如何，是对当今时代两种不同社会制度、不同执政者及其意识形态和价值观优劣、不同社会制度下治理体系和治理能力高低的检验。只有社会主义制度才是战胜疫情的正道。

资本主义制度在疫情面前交了一份十分糟糕的不合格答卷。资本主义国家越是资本高度垄断，越是富有发达，抗疫行为越是不如人意，糟糕透顶。西方主要资本主义国家抗疫的成绩单差之又差。美国可以说是当今世界最富有、实力最强、科技最先进、医疗资源最好的资本主义超级大国，但感染人数居全世界第一。一个世界经济总量第一，在全球拥有 1000 多个军事基地的超级大国，居然抗疫成绩如此糟糕透顶，让世界震惊和深思。

美国人民正生活在天灾人祸同时横行的"水深火热"之中。"屋漏偏逢连夜雨"，疫情纯属天灾，但遇上人祸，祸不单行，美国更是人祸尽出，与天灾并行不悖。"苛政猛于虎也"，反对美国白人警察跪杀黑人弗洛伊德的抗暴斗争，在美国 50 个州和一些西方国家燃起熊熊烈火，美国出动大批军队和警察，动用催泪弹、辣椒水、棍棒等各种抗暴器械，甚至实弹，运用逮捕、关押、判刑等手段进行威吓、阻挠和镇压。天灾人祸致使美国经济持续下滑，雪上加霜，失业率居高不下，两极分化越加严重。相关数据显示，美国最富有的 0.1%家庭财富相当于最底层 90%家庭的财富总和。然而正当国难临头，美国两党政客却为了私利大打出手，无所不用其极。为了选票和利润，为了股票和钞票，不顾人民死活，执意举行大型竞选活动，强行复工复产，不把精力放在抗疫上，而是绞尽脑汁打击对手，抹黑对手，相互攻讦，甩锅他人，各自为政，转嫁祸水。美国特不靠谱儿的总统特朗普更是独往独来，任意胡为，不抗疫不救灾，甩锅中国，甩锅对手，转移视线，在全世界到处出手嫁祸于人，甚至不惜退出世卫组织，想整谁就整谁。为了躲避美国民众的抗暴风潮，特朗普数次躲进美国白宫地下掩体，这在美国历史上极为罕见。

以美国为首的西方各国统治阶级对待疫情既暴露了制度上的弊端，又显现出治理体系和治理能力的问题。有的实行所谓"群体免疫"，不防不治，任由疫情随意蔓延；有的对 65 岁以上的老人不予治疗，任其死亡；有的对穷人、有色人种实行区别对待……西方发达资本主义国家，医疗资源强大健全，但是私人的大医院掌握在资本家手里，收费很高，拒穷人于门外，防疫物资奇缺，就连医务人员的防疫设备都保证不了，病死率极高，出现"冷藏车拉尸体""挖大坑埋死人"的悲惨局面。另外，在资本主义私有制社会，极端个人主义价值观，极端民主化、自由化思潮泛滥，国民中毒甚深，人们受生计所迫，为个人主义价值观所支配，追求个人极端利益，只为自己打算，不关心社会和他人，社会一盘散沙，把居家隔离戴口罩说成"限制自由""缺乏民主"，大闹与抗击疫情相反的自由行动，致使感染人数自由上涨，死亡人数不断飙升，不少西方国家屡创新高。

社会主义制度在疫情面前却交了一份让人民满意的优秀答卷。与资本主义国家形成鲜明对比的是社会主义国家。以中国为例，曾几何时，五省通衢的武汉引爆湖北，又波及全国的疫情，迅猛异常，危害中华。然而中国共产党领导人民面对突如其来的病毒，迅速地镇静下来，扎稳阵脚，众志成城，全力以赴，动员一切力量迎战疫情。仅仅数月就有效控制住疫情的蔓延，取得了战胜疫情的阶段性成绩。至今除了境外输入病例，中国大多数省市病例为零，即便个别省市出现了疫情反弹，也很快就控制住了。中国现在成为世界上最安全的唯一大国。在困境中，中国经济在 2020 年第二季度转正，同比增长 3.2%，环比增长 11.5%，与 2020 年第一季度 GDP

（国内生产总值）同比增长-6.8%，环比增长-9.8%形成鲜明对比，中国经济"耀眼复苏"。中国抗疫阶段性成绩彰显了社会主义制度的优越性。

社会主义制度的国家虽然不是富裕国家，都是发展中国家，甚至有些国家还很贫穷，有的国家虽然实行了与世界资本主义市场经济体系相接轨的改革开放政策，但靠社会主义制度和执政党领导的优势和几十年来所积累的物质基础，面对疫情大考，纷纷交出了优良答卷。

为什么世界人口众多，抗疫难度最大的中国及其他社会主义制度国家，能够取得如此的抗疫成绩单呢？

一是都以人民为中心，把人民生命安全放在第一位。不论老少，从初生婴儿到百岁老人、从重症患者到濒危病人，概不放弃，不惜动员一切医疗资源用于防控疫情，全力挽救人民生命。中国在疫情最关键时刻全部实行病毒感染患者免费治疗，动员一切医疗资源"应收尽收、应查尽查、应治尽治"，不计成本保人民生命安全。朝鲜、古巴，更是实行了全部免费治疗。

二是发挥社会主义优势，全国一盘棋，集中一切人力、财力、物力投入疫情防控。在中国武汉疫情最紧张的时候，党中央一声令下，4万多医疗人员奔赴武汉，一方有难，八方支援。其他社会主义国家也是在党和政府的坚强领导下，最大限度地发挥制度优势，战胜疫情。

三是坚强有力的执政党的集中领导。社会主义国家党和政府集中力量站在抗疫第一线，领导人民夺取抗疫斗争的一波又一波胜利。

四是实现了空前的团结，人民守纪律、讲贡献。在党和政府领导下，社会主义国家全党全民共同行动，战胜疫情。

党的坚强领导，意识形态、价值观的强大，人民的高度团结和听从指挥、服从纪律，社会主义集中力量办大事优势……所有这一切都深刻体现了社会主义制度的强大生命力和优越性。

这场疫情对世界格局产生重大影响，使全世界亿万人民的生命与财产处在危险之中，谁来挽救人民的生命和财产？谁来拯救世界？大难当前，出路在哪里？面对两种不同制度、不同意识形态和价值观，面对两种不同执政党的领导，孰优孰劣，全世界人民都在观察，都在思考方向在哪里，希望在哪里。世卫组织总干事谭德塞在演讲中一语中的："在一个分裂的世界里，我们无法战胜这种流行病。"从社会主义制度和资本主义制度两种制度对待疫情的态度，处置措施和效果来看，可以说两个社会两重天，不同制度不同结果，挽救世界，拯救人类，唯一的出路是靠社会主义，靠马克思主义武装起来的人民政党，靠人民自觉自愿。

全世界抗疫斗争的现实，再次暴露出资本主义腐朽没落的社会制度越发走向下坡，弊病百出，千疮百孔。资本主义统治者们关心的是他们的钞票、股票和选票，既不真心地保护人民的生命安全，也不全意地组织对疫情实现有效阻击。人民已然看到在资本主义制度下无法继续很好地生存下去，新的社会制度代替旧的社会制度是历史的必然。而要改变这误人害人的制度，仅有客观形势需要、人民意愿和变革要求还不够，还需要人民普遍觉醒、奋起斗争。正像《国际歌》所倡导的："从来就没有什么救世主，也不靠神仙皇帝，要创造人类的幸福，全靠我们自己。"

人类历史近代以来百年大变局就呈现在我们面前，世界必将发生翻天覆地的变化。中国人民在抗击疫情斗争中，深深体会到社会主义制度的优越性，中国共产党的英明正确。抗疫斗争既是和病毒做斗争，更根本的是与落后的社会制度做斗争。曾几何时，当苏东垮台，社会主义阵营解体，美国学者福山高调提出社会主义及其意识形态"终结论"，从那时到 2008 年爆发金融危机，再到这次疫情暴发，充分彰显了社会主义凭着制度优越性正在冉冉上升。中国人民从这场抗疫斗争中深刻体会到，社会主义制度好，中国共产党好，坚持中国特色社会主义制度，是中国人民的唯一希望、唯一选择和唯一出路，更加坚定理论自信、道路自信和制度自信，坚决拥护中国共产党的领导，坚持完善社会主义制度，发挥社会主义制度力量，迎接资本主义制度的拼死挑战，不断提高党的执政能力，完善社会主义国家治理体系，提高治理能力。

疫情给百年未有之大变局增添了极大的不确定性，使国际时局充满了变数。疫情是时局大变的加油机、加速器，使大变加快、力度加大、变数益增，从宏观的、大局的、长远的、根本的战略角度来观察，疫情给国际时局带来怎样的重大影响？使国际格局发生了怎样的变化？应当怎样认识和应对？

第一，世界出现 21 世纪以来最严重的经济大萧条，人类社会面临最重大的困难和挑战。

全球失业率可能高达 30%，经济可能萎缩 20%。日本《选择》月刊 2020

年 4 月号刊登文章称"由于新冠肺炎疫情在全世界蔓延,世界经济陷入程度远超 2008 年世界金融危机的新冠肺炎恐慌"。疫情全球化蔓延与经济下滑叠加,造成 2020 年第一季度油价崩盘,引发油价暴跌和俄美沙特石油大战,加剧了世界经济政治紧张局势。2020 年 3 月以来,美国疫情恶化,加之其国内暴乱,进一步造成资产泡沫破灭,半月之内,美国股市连续出现 4 次熔断,创下美国历史最糟糕纪录。美联储大幅降息,并注资上万亿美元,仍无济于事,一场特大金融经济风暴即将来临。美国经济学家肯尼斯·罗格夫认为,美国将"陷入极度衰退"。国际货币基金组织(IMF)警告,疫情使世界贸易经历自 20 世纪 30 年代以来最剧烈的崩溃,将世界拖入"大萧条"以来最严重的衰退。

第二,世界资本主义整体实力不可遏制地全面加快下滑,美国垄断资本主义的霸主实力显见减退。

疫情使中美两国实力的天平更向中国倾斜,使中国超越美国的速度加快。受疫情影响,美国 2020 年第二季度 GDP 按年率计算下滑 32.9%,创 20 世纪 40 年代以来最大降幅,经济"跌入黑洞",美国衰落将是当今世界的一个最重要的特征。

第三,世界力量对比变化愈益朝着有利于人民的方向发展,世界出现新一轮的大调整、大改组、大重构的国际新格局。

据国际货币基金组织资料显示,2019 年中国 GDP 占比 18.6%,美国占比 15.2%,美国所占经济分量的下滑,必然导致其影响力、控制力的下降,美国正在渐渐丧失独霸世界的实力和能力,美国"独大"的单极格局正在走向结束,当然这个过程也许不会太短暂。反对单边主义、霸权主义、逆全球化主义的重构国际新秩序的潮流更为不可阻挡。美国与西方发达资本主义世界四分五裂;中国实力变强,俄罗斯逐渐站稳脚跟,中俄美新的"大三角"形成,构成疫情后世界格局的重大特征。新冠肺炎疫情、国内失业及暴乱、两极分化使美国和西方诸国民众对资本主义越发失望,社会主义思想受到越来越多人的欢迎。美国最大的社会主义组织——民主社会主义者组织,疫情发生以来两个月,增加了 15%的成员。

第四,资本主义和社会主义两种制度的斗争更加激烈,美国把中国当作主要战略对手全面遏制打压力度加大、频率加快。

进入 21 世纪以来，美国小布什政府即把我定性为头号战略竞争对手，奥巴马政府对华防范遏制图谋日渐彰显，特朗普打着"美国优先"旗号疯狂地加大对我打击。疫情以来，美国联合西方资本主义国家对我动作频频，大打科技战，全面封杀华为，围猎 TikTok。2020 年 5 月 20 日白宫发布了《美国对中华人民共和国战略方针》，剑指中国。美国出台了涉疆涉藏法案。美国总统特朗普还签署了旨在对我《香港国安法》采取压制性惩罚的法案，签署了取消香港优惠待遇的行政命令，制裁中方人员。美国支持"台独"，对台军售，出台涉台法案。美舰多次闯入我南海海域进行所谓"自由航行"，双航母群屡进南海炫耀武力，不断实施高强度海空侦察，侵犯我主权，寻衅挑战。特朗普 2020 年 7 月 14 日公开表态称对中美下阶段贸易谈判"没兴趣"，关闭与中国第二阶段贸易谈判大门。美日澳南海军演企图遏制中国。美国 2020 年 7 月 21 日要求 3 天之内关闭休斯敦总领事馆；8 月 9 日美国卫生部长访台，悍然宣告台为主权国家，对华打压持续升级。

第五，中国特色社会主义面临极大的压力，同时又遇到新的战略机遇。

压力、困难、挑战，同时就是机遇，必须抓住新的战略机遇，乘胜而上。我与敌对势力的遏制与反遏制、颠覆与反颠覆、渗透与反渗透、演变与反演变的斗争是影响世界、影响我国的最大变数。要高度重视中美战略斗争的长期性、全面性、严峻性和复杂性，做好中美战略对抗升级和应对爆发局部战争风险的充分准备。既要争取合作的可能，又要为战争做好一切准备，准备越充足，合作的可能性越大。做好"开展具有新的历史特点的伟大斗争"的一切思想上、理论上、政治上、经济上、军事上和实际上的一切准备。

我们一定要团结在以习近平同志为核心的党中央领导下，做好充分的思想准备，认清时局，沉着应对，丢掉幻想，准备斗争，迎接更大的挑战，争取更大的胜利。

恩格斯最大的理论贡献：与马克思共同创立并捍卫和丰富了唯物史观*

　　2020 年 11 月 28 日，是全世界工人阶级及劳动人民的伟大导师、马克思主义创立者和工人阶级政党的缔造者之一——恩格斯诞辰 200 周年。我撰写了这篇论文以表达对恩格斯的无限怀念和尊重，表达坚持、捍卫马克思主义的坚定决心。我的这篇论文并没有对恩格斯一生的伟大贡献做出全面评述，只是阐述了他与马克思在共同创立唯物史观并坚持、捍卫和不断充实、丰富这一人类最伟大思想发现进程中所做出的杰出贡献。

---

　　* 本文发表于《马克思主义理论教学与研究》2021 年第 1 期，因与前文《历史唯物主义永远是我们党的理论指南，是马克思主义史学理论的灵魂和精髓》部分重复，故删去主要内容。

世界百年未有之大变局与马克思主义哲学中国化*

习近平总书记指出："当前，我国处于近代以来最好的发展时期，世界处于百年未有之大变局，两者同步交织、相互激荡。"①世界百年未有之大变局与我国发展战略机遇期的时代交汇点是中国特色社会主义道路（简称中国道路）的重要转折点，必须科学解答中国道路"身处何地""走向何方"的历史关键问题。作为中国道路的哲学表达，马克思主义中国化哲学是一切中国问题的哲学回答，是一切改革发展的思想先导，是一切现实经验的理性提升。创新发展，理论先行。在世界百年未有之大变局的重大战略背景之下，必须以中国道路的哲学表达作为切入点，深刻把握当代中国马克思主义哲学的时代问题、出场范式、创新发展和历史定位。只有准确把握时代发展的问题关键，真正解答中国道路和中国特色社会主义发展（简称中国发展）问题，才能创新发展当代中国马克思主义哲学。

一、马克思主义哲学是"实践的唯物主义"的辩证唯物主义
哲学，不是实践本体论的"实践哲学"

马克思认为："任何真正的哲学都是自己时代的精神上的精华。"②马克思主义哲学牢牢抓住时代命脉，准确应答时代问题，是发现、展示和发展时代精神的精华，是经过反复实践并经实践验证的真理。21世纪是中国道路大实践的时代，也是马克思主义哲学和马克思主义中国化哲学大发展的时代。21世纪马克思主义中国化哲学就是当代中国马克思主义哲学，是正确反映并回答当代中国的时代问题、现实矛盾和社会需求的具有时代

---

* 本文发表于《马克思主义哲学》2021年第1期。

① 习近平：《坚持以新时代中国特色社会主义外交思想为指导 努力开创中国特色大国外交新局面》，《人民日报》2018年6月24日。

② 《马克思恩格斯全集》第1卷，人民出版社1995年版，第220页。

精神的哲学。

马克思主义哲学在世界哲学史上开创了一个新纪元，马克思称自己的哲学作为区别一切旧哲学的新哲学是"实践的唯物主义"①。马克思之所以把自己的哲学称为"实践的唯物主义"，含义有四。

一是强调马克思主义哲学作为新哲学具有"改变世界"的功能和目的。马克思主义哲学诞生之前，历史上的旧哲学片面强调哲学的思辨性和理论性，将哲学的历史任务始终放在"解释世界"这个问题上，而马克思主义哲学开创性地展示了"改变世界"的功能。马克思在表达自己的新的哲学观点，即新世界观的成熟著述《关于费尔巴哈的提纲》（以下简称《提纲》），也就是恩格斯称其是"包含着新世界观的天才萌芽的第一个文件"②中，对一切旧哲学提出了尖锐、透彻的批评，"哲学家们只是用不同的方式解释世界，问题在于改变世界"③，创新性地提出马克思主义哲学认识世界的目的，在于能够指导人们"改变世界"的观点，彻底说清了马克思主义哲学与一切旧哲学的根本区别，明确无误地阐明了马克思主义哲学的本质特点。马克思主义哲学不仅是认识世界，更重要的是通过认识世界，实现改造世界的目的。"实践的唯物主义"首先强调的是革命的行动即实践，强调马克思主义哲学的目的是从事革命的实践活动，重在行动，重在实践，重在改造世界的革命活动，是以通过"革命的实践"④"改变世界"为目的新哲学。

马克思主义哲学不仅提出改造世界的革命目的，更重要的是发现了社会历史发展的秘密，发现了共产主义、社会主义必然代替资本主义的必然趋势，提出了改造旧世界的任务、手段和方法，找到了付诸改造世界的实践的物质力量——无产阶级，是无产阶级的"革命的实践""改变世界"的世界观。"一切重要历史事件的终极原因和伟大动力是社会的经济发展，是生产方式和交换方式的改变，是由此产生的社会之划分为不同的阶级，是这些阶级彼此之间的斗争。"⑤马克思主义哲学所处的时代是资本主义时

①《马克思恩格斯选集》第 1 卷，人民出版社 1995 年版，第 75 页。

②《马克思恩格斯选集》第 4 卷，人民出版社 1995 年版，第 213 页。

③《马克思恩格斯选集》第 1 卷，人民出版社 1995 年版，第 57 页。

④ 同上书，第 6 页。

⑤《马克思恩格斯文集》第 3 卷，人民出版社 2009 年版，第 509 页。

代，其基本矛盾是社会化大生产与生产资料私人占有之间的矛盾，资本主义社会中不可调和的社会矛盾决定了资产阶级与无产阶级的根本对立，也决定了无产阶级必须拥有自己的思想理论武器。从主体角度看，马克思主义哲学自诞生以来就是无产阶级的哲学世界观，代表着备受剥削的工人阶级的利益，具有其阶级属性和特定功能，是正确指导无产阶级革命实践行动的世界观和方法论。从历史任务角度看，"共产主义革命就是同传统的所有制关系实行最彻底的决裂"①。马克思主义哲学正确指明了无产阶级在资本主义时代下的前进方向，揭示了无产阶级必将战胜资产阶级的历史必然性和"人自由而全面的发展"的共产主义社会的终极目标，是无产阶级取得革命胜利的思想精髓和制胜法宝。

二是赋予实践以"改变世界"的"革命的实践"的科学内涵。所谓"实践的唯物主义"，是把实践作为马克思主义哲学创立并实现代替一切旧哲学的伟大革命的关键范畴。在《提纲》中马克思把以往的唯物主义哲学称为旧唯物主义，第一次从根本上批判了费尔巴哈和一切旧唯物主义的局限性，第一次把社会实践当作马克思主义哲学的基本范畴提了出来，标志着马克思不仅同唯心主义，而且同旧唯物主义，同一切旧哲学划清了界限。马克思在《提纲》中指出："从前的一切唯物主义（包括费尔巴哈的唯物主义）的主要缺点是：对对象、现实、感性，只是从客体的或直观的形式去理解，而不是把它们当作感性的人的活动，当作实践去理解，不是从主体方面去理解。"②唯心主义哲学是从唯心的角度认识世界、认识社会，其错误不必再叙。马克思主义之前的旧唯物主义哲学，包括费尔巴哈人本唯物主义哲学其根本缺陷就是看不到社会实践在社会生活和人的认识中的作用，既不理解社会生活的实践本质，也不理解人的认识的实践本性，忽视了社会实践的作用，这是一切旧唯物主义陷入形而上学和唯心主义历史观的根本原因。马克思主义哲学认识到社会实践的作用，认识到人的劳动实践创造了人类和人类社会，从人的生产劳动实践出发，发现了社会物质生产活动的决定性作用，发现了生产力与生产关系、经济基础与上层建筑的矛盾运动，第一次从物质生产方式的社会存在出发，说明了人类历史的发展最一般的

①《马克思恩格斯文集》第 2 卷，人民出版社 2009 年版，第 52 页。
②《马克思恩格斯选集》第 1 卷，人民出版社 1995 年版，第 54 页。

规律。马克思主义哲学认识到实践在人的认识中的作用，说明了实践是人的认识的基础、源泉、动力和检验标准，发现了人类思维的最一般的客观规律。马克思把自己的新哲学称为"新唯物主义"①，认为新唯物主义新就新在是"实践的唯物主义"。马克思把实践理解为"改变世界"的人的能动的、感性的物质活动，把改造世界的活动理解为"革命的实践"，赋予实践以科学的内涵和定义，确立了实践在马克思主义哲学历史观中的基始作用和认识论中第一的地位，在新哲学中植入了实践范畴，把实践放到新世界观首要的位置，实现了哲学与实践之间的联系融通，建立了马克思主义哲学实践观，开启了马克思主义哲学在人类哲学史上的一场伟大革命，建立了辩证唯物主义和历史唯物主义哲学。

三是阐明马克思主义哲学是以实践为基础、为特征的哲学。马克思强调："全部社会生活在本质上是实践的。"②实践性是马克思主义哲学区别于其他旧哲学的特有品格，是马克思主义哲学从理论到实际转化的重要切入点，也是马克思主义哲学保持蓬勃生命力和创造力的基础本源和内在原因。实践首先是时代的实践，哲学具有时代特征，要解答时代之问。马克思主义哲学源自实践，是时代的产物。恩格斯认为："每一历史时代的经济生产以及必然由此产生的社会结构，是该时代政治的和精神的历史的基础。"③可见，一定时期的哲学思想最终是由所处历史时代的经济生产所决定的，随着时代实践的发展而发展。马克思主义哲学诞生于 19 世纪 40 年代，当时西欧资本主义的繁荣发展使社会分工越来越细，工人生存处境倍受挤压，无产阶级逐步登上历史的舞台，客观上提供了马克思主义哲学产生的经济条件、阶级基础和实践前提。在此基础上，马克思主义创始人站在"时代巨人"的肩膀上，亲身参加了当时无产阶级的革命实践，从实践中吸取理论养分，批判继承了黑格尔哲学的辩证法和费尔巴哈哲学的唯物论。马克思主义哲学是处于一定历史时代条件下的时代精神的精华，马克思主义哲学反映的是资本主义时代的经济生产和政治结构，回答的是资本主义时代亟待解决的重大问题，是资本主义社会实践的抽象概括和理性提升，是真正把握时代发展潮流的哲学理论，具有超越性、前瞻性和指导性。

---

① 《马克思恩格斯选集》第 1 卷，人民出版社 1995 年版，第 57 页。
② 《马克思恩格斯文集》第 1 卷，人民出版社 2009 年版，第 501 页。
③ 《马克思恩格斯文集》第 2 卷，人民出版社 2009 年版，第 9 页。

伟大时代的伟大实践是马克思主义哲学产生的源泉和基础。实践在前进，理论在发展，马克思主义哲学不是封闭、僵死、一成不变的哲学体系，而是不断随着实践发现新问题、回答新问题，不断创新发展的哲学。从恩格斯对马克思主义哲学的创新发展，到列宁、毛泽东、邓小平等对马克思主义哲学的创新发展，再到今天习近平新时代中国特色社会主义思想对马克思主义哲学的创新发展，都一再证明"实践的唯物主义"的无限生命力。实践性是马克思主义哲学最明显的特征，是哲学史上具有划时代意义的思想特质，使马克思主义哲学历经一个多世纪仍然焕发着勃勃生机。

四是明确马克思主义哲学实践观是以承认物质本体论为根本原则的实践观。马克思主义哲学强调实践的重要意义，把实践看作历史观的基础范畴，看作认识论首要的、基本的观点，是以承认自然界的先在性和优先性为首要前提，以承认物质是第一性的，是世界的本原、本体，物质决定意识，世界统一于物质的唯物论为第一原则的。马克思主义哲学创始人把自己的新哲学称为"实践的唯物主义"，这就彻底划清了马克思主义哲学同一切唯心主义和旧唯物主义，同马克思主义哲学创始人逝世之后的各种机会主义和资产阶级哲学思潮的根本界限。马克思主义哲学是马克思、恩格斯在同一切唯心主义和旧唯物主义哲学的斗争中形成的。马克思辞世后，恩格斯同形形色色的企图篡改马克思主义哲学的机会主义和资产阶级哲学思潮展开坚决的斗争，坚持、捍卫并丰富了马克思主义哲学"实践的唯物主义"的纯洁性和战斗性。在进入垄断资本主义的新的历史条件下，列宁同修正马克思主义哲学的各种错误思潮进行不懈的斗争，始终如一地坚持"实践的唯物主义"，把马克思主义哲学推向了列宁主义哲学阶段，坚持和发展了辩证唯物主义和历史唯物主义。马克思主义哲学包括列宁主义哲学，马克思主义哲学就是马克思列宁主义哲学。

20 世纪 20 年代，俄国十月革命胜利后，形形色色的反对马克思主义的西方哲学思潮纷纷出笼，向马克思主义哲学展开进攻。西方马克思主义哲学跻身于西方哲学思潮，以"左"的面貌，以注重文本研究、重新发现马克思的学术姿态，打着修正和发挥马克思主义哲学的旗号出现，从抽象的人性论出发，企图重新理解并"纠偏"马克思主义哲学。西方马克思主义哲学思潮有其合理可取的成分，但认为马克思主义哲学离开了人，是人的"空白"和"缺位"，忽视人的主体性，认为马克思主义哲学强调离开人的实践活动的自然界是没有任何意义的，认为唯物史观把人的生产劳动实践作为社会历史的基础忽视了实践本体的地位和作用，否定自然界的先在性，否定物质的世界本体地位，夸大抽象的人性、人的主体性、人的主体意识，鼓吹取代辩证唯物主义的"实践转向""范式改变"，形成了主张实践本体论的"实践哲学"。"实践哲学"是企图修正、反对马克思主义哲学的错误思潮。所谓坚持实践本体论的"实践哲学"，说穿了就是把实践作为世界本体、本原，取代把物质看作本体、本原，用所谓的"实践哲学"取代马克思主义哲学"实践的唯物主义"，从根本上否定了唯物主义的根本原则，抽去了唯物主义的根基，彻底颠覆了辩证唯物主义和历史唯物主义。马克思讲的"实践的唯物主义"同"实践哲学"所鼓吹的"实践唯物主义"不是一码事。当然，关于"实践唯物主义"也有两种说法，一是在承认物质本体论前提下，认为马克思主义哲学是"实践唯物主义"，这与马克思称呼的"实践的唯物主义"的意思大体是一致的。然而"实践唯物主义"的提法是不严格的，很容易被实践本体论的"实践哲学"所利用。二是宣扬实践本体论的"实践哲学"所说的"实践唯物主义"，这种"实践唯物主义"的提法与马克思主义的"实践的唯物主义"的提法大相径庭。"实践哲学"的鼓吹者为了混淆视听，故意把"实践的唯物主义"称为"实践唯物主义"，自称"实践派"。他们所说的"实践唯物主义"不是马克思所说的"实践的唯物主义"，不是强调物质本体论的辩证唯物主义哲学。改革开放以来，我国哲学界有一股受到"实践本体论"的"实践哲学"严重影响的跟风思潮，错误认为马克思主义哲学是"实践哲学"，接受"实践哲学"关于"实践唯物主义"的提法，试图用"实践哲学"的实践本体论取代辩证唯物主义的物质本体论，片面地把"实践的唯物主义"说成"实践哲学"，这是不可取的。

　　马克思主义哲学是"彻底的唯物主义"，是不同于一切旧唯物主义的"新唯物主义""实践的唯物主义"，其实践观是建立在坚持物质本体论基础上的辩证唯物主义的实践观，与把实践作为世界本原、本体的"实践本体论"的所谓"实践哲学"截然不同。马克思主义作为"实践的唯物主义"，它首先承认人的思想活动，人的主动性，人的实践之外的自然界的先在、优先、本原的地位，认为物质才是第一性的，是世界的本质、本原，强调的是实践在社会生活和人的认识上的社会作用，强调的是同一切旧哲学包括旧唯物主义的根本区别，强调实践是现实的、历史的、感性的、主体的改造世界的物质活动，并不否定物质是世界的本原、本体，是第一性的马克思主义唯物论的第一原则，是辩证唯物主义的哲学体系。

二、马克思主义哲学与中国实际相结合，中国化的马克思主义哲学实现了马克思主义哲学的创新发展

中国共产党人继承了马克思主义哲学"实践的唯物主义"的本性，尤为强调马克思主义哲学改造世界的功能，强调学习马克思主义哲学理论的目的全在于应用，突出地强调马克思主义哲学必须与中国实际相结合，必须用以指导中国实践。在改造旧中国、建设新中国的进程中，突出强调马克思主义哲学的实践性，强调理论联系实际，形成了一切从实际出发、实事求是的马克思主义的思想路线。马克思主义哲学的中国化，是中国共产党人及其所从事的事业生生不息的不竭思想源泉。自马克思主义哲学传入中国以来，一代又一代中国共产党人针对不同发展阶段的中国社会矛盾，聚焦不同的中国时代命题，理性剖析社会发展的内在逻辑，创造性地运用马克思主义哲学回应中国的时代要求，解决中国革命道路和社会进步发展问题，在中国伟大斗争实践的进程中，确立了以实事求是思想路线为精髓的中国化的马克思主义哲学，形成了一整套逻辑严密、体系完善、创新发展的中国化的马克思主义哲学理论形态，使中国革命道路和社会进步发展的具体实践升华为抽象的中国化的哲学表达，向世界展示马克思主义哲学的中国特色和中国智慧。

在新民主主义革命时期，中国共产党人受到了俄国十月革命的极大鼓舞和马克思主义哲学的深刻启示，深受"实践的唯物主义"教育，主张学习并实际地走"俄国道路"。然而"实践的唯物主义"的精髓是学习"俄国道路"，但不能照搬照抄"俄国道路"，而是要学习俄国通过无产阶级政党领导的革命斗争取得胜利的内在精神和理念思路，学习俄国共产党怎样把马克思主义结合于俄国实践，创造了俄国化的马克思主义，即列宁主义，用于指导俄国革命，取得俄国社会主义革命的成功。俄国革命取得成功，最根本的思想原因就是俄国共产党在马克思主义的立场、观点和方法，即马克思主义哲学指导下，把马克思主义哲学与俄国实际相结合，创新发展

了马克思主义哲学，创造了马克思主义哲学的有机组成部分——列宁主义哲学。毛泽东总结俄国革命道路成功的经验和中国革命失败的教训，深刻地认识到解决中国革命道路和社会进步发展问题，决不能搞本本主义，照抄照搬马克思的现成结论，套中国革命的实际，而是学会运用马克思列宁主义立场、观点和方法，也就是学会运用马克思列宁主义哲学世界观和方法论，实际地解决中国革命道路和社会发展进步问题。毛泽东认为，马克思主义哲学是放之四海而皆准的真理，然而再好的思想武器，不用来针对并解决中国的实际问题，也是没有用的。必须用马克思主义之"箭"去射中国革命之"的"，要将理论运用于实际，有的放矢，付诸革命的行动。中国共产党人在把马克思主义与中国革命实践相结合的进程中，实现了马克思主义哲学中国化，用中国化的马克思主义哲学指导中国实践。毛泽东针砭时弊，率先提出马克思主义中国化的历史任务，马克思主义中国化题中应有之义地包括了马克思主义哲学中国化的历史课题。针对中国革命现状，毛泽东在清算经验主义、教条主义错误的基础上全面总结革命经验，剖析社会规律，创造性地继承了马克思主义哲学和中国优秀传统哲学的精髓，完成马克思主义哲学中国化的第一次历史性飞跃。毛泽东的马克思主义中国化哲学集中地体现在《反对本本主义》《实践论》《论持久战》和《矛盾论》这几部代表性著作之中，特别体现在《实践论》《矛盾论》这两部杰出著述中。在《实践论》中，他坚持实践第一的观点，阐述实践与认识的辩证关系原理，强调了实践在认识论中第一的作用，创立了一切从实际出发、实事求是的马克思主义中国化哲学的思想路线；在《矛盾论》中，他论述了矛盾是宇宙间根本规律的观点，阐发矛盾普遍性与特殊性的辩证统一关系，独创性地提出主要矛盾和矛盾的主要方面学说，灵活地运用矛盾学说于中国革命实际，正确认识和处理了中国社会的矛盾，把中国革命引导到胜利。毛泽东的"两论"在新民主主义革命时期，把中国化的马克思主义哲学对实践的指导作用发挥到淋漓尽致的水平。

在社会主义革命和建设时期，毛泽东提出了马克思主义与中国建设实际第二次结合的时代任务，马克思主义与中国建设实际相结合，题中应有之义地包含了马克思主义哲学与中国建设实际相结合的时代任务。在第二次结合的历史进程中，毛泽东对中国的社会主义建设道路和发展路径进行了艰苦卓绝的探索，又进一步推进了马克思主义哲学的中国化，丰富了毛泽东哲学思想。毛泽东根据新的实践，撰写了《论十大关系》《关于正确处理人民内部矛盾的问题》《人的正确思想是从哪里来的？》《学习马克思主义的认识论和辩证法》等新的哲学著作，大大提升了马克思主义中国化的哲学水平，大大提高了中国共产党的领导能力和执政水平。正是在马克思主义中国化哲学的指导下，中国共产党带领中国人民成功夺取了社会主义革命、社会主义所有制改造和社会主义建设的伟大胜利。中国化的马克思主义哲学成为一代又一代共产党人展开伟大斗争的思想利器。

在改革开放新时期，马克思主义中国化哲学迎来新的时代主题。党的十一届三中全会展开对真理标准问题的大讨论，重新厘清"实践是检验真理的唯一标准"这一马克思主义哲学命题，在更广阔的领域、更深的层次上肃清教条主义对人们长期以来的思想禁锢。自十一届三中全会开始，以邓小平为代表的中国共产党人开启了探索中国道路、中国发展的新征程，全力推进中国经济的快速发展和全方位的对外开放，激活马克思主义中国化哲学创新发展的深层动力，继续了马克思主义哲学与中国实际相结合的进程。关于真理标准问题大讨论的思想解放运动使中国共产党重新审视自身，端正对马克思主义哲学的科学态度，明确马克思主义哲学的基本原理并不断运用于中国改革开放的实际中，创造了马克思主义哲学中国化的新的形态——邓小平理论、"三个代表"重要思想、科学发展观等中国特色社会主义思想体系的思想基础，即马克思主义中国化哲学新形态。全面改革、对外开放，推动马克思主义中国化哲学从"中国视野"扩大到"国际视野"，不仅要以民族性的眼光聚焦中国问题，科学指导中国道路的发展，还要以开放性的眼光着眼于世界，实现中国与世界的良性双向互动，在发展中推进马克思主义哲学与社会主义实践的双向创新。

党的十八大以来，中国特色社会主义新时代的新的实践内容为马克思主义中国化哲学注入了全新的实践要素，形成了习近平新时代中国特色社会主义思想的哲学意蕴和境界。以习近平同志为主要代表的中国共产党人精准把握时代发展的方向，敏锐捕捉社会主要矛盾已经由"人民日益增长的物质文化需要同落后的社会生产之间的矛盾"，转化为"人民日益增长的美好生活需要和不平衡不充分的发展之间的矛盾"，提出"中国特色社会主义已步入新时代"的科学研判。在国内实践基础上，用当代中国马克思主义哲学语言正确总结历史经验，准确反映时代发展，完成了中华民族从站起来、富起来到实现强起来的伟大实践探索，开启全面建设社会主义现代化国家新征程；在全球实践基础上，运用马克思主义哲学"解放全人类"的观点并将其中国化、时代化，付诸从"解放全人类"到"中华民族伟大复兴"，再到"人类命运共同体"的当代实践，在世界百年未有之大变局中贡献了中国哲学智慧。以习近平同志为主要代表的中国共产党人高度重视马克思主义中国化哲学的创新发展，多层次、宽范围、大规模地组织马克思主义中国化哲学传播研究，积极推进马克思主义中国化哲学内容创新、范式研究和体系建设，进一步挖掘马克思主义哲学的新时代内涵，使之批判吸收中国传统哲学和西方哲学的有益内容，让中国道路、中国发展的哲学表达更加系统科学，全力推动 21 世纪马克思主义中国化哲学的进一步发展，由内向外传递中国声音，彰显中国力量。

三、中国特色社会主义进入新时代，世界百年未有之大变局需要马克思主义中国化哲学的创新发展

习近平总书记指出："这是一个需要理论而且一定能够产生理论的时代，这是一个需要思想而且一定能够产生思想的时代。"[①]当前世界正面临百年未有之大变局，人类历史正经历着伟大而独特的社会实践，中国特色社会主义面临的复杂多变的时代背景和改革创新的时代主题呼唤新理论、新思想的诞生，马克思主义中国化哲学又一次迎来了创新发展的大好时机。

我国正处于中华民族伟大复兴的战略全局和世界正经历百年未有之大变局的历史关节点，中国特色社会主义改革发展稳定的演变方向、战略布局离不开这两个大局，离不开对这两个大局的科学把握。

中华民族伟大复兴是伟大的、全局性的战略目标和战略任务，把这一战略任务付诸实践，首先就要把这一战略目标放在世界百年未有之大变局中来认识。从字面意义上看，"世界百年未有之大变局"中的"世界"二字代表这一战略判断的空间意义，当前世界各个国家和地区无论处在何种社会形态、处于何种发展阶段，都处于百年未有之大变局的时代浪潮之中，体现出经济发展全球化、政治形态多极化、文化取向多元化、制度竞争白

---

① 习近平：《在哲学社会科学工作座谈会上的讲话》，《人民日报》2016 年 5 月 19 日。

热化等特点，国际上一切社会成员在此历史时代条件中，不论何种国情，都无一置身于时代浪潮之外，无一幸免于时代浪潮的冲击，在大变之中无一能独善其身；"百年"二字并不是严格专指"整整一百年"的时间概念，而是与世界历史相关的兼顾自然意义和社会意义的时间视角，指站在世界历史时代演变的高度上，以世纪为尺度观察当今中国在世界格局中的发展变化；"未有之"字眼强调当前世界大变局的规模之宏大、调整之深刻、影响之深远、意义之重大，在较长历史时期内前所未有；"大变局"字眼体现当前世界形势的总体特点和总的战略格局，标示世界变化的历史长度、覆盖广度、变革深度不断蔓延，从历史趋势上体现为不同社会制度较量、全球经济结构秩序调整、世界治理体系变革、科技革命影响突出、意识形态斗争加剧等时代特征。必须从两个大局出发，深入理解马克思主义哲学"实践的唯物主义"的实质要义，将马克思主义与当今中国道路、中国发展相结合并进行哲学层面上的理性提升，汲取其内在精华作为马克思主义中国化哲学的基本底色，正确认清中国道路的实质，把握当下中国发展的规律，为马克思主义中国化哲学注入新的时代内涵。

　　把握世界百年未有之大变局，就要深刻剖析这一历史时代中"变"与"不变"的辩证关系。世界百年未有之大变局大变之中有"不变"，首先是时代本质特征的基本属性没有改变，马克思主义经典作家关于当前世界正处于资本主义社会经济形态占主导地位的历史时代根本判断没有过时。《共产党宣言》中明确提出："我们的时代，资产阶级时代。"①从世界范围来看，世界百年未有之大变局的历史时代仍然置身于资产阶级时代，即资本主义的"经济社会形态"仍然占主导地位的历史时代，在该时代始终存在资产阶级对无产阶级和广大劳动人民剩余价值的盘剥，始终贯穿着资本主义与社会主义两种道路、两种命运、两种社会力量的较量。其次是作为世界上最大的社会主义国家，我国在马克思主义的指导下坚定不移地走中国特色社会主义道路并逐步跻身世界最大经济体前列，但我国仍处于并将长期处于社会主义初级阶段，我国的基本国情没有改变，也不会改变。

　　世界百年未有之大变局不变之中有"大变"，"大变"的一个重要特征是，如今世界历史进程已经前进到并正处于经过社会主义过渡而取代资本

---

　　①《马克思恩格斯文集》第 2 卷，人民出版社 2009 年版，第 32 页。

主义社会，最终将进入共产主义社会的历史时代，在该时代，资本主义经过自由竞争、私人垄断、国家垄断三个阶段，已经进入当代资本主义发展的第四个阶段，资本主义不可遏止地进入了下降期，社会主义进入了上升期。当今世界将长期存在"一球两制"、两制之争越演越烈的状态。我国综合国力和国际影响力已逐步上升，到达百年未有之高水平；资本主义国家内部不可调和的社会矛盾越发激化，其衰退趋势已成定局，社升资降的趋势迫使垄断资本主义国家必然向其他国家特别是社会主义国家转嫁矛盾和风险。"一球两制"的根本对立和竞争导致我国将长期面临经济围堵、政治封锁、军事包围、意识形态攻击的巨大外部压力，这种外部压力将伴随着我国向世界舞台中心的靠近而愈加强烈。中国特色社会主义新生大国的发展必然要经历一定的阵痛和压力，承担一定的代价。必须看清在世界百年未有之大变局的历史变局影响下的世界两种制度、两种力量博弈的时代主线，必须看清我国外部环境和国际力量格局已然发生深刻变化。

百年未有之大变局为马克思主义中国化哲学创新发展提供了广阔深厚的现实基础。恩格斯指出："历史从哪里开始，思想进程也应当从哪里开始。"①一切思想都是在一定的历史条件下产生的，受到一定历史时代和现实基础的制约，呈现出具体性、历史性的特征。当前马克思主义中国化哲学是在世界百年未有之大变局与中国社会大变革的时代背景下产生的，也同样具有具体性、历史性的特征。这里的"具体性"，是指马克思主义中国化哲学的创新发展之路必然具备一定的现实基础，必须回答一定的时代问题；"历史性"指马克思主义中国化哲学一方面是历史时代塑造的，具有历史性的时代要求，另一方面既汲取了国外马克思主义哲学精华，也有马克思主义中国化哲学和中国传统哲学的精华，本身具有时代理论和历史积淀的特征。

从时代背景上看，时代是思想之母。世界正面临着百年未有之大变局，出现经济全球化越发展，制度、道路、意识形态之争越激烈，世界经济水平越提高，我国受到的围追堵截形势严峻，世界分工越细化、交往越紧密，逆全球化保守主义越突出等等变数，中国如何认识和应对国际大变局、如何认识和处理国际国内各类矛盾、如何认识和处理与世界各国之间的关系，

---

① 《马克思恩格斯选集》第 2 卷，人民出版社 2012 年版，第 14 页。

亟待马克思主义中国化哲学从理论高度上提供思想引领，进而科学解答世界格局变化的时代之问。

从实践基础上看，理论是实践之导，实践是理论之源。世界百年未有之大变局与中国发展战略机遇期相互作用，使中国特色社会主义道路面临着当代最为宏大和深刻的社会变革，中国现实问题的不断凸显需要马克思主义哲学进行根本性破解，中国道路的实践创新需要马克思主义中国化哲学从前瞻性和统领性的视角做出哲学表达，从理论上解决中国道路的现实之问。

从理论基础上看，理论创新既要讲究一脉相承、推陈出新，又要强调古为今用、洋为中用。世界百年未有之大变局背景下的马克思主义中国化哲学的创新发展具有深厚的文化积淀，包括百年来马克思主义中国化哲学的积累，两百年来马克思主义经典作家的启迪，五千年来中国传统哲学的滋养，国外硕果累累的哲学学术成果的鉴借，等等，为马克思主义中国化哲学创新发展提供了不竭的智力支持和思想源泉，为马克思主义中国化哲学解答新时代的理论之问提供了前提依据。

当今世界格局和中国道路、中国发展面临着新的转折点，历史时代的变局和社会实践的发展，呼唤马克思主义中国化哲学的创新发展。在新形势下，要充分依存和把握马克思主义中国化哲学创新发展的现实基础，使之在百年未有之大变局的时代背景下充分酝酿，在中国特色社会主义道路的实践过程中不断滋养，在硕果累累的中外哲学思想比较中反复浸润，进而达到理性解答时代之问、现实之问、理论之问的新境界。在马克思主义中国化哲学的指引下，中国有智慧、有力量为全球治理体系的不断完善提供具有哲学高度的中国方案和中国智慧。

马克思主义中国化的哲学创新发展具有伟大的现实意义和深远的世界历史意义。马克思认为："哲学把无产阶级当做自己的物质武器，同样，无产阶级也把哲学当做自己的精神武器。"①在世界百年未有之大变局的时代背景下，马克思主义中国化哲学的创新发展，实质上是以无产阶级的伟大阶级视角向世界递交了社会主义"身处何地""路在何方"的中国答卷，在解答时代之问、引领前进方向、彰显中国智慧的三大意义之中，凸显作为

---

① 《马克思恩格斯选集》第 1 卷，人民出版社 2012 年版，第 16 页。

马克思主义哲学武器的时代价值。

契合时代发展，回应世界关切。任何民族、任何国家的发展之路从来都不是一帆风顺的，总要经历各种风雨和挫折，中国百年新民主主义、社会主义革命和社会主义建设的光辉历史同样是在长期、复杂、曲折的探索之中形成的。中国走出一条具有中国特色的新民主主义革命道路、社会主义革命道路和中国特色社会主义发展道路，也可以统称为中国道路。中国道路的伟大实践看似是由一系列偶然性、个体性、表面性的事件结合而成，实则不是，历史是有规律的，偶然性、个体性、表面性事件的内在实质是历史演变和时代发展的规律，具有必然性、整体性、本质性的特征。马克思主义哲学伟大之处就在于能够以科学的抽象屏蔽历史表层的偶然的、不确定的干扰因素，从纵深层面和横断截面反思历史，揭示规律，进而紧紧把握时代关键，完成时代问答。马克思主义中国化哲学是深植中华大地、研究中国问题、把握中国社会发展规律的学说。在世界百年未有之大变局的时代背景下创新发展马克思主义中国化哲学，必须及时总结中国道路经验，掌握新时代中国发展规律，从本质上回答时代之问，回应世界关切。

保持理性自觉，引领前进方向。中国百年新民主主义革命、社会主义革命和社会主义建设历程告诉我们，只有坚持马克思主义立场，在马克思主义中国化哲学的指导下，中国道路才能成功。当前世界百年未有之大变局和中国特色社会主义新时代的历史交汇点，从深层次呼唤马克思主义中国化哲学的创新发展，呼唤马克思主义中国化哲学以高度的理论自觉指导中国道路的实践。马克思主义中国化哲学的创新发展在发现问题、分析问题和解决问题的内在逻辑中认识规律、利用规律，把握中国道路的发展方向和世界格局的演变趋势，发挥哲学前瞻性和指导性作用，尽可能地减少发展过程中的错路、弯路，将哲学力量转化为物质力量，极大地有助于将新时代中国道路、中国发展的实践经验通过理性自觉提升为当代中国马克思主义哲学表达，与时俱进地指明中国道路前进方向，实现世界观引领、价值观引领和方法论引领，进而有效破解中国难题，推进中国发展。

贯通古今中外，彰显中国智慧。马克思主义中国化哲学本身是扎根于中华大地、体现马克思主义价值观的当代中国哲学，是道路选择和历史进程的内在表达。世界百年未有之大变局时代背景下的马克思主义中国化哲学的创新发展体现了马克思主义哲学的中国转向，体现了中国传统哲学在新时代、新现实、新实践中的理论延伸和理性提升，具有高度的原创性和本土性。马克思主义中国化哲学的创新发展有助于建构当代中国马克思主义哲学话语体系，提升中国精神的内在张力，增强中华民族的道路自信、理论自信、制度自信和文化自信，彰显社会主义超越资本主义的观念创新，冲击西方资本主义世界长期以来塑造的话语霸权地位，推动世界文化战略格局的调整，为世界贡献中国智慧。

四、加快构建当代中国马克思主义哲学创新体系，努力创新发展新时代马克思主义中国化哲学

习近平总书记在哲学社会科学座谈会上强调："一个没有发达的自然科学的国家不可能走在世界前列，一个没有繁荣的哲学社会科学的国家也不可能走在世界前列。"[①]为了在世界百年未有之大变局中开辟出中国道路、中国发展的广阔空间，必须加快构建当代中国马克思主义哲学创新体系，激发出新时代马克思主义中国化哲学源源不断的内在动力和创新精神。

创新发展马克思主义中国化哲学必须根植于时代发展变化。恩格斯指出："任何哲学只不过是在思想上反映出来的时代内容。"[②]哲学作为一定社会形态经济基础的上层建筑，是顺应历史时代而生的产物。马克思主义中国化哲学是深耕于中国实际、代表中国人民、解答中国问题的哲学，马克思主义中国化哲学的创新发展，势必要深深扎根于当今时代的实践变化。毛泽东强调："马克思主义一定要向前发展，要随着实践的发展而发展，不能停滞不前。停止了，老是那么一套，它就没有生命了。"[③]创新发展新时代马克思主义中国化哲学必须紧紧顺应时代发展的需要，深深根植于新时代、新实践。

第一，应当把握新时代变化，明确历史新方位。"世界正面临百年未有之大变局"这一历史判断，是以习近平同志为核心的党中央领导人在深刻分析当前国际战略格局和世界发展趋势后做出的科学研判，百年未有之大变局是我们理解新时代中国道路发展的环境条件。我国正处于中国特色社

---

① 习近平：《在哲学社会科学工作座谈会上的讲话》，《人民日报》2016 年 5 月 19 日。

② 《马克思恩格斯全集》第 41 卷，人民出版社 1982 年版，第 211 页。

③ 《毛泽东文集》第 7 卷，人民出版社 1999 年版，第 281 页。

会主义新时代的历史方位,国内外两个大局交互影响构成全新的时代课题,呼唤新时代马克思主义哲学中国化的创新发展。必须深入研究当代国际形势的新变化,尽快适应新时代格局调整的新节奏,为创新发展中国道路的哲学表达提供现实基础。

第二,应当立足中国立场,树立全球视野。新时代马克思主义中国化哲学解答的是全球视野下的中国问题,新时代马克思主义中国化哲学的创新发展必须根植于中国道路、中国发展的实践基础,着眼于世界百年未有之大变局的时代发展,使中国道路、中国发展的当代哲学表达具有世界眼光和时代价值。

第三,应当抓住时代命脉,升华哲学表达。习近平总书记强调:"马克思主义不是书斋里的学问,而是为了改变人民历史命运而创立的,是在人民求解放的实践中形成的,也是在人民求解放的实践中丰富和发展的,为人民认识世界、改造世界提供了强大精神力量。"[1]历史每前进一步,理论便向前迈进一步,时代发展总是向当代哲学提出与时俱进的新要求。应当以哲学目光看待时代变迁,认识和发现时代发展中隐藏的深层规律,通过理性自觉从时代变化中挖掘当代哲学创新发展的生长点,用高度凝练的哲学语言表达出来,继而形成具有广泛而深刻传播力和影响力的当代中国马克思主义哲学创新发展的最新成果。

加快构建当代中国马克思主义哲学创新体系,创新发展新时代马克思主义中国化哲学必须坚持一脉相承、始终如一。中国道路越发展,越要明晰出发点和落脚点。新时代马克思主义中国化哲学越发展,越要厘清其定位和目标,明确应当坚持什么、发展什么。"每一个时代的哲学作为分工的一个特定的领域,都具有由它的先驱传给它而它便由此出发的特定的思想材料作为前提。"[2]新时代马克思主义中国化哲学同样如此,必须始终坚持与中国优秀传统文化、与马克思主义哲学思想一脉相承、始终如一。在世界百年未有之大变局时代背景下创新发展新时代马克思主义中国化哲学,应当充分运用中国与世界已有文化、历史经验、现实实践的滋养,激发马克思主义中国化哲学深层丰富的创造力和强大的生命力。换言之,新时代

---

① 习近平:《在纪念马克思诞辰200周年大会上的讲话》,《人民日报》2018年5月5日。
②《马克思恩格斯选集》第4卷,人民出版社2012年版,第612页。

马克思主义中国化哲学的创新发展并不是离开世界大变局和社会大变革的特立独行的发展，也不是用传统文化、西方文明生硬剪裁中国实践的发展，而是必须坚持继往开来、一脉相承，既要坚持创新发展，也要坚持始终如一，不断推动新时代马克思主义中国化哲学与国外马克思主义哲学、与既有马克思主义中国化哲学、与中国传统哲学之间的深度交汇、交融、交流。

坚持新时代马克思主义中国化哲学与马克思主义哲学的一脉相承、始终如一，就要深入挖掘马克思主义经典著作中与中国实际相适应的内容，将已经被证明行之有效的原理、逻辑运用到哲学创新中。正如毛泽东所说的："马克思这些老祖宗的书，必须读，他们的基本原理必须遵守，这是第一。但是，任何国家的共产党，任何国家的思想界，都要创造新的理论，写出新的著作，产生自己的理论家，来为当前的政治服务，单靠老祖宗是不行的。"①坚持新时代马克思主义中国化哲学与既有马克思主义中国化哲学的一脉相承、始终如一，就要正确看待建党百年来在不断探索总结中形成的马克思主义哲学中国化成果，避免走入全盘接受或全盘否定的思想误区，恰当把握长久以来马克思主义哲学中国化过程中形成的"价值观惯性"，保证当代哲学的创新发展既不失时代价值，又不乏中国特色、中国气派。坚持新时代马克思主义中国化哲学与中国传统哲学的一脉相承、始终如一，就要从中国优秀传统哲学中汲取合理内容和民族力量，使新时代马克思主义中国化哲学与生俱来地具有中华文化的历史脉络和中国精神的本质特征，凝练成具有中国民族特色的哲学表述，有助于在当今国际形势下建构和推广中国特色的当代中国马克思主义哲学话语体系。

在发现问题、分析问题、解答问题的过程中不断创新发展新中国马克思主义中国化哲学。习近平总书记指出："问题是创新的起点，也是创新的动力源。只有聆听时代的声音，回应时代的呼唤，认真研究解决重大而紧迫的问题，才能真正把握住历史脉络、找到发展规律，推动理论创新。"②中国共产党人正是在不断聆听时代要求、回应时代之问中推进马克思主义哲学的中国化。在当今世界百年未有之大变局的时代背景下，新一代中国共产党人要实现新时代马克思主义中国化哲学的创新发展，就必须坚持问

---

① 《毛泽东文集》第 8 卷，人民出版社 1999 年版，第 109 页。
② 习近平：《在哲学社会科学工作座谈会上的讲话》，《人民日报》2016 年 5 月 19 日。

题导向，树立问题意识。

"哲学中的问题只有来自问题中的哲学才是有生命力有现实性的哲学问题。"①在创新发展新时代马克思主义中国化哲学的题中应有之义中，注重从社会实践问题中发现有生命力的哲学问题，把握好社会实践问题与哲学问题之间的互动转化关系，在哲学问题与实践问题的双向互动中创新发展新时代马克思主义中国化哲学。创新发展新时代马克思主义中国化哲学，第一步是以"发现问题"为切入点。这里分为两个层次。第一层次要善于发现社会实践中的问题。社会实践中的问题具有三大特点：一是客观性。问题是从客观世界中产生的，本身蕴含着矛盾对立统一的关系，一旦产生便独立于个人意识而客观存在着。二是普遍性。问题普遍地、必然地存在于所有客观事件中，问题无时不有、无处不在。三是必然性。问题出现的原因、形态、结果、影响等往往是叠加复合而成的，具有一定的重复性，乃至必然性。第二层次要提炼社会实践问题背后的哲学问题。社会实践中的问题会以直接、突出的方式表现出来，哲学家要做的就是透过社会问题的表面现象提炼出其背后本质的、必然的问题，将其升华为马克思主义哲学的理论表达，从哲学的高度对问题做出准确判断和理性提升。

第二步是以"分析问题"为重要过程。在凝练出具有时代意义的当代中国马克思主义哲学问题之后，应当立足于对世界百年未有之大变局和中国道路的基本判断，运用新时代马克思主义中国化哲学与国外马克思主义哲学、与既有马克思主义中国化哲学、与中国传统哲学之间的对话成果，对问题展开系统性研究，寻找问题背后的一般本质和普遍规律。

第三步是以"解决问题"为落脚点。新时代马克思主义中国化哲学通过理性自觉将中国社会实践问题转化为哲学表达，充分挖掘社会问题背后的哲学意蕴，为破解社会实践问题提供了最根本的帮助，给中国道路的实践提供世界观和方法论的指导。坚持用哲学目光审视中国道路发展进程，用哲学方式不断发现问题、解决问题，就能时刻保持清醒的头脑，辨清前进的方向，在以解决"问题"为中心的逻辑循环中不断激发马克思主义中国化哲学创新发展的生命力，不断创造出利于时代、利于国家、利于人民的时代精神的精华。

---

① 陈先达：《哲学中的问题与问题中的哲学》，《中国社会科学》2006 年第 2 期。

　　面对世界百年未有之大变局，习近平总书记认为："我们前所未有地靠近世界舞台中心，前所未有地接近实现中华民族伟大复兴的目标，前所未有地具有实现这个目标的能力和信心。"①世界百年未有之大变局为中国道路的发展提供了前所未有的挑战和机遇，也呼唤对中国道路、中国发展的当代中国的哲学表达进行前所未有的创新和发展。中国有能力在这场时代大考中把握历史机遇和世界挑战，以中国立场为立足点，以中国问题为切入点，以世界合作共赢为目标，从纵深层面把握中国道路的本质和规律，升华为新时代马克思主义中国化哲学，建构具有时代特色和民族特色的当代中国马克思主义哲学创新体系，在世界浪潮中顺势而为、积极作为，以坚定的信心和坚强的能力乘风破浪、扬帆起航。

---

① 习近平：《建设一支听党指挥能打胜仗作风优良的人民军队——关于加强国防和军队建设》，《人民日报》2014 年 7 月 14 日。

中国共产党百年历程与马克思主义哲学中国化*

中国共产党的百年历程，是带领中国人民从站起来、富起来到强起来的成功百年；是让中国从落后挨打走向独立自主，继而日益走近世界舞台中央的辉煌百年；是成功建设中国特色社会主义，即将实现全面建成小康社会千年夙愿，继而全面建设社会主义现代化国家的复兴百年。百年沧桑，百年成就，总结中国共产党的百年成功经验，其中最为根本的一条，就是中国共产党把马克思主义普遍真理和中国具体实际相结合，实现马克思主义中国化和马克思主义哲学中国化，用中国化的马克思主义和马克思主义哲学指导中国实践。

马克思主义最普遍的真理就是马克思主义世界观方法论，就是马克思主义立场、观点和方法，就是辩证唯物主义和历史唯物主义，也就是马克思主义哲学。马克思主义中国化的哲学依据与基础，就是马克思主义哲学中国化，即以中国实际为对象，用马克思主义哲学世界观方法论，结合中国实践、认识中国现实、分析中国形势、解决中国问题，推进中国进步，从而形成当代中国马克思主义哲学理论形态。

一、马克思主义哲学是中国共产党的思想根基和看家本领

马克思主义哲学是迄今关于自然、社会、人类思维最一般发展规律的解释最为准确、唯一正确的科学理论。马克思主义哲学是中国共产党的思想根基，运用马克思主义哲学世界观方法论看待、分析、解决问题是中国共产党人的看家本领。正如恩格斯所说："我们党有个很大的优点，就是有一个新的科学的世界观作为理论的基础。"①

---

* 本文发表于《哲学动态》2021 年第 6 期。

① 《马克思恩格斯文集》第 2 卷，人民出版社 2009 年版，第 599 页。

　　从中国共产党成功带领中国人民不断取得胜利的百年进程中可以总结出来：每当中国共产党面临重大问题，都要从马克思主义哲学那里寻求答案；每当中国共产党人在路线、方针、政策上出现重大失误导致挫折与失败，其根本原因就是与马克思主义哲学偏离；每当中国共产党遇到严重困难转危为安，都是从马克思主义哲学那里获得智慧和力量。可以说，中国共产党能否扎牢马克思主义哲学这一思想根基，掌握这一看家本领，已然决定着中国革命、建设、改革的顺利进行，并将继续决定着中华民族伟大复兴大业的前途与命运。

　　中国共产党的缔造者们在建党准备阶段就率先接受了马克思主义哲学，一俟建党就把马克思主义哲学作为党的思想基础和指导理论。中国共产党人在百年历程中始终如一地把马克思主义世界观方法论，即马克思主义哲学作为自己的理论基础，用辩证唯物主义和历史唯物主义观察中国问题、分析中国局势、寻找解救中国之路，始终坚持将马克思主义哲学立场、观点、方法运用到中国现实当中，指导中国实践，从而取得中国成就。

　　从马克思主义在中国的传播史来看，先是创建中国共产党的先进分子，后是中国共产党人，接受马克思主义，首先接受的是科学社会主义和马克思主义哲学，特别是历史唯物主义。当然他们在率先接受历史唯物主义的思想转变过程中，同时接受了辩证唯物主义。

　　中国先进知识分子接受并用来指导中国实际的马克思主义，最初是从日本辗转传入。十月革命胜利后，他们从苏俄那里学到并接受了马克思列宁主义。19世纪末20世纪初，俄国十月社会主义革命的成功极大地震撼、影响和教育了中国先进知识分子，使得他们深刻认识到只有马克思主义才是救中国的唯一思想武器。1917年十月革命爆发到1921年中国共产党成立是创建中国共产党的重要准备阶段。马克思列宁主义在中国得到了空前的传播、研究和运用，其中一个最鲜明的特点就是马克思主义哲学，特别是唯物史观成为马克思主义在中国传播、研究、运用的主要内容。以李大钊、陈独秀为代表的中国先进知识分子集中地、大量地传播、研究、运用马克思列宁主义，首先是科学社会主义思想和马克思主义哲学，特别是唯物史观。在中国共产党创建时期，《新青年》《每周评论》《向导》《先驱》《共产党》以及北京《晨报》副刊、《民国日报》副刊、上海《星期评论》等报刊登载了大量马克思主义文章，论涉的主要内容是马克思主义哲学唯物史观。

　　1921 年中国共产党成立之初，李大钊等中国共产党人最早地运用马克思主义哲学，观察中国实际，分析中国形势，解决中国问题。李大钊是第一个认识到马克思主义的真理性及其改造社会强大威力的革命者，也是第一个系统阐述唯物史观的马克思主义理论家，他发表的《我的马克思主义观》，系统地介绍了唯物史观。李大钊在研究中国历史和中国现实的过程中，意识到马克思主义哲学的指导作用，用马克思主义哲学唯物史观分析中国实际问题，指出：中国人民"应该细细的研考马克思的唯物史观，怎样应用于中国今日的政治经济情形。详细一点说，就是依马克思的唯物史观以研究怎样成了中国今日政治经济的情状，我们应该怎样去作民族独立的运动，把中国从列强压迫之下救济出来"①，"倘能循此途辙，以达于民族独立的境界，那么马克思的学说真是拯救中国的导星"②。李大钊同志运用马克思主义哲学分析问题，解决疑惑，指导中国革命。在他特别擅长的历史研究方面，他特别强调哲学对历史观的指导作用，他认为研究历史的人"往往为琐屑末节所拘，不能达观其大者远者"，"但若稍窥哲学的门径，此等弊害，均能以哲学的通识达观药之，稍一注意，即能避免"③。

　　陈独秀在五四运动中实现了从激进民族主义向马克思主义的转变，转变关键是对唯物史观的认识和掌握。1920 年夏，他参与组织成立"马克思主义研究会"，于 8 月在《新青年》第 8 卷第 1 号发表《谈政治》一文，批判无政府主义，运用马克思主义哲学唯物史观分析中国革命问题。陈独秀在接受马克思主义的过程中，把马克思主义哲学"立足现实""讲求实际"的思想精髓作为中国共产党人的基本思想方法。他坚持马克思主义哲学"尊事实""薄虚文"的唯物主义观点，指出"青年诸君须以马克思的实际研究精神来研究学问，不要单单以马克思的学说研究而已"④。"马克思的社会主义是注重客观的事实，不是主观的理想"⑤。将马克思主义哲学注重实际研究、注重实际活动的思想，作为其革命思想的哲学基础来指导中国革命。

---

①《李大钊全集》第 4 卷，人民出版社 2013 年版，第 516—517 页。
② 同上书，第 517 页。
③ 同上书，第 568—569 页。
④《陈独秀文集》第 2 卷，人民出版社 2013 年版，第 250 页。
⑤ 同上书，第 412 页。

瞿秋白同志是把马克思列宁主义哲学引入中国的第一批代表性重要人物，他开创了马克思主义哲学教材编写的先河。1924 年，他主编了一套"社会科学讲义"，他撰写的《社会哲学概论》重点介绍了"唯物辩证法"，明确提出"唯物主义的，互辩律的哲学，——他是一切社会科学的方法论"[①]。他重视马克思主义哲学在革命指导中的根本作用，进一步明确马克思主义哲学是中国共产党的理论基础和思想根基，他通过研究和宣传马克思哲学推动中国革命实践，把马克思主义哲学作为观察中国现实、分析中国问题、指导中国革命最锐利的思想武器。

毛泽东同志是接受马克思主义哲学，并成功地把马克思主义哲学普遍道理运用于中国革命实践并取得中国革命胜利的中国共产党第一人。他说道："一九一七年的俄国革命唤醒了中国人，中国人学得了一样新的东西，这就是马克思列宁主义。……果然一学就灵。"[②] "记得我在一九二〇年，第一次看了考茨基著的《阶级斗争》，陈望道翻译的《共产党宣言》，和一个英国人作的《社会主义史》，我才知道人类自有史以来就有阶级斗争，阶级斗争是社会发展的原动力，初步地得到认识问题的方法论。"[③]毛泽东同志精辟到位、鞭辟入里的语言生动如实地说明了中国共产党的卓越创造者和领导者接受马克思主义哲学作为思想武器，并运用于中国特殊实际的历史事实和逻辑轨迹。

二、高度重视马克思主义哲学武装和马克思主义哲学中国化，是中国共产党百年的一条成功经验

马克思主义哲学是中国共产党人的最锐利的思想武器，在认识实际、分析问题、解决问题方面起到决定性的关键作用。正如毛泽东同志指出："马克思主义有几门学问：马克思主义的哲学，马克思主义的经济学，马克思主义的社会主义——阶级斗争学说，但基础的东西是马克思主义哲学。这个东西没有学通，我们就没有共同的语言，没有共同的方法，扯了许多皮，还扯不清楚。有了辩证唯物论的思想，就省得许多事，也少犯许多错

---

① 《瞿秋白文集·政治理论编》第 2 卷，人民出版社 2013 年版，第 328 页。
② 《毛泽东选集》第 4 卷，人民出版社 1991 年版，第 1514 页。
③ 《毛泽东文集》第 2 卷，人民出版社 1993 年版，第 378—379 页。

误。"①正因于此，中国共产党人在中国革命、建设、改革过程中，始终持续不断地汲取马克思主义哲学的思想智慧，用马克思主义哲学武装全党并指导斗争实践。

在中国共产党刚刚成立的大革命时期，毛泽东同志针对中国社会阶级和阶级斗争的实际，运用马克思主义哲学历史唯物论的阶级观点和阶级分析法，对中国阶级现状进行科学分析，于 1926 年 3 月发表了《中国社会各阶级的分析》，奠定了党在新民主主义革命时期路线方针和斗争纲领的理论基础。他指出"谁是我们的敌人？谁是我们的朋友？这个问题是革命的首要问题。中国过去一切革命斗争成效甚少，其基本原因就是因为不能团结真正的朋友，以攻击真正的敌人。革命党是群众的向导，在革命中未有革命党领错了路而革命不失败的。我们的革命要有不领错路和一定成功的把握，不可不注意团结我们的真正的朋友，以攻击我们的真正的敌人。我们要分辨真正的敌友，不可不将中国社会各阶级的经济地位及其对于革命的态度，作一个大概的分析。"②《中国社会各阶级的分析》深刻地阐明了各阶级的相互关系，得到了正确的阶级考量，分清了敌友我，为中国革命提出了正确的斗争路线；明白无误地告知中国共产党人，将马克思主义唯物史观阶级观点和阶级分析方法具体地运用于中国社会阶级关系的科学认识，才能分清敌友我，才能领导中国革命走对路。马克思主义哲学中国化的科学命题已经萌发。《中国社会各阶级的分析》是在深刻理解马克思主义哲学的基础上，将马克思主义哲学同中国实际相结合，实现马克思主义哲学中国化的代表性著作，为中国共产党成功带领中国人民取得革命胜利提供了根本指南。

大革命失败之后的土地革命初期，年轻的中国共产党人由于经验不足，尚不成熟，深受教条主义影响，照搬俄国革命经验的具体做法，以大城市为中心组织发动了若干武装起义。武装起义虽然给反动派以沉重的打击，但由于反动力量主要集中在大城市，城市武装起义最终均以失败告终。毛泽东同志及时总结革命教训，1930 年 5 月发表了《反对本本主义》一文，以一切从实际出发的唯物主义认识论为依据，坚决反对党内存在的主观主

---

① 《毛泽东文集》第 6 卷，人民出版社 1999 年版，第 396 页。
② 《毛泽东选集》第 1 卷，人民出版社 1991 年版，第 3 页。

义、教条主义倾向。《反对本本主义》把马克思主义哲学普遍真理要与中国革命斗争实际相结合的道理昭然于全党。实际上，早在 1929 年 12 月，毛泽东同志在《关于纠正党内的错误思想》一文中，就最早明确提出了反对主观唯心主义的任务，他指出："因为对于政治形势的主观主义的分析和对于工作的主观主义的指导，其必然的结果，不是机会主义，就是盲动主义。至于党内的主观主义的批评，不要证据的乱说，或互相猜忌，往往酿成党内的无原则纠纷，破坏党的组织。"① 《反对本本主义》是马克思主义哲学中国化的标志性著作。毛泽东同志所批评的"本本主义者"，即脱离中国实际的教条主义者张口闭口都是以"拿来本本"为是，以本本，不是以实践作为判断真理的唯一标准，认为书本上的都是对的，以本本上的结论生搬硬套中国革命的具体实践。是从本本出发，还是从实际出发，这是唯物论反映论与唯心论主观主义的根本区别。他指出，"马克思主义的'本本'是要学习的，但是必须同我国的实际情况相结合。我们需要'本本'，但是一定要纠正脱离实际情况的本本主义"②，"中国革命斗争的胜利要靠中国同志了解中国情况"③，蕴含了马克思主义的思想路线，符合逻辑地蕴含了马克思主义哲学中国化的正确主张，指出指导中国革命的正确政治路线的哲学依据。毛泽东同志认为，从实际出发就要进行调查研究，才能得出正确的结论，提出了"没有调查就没有发言权"的马克思主义哲学认识论的著名格言。毛泽东同志不仅提出了"反对本本主义"这一马克思主义哲学中国化的科学提法，还践行了一切从实际出发的马克思主义认识论。他先后进行了多次实际调查，并撰写了《寻乌调查》《长冈乡调查》《才溪乡调查》等调查报告，逐渐形成了正确指导中国革命的中国化马克思主义的正确结论。在井冈山的实际斗争中，通过实践斗争和调查研究，毛泽东同志提出了"农村包围城市，武装夺取政权"的中国革命的正确战略策略，不同于俄国革命之路的中国道路的提出和形成，不仅解决了中国革命的正确路线问题，而且对于指导中国革命实践提供了哲学世界观方法论指南。"反对本本主义"这个马克思主义哲学中国化的提法，具有重大而深远的意义。

　　经过遵义会议，解决了当时最紧迫的军事路线问题，毛泽东同志实际

---

① 《毛泽东选集》第 1 卷，人民出版社 1991 年版，第 91 页。

② 同上书，第 111—112 页。

③ 同上书，第 115 页。

地指挥了红军，确立了中国革命的实际领导地位，确立了以毛泽东同志为代表的马克思主义正确路线在党中央和红军的指导地位。红军长征到了陕北，中国共产党领导的中国革命已经从国内战争转向了抗日民族解放战争，国内主要矛盾已经转变到中国人民同日本帝国主义的矛盾，中国共产党确定了建立抗日民族统一战线的正确政治路线。

军事路线、组织路线、政治路线的逐一解决，把解决思想路线问题提到了最迫切的地位。毛泽东同志深刻认识到，大革命和第一次土地革命时期，一度在政治路线和军事路线上的失误，其根本原因就是因为思想路线的失误。党内的"本本主义"，即脱离实际的教条主义，就是哲学上的主观唯心主义，离开了一切从实际出发的马克思主义思想路线，背离了辩证唯物主义的世界观和方法论，以脱离中国实际的"左"、右倾机会主义路线指导革命，导致中国革命曾严重受挫。

从南昌武装起义到井冈山斗争，从反围剿到万里长征，再到全面抗战，中国共产党一直在领导中国人民进行武装斗争和革命战争。为了正确指导中国共产党的武装斗争实践，1936 年 12 月毛泽东同志发表了《中国革命战争的战略问题》，总结自北伐以来的国内革命战争，主要是中国共产党领导的土地革命战争的经验，通过揭示战争的一般规律、中国革命战争的特殊规律，认识到战争规律的一般性和特殊性的关系，进而深刻认识到马克思主义哲学一般性与特殊性的辩证关系，蕴含了马克思主义一般原理与中国具体特殊实际相结合的马克思主义思想路线的命题，蕴含了马克思主义中国化的精神实质，是继"反对本本主义"马克思主义哲学中国化的第二篇标志性著作。在这篇文章中，毛泽东同志指出，"马克思主义的最本质的东西，马克思主义的活的灵魂，就在于具体地分析具体的情况。"①他进一步指出："中国革命战争——不论是国内战争或民族战争，是在中国的特殊环境之内进行的，比较一般的战争，一般的革命战争，又有它的特殊的情形和特殊的性质。因此，在一般战争和一般革命战争的规律之外，又有它的一些特殊的规律。如果不懂得这些，就不能在中国革命战争中打胜仗。所以，我们应该研究一般战争的规律；也应该研究革命战争的规律；最后，

---

① 《毛泽东选集》第 1 卷，人民出版社 1991 年版，第 187 页。

我们还应该研究中国革命战争的规律。"①这就彻底揭示了普遍性与特殊性的辩证关系，提出要用马克思主义的普遍原理研究中国特殊的具体实际。

1938 年 10 月，毛泽东同志在党的六届六中全会的政治报告《论新阶段》（其中一部分以《中国共产党在民族革命中的地位》为题收录在《毛泽东选集》中）正式提出了马克思主义中国化这一概念，马克思主义哲学中国化顺理成章地内含在马克思主义中国化的命题之中了。毛泽东同志在《中国共产党在民族革命中的地位》中指出："马克思主义必须和我国的具体特点相结合并通过一定的民族形式才能实现。……离开中国特点来谈马克思主义，只是抽象的空洞的马克思主义。因此，使马克思主义在中国具体化，使之在其每一表现中带着必须有的中国的特性，即是说，按照中国的特点去应用它，成为全党亟待了解并亟须解决的问题。"②在收入《毛泽东选集》时，毛泽东同志将在《论新阶段》中"马克思主义的中国化"③改为"马克思主义在中国具体化"。

实现马克思主义中国化，最重要的是学习和掌握马克思主义哲学这个看家本领，如果全党在马克思主义哲学的思想基础上统一了思想，统一了认识，党的人民解放事业就会立于永远不败的地位。总结我们党失败的一切教训，毛泽东同志致力于用马克思主义哲学武装全党，致力于马克思主义哲学中国化。在 1937 年，毛泽东同志以深邃的思想、活泼的语言、科学的道理撰写了《实践论》和《矛盾论》。"两论"是在深入理解马克思列宁主义哲学的基础上，吸收中国优秀传统哲学思想而撰写的马克思主义哲学中国化的创新之作，是马克思主义哲学中国化的标志性成熟著作，也是毛泽东同志提出马克思主义中国化的哲学论据之作。《实践论》坚持和发展马克思主义哲学认识论和实践论观点，深入阐释实践与认识的辩证关系，为确立党的实事求是思想路线奠定了不可动摇的哲学基础。《矛盾论》把马克思主义辩证法进行了具有中国特色的科学的世界观方法论阐释。可以说"两论"是马克思主义哲学中国化的重要结晶，是中国共产党带领全国人民取得革命、建设、改革伟大胜利的重要方法论指南，是马克思主义中国化的

---

① 《毛泽东选集》第 1 卷，人民出版社 1991 年版，第 171 页。

② 《毛泽东选集》第 2 卷，人民出版社 1991 年版，第 534 页。

③ 中共中央文献研究室、中央档案馆编《建党以来重要文献选编（一九二一——一九四九）》第 15 册，中央文献出版社 2011 年版，第 651 页。

哲学依据与理论基础，是马克思主义哲学中国化的一笔巨大理论财富。

在全党确立马克思主义思想路线，必须从树立马克思主义哲学世界观和方法论入手。为了纠正党内一直存在的主观主义、教条主义之风，积极有效地开展思想斗争，统一党的思想，毛泽东同志在延安领导全党进行了以马克思主义教育为主要内容的整风运动，整风运动的重要任务就是反对主观主义、教条主义，反对唯心主义和形而上学，学习掌握马克思主义哲学，推进马克思主义中国化和马克思主义哲学中国化。在整风运动中，毛泽东同志提出和确立了"实事求是"这一马克思主义思想路线，实现了全党在实事求是思想路线上的空前团结，为中国人民的革命事业，为党和国家的社会主义建设和改革奠定了不可撼动的哲学基础。正如毛泽东同志所说："我们要反对主观主义，就要宣传唯物主义，就要宣传辩证法。"①他用实事求是批驳主观唯心主义，赋予实事求是这一中国古代话语以马克思主义哲学精髓这一新的含义，"'实事'就是客观存在着的一切事物，'是'就是客观事物的内部联系，即规律性，'求'就是我们去研究。我们要从国内外、省内外、县内外、区内外的实际情况出发，从其中引出固有的而不是臆造的规律性，即找出周围事变的内部联系，作为我们行动的向导。"②1941 年 12 月，毛泽东为中央党校题词"实事求是"四个大字作为校训。经过整风和马克思主义教育运动，"实事求是"成为中国共产党的马克思主义思想路线最精辟的中国化表述，成为马克思主义哲学中国化的精髓，成为毛泽东思想活的灵魂。中国共产党全党更加系统、准确地掌握了马克思主义哲学，掌握了实事求是思想路线。

马克思主义哲学中国化成功地指导中国共产党领导各族人民取得了抗日战争和解放战争的胜利，建立了社会主义新中国。新中国成立后，中国共产党人始终不渝、坚持不懈地学习掌握马克思主义哲学，推进马克思主义哲学中国化。建国初期，全党掀起了学习马克思主义哲学，学习毛泽东哲学的浪潮。为了满足广大人民群众的需要，《实践论》先于《毛泽东选集》单独出版，随后《矛盾论》也在《人民日报》上先于收录该文的《毛泽东选集》第二卷出版。为了指导中国社会主义建设，毛泽东同志陆续发表了

---

① 《毛泽东选集》第 3 卷，人民出版社 1991 年版，第 827 页。
② 同上书，第 801 页。

《论十大关系》《关于正确处理人民内部矛盾的问题》《人的正确思想是从哪里来的？》《学习马克思主义认识论和辩证法》等一系列马克思主义哲学中国化著述，在毛泽东同志的大力倡导和实际带动下，极大地推动了马克思主义哲学的学习运动和中国化运动。

十年"文化大革命"时期，"四人帮"违背马克思主义哲学的基本精神，背离实事求是思想路线，给党和国家造成了极大损失。为了拨乱反正，重新回到马克思主义思想路线和政治路线上，邓小平同志率先认识到，必须从学习掌握马克思主义哲学入手，提倡实事求是思想路线，否则很难从根本上纠正错误路线，无法为正确路线的制定和实施扫清障碍。邓小平同志在党内发起了"真理标准大讨论"，坚持"实践是检验真理的唯一标准"，纠正了党内存在的严重的教条主义、主观唯心主义错误，恢复了实事求是思想路线，形成了解放思想、实事求是的马克思主义思想路线，拉开了社会主义改革开放的大幕，为中国社会主义走向新的发展阶段提供了哲学指导。

江泽民和胡锦涛同志同样重视马克思主义哲学在党和国家发展中的指导地位，坚持辩证唯物主义和历史唯物主义，坚持实事求是、理论联系实际的工作作风，将马克思主义哲学运用到中国的具体实践当中，把党和国家的事业推向新的历史阶段。

中国特色社会主义进入新时代，以习近平同志为核心的党中央始终坚持以马克思主义哲学为指导。从"十八大"以来，习近平总书记先后以辩证唯物主义和历史唯物主义为主题主持了两次中央政治局学习，他号召全党"努力把马克思主义哲学作为自己的看家本领"[①]，全力推进马克思主义哲学中国化。正是在马克思主义哲学的指导下，习近平总书记结合中国特色社会主义伟大实践，形成了习近平新时代中国特色社会主义思想，其中蕴含的当代中国马克思主义哲学新思想，构成了马克思主义哲学中国化的最新成果。

中国共产党的一条成功经验就是马克思主义哲学中国化，把马克思主义哲学的普遍真理和中国实际、中国国情、中国文化、中国人民结合起来，

---

① 中共中央文献研究室编《习近平关于全面建成小康社会论述摘编》，中央文献出版社 2016 年版，第 192 页。

形成具有中国特色、中国风格、中国气派的马克思主义哲学，用中国化的马克思主义哲学指导中国实践。正是依靠这条经验、通过这种方式，中国共产党才能一次次克服困难，战胜风险，转危为机，不断从胜利走向新的胜利。

三、把马克思主义哲学与中国实际相结合，是马克思主义哲学中国化的实质与关键

马克思主义哲学在中国传播的百年，是把马克思主义哲学赋予中国特色、中国气派、中国风格，形成中国化马克思主义哲学的百年。把马克思主义哲学普遍真理与中国实际相结合，是马克思主义哲学中国化的实质与关键。马克思主义哲学中国化，不仅是认识中国的需要，更重要的是改造旧中国，建设新中国的需要。领导中国革命、建设和改革实践的中国共产党迫切需要马克思主义哲学普遍真理与中国实际相结合，认识中国问题、解决中国问题，迫切需要中国化的马克思主义哲学指导。

马克思在其天才性文稿《关于费尔巴哈的提纲》中明确指出："哲学家们只是用不同的方式解释世界，问题在于改变世界。"[①]换言之，"对实践的唯物主义者即共产主义者来说，全部问题都在于使现存世界革命化，实际地反对并改变现存的事物"[②]。马克思主义哲学是"实践的唯物主义"，这就意味着马克思主义哲学是来源于实践、服务于实践、诉诸实践、改造实践的，与实践相结合的革命的、能动的、彻底的唯物主义。

马克思主义哲学产生之前的旧唯物主义在费尔巴哈人本唯物主义那里达到了顶峰，然而费尔巴哈的人本唯物主义是机械的、形而上学的、直观的唯物主义，不是从实践的角度，从主体能动的方面理解世界，解释现实，因而陷入了形而上学唯物主义的泥淖。"从前的一切唯物主义——包括费尔巴哈的唯物主义——的主要缺点是：对对象、现实、感性，只是从客体的或者直观的形式去理解，而不是把它们当做人的感性活动，当做实践去理解，不是从主体方面去理解。"[③]马克思提出，"全部社会生活在本质上是

---

① 《马克思恩格斯选集》第 1 卷，人民出版社 2012 年版，第 137 页。
② 同上书，第 155 页。
③ 同上书，第 137 页。

实践的"①，必须"在人的实践中以及对这种实践的理解中"②去认识世界、说明世界、改造世界，去解决"人的思维是否具有客观的真理性"③问题，这是"实践的唯物主义"——马克思主义哲学新世界观与旧唯物主义世界观的根本区别。

列宁认为，实践"不仅具有普遍性的品格，而且还具有直接现实性的品格"④。实践是联系主体和客体，将主体和客体之间的关系贯通起来的现实的人的物质活动，既是物质的，又是感性、能动的。马克思主义实践观的确立，彻底解决了主客体二元论对立不可沟通的问题，解决了旧唯物主义的根本缺陷。实践作为马克思主义哲学的重要范畴，其表达的除了唯物主义的物质本体论外，还强调主体对客体的能动作用，即改造作用。如果仅仅从主体的角度去理解世界，那么又会陷入主观唯心主义的窠臼。马克思主义哲学之所以是"实践的唯物主义"，就在于彻底摒弃旧唯物主义，坚决以社会现实和客观存在为依据，从人的感性的、主动的，然而又是物质的实践活动出发认识和改造世界。马克思主义哲学，首先是密切联系实际的哲学，通过实践对现实世界进行了准确认识与把握，并通过实践改造世界。

马克思主义哲学实践观是将世界观和方法论统一起来，把主体和客体统一起来的哲学认知。马克思主义哲学的实践观点，使马克思主义哲学成为真正的科学，成为不仅能够解释世界，而且能够改造世界的科学真理，第一次把理论和实际真正地统一了起来。实践既是认识世界的过程，又是改造世界的过程，人们从实践中获得真理，这是实践到认识的过程；人们又将真理应用于实践，这是认识到实践的过程。从实践到认识，再从认识到实践，再实践、再认识，反复往返，通过实践改造主观世界，并通过改造主观世界达到改造客观世界的目的。实践既是获得认识的过程，又是检验认识的过程，实践是检验真理的唯一标准。哲学脱离了实践，就会成为空中楼阁，脱离实践的哲学必定成为形而上学的、唯心主义的哲学，根本起不到指导实际、改变现实的作用。这就是为什么马克思主义创始人将辩

---

① 《马克思恩格斯选集》第 1 卷，人民出版社 2012 年版，第 135 页。
② 同上书，第 136 页。
③ 同上书，第 134 页。
④ 《列宁专题文集：论辩证唯物主义和历史唯物主义》，人民出版社 2009 年版，第 139 页。

证唯物主义和历史唯物主义又称为"实践的唯物主义"的真正原因。

马克思主义哲学所坚持的哲学在于"改变世界"的观点，就是主张马克思主义哲学必须诉诸实践，解决实践问题。马克思主义哲学来源于现实，服务于现实，解决现实，是现实的哲学，也是实践的哲学，这充分体现了马克思主义哲学的真理性、科学性和实践性的一致。正如恩格斯所说："马克思的整个世界观不是教义，而是方法。它提供的不是现成的教条，而是进一步研究的出发点和供这种研究使用的方法。"[1]也正如毛泽东同志所说："对于马克思主义的理论，要能够精通它、应用它，精通的目的全在于应用。"[2]马克思主义哲学是从自然、人类社会、人类思维的具体发展中总结出来的普遍真理，是科学的世界观和方法论。怎样把这种最具普遍性的科学理论应用于具体的实践呢？那就需要将马克思主义哲学世界观方法论进一步和具体实际相结合，形成更具体意义、操作价值的马克思主义哲学的思想方法和工作方法，形成中国化的马克思主义哲学的思想方法和工作方法。科学的思想方法是认识世界的方法，科学的工作方法又是改造世界的方法。思想方法和工作方法不仅能够指导人们科学地解释问题，分析问题，更重要的是指导人们科学地、能动地解决问题。中国共产党人把马克思主义哲学世界观和方法论运用于实践就起到了方法论的作用，这就是运用马克思主义哲学和中国实际结合起来，用作具体的思想方法和工作方法，解决中国问题。

"实践的唯物主义"赋予马克思主义哲学以思想方法和科学方法的功能。有什么样的世界观，就有什么样的方法论，世界观同时就是方法论。马克思主义世界观具有认识世界的功能，同时，又具有改造世界的方法论的功能。马克思主义世界观的功能通过方法论的功能，通过诉诸实践，起到了指导实际工作的思想方法和工作方法的作用。运用马克思主义哲学世界观方法论分析现实实际，解决现实实际，运用到实际工作中，就是思想方法和工作方法，正是在这个意义上说，马克思主义哲学世界观方法论又是马克思主义哲学思想方法和工作方法。

马克思主义基本原理放之四海而皆准，行之百世而不废，但这些原理

---

① 《马克思恩格斯选集》第 4 卷，人民出版社 2012 年版，第 664 页。
② 《毛泽东选集》第 3 卷，人民出版社 1991 年版，第 815 页。

的实际运用"随时随地都要以当时的历史条件为转移"①。百年中国共产党的发展历程就是坚持、运用和发展马克思主义哲学，与中国实际相结合，普遍用于指导中国实际，不断取得胜利的历程。任何理论只有应用于实际，才能发挥出改变世界的作用，任何理论也只有经过实践才能检验其正确与否。马克思主义哲学揭示的是自然、社会、人类思维最一般的规律，是普遍真理，需要马克思主义哲学回答的问题又是现实的、具体的问题，是特殊的客观存在。普遍性的东西与特殊性的东西是有机地统一在一起的，没有脱离特殊性的普遍性，也没有不具有普遍性的特殊性。马克思主义哲学的普遍性只有与中国实际的特殊性相结合，形成中国化的马克思主义哲学，才能指导中国实际。马克思主义哲学要认识问题、分析问题、解决问题，必须与具体实际相结合，这是因为具体指导实践的思想必须来源于具体实际，在实践中才能形成指导实践的理论。马克思主义哲学在中国应用，必须将马克思主义哲学普遍真理同中国的具体实践相结合形成中国化的马克思主义哲学，才能运用马克思主义哲学的思想方法和工作方法分析中国实际，解决中国问题。例如，马克思主义哲学的阶级观点和阶级分析法为中国革命提供了科学的思想指南，又提供了科学的分析方法。中国社会所具有的特殊性，中国社会阶级、阶级关系和阶级斗争的特殊性，决定了中国革命的战略策略和他国不同，必须从中国阶级关系的实际出发，制定符合中国阶级关系特殊实际的路线方针、战略策略，才能引导中国革命走向胜利。毛泽东同志运用马克思主义哲学世界观作为思想方法认识中国社会各阶级状况，又把马克思主义哲学方法论作为工作方法，具体地分析中国社会阶级和阶级关系的特殊状况，从而得出了关于中国革命的正确的路线方针和战略策略。在马克思主义哲学普遍真理与中国实际的结合过程中，毛泽东同志形成了中国化的马克思主义哲学，形成了中国化的马克思主义哲学的思想方法和工作方法。马克思主义哲学中国化的过程就是从中国实际中来，再到中国实际中去，即理论联系实际，成功地运用到实践当中，脱离实际必定要犯主观主义错误，要受到实践的惩罚。

世界是普遍性和特殊性的统一，具体实践具有特殊性。普遍性的原理一旦脱离了具体的现实条件，就必然会犯教条主义错误，就会失去改造世

---

① 《马克思恩格斯文集》第 2 卷，人民出版社 2009 年版，第 5 页。

界的作用。实现马克思主义哲学中国化的目的，就是要用中国化的马克思主义哲学指导中国实践。中国化的马克思主义哲学在形成过程中，本身就是对中国现实、中国问题、中国方案的不断探索，是对中国经验的不断总结。可以说，中国化的马克思主义哲学，既包含了马克思主义哲学的普遍真理，又蕴含了中国实际和中国特色，因此，更加适合于指导中国实践，并在指导中国实践的过程中，具有了更强的针对性和可操作性，具有思想方法和工作方法的方法论特征，能够在改变中国的实践中展现出更为突出的实效，迸发出更加强大的真理力量。

马克思主义哲学作为普遍真理，具有放之四海而皆准的特点，但是在指导具体实践的过程中，必须通过与具体实际相结合的方式才能表达出来，才能付诸实践，既起到认识中国具体实际的作用，又起到改变中国具体实际的作用。马克思主义哲学中国化的实质，就是以中国实际为基础、符合中国规律、从中国问题来切入、用中国话语来表达马克思主义哲学，这样的马克思主义哲学，就更容易为中国人所理解、更便于指导中国实际、更适于解决中国问题。

中国化的马克思主义哲学是对马克思主义哲学的坚持和发展，既坚持了马克思主义哲学的基本立场、观点、方法，又使得中国特色更加鲜明、中国主题更加突出，更适合于分析中国形势、解决中国问题。例如，毛泽东同志提出的"实事求是""理论联系实际"等哲学命题，都是以具有中国特色、中国气派、中国风格的方式，表达了主观与客观、理论和实际的辩证关系，形成了一切从实际出发、实事求是的思想路线和工作路线，形成中国化马克思主义哲学的思想方法和工作方法。再例如，毛泽东同志用中国方式把马克思主义哲学对立统一规律概括为矛盾规律，称之为"一分为二"，认为矛盾是一切事物普遍存在的最一般的规律，用这个观点看待世界就是矛盾观点，这就是中国化的马克思主义的思想方法，用这个观点分析问题、解决问题就是矛盾分析方法，这就是中国化的马克思主义的工作方法。

四、尊重中国人民的首创精神和创新实践，不断开辟马克思主义哲学时代化、中国化、大众化的新境界

哲学在一个国家实现的程度，总是取决于哲学满足这个国家需要的程

度。马克思主义哲学作为科学的世界观和方法论，在指导中国实践的过程中，会随着中国的发展，必将不断实现时代化、中国化、大众化。中国共产党百年历程是马克思主义哲学时代化、中国化、大众化的百年过程。

马克思主义哲学时代化、中国化、大众化的过程就是把马克思主义哲学与中国实际相结合的过程，也就是马克思主义哲学进一步深化、阐释、发展、创新的过程。在中国共产党百年历史中发生了马克思主义哲学与中国实际两次伟大结合，形成了马克思主义哲学中国化的两个伟大飞跃，产生了马克思主义哲学中国化的两项理论创新成果。马克思主义哲学与中国实际两次伟大结合，都是在马克思主义与中国实际相结合的实践过程中同时实现的，马克思主义哲学中国化为马克思主义中国化奠定了思想基础和哲学依据。第一次伟大结合，是马克思主义哲学与中国革命实际相结合，即与新民主主义革命实际相结合后与社会主义革命实际相结合，从而产生了中国共产党人马克思主义中国化的第一次飞跃，也产生了马克思主义哲学中国化的第一次飞跃，形成了马克思主义中国化和马克思主义哲学中国化的第一个理论创新成果，即毛泽东思想和毛泽东哲学思想。

在新民主主义革命阶段，毛泽东同志运用马克思主义哲学的基本立场、观点、方法，分析中国半殖民地半封建社会的实际，提出新民主主义革命总路线和中国革命道路，成功地实现了马克思主义哲学中国化。毛泽东同志在总结"左"倾冒险主义、右倾投降主义等脱离实际的主观唯心主义错误思想的基础上，深入思考并深化了马克思主义哲学唯物论、认识论和辩证法思想，系统地提出了实践论、矛盾论等一系列独具中国特色的马克思主义哲学观，为中国革命、建设乃至改革奠定了不可动摇的哲学基础，赋予中国人民以最锐利的思想武器。

在社会主义革命阶段，毛泽东同志成功地把马克思主义哲学运用到指导中国社会主义革命实际中，提出了社会主义过渡时期的总路线，成功地完成了社会主义所有制改造，领导党和人民建立了社会主义新中国，进一步发展和丰富了毛泽东思想和毛泽东哲学思想。毛泽东同志是马克思主义哲学中国化的光辉典范，毛泽东哲学思想是中国革命阶段的马克思主义哲学中国化的创新成果。

在社会主义建设阶段，毛泽东同志提出了马克思主义与中国实际第二次结合的伟大任务。马克思主义哲学与中国实际相结合，实现马克思主义哲学中国化，是马克思主义与中国实际相结合，实现马克思主义中国化伟大时代课题之中的应有之义。毛泽东同志身体力行，领导全党诉诸中国社会主义建设实践，对中国社会主义建设规律进行了艰辛探索，提出了"以苏为鉴""自力更生""价值规律是一个伟大学校""社会主义基本矛盾、主要矛盾""人民内部矛盾""社会主义根本任务""商品生产……与社会主义相联系"等哲学观点，发表了一系列哲学著作，开启了马克思主义哲学与中国实际的第二次伟大结合新征程，开始了马克思主义哲学中国化的第二次飞跃，丰富和发展了毛泽东思想，也丰富和发展了毛泽东哲学思想，进一步推进了马克思主义哲学中国化。

在改革开放新时期，在毛泽东同志开创的第二次结合的理论与实践基础上，邓小平同志领导全党实现了马克思主义与中国实际的第二次结合，同时也实现了马克思主义哲学与中国实际的第二次结合，形成了马克思主义哲学中国化的第二次飞跃，产生了马克思主义与中国实际相结合的第二个理论成果——以邓小平理论为开篇的中国特色社会主义理论体系，产生了马克思主义哲学中国化的第二个理论成果——以邓小平哲学思想为肇始的中国特色社会主义理论体系的哲学思想。十年"文化大革命"结束之后，根据时代发展需要，以邓小平同志为核心的党的第二代中央领导集体继续推进马克思主义哲学中国化，秉承"实事求是"思想路线，以"真理标准大讨论"开启改革开放之幕，让"实践是检验真理的唯一标准"成为家喻户晓的哲学名言，让解放思想、实事求是思想路线贯穿于整个改革开放新时期，进一步坚持历史唯物主义和辩证唯物主义，提出了"解放思想、实事求是""三个有利于""贫穷不是社会主义""坚持以经济建设为中心""坚持四项基本原则""解放和发展生产力，消灭剥削、消除两极分化，最终达到共同富裕""计划经济不等于社会主义，市场经济不等于资本主义""科学技术是第一生产力""改革是第二次革命""发展才是硬道理"等具有中国化马克思主义哲学意蕴的科学道理，为社会主义改革开放之后的发展奠定了哲学基础，提供了思想指南，创立了马克思主义哲学中国化的创新成果——邓小平哲学思想。

江泽民、胡锦涛同志提出了"三个代表"重要思想、科学发展观等中国特色社会主义理论体系的重要思想，进一步推进了马克思主义哲学中国化，丰富了中国特色社会主义理论体系的哲学思想。

党的十八大以来，中国特色社会主义进入新时代，以习近平同志为核心的党中央将马克思主义与中国实际、马克思主义哲学与中国实际持续结合，形成了习近平新时代中国特色社会主义思想及其哲学观点，持续推动马克思主义哲学中国化，运用中国化马克思主义哲学观察国内国际局势，分析党内党外问题，指导国内国际两个大局的社会实践，提出了"必须坚持人民至上，以人民为中心，以人民为主体""自我革命""伟大斗争"等哲学论断，领导了中国特色社会主义建设和党的自身建设，开展了反腐败斗争，为党永葆生机和中国特色社会主义现代化强国建设提供了世界观方法论指导；面临新时代新阶段，习近平总书记提出要掌握"辩证思维、系统思维、历史思维、战略思维、法治思维、底线思维、精准思维"，为党的各级领导干部把握问题、开展工作提供了马克思主义哲学遵循；在面临世界百年未有之大变局，改革进入攻坚期，系统性风险依然存在的情况下，习近平总书记教导全党，要"坚持系统观念""统筹百年未有之大变局和中华民族伟大复兴战略全局""统筹发展与安全""协调推进共同富裕""坚定不移贯彻新发展理念"等具有创新性的哲学观点，创造了马克思主义哲学中国化的最新成果，为全面建成小康社会、开启建设社会主义现代化国家新征程提供了根本性的思想方法和工作方法指南。

这是一个需要理论，也能够产生理论的时代，中国特色社会主义进入新时代产生了马克思主义中国化的最新成果——习近平新时代中国特色社会主义思想。习近平新时代中国特色社会主义思想包含着丰富的马克思主义哲学中国化的最新成果，开辟了马克思主义哲学时代化、中国化、大众化的新境界。

习近平新时代中国特色社会主义思想具有如下特点。

是凝结了当今时代发展大趋势的哲学概括。当今世界正处于百年未有之大变局当中，西方资本主义社会逐渐走向衰落，中国特色社会主义生机盎然，然而资本主义社会依然占主导地位；贸易保护主义抬头，逆全球化趋势出现，当代资本主义，即当代帝国主义表现出新的特征，资本主义和社会主义两种制度、两种意识形态的较量也更加明显；环境问题严峻，种族主义、民粹主义、单边主义抬头。世界怎么了？我们怎么办？秉承什么样的观念能够让世界共同发展，共同繁荣？坚持什么样的理念才能让世界和平共处，全球秩序稳定？中国怎样才能实现进一步发展？怎样才能建设社会主义现代化强国？面对这一系列时代问题，习近平总书记站在马克思主义哲学高度，给出了系统而科学的回答。这些回答是对社会发展大趋势和历史运动大逻辑的深刻洞察和系统分析，是对当今时代精神精华的准确把握和精确表达。

是凝结了当代中国重大问题科学认识与解决的哲学思考。当前中国进入了新的发展阶段，面对新形势新矛盾新问题，需要新的理论和新的实践。面对党内出现的新问题，习近平总书记进一步回答了"建设什么样的党，怎么建设党"；面对社会主要矛盾的变化，习近平总书记进一步回答了"实现什么样的发展，怎样实现发展"；对于中国特色社会主义进入新时代，习近平总书记进一步回答了"为什么坚持和发展中国特色社会主义，怎么坚持和发展中国特色社会主义"；在即将全面建成小康社会的时间节点上，习近平总书记进一步回答了"建设一个什么样的现代化强国，怎样建设社会主义现代化强国"。习近平总书记给出这些具有基本性、根本性和全局性的回答，体现了马克思主义哲学的高度和深度，是马克思主义哲学中国化的最新发展。

是凝结了人民大众实践探索的哲学认识。习近平总书记用人民群众喜闻乐见的方式讲述哲学道理，以人民乐于接受的方式阐释马克思主义哲学，时常以生动活泼、易于理解的话语阐述深刻的哲学道理。例如，"绿水青山就是金山银山"的辩证发展思想；"人心就是力量"的意识具有能动作用的哲学道理；"十个手指头弹钢琴"的系统全面辩证方法论思想；"人民拥护不拥护、赞成不赞成、高兴不高兴、答应不答应"的以人民为中心唯物史观立场；"牵住牛鼻子""抓住关键少数"的重点论哲学观点……都在巧妙的人民性表达中呈现出来，这些"接地气"的平实语言蕴含了深刻的哲学智慧，有一种透彻、直指人心的精神力量。在新的历史时期，习近平总书记为马克思主义哲学大众化做出了突出贡献，在马克思主义哲学大众化道路上迈出了新的一步。

伟大的时代需要伟大的思想，伟大的思想引领伟大的时代，伟大时代铸就伟大思想的哲学根基。中国特色社会主义进入新时代，我国社会主义初级阶段进入新的发展阶段，站在中国共产党实现第一个百年奋斗目标，实现中华民族几千年夙愿全面建成小康社会，为实现第二个百年奋斗目标而奋斗的历史关节点上，必须大力推进马克思主义哲学时代化、中国化、大众化，用时代化、中国化、大众化的马克思主义哲学引领中国特色社会主义伟大实践。

马克思主义哲学中国化是马克思主义哲学的时代化、中国化、大众化三者的有机结合，马克思主义哲学的时代化、中国化、大众化，说到底，最为根本的就是马克思主义哲学中国化，马克思主义中国化是马克思主义时代化、中国化和大众化的核心与实质。马克思主义哲学的中国化过程，可以说也是马克思主义哲学时代化、大众化的过程，换言之，马克思主义哲学的时代化、中国化、大众化是同一个中国化的过程，三者不可分割。时代化强调时代发展、中国化凸显中国特色、大众化重在人民受用。

马克思主义哲学在中国的发展过程是马克思主义哲学时代化的过程。正如马克思所言："任何真正的哲学都是自己时代的精神上的精华。"[①]每一个时代有每一个时代面临的问题，每一个时代有每一个时代需要完成的任务。因此"每一个时代的理论思维，包括我们这个时代的理论思维，都是一种历史的产物，它在不同的时代具有完全不同的形式，同时具有完全不同的内容"[②]。我们今天依然处在马克思主义所指明的大的历史时代，即资本主义生产方式在世界上处于统治地位的时代，在该时代充满了社会主义与资本主义两大阶级力量、两种社会制度、两个不同的前途命运的斗争，马克思主义作为无产阶级的世界观方法论是中国共产党始终坚持的指导思想，依然需要用马克思主义哲学的基本观点、立场、方法观察、分析、解决我们这个时代的问题。在马克思所判定的大的历史时代背景下，我们国家的发展已经进入了中国特色社会主义新时代，世界正经历百年未有之大变局；我国社会主义初级阶段已经进入一个新的发展阶段，改革进入深水区，新的矛盾有待解决。面对错综复杂的国际国内环境，我们需要保持"风雨不动安如山"的战略定力，用马克思主义哲学基本立场、观点、方法分析当前问题，在坚持马克思主义哲学中国化的过程中，不断将马克思主义哲学时代化，形成具有时代特色的中国化的马克思主义哲学，为解决时代问题提供根本指导。

马克思主义哲学在中国的发展过程是马克思主义哲学中国化的过程。

---

①《马克思恩格斯全集》第 1 卷，人民出版社 1995 年版，第 220 页。
②《马克思恩格斯文集》第 9 卷，人民出版社 2009 年版，第 436 页。

正如习近平总书记强调的,"解决中国的问题只能在中国大地上探寻适合自己的道路和办法"①,中国共产党在领导全国各族人民进行伟大革命、建设、改革的实践进程中,产生了中国化的马克思主义哲学,又不断引领中国特色伟大斗争实践。马克思主义哲学在中国的运用和发展,必须同中国国情实际、中国优秀文化实际、中国人民的实践实际"三个实际"相结合,形成民族的、本土的、易于让中国人民理解和接受的马克思主义哲学,即中国化的马克思主义哲学。在中国特色社会主义伟大实践进程中,必须坚持将马克思主义哲学与中国具体实践相结合,结合中国实际、针对中国问题、吸收中国文化、融入中国思想,形成独具中国特色、中国风格、中国气派的马克思主义哲学,让马克思主义哲学在中国扎根,讲中国话语,结中国果实,展中国成就。只有将马克思主义哲学与中国实际结合起来,实现马克思主义哲学中国化,马克思主义哲学才能更加为中国人所理解,才能更加科学地指导中国的实际,才能在中国开花结果,才能更加显现出强大的真理性力量。

马克思主义哲学在中国的发展过程是马克思主义哲学大众化的过程。马克思主义哲学是人民创造的哲学,人民的实践是马克思主义哲学取之不尽用之不竭的智慧源泉;是为了人民的哲学,马克思主义哲学认识、解决一切问题的出发点和落脚点就是人民的立场,一切为了人民、人民利益是马克思主义哲学的不朽课题;是依靠人民的哲学,马克思主义哲学只有依靠群众,发动群众,靠人民群众的实践,才能认识世界、改变世界;是人民受用的哲学,马克思主义哲学讲的是人民故事,用的是人民语言,贴近人民,为人民所理解、所明白、所接受,是以人民为中心、以人民为主体,为人民服务的哲学。所有这一切都决定了实现马克思主义哲学中国化离不开大众化,大众化是由马克思主义哲学的本质所决定的。中国共产党人只有尊重实践,尊重群众首创精神,与群众的创新实践相结合,实现大众化,才能不断地推动马克思主义哲学的中国化。毛泽东同志指出:"人民,只有人民,才是创造世界历史的动力。"②群众史观是马克思主义哲学的基点。中国共产党在运用马克思主义哲学指导中国实践的过程中,必须将马克思

---

① 中共中央文献研究室编《习近平关于协调推进"四个全面"战略布局论述摘编》,中央文献出版社 2015 年版,第 84 页。

② 《毛泽东选集》第 3 卷,人民出版社 1991 年版,第 1031 页。

主义哲学大众化。"理论一经掌握群众，也会变成物质力量。"①马克思主义哲学绝不是纯粹书斋里的学问，不是少数人坐而论道的清谈，而是为人民谋福利、使百姓能接受、让大众能掌握的学问。马克思主义哲学的生命力在于必须走出书斋，走进群众，用群众通俗易懂的方式、浅显易懂的话语、日常使用的表达来讲马克思主义哲学的人民之理。只有让人民更加懂得马克思主义哲学，精神才能转变成巨大的物质力量，才能发挥马克思主义哲学强大的真理力量。马克思主义哲学大众化，就是让哲学走进人民群众之心、之脑，让马克思主义哲学能够在普通大众中传播开来，让千千万万人民群众掌握、运用马克思主义哲学，变成人民群众自觉的行动。

伟大的时代呼唤伟大的思想，伟大的思想引领伟大的时代，哲学是时代思想的精华，在引领时代中具有根本性的指导作用。走在新时代中国特色社会主义道路上，百年中国共产党将坚持以马克思列宁主义、毛泽东思想、邓小平理论、"三个代表"重要思想、科学发展观、习近平新时代中国特色社会主义思想为指导，牢牢掌握马克思主义哲学这一看家本领，把马克思主义哲学普遍真理和中国实际结合起来，不断开辟马克思主义哲学时代化、中国化、大众化新境界，为全面建设社会主义现代化国家，实现中华民族伟大复兴的中国梦奠定坚实的哲学基础。

①《马克思恩格斯选集》第 1 卷，人民出版社 2012 年版，第 9 页。